# 잃어버린 역사

# 普天教 보천교

**국립중앙도서관 출판예정도서목록(CIP)**

잃어버린 역사 보천교 / 저자: 김철수. -- 대전 : 상생출판, 2017
p. ; cm. -- (증산도 상생문화연구총서 ; 10)

참고문헌과 색인수록
ISBN 979-11-86122-42-6 04290 : ₩24000
ISBN 978-89-94295-05-3 (세트) 04150

신흥 종교[新興宗敎]
291.1-KDC6
299.57-DDC23 CIP2017002688

# 잃어버린 역사 보천교

저　자 김철수
발행일 2017년 5월 30일 초판 1쇄
발행인 안경전
발행처 상생출판
전　화 070-8644-3156
팩　스 0303-0799-1735
E-mail sangsaengbooks@sangsaengbooks.co.kr
출판등록 2005년 3월 11일(제175호)


ISBN 979-11-86122-42-6 04150
978-89-94295-05-3 04150 (세트)

가격은 뒤표지에 있습니다.
파본은 교환해 드립니다.

이 저서는 중원대학교 교내학술연구비 지원에 의한 것임(과제관리번호: 2016-006)

대학에서 연구할 때 가련한 내게 아낌없이 연구 환경을 지원해 주었던 노무라 히로시野村 博 교수 덕분이었는지도 모른다.

노무라 교수는 교토대학 철학과에 재학 시 징집되어 평양에 배치되었다가 일본의 패전 뒤에는 시베리아 수용소에서 3년간 삶과 죽음의 경계를 넘나 들었다고 했다. 노무라 교수처럼 우여곡절 끝에 살아 돌아온 학생들을 대상으로 당시 교토대학에 개설된 종교학 강의에서는 삶과 죽음을 주제로 열띤 토론이 전개되었고, 이를 수강했던 노무라 교수는 만감이 교차하면서 이때부터 종교가 무엇인가를 고민하게 되었다 한다. 그런 노무라 교수는 내가 조선조 말과 일제시대의 종교 지형을 공부한다 했을 때 '백백교'를 들고 파 보란다. 아는 사람은 잘 알고 있겠지만 일본인 학자가 백백교를 아는 것도 놀랍지만(물론 나중 보니 일본에는 백백교에 관련된 자료들이 일부 있었다) 무척 당황스러웠다. 영화로도 소개되면서 소위 사교邪教의 대명사 격으로 알려진 종교를 연구해 보라니. 그 때만 해도 종교라 하면 불교, 기독교, 동학(천도교)

● 노무라 히로시 교수와 교토 동쪽의 대문자산에서. 뒤로 보이는 시가지가 교토시이다.

에 관심을 가질 때였다. 아니 모두 그렇게 알고 있을 때였다.

그러나 노무라 교수의 변은 이러했다. 19세기말, 서세동점西勢東漸의 광풍에 직면한 이후 정신적 가치를 우선한 동양문명은 서양문명에 대항해 일종의 문화적 자긍과 정신적 자부의 성향을 갖고 있었다. 그리고 대부분의 메카니즘이 붕괴된 혼란한 시대상황에서, 동양의 문화적 자긍과 정신적 자부의 원천은 '종교'로 응축되었고, 따라서 종교는 동시대의 사회혼란과 문명의 폐단을 해결할 수 있는 효과적인 대안으로 제시되었다. 한국에서는 동학과 증산사상이 그러했다.

이러한 상황에 일본 제국주의는 1905년 한국에 통감부를 두어 보호국으로 만들었다. 그 후 5년 뒤인 1910년에는 아예 무단으로 한국을 강점하여 식민지로 만들어 버렸다. 나라 이름도 '대한'을 '조선'으로 바꾸었고 이에 따라 '조선총독부'를 설치하여 일본의 한 지역인양 식민정책을 펴 나갔다. 식민권력에 대한 저항이 일상화되고 있었다. 일제 강점기 때의 종교문화를 강의할 때마다 종종 학생들은 식상한 질문을 한다. "교수님, 일제시대를 살았다면 독립운동을 하셨겠습니까?" 말이 쉽지 곤혹스럽다. 못 했을 것 같다. 살아가는 것 자체가 힘들었을 테니까.

이러한 시대에 종교란 뭘까? 식민지 상황은 모든 게 왜곡되고 비틀어진 세상이다. 역사와 문화가 다른 민족을 지배하고 지배 당하는 현실은 모순투성이다. 더욱이 식민권력에게, 든든한 뒷 배경(서구 열강)도 없이 민족혼을 품은 민족종교는 식민권력에게 눈엣가시일 수 밖에 없다. 식민지 상황에서 어떤 종교가 제 기능을 할 수 있었겠는가. 어쩌면 흔적도 없이 사라진 종교들도 무슨 이유가 있었을 것이다. 그 속에 감추어진 것이 무엇인지 선입관을 갖지 말고 연구하는 태도를 지니라는 이야기였다.

증산도상생문화연구총서 ⑩

# 잃어버린 역사 普天教

보천교

김철수 지음

상생출판

# 프롤로그

오래된 기억이다. 어느 해 가을날 친구들과 김천 직지사를 간 적이 있다. 거기서 산비탈에 만개된 매우 수수한 들국화 군락을 만났다. 매년 스치듯 무심히 보았던 꽃이지만 그날 처음으로 들국화 향을 맡았다. 그렇게 은은한 향은 난생 처음이었다. 그 다음부터 계절이 돌아오면 의도적·비의도적으로 들국화를 찾아다녔다. 국화도 아닌 들국화를. 그리고 나중 알고 보니 그건 국화과의 구절초였다. 매년 때만 되면 여기저기 군락을 이루어 피어나는 꽃을 보고 왜 난리냐고 할 테지만 그건 기억이자 젊은 날의 추억이었다.

1999년, 또 한 번의 밀레니엄을 목전에 둔 상황에서 보천교를 만났다. 그건 들국화와도 같았다. 천도교, 대종교, 기독교, 불교 등 친숙하면서도 조직성 있는 종교들, 일제 식민지 상황에 저항하며 민족의 독립을 갈망하며 민중들을 위로했던 종교들. 이에 비해 보천교는 화려하지도 않고 사람들도 알아주지 않는 종교였다. 심지어 '유사종교'라는 무거운 비난의 짐을 메고 허덕이는 종교였고, 사람들이 애써 눈길을 피해버리는 존재에 불과했다. 그래서 그런지 학자들의 연구 대상에서조차 소외되어버린 종교였다. 그런데 어느 날 나는 들국화와도 같은 이 종교에 주목하게 되었다.

대학과 대학원을 다닐 때 한국의 종교에 대해 몇 차례 강의를 들은 기억은 있지만 당시 강의의 대부분은 기독교나 불교에 집중되어 있었다. 그저 용어 정도만 들어본 터였다. 그것도 부정적 의미로. 그런 종교에 관심을 보인 건 어쩌면 학위를 마치고 일본의 교토京都 불교

19세기 중반 수운 최제우(1824~1964)가 동학을 창교한 이래 많은 민족종교들이 모습을 드러냈다. 보천교는 증산 강일순(1871~1909) 사후 차경석(1880~1936)이 조직한 교단이다. 차경석은 일제강점기의 시작과 함께 종교 활동을 시작하여 1920년대 전반기에는 자칭·타칭 600만 명이라는 많은 신도를 확보하면서 보천교 교단을 세웠다. 그러나 종교단체가 주도했던 3·1민족독립운동을 경험한 식민권력은 인적 자원과 자금이 풍부한 보천교를 좌시하지 않았다. 집요한 공작으로 보천교의 각종 활동을 방해하고 민심을 이반시킴으로써 보천교 교단은 1925년 경 이후로 변화, 쇠퇴의 길을 걸었고 1936년에 교주 차경석이 사망하면서 막을 내리게 되었다.

국가가 식민화되는 상황에서 아직 채 제도화되지 못한, 더욱이 교조의 사망으로 혼란스런 교단을 정비하고 자신만의 새로운 계통의 종교를 제도화시켜야 할 종교가가 만난 운명은 절망적이었다. 더구나 내부적으로도 뚜렷한 후계자 없는 교단의 분열양상은 특정 종교가의 교단 형성에 분명한 장애물이었다. 이렇듯 내·외부적 어려움에 직면한 보천교가 민족말살과 동화정책을 성공시키기 위한 식민권력의 집요한 공작에서 벗어나기는 힘든 상황이었다. 그 결과 한때 교세를 떨쳤던 보천교는 1920년대 중반 이후부터 몰락의 길을 걷게 된다. 조선총독부의 촉탁이었던 무라야마 지쥰村山智順이 정리한 『조선의 유사종교』(조선총독부, 1935)에는 '천도교·보천교 양교 분포연혁도'가 첨부되어 일제강점기에 식민권력도 천도교와 보천교가 소위 지배적인 민족종교였음을 알려준다.

그러나 보천교에 대한 연구는 아직도 초보적인 수준을 면치 못하고 있다. 단편적인 연구논문들은 여러 편 발표되었지만 한권의 책으로 된 체계적인 연구물이 1편 정도 보이는 실정이다. 지금까지 보천

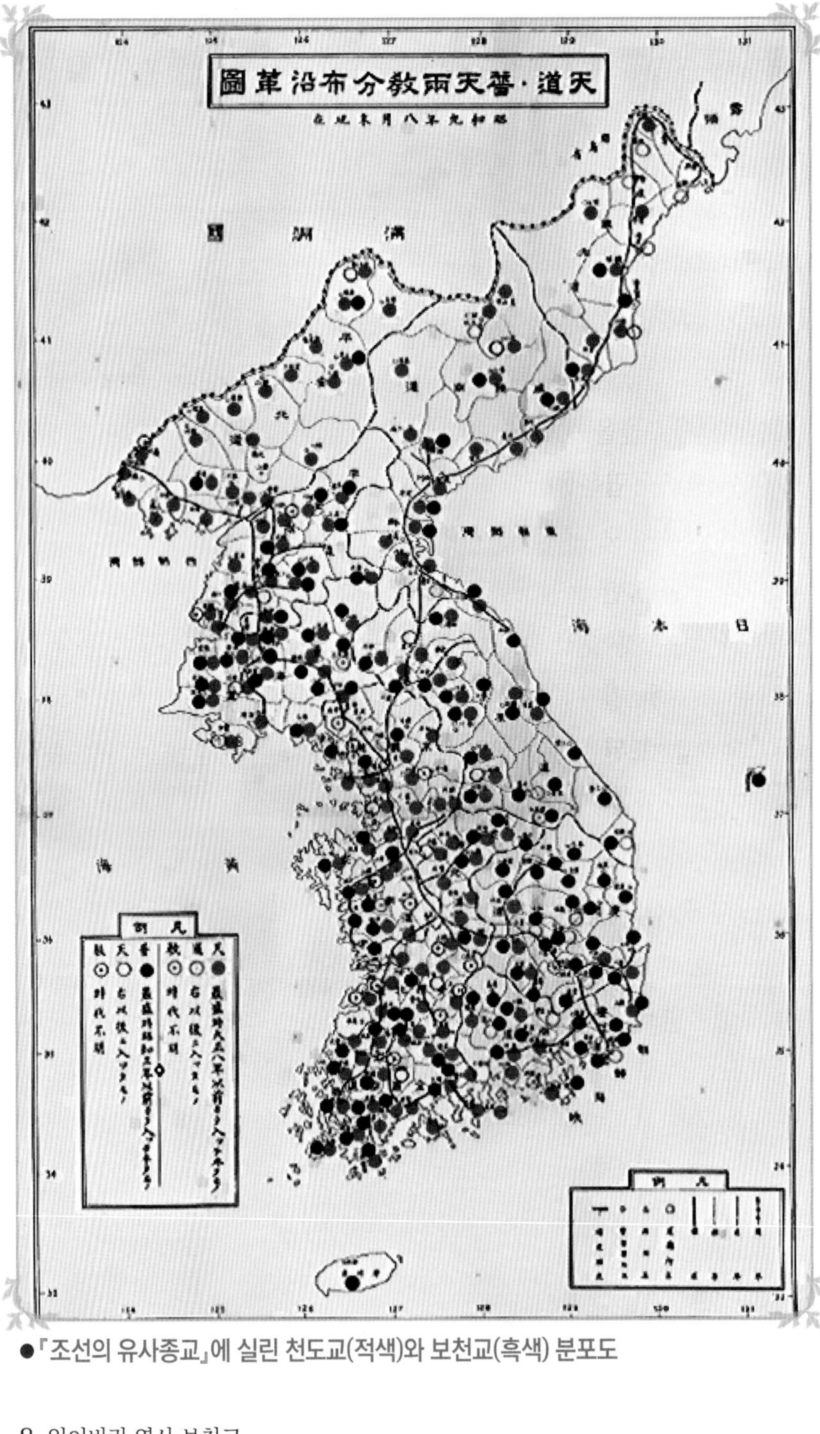


●『조선의 유사종교』에 실린 천도교(적색)와 보천교(흑색) 분포도

교에 대한 학계의 연구는 이강오 교수를 비롯하여 홍범초, 황선명, 안후상, 김재영, 김철수, 일본의 조경달 등에 의해 주로 이루어진 것이 전부이다. 그 중에는 보천교에 대해 부정적 시각을 드러낸 글들도 보인다. 그나마 옛 보천교 본소지역인 정읍지역에 거주하는 정읍역사문화연구소 김재영 소장과 안후상 선생이 지금껏 꾸준히 보천교 연구의 활성화와 위상정립에 아낌없이 노력하는 점이 다소 위안이 된다. 주로 한국내의 각종 역사적 문헌(신문자료, 공판자료, 교단 자료 등)과 증언 자료들을 통해 연구하여 보천교의 활동내용과 일제의 탄압 그리고 민족독립운동에의 적극적 기여도 등을 밝혀냈다. 일제하 민족종교 연구에 모두 소중한 자료들이다.

이 책을 구성한 글들도 기존에 발표된 글의 내용을 보완하거나 재구성해 실은 것이다. 「일제시대 종교정책과 보천교」는 『선도문화』 20권(2016)에 「일제하 식민권력의 종교정책과 보천교의 운명」이라는 제목으로 발표된 내용이고, 「보천교와 민족 독립운동」은 정읍역사문화 연구소가 2016년 8월 주최한 '동학농민혁명 이후 근대 민족운동-일제강점기 보천교의 민족운동-' 학술대회에서 발표한 후 『신종교연구』 35집(2016)에 「일제 식민권력의 기록으로 본 보천교의 민족주의적 성격」의 제목으로 게재된 글을 재구성한 것이다. 「식민권력의 형성과 보천교」는 『종교연구』 74-2(2014)집에 「1910~1925년 식민권력의 형성과 민족종교의 성쇠-『보천교일반』(1926)을 중심으로-」라는 제목으로 발표된 글을 정리한 내용이다.

그리고 뒷부분에는 일제시대의 종교지형을 보면서 지나칠 수 없는 신사정책에 대한 글을 첨부하였다. 「식민권력의 종교정책과 국가신도」는 원래 노무라 교수와 공동으로 발표한 교토불교대학의 『사회학부 논집』 31호(1998)의 「조선총독부의 종교정책(日文)」과 『순천향 인

문과학논총』 제27집(2010)의 「'조선신궁' 설립을 둘러싼 논쟁의 검토」를 정리 보완한 내용이다.

일전에 어느 대학 연구소에서 '조선신궁을 둘러싼 일제시대 종교정책'을 발표했더니만, 종교정책과 신사정책은 분리해서 다뤄야 된다고 강력히 주장하는 연구자도 있었다. 특히 일본에서 연구한 학자들의 경우가 더욱 그러했다. 너무나 상식적인 이야기이다. 종교와 신사를 분리해서 보아야 하는 것은 당연하지만 식민지 상황에서 그것이 그렇지 못했기 때문에 문제가 되는 것이다.

하염없이 짓밟혀도 좋다. 쓰레기통에 던져져 아무도 거들떠 보지 않는 폐품이 되어도 좋다. 보천교에 씌워진 식민주의적이고 제국주의적인 시각을 조금이나마 제거할 수 있다면 그래서 '사이비' '반민족적'이라는 힐난과 비난이 사라지게 된다면 아무래도 좋다. 두 눈 부릅뜨고 보려는 건 아직 내가 식민권력에 저항했던 보천교의 힘과 밝혀지지 않은 활동에 어느 정도 확신이 있기에 가능한 것이다.

그리고 대학원 시절부터 종교연구의 모티브로 삼아온 종교사회학자 뒤르켐E. Durkheim의 강조점을 되새겨 본다.

> "그릇된 종교란 없다. 모든 종교는 나름대로 진실하다. 그 방법들은 서로 다르다 할지라도 모든 종교는 인간존재의 주어진 여건들과 부합된다."

누군가 프랑스의 인상파 미술의 창시자 클로드 모네Claude Monet라는 화가에 대해서 '하나의 시선일 뿐이다. 하지만 그 시선은 얼마나 찬란한가'라고 얘기했다. 시선 하나로 혹평을 받았던 한 사람의 인생이 정리될 수 있는 것 같다.

# 목 차

# I. 일제시대 종교정책과 보천교

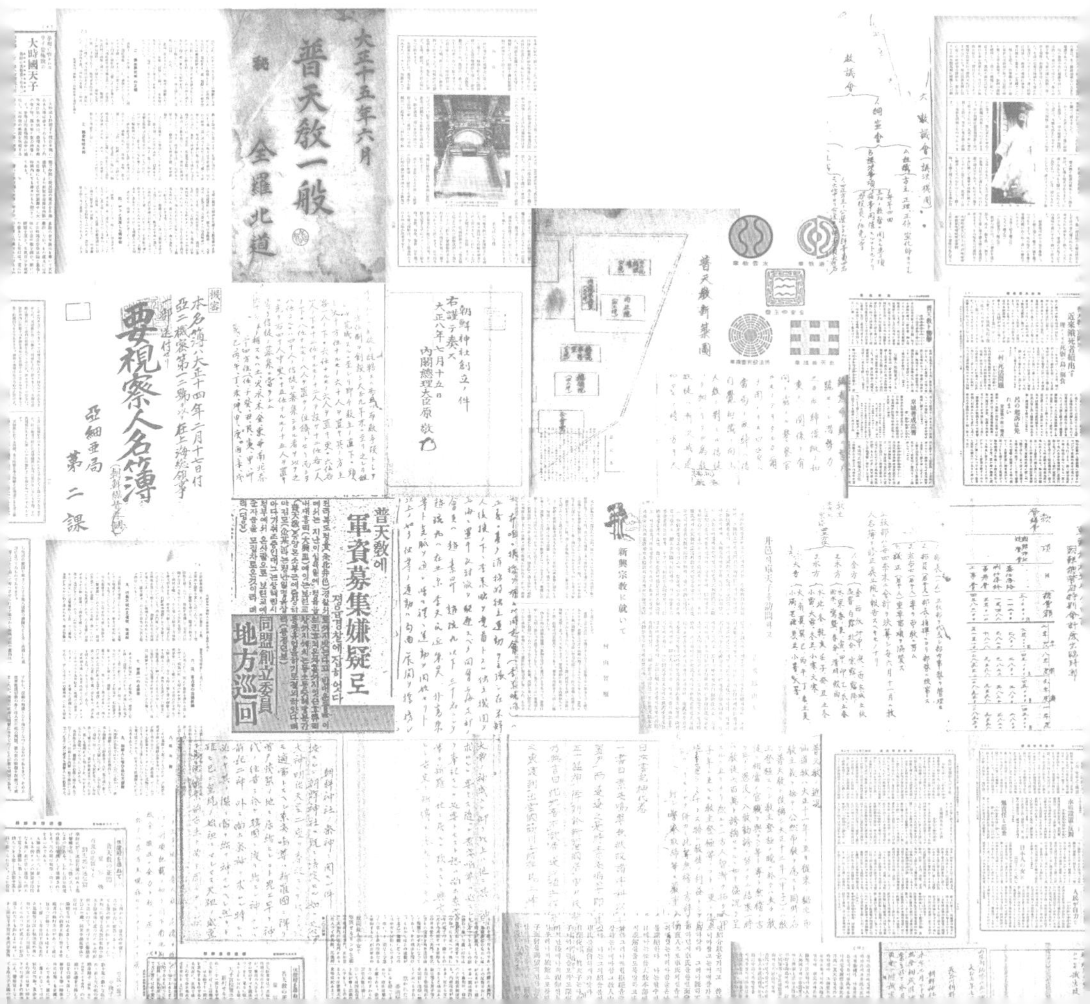

●『녹기綠旗』(1권 8호, 1937)에 실린 보천교 본부 본전本殿 내부의 본존本尊. 위쪽 둥근 부분에는 해·달·별·입암산笠岩山·강물·임야林野 등이 그려져 있다.

# 1 식민권력과 민족종교

1910년 한국을 강점한 일제 식민권력은 한국인의 민족의식을 약화시키고 일본민족에 동화시키는 데 사상통제 혹은 종교가 폭력을 이용한 강압적인 통제보다 호소력 있고 강력한 도구임을 잘 알고 있었다. 그것은 메이지明治 정부(1868~1912)의 경험에서 얻은 수확이었다. 메이지 정부는 신도神道를 중심으로 국민들을 정신적, 사상적으로 통제하였고 종교가 민중들의 정신사에 미치는 영향력이 적지 않음을 경험하였다.[1]

식민권력도 이러한 종교를 소홀히 할 수 없었다. 이는 식민권력이 강점 직후부터 민족의식을 약화시키고 식민정책의 결실을 조속히 이루기 위한 조치였고, 궁극적으로는 동화정책이 보다 빨리 성공할 수 있다고 보았던 것이다.[2] 이 점을 강조하여 "일제강점기 하 일본의 식민지 종교정책은 한국의 일본화라는 식민지 정책의 일환으로 시행되었고, 제도적 장치를 통한 통제와, 일본의 종교적 민족주의의 이식

---

1 물론 당시 신도정책과 종교정책과의 관련성에 대해서는 논란의 여지가 있다. 메이지 정부는 '신도는 비종교'라는 입장으로 정리하여 반발을 무마해 나갔지만, 이를 통해 국민을 정신적, 사상적으로 통제한 것은 분명하며 오늘날 입장에서 이를 위장된 종교정책으로 봄은 큰 무리가 없다. "村上重良(『國家神道』)에 따르면 국가신도는 전전 '일본국민을 지배했던 국가종교'"라 했고(桂島宣弘, 「宗教概念と國家神道論-'帝國=植民地'を射程に入れて」, 윤해동, 이소마에준이치, 『종교와 식민지근대』, 책과 함께, 2013, 151쪽), 黑田俊雄는 "신도는 자립성을 획득한 그 순간에 '종교가 아니'라는 점을 강변하는 종교로 전락했다"(158쪽 재인용)고 하였다.

2 일본은 패전 후 한국강점을 회고하면서 "조선통치의 최고방침은 내선일체에 있었고, 궁극의 목표는 조선의 四國九州化(한국을 일본의 한 지역으로 편입하는 것-인용자 주)였다"고 술회한 바 있다(大藏省管理局, 『(取扱注意)朝鮮統治の最高方針. 日本人の海外活動に關する歷史的調查』 通卷 第 3冊, 1947, 3쪽).

(신사참배의 강요), 한국 종교들의 일본 종교에의 통합 등 세 방향으로 전개되었으며, 일시적 장애가 있었으나 대체로 성공을 거두었다고 할 수 있다"[3]고 평가하기도 한다. 식민지 종교정책의 기조가 '한국의 일본화'라는 민족말살의 일환에 있었고 대체로 성공했음을 지적하는 내용이다.

여기서는 이러한 일제하 식민권력이 민족종교를 대상으로 전개한 탄압을 다루었다. 구체적으로 본다면, 강점 직후 이제 막 교단을 형성하고 체제를 정비하여 3·1운동 직후인 1920년대 전반기에 자칭·타칭 '600만 교도'[4]를 일컬을 만큼 교세가 급속도로 신장되었던 민족종교인 보천교(일명 仙道教)에 대한 식민권력의 통제를 대상으로 한 글이다.

보천교는 증산甑山 강일순(1871~1909) 사후에 그의 제자였던 월곡月谷 차경석(1880~1909)이 세운 교단이다. 식민권력이 민족말살과 동화정책을 성공시키기 위해 강점 직후부터 집요하게 종교통제를 구사하는 상황에서, 보천교도 식민권력의 집요한 공작에서 벗어날 수 없었다. 그 결과 한때 교세를 떨쳤던 보천교는 1920년대 중반 이후부터 몰락의 길을 걷게 된다. 일제하의 민족종교 중 하나인 보천교에 대한 탄압은 단순히 하나의 종교단체만을 통제하려는 것이 아닌 일본 제국주의의 사상통제라는 큰 틀 속에서 이루어졌다고 볼 수 있다. 식민권력의 종교통제는 메이지 정부의 신사神社정책 및 종교통제 방식과 무관치 않고, 최종적으로 일본의 신도를 식민지 한국에 이식시

3 류성민, 「일제강점기의 한국종교와 민족주의-일제의 식민지 종교정책에 대한 한국종교들의 대응을 중심으로-」, 『한국종교』 24, 1999, 204-205쪽.

4 보천교의 신도 수에 대한 논란은 다양하다(김철수, 「1910-1925년 식민권력의 형성과 민족종교의 성쇠-『보천교일반』(1926)을 중심으로-」, 『종교연구』 74-2, 2014, 46-47쪽).

켜 동화정책을 성공시키는 데 목적이 있었다고 보기 때문이다.

따라서 여기서는 우선 메이지 시대 신사정책과 종교정책의 흐름을 먼저 개관하고, 그러한 메이지 시대 경험이 식민지 한국에도 적용되었음을 제시하고자 한다. 그리고 다음으로 일제하 '비종교' 신사정책의 내밀한 진행과, 또한 종교들을 통제하기 위해 적용하였던 '종교'와 '유사종교' 분리통제, '유사종교'에 대한 탄압과 공개 회유를 통한 친일화 공작을 나누어 살펴본다. 이 과정에서 '유사종교'라 낙인찍힌 대표적인 민족종교 보천교가 단순히 교단 내부의 분열에 따라 몰락의 길로 나아갔다기보다는 식민권력의 철저한 계략에 의해 분열·몰락되었음을 확인해 보고자 한다. 그 결과 여기서는 충분히 다룰 수 없었지만, 식민권력이 의도한 신사를 중심으로 한 동화정책, 내선일체內鮮一體의 결실을 맺기 위한 바탕을 마련해 나갔던 것이다.

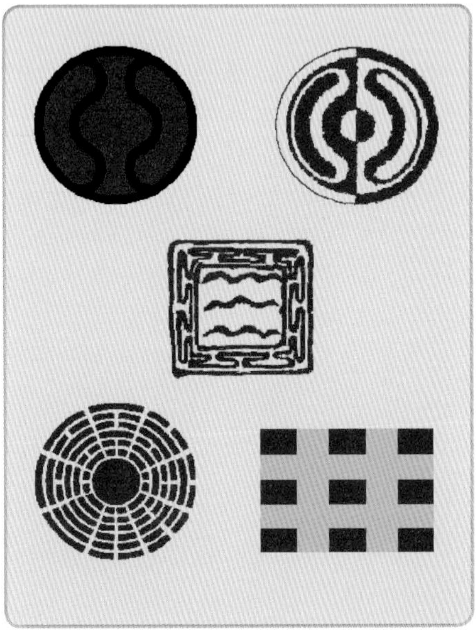

●『조선의 유사종교』에 실린 당시 주요 민족종교의 교장敎帳

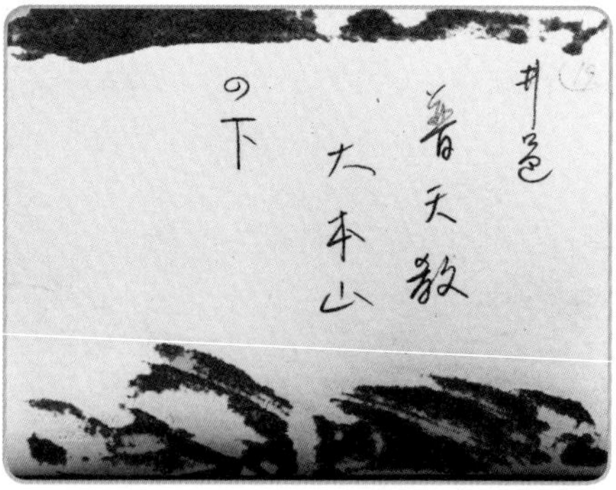


● 일본 가쿠슈인學習院대학에 보관된 젠쇼 에이스케善生永助의 사진 모음 더미에 들어 있는 대흥리 전경 사진. 사진 뒷면(우측)에는 "井邑普天教大本山の下"라 적혀 있다.

## 2 메이지 정부의 국가신도와 종교정책

메이지 정부는 천황 중심의 국가주의와 더불어 '신도 국교화' 체제를 구축하여 국민들을 통제·동원하였다. 신도 국교화 정책은 1868년 메이지 유신으로 정부가 형성되고 난 직후부터 1871년 사이에 집중적으로 추진되었으나, 당시에는 신도의 역량 부족과 불교 등 다른 기성 종교의 반발 등으로 쉽게 실현되지 못했다. 이에 정부는 1871년 5월 14일, '신사神社의 의儀는 국가의 종사宗祀로 일인일가一人一家의 사유私有에 있는 것이 아니다'라는 태정관太政官 포고 제 234호를 공포하였다.

이로써 '신사는 국가의 종사'라는 공적 성격이 정식으로 규정되어 신사가 종교에서 분리되었고, 신사는 개인의 사적 신앙을 위한 시설이 아니라 국가의 공공시설임이 강조되었다. 신사 제사의 본의는 숭경과 경애에 있고, 신을 제사지내는 것은 부모를 섬기는 것과 마찬가지임을 내세운 것이다. 즉 제사는 효의 연장이기 때문에 곧 종교가 아니라 의례와 습관에 지나지 않는다는 이야기였다. '신사 비종교화'로 대변되는 '국가신도'는 이렇게 성립되었다. 이제 국가신도는 종교를 넘어선 종교, 곧 초종교로서의 지위를 갖게 되었고, 메이지 정부는 이러한 국가신도와 더불어 모든 종교들을 정리하고 국가목적에 따르도록 하는 종교예속화 정책을 실현시켜 나갔다.[5]

---

5 메이지 정부에서 신도는 두 가지 양태, 곧 '국가신도(신사신도)'와 '교파신도'로 나뉘어진다. 정부는 '신사'를 제사로 규정하면서 전 국민의 도덕과 윤리의 주체로 삼은 반면, 교파신도를 민간에 의해 조직된 종교단체로 규정하고 신도정책은 종교국에서 신사정책은 신사국에서 담당하게 하였다. 교파신도들에는 천리교, 금광교, 흑주교 등 새

메이지 정부는 보다 더 적극적으로 종교통제 방안을 강구하기 시작했다. 1889년 2월 발포된 〈대일본제국헌법〉의 제28조에는 '일본 신민臣民은 안녕질서를 방해하지 않고 신민의 의무에 반하지 않는 한에 있어서 신교信教의 자유를 갖는다'고 규정되었다. 다시 말해 국가의 '안녕질서'를 방해하지 않고, 또 '신민의 의무'를 위반하지 않는다면 종교 신앙의 자유가 인정된다는 내용이었다. 이전에는 기독교 신앙 자체만으로도 처벌을 받았지만, 그에 비해 한정적이기는 해도 신교의 자유가 법률로 명문화된 것이다.

그러나 당시 헌법 기초에 참여했던 이토 히로부미伊藤博文는 "무릇 종교란 국가의 기축을 이루어 사람의 마음깊이 침투하여 인심을 국가로 귀일시켜야 할 것이다. 그러나 우리나라에는 종교라는 것이 힘이 약하여 국가의 기축이 될 만한 것이 없었다"고 했다. 그러면서 일본에서 국가의 기축이 될 만한 것은 오직 황실이라고 주장하였다.[6]

---

로운 종교들도 포함되었고 메이지 정부의 종교정책에는 이른바 공인종교로서의 신도, 불교, 기독교와 함께 교파신도가 포함되었다. 이러한 종교구분 및 종교정책은 조선총독부에서도 그대로 적용되고, 1912년 이후 교파신도와 신사신도의 정책은 종교정책과 신사정책으로 나뉘어 전개된다. 식민지 한국에서 이러한 신사정책의 중심은 강점 전후의 거류민 신사 및 1925년 조선신궁 설립 그리고 강점 후기의 1面 1社로 만들어진 각 지역의 신사들로 '비종교'를 내세운 신사들이었다. 본 절의 '비종교 신사'도 조선신궁을 중심으로 한 이러한 식민권력의 신사들이다. 혹자는 '비종교인 신사정책과 종교정책이 아무런 관련이 없다'고 주장할 수도 있지만, 그것은 제도적인 측면만을 고려한 경우로 식민권력의 특징을 도외시한 경우이다. 식민권력은 강점 직후부터 식민지배를 위한 사상통제 혹은 내선일체를 이루기 위해 식민본국의 신사정책과 종교정책을 전개하고 있으며, '정교분리'를 이룬 국가에서 보이는 다양한 종교교단의 발전을 위한 배려는 아니었던 것이다. 조선신궁이 세워지면서 신궁참배 등으로 나타난 종교계와 식민권력의 갈등 및 심전개발운동의 전개과정 등을 보면 이를 확인 가능하다. 일본에서도 신사 대 종교의 긴장관계는 계속되었고, 1920년대에 일본기독교연맹은 신사가 종교가 아니라면 종교활동을 하지 말고 신사참배를 강요하지 말아야 한다고 정부에 요청하였다.

6 伊藤博文, 『修正憲法教本』, 村上重良, 『天皇制國家と宗教』, 日本評論社, 1986, 128쪽 재인용. 이에 따라 제국헌법은 "제1조. 대일본제국은 萬世一系의 천황이 통치한다. 제2조. 천황은 신성하며 침해하지 못한다" 라고 규정했고, 천황을 정점으로 한 종교정책

결국 국민의 신교 자유는 인정하지만 그것은 무조건적인 것이 아니며, 국가의 기축은 모름지기 황실이며 종교단체도 황실에 대한 사회적 기대를 수행해야 함을 강조했던 것이다.

따라서 종교단체가 정치적 결사結社를 맺을 가능성이 있다고 판단되면, 국가는 강력한 의지로 제한을 가할 수 있었고 이를 위한 제도들을 마련할 수 있었다. 교단 설립에 대한 통제도 그 중 하나였다. 내무대신內務大臣이 해당 종교의 교의 및 구성인원에 문제 있다고 할 경우, 그 종교는 교단설립을 중지하거나 교의를 변경해야만 하였다.

이러한 국가의 종교통제는 기성 교단 뿐만 아니라 아직 정식으로 교단을 설립하지 못한 신종교[7]에 강력하게 적용되었던 것은 당연지사였다. 그 때문에 신종교가 교단을 설립하는 것은 거의 불가능에 가까운 일이었다. 법률적으로만 본다면, 1899년 〈신불도神佛道 이외의 종교의 선포, 당우堂宇 회당會堂 등에 관한 규정〉이 나온 이후에 기독교나 신종교의 교단설립이 가능해졌던 것이다. 이 때에도 해당 종교들이 종교선포宗教宣布에 필요한 회당 등을 설립하기 위해서는 ①설치의 이유, ②설치의 종료기한, ③명칭, 소재지 및 부지, 건물의 주요

---

을 시행할 수 있었던 것이다. 그리고 국가신도(신사신도)는 이러한 天皇家의 皇祖神인 天照大神을 제사하는 이세신궁을 최고 정점으로 위계서열화된 신사조직이었다.

7 메이지 정부 당시 '신종교'라는 표현을 어느 시점, 어떤 종교에 적용시킬 수 있는가의 문제, 특히 근대의 종교에 획일적으로 적용시키는 문제가 발생할 수 있으나 본고는 '신종교' 개념을 구체적으로 추적하는 글이 아니기 때문에 막부 말과 유신 시기에 등장한 종교들을 신종교라 지칭해도 논지를 전개하는 데는 큰 무리가 없고(瓜生中, 渋谷申博, 『日本宗教のすべて』, 日本文藝社, 1997, 244-248), 일제강점기 발생한 보천교는 일본 내에서 신종교와 같은 형태로 보기 때문에 사용한 것이다. 참고로 일본의 '신종교'에 대해서 『岩波佛教辭典』는 "教祖가 새롭게 만들었으며, 그 점에서는 創唱宗教에 포함되며, 그러한 의미로 신흥종교라 불려진다. 공통적인 특색으로는 現世利益·선조숭배·사회개혁 3가지를 들 수 있다."고 하며 『新宗教事典』에서 島薗進는 '①종교일 것 ②성립종교(독자의 교의 및 실천체계와 교단조직을 가짐)일 것 ③기성종교로부터 독립 ④민중을 주 담당자로 하는 종교'라 하였다.

한 도면, ④종교의 명칭, ⑤유지, 관리의 방법, ⑥포교 담당자의 자격 및 그 선정방법에 대하여 서류를 지방장관에게 제출하여 허가를 받을 것을 규정하고 있었다.

이처럼 메이지 정부는 법률상 신교信教의 자유를 조건부로 인정하면서도 공인교公認教 정책을 통하여 종교교단의 설립과 활동을 통제하고 있었다. 국가의 자의적인 기준에 따라 '공인종교'와 '비공인종교'로 분리하여 통제한 정책은 종교를 국가(황실)의 목표달성을 위한 행정기구의 한 단위처럼 다루려는 발상으로 볼 수밖에 없다. 뒤에서 보게 될 식민권력의 종교정책 역시 제국헌법 제28조의 테두리 내에

● 일본 도요東洋대학 니시야마 시게루西山茂교수와 연구실에서 보천교 관련 인터뷰를 마치고

서 효율적인 식민지 관리를 목적으로 이루어진 것이었다.

신종교 역시 제국헌법의 제정 및 각종 행정조치에 따라 공인종교로 인정받고 종교 활동을 할 수 있었다. 그러나 정부가 두려워했던 것은 신종교가 '국체國體'에 반反하는 교의 및 사상을 보급하는 것이었다. 이에 대한 규제는 법제에서 강하게 나타났다. 1882년 형법(구형법)이 시행되면서 불경죄와 위경죄違警罪가 설치되었다. 천황이나 황실을 비방하거나 그 존재를 부정 또는 의문시할 수 있는 종교적 교의教義와 선포는 불경죄에 의해 처단되었다. 또 유언부설流言浮說을 확산시키거나 함부로 기도하는 등의 행위는 위경죄에 의해 즉각 처벌될 수 있도록 하였다.

이러한 불경죄와 위경죄는 신종교에 있어서 매우 성가신 존재였다. 유일신교 혹은 신앙대상이 뚜렷한 신종교의 교의들은 만세일계의 천황제와 대립되는 면이 강했고, 또한 어떤 신종교가 뚜렷한 종교적 신념으로 교의를 전파하고 종교행위를 해도, 단속하는 당국이 그것을 미신적·주술적 언설言說 및 행위라고 인정해 버리면 좋든 싫든 처벌을 받을 수밖에 없었기 때문이다.

러일전쟁 이후 사회는 더욱 피폐해졌고 국가에 의한 사상통제는 더욱 엄격해졌다. 1907년 신형법에서는 불경죄의 내용을 강화하여 천황, 황실, 신궁神宮에 대한 불경을 엄격하게 경계하기 시작하였다.[8] 신궁에 대한 불경죄는 신종교와 밀접한 관계를 갖는 항목이었다. 또 구형법에 있었던 위경죄도 1908년 내무성령 제 16호 〈경찰범 처벌령〉으로 별개로 제정되었다. 경찰범 처벌령에 의해 경찰당국으로부터 '음사사교淫祠邪教'로 지목된 신종교는 정식재판을 거치지 않고 경찰만으로 처분가능하게 되어 신종교 조직의 확대를 크게 제약한 경

8 井上順孝, 『新宗教の解說』, 東京:ちくま學藝文庫, 1996, 105-106쪽.

우가 많았다.

신형법의 신궁에 대한 불경죄 신설은 '신神'에 관한 문제를 제기했다. 이에 따라 다양한 신들을 신앙 대상으로 하는 신종교는 교의 면에서 더욱더 강력한 국가의 규제를 받을 수밖에 없게 된 것이다. 국체는 천황의 존재와 불가분의 관련을 맺고 있고, 그러한 천황의 지위에 대한 이데올로기는 『고사기古事記』와 『일본서기日本書紀』의 신화, 특히 아마테라스오오가미天照大神 신화가 바탕이 된다. 일본신화의 다른 신들, 또는 이질의 신을 숭배하는 종교는 필연적으로 '국체를 부정'하는 것이 된다. 곧 아마테라스 신보다 위대하다고 생각하는 신을 교의教義로 내세우는 것은 불경죄의 가능성을 갖게 되는 것이다.

1921년 오오모토大本교 탄압은 그 대표적인 적용사례였다. 오오모토교는 1892년 영능자霊能者 데구찌 나오出口なお가 '간艮의 금신金神'(우시토라노곤진)의 계시를 받아 입교立教한 뒤 1898년에 데구찌 오니사부로우出口王仁三郎를 만나면서 교단조직을 만들고 거대교단으로 발전한 교파신도教派神道계의 교단이었다. 오오모토 교단은 문부성 종교국의 소관이 아니라 소위 유사종교단체로 분류되어 내무성 경보국警保局의 관할이었다.[9] 만민평등과 세계평화를 내세우며 '세상을 바로 세움'(立替え·立直し)을 교의로 하여 한때 신도수 100만을 넘어섰던 오오모토교에 대해 정부는 혁명사상을 내포한 위협적인 단체로 간주

9 1913년 내무성 종교국을 폐지하고 문부성에 종교국을 설치했으며, 신사행정은 내무성에 그대로 두었다. 오오모토교로 대표되는 유사종교단체는 문부성 종교국이 1919년 처음 사용한 용어였다(1919. 3. 3. '宗教及びこれに類する行為をなす者の行動通報方について警視庁及び道府(県庁に達す'[宗教局通牒発宗11号]). 青野正明은 포교규칙(1915)에 처음 사용되었던 '종교유사단체' 용어가 위와 같이 1919년 일본에서 '종교유사'로 사용되었고, 1930년대 다시 한국으로 역수입되었다고 지적하였다(青野正明, 「植民地期朝鮮における'類似宗教'概念」, 『國際文化論集』 43, 桃山學院大學, 2010, 71-109쪽. 青野正明, 「조선총독부의 신사정책과 유사종교」, 『종교와 식민지 근대』, 책과함께, 2013, 203-204쪽).

하였다. 1921년 국체에 저촉하는 교의를 가진 신종교로 판단된 오오모토교는 불경죄 및 신문지법에 의해 최초의 탄압을 받았다.[10]

이러한 신종교 탄압은 1925년 치안유지법 제정으로 더욱 엄격하게 이루어졌다. 소위 국체의 변혁을 지향하고, 안녕질서를 어지럽힌다고 생각되는 종교운동에 대한 통제는 문부성 종교국과 치안당국(내무성 경보국, 사법성)의 양면작전으로 이루어졌고, 내무성과 사법성은 불경죄와 치안유지법 등으로 유사종교단체 단속을 더욱 강화해 나갔다. 1935년에도 경찰은 오오모토교의 교의에 있는 '미륵신정彌勒神政의 성취'라는 종교적 이념 실현이 국체변혁에 연결된다고 주장하며 치안유지법을 적용하여 다시 탄압하였다.

더욱이 내무성과 경찰당국은 오오모토교 박멸을 위해 1872년 8월의 대장성大藏省 달達 제 111호(무허가종교시설의 건축금지령)까지 적용하였다. 이로 인해 오오모토교는 대다수의 간부와 신도들이 치안유지법 위반과 불경죄로 체포 구속되었고 본부 등 건축물마저 파괴되기에 이르렀다.[11] 1941년 2월 8일에는 치안유지법 개정 법률안이 제출되어 유사종교운동 곧 신종교를 치안유지법으로 명확하게 규제할 수 있도록 했을 뿐만 아니라 '국체의 변혁'에서 '국체의 부정'으로 그 적용범위를 확대하였다. 소위 '국체를 부정'한다고 생각되는 종교에는 가차 없이 치안유지법이 발동, 적용되면서 일본 제국주의의 사상

---

10 오오모토교는 초기 단계서부터 기관지 등 매스미디어를 이용한 포교를 행했다. 1920년에는 大正日日新聞을 매수했다. 1921년 탄압으로 王仁三郎가 체포, 구속되었고 당시 신문들로부터 총공격을 받게 된다. 1927년 석방되었으나 그동안 일부 신도들이 교단을 이탈, 그 다수가 이후에 오오모토교를 비난하며 돌아섰다.

11 이 외에도 1937년 히도노미찌(ひとのみち) 교단에 대한 불경죄 적용, 1938년 혼미찌(ほんみち) 교단에 대한 치안유지법과 불경죄의 발동, 그리고 1939년 燈臺社에 대한 치안유지법 발동 등 신종교를 탄압한 사례들을 볼 수 있다. 내무성은 1930년 3월부터 『特高月報』를 발행했는데, 1936년 3월호부터 '종교운동의 상황'의 항목이 더해져 공인종교단체와 유사종교단체의 교세와 활동이 다루어졌다.

통제를 진행해 나갔다.

이와 같이 메이지 정부의 종교정책을 개괄하여 보았을 때 종교통제의 몇 가지 특징을 확인할 수 있다.

그것은 우선 '신사 비종교화' 조치에 따라 신사는 일찌감치 국가신도 체제로 종교통제의 대상에서 분리되어 민중동원 및 사상통제를 위한 제도적 장치로 마련되고 있었음을 알 수 있다. 그러나 내면적으로 '비종교' '초종교'의 위치를 확보한 국가신도는 "특정한 종교교의를 지닌 국교國教이며, 국민의 기본적 자유권으로서의 신교信教의 자유와도, 국가권력의 세속성 확립을 지향하는 정교분리와도 상용相容하지 않은 본질을 지니고"[12] 있었으며, 따라서 종교교단들의 신궁에 대한 불경은 엄격히 다루어졌다는 사실이다.

다음은 공인교 정책을 실시하여 '공인종교'인 신·불도의 '종교'와 그 외를 분리시켜 비공인 종교, 이후의 소위 '유사종교'는 신·불도처

● 대흥리 논밭에 남아 있는 보천교 본소의 흔적

12 村上重良, 『日本宗教事典』, 講談社, 1996, 338쪽.

럼 문부성이 아닌 내무성 경보국의 통제를 받도록 하였다. 이러한 분리통제와 더불어 비공인(유사)종교는 사이비 종교로 간주하여 철저한 통제, 탄압과 심지어 박멸까지 획책하고 있었으며, 여기에는 당시의 언론 및 사회여론도 함께 동조하였다. 그리고 비공인 종교의 교단화를 억제하는 동시에 공인종교로 설립되더라도 국가에 의한 통제를 용이하게 하였으며, 또 다양한 법규를 제정하여 국가의 의도 곧 국체에 반하거나 혹은 부정하는 유사종교 교단을 전방위적으로 통제할 수 있도록 전개해 나갔다. 이러한 메이지 정부의 신사정책과 종교정책은 식민지 한국에도 유사하게 적용되었던 것이다.

● 정읍 보천교 본소의 서문인 승평문昇平門

# 3 식민권력의 '비종교' 신사 설립과 '종교'의 분리통제

먼저 간략하게 살펴볼 것은 식민지 한국에서의 '비종교' 신사 설립이다.[13] 일제는 한반도를 식민지화하려는 여러 작업을 동시에 진행해 나가면서 한국인들을 정신적·사상적으로 통제·동원해 나가기 위해 신사와 종교 문제에도 역점을 두기 시작했다. 1910년 한국을 강점한 식민권력은 메이지 시대에 이루어진 '신사 비종교화' 조치에 따라 식민지에서도 국가신도를 통해 민중들을 조직화(통제 및 동원)하려는 계획을 진행시켰다.

일본 전국신직회[14]에서는 일제 강점과 동시에 1910년 9월 '조선반도에 있어서 신사제도'라는 주제의 강연을 하고, 강점에 따른 일본

---

13 여기서 다룬 식민지 한국의 '비종교' 신사 설립은 조선 전도의 총진수격으로 1925년 서울 남산에 설립된 '조선신궁'을 중심으로 하였다. 조선신궁 진좌제에서 공포한 통첩을 보면, "신사는 우리(일본-필자 주) 황실의 선조 및 국가에 공로가 있는 국민의 선조를 奉祀하고, 국민이 숭경의 誠을 다하여 영원히 그 덕업을 경앙하도록 하기 위한 국가 공공의 시설로서 추호도 종교적 의의를 갖는 것은 아니다. 때문에 국법상, 신사와 종교와는 완전히 그 관념이 다른 것임으로, 신사에 참배하여 경신숭조의 정신을 계발·배양하는 것은 국체관념을 강고하게 하는 소이이므로, 학교나 교직원 및 생도 아동은 신사에 참배함이 당연한 것이다."(大藏省管理局, 『(極祕)朝鮮統治の性格と實績』, 1947, 59쪽). 이는 메이지 정부의 국가신도와 동일한 입장으로, 신사는 '국가공공의 시설'임을 언명하여 신사숭경·신사참배를 주장한 것이다. 1939년 경성에 결성된 신도연구회는 '신사참배와 신붕봉재의 장려실천, 부읍면 1社의 神祠創立과 함께 고유 향토신 제사를 개량동화 엄수, 조선 내 모든 종교에 대한 習合教理를 조사연구하여 쇄신동화 시킬 것'을 진행하였다.(小笠原省三, 『海外神社史(上)』, 海外神社史編纂會, 1953, 210쪽)

14 전국신직회는 이세신궁을 필두로 官国幣社 이하 전국 신사의 神官 神職들이 참여한 단체로 1892년 설립되었고, 신사제도 전반과 식민지에서의 국가신도 제도의 이식과 전개에 대해 적극 관여하고 있었다.

신직계의 향후 구상을 제시했다. "한편으로는 정치상 선정善政을 펴서 회유懷柔를 도모함과 동시에, 한편으로는 교육상 점차로 이를 훈도薰陶하여 황택皇澤에 젖게 하는 것이 필연의 사업이며, … 고로 신사제도를 조선반도에도 시행하여, 동화의 결실을 빨리 거두고 싶다."[15] 강점과 동시에 신사창립계획이 마련되었음이 보이며, 당시 신직계의 각오와 바램이 뚜렷이 나타나고 있다.

이와 함께 1912년 조선총독부에서는 조선신궁의 건설을 위해 조사비를 계상計上하여 조사를 진행하면서 조선신사 설립을 꾸준히 논의하여 나갔다. 그것이 본격적으로 이루어진 해가 1918년(내무성 비밀보고. '조선신사 창립에 관한 건' 1918.11.28.)이다.[16] 3·1운동 후인 1919년 7월 18일에는 아마테라스와 메이지 천황을 제신으로 하는 조선신사, 곧 '신사를 조선 경기도 경성부 남산에 창립하고 사격을 관폐대사에 열列할 것'이라는 내각 고시가 하라 다카시原敬 총리대신으로부터 나왔다. 결국 3·1운동을 기점으로 식민지 조선에서 신사숭경의 강화 및 그 시설인 조선신사 창건을 서두르려는 신도가들의 의지가 명확하게 드러났다.

그리고 "신사의 성질 그리고 설립취지는 결코 조선인의 사상을 긴박緊縛하는 것이 아니라, 또 정의인도正義人道에 반反함이 아니다. 우리들은 황화皇化의 보급선전을 꾀하여, 저들 조선인의 행복을 꾀하고 싶다. 저들이 반발적 태도를 보이는 것은 신사의 설립이 나쁘기 때문이 아니라, 통치책의 결함으로부터 나온 죄이다"라고 하여 보호주의적 주장과 총독부 정책의 결함에 대한 주장도 나타냈다. 그러면서 결

15 『全國神職會 會報』 第 143號, 1910. 9, 4쪽.

16 소위 조선신사는 '조선전토의 민중 일반이 존숭해야만 하는 신사' '충군애국의 장소' '국풍이식의 大本으로서 內鮮人 공히 존숭해야만 하는 신사'여야 하기 때문에 '조선 통치상 가장 긴요한 일'이라 하였다.

론적으로 일본의 "적극적 민족주의로서 우리 중심사상인 경신사상敬神思想"을 표방하는 것은 "당연하지 않은가", 그리고 "조선의 목사 및 그 신자가 갖고 있는 배일적 사상 반신사적反神社的 사상의 시말은 크게 위험하며 이 사상을 개조하지 않은 이상 조선을 참으로 우리에게 동화시키는 것은 곤란한 문제이다"라고[17] 각성을 촉구하여 3·1운동을 기해 신도가의 위기의식을 표출하고, 총독부의 사이토 총독과 특히 미즈노 정무총감에게 바라고 있다.

그 결과 관폐대사 조선신궁은 그들의 열망대로 1925년 10월 15일 진좌제鎭座祭가 행해졌고, 이후 조선신궁은 동화정책, 더 나아가 민족의식의 말살과 제국신민의 육성, 곧 황민화 정책의 중심이 된 것이다. 또한 1930년대 들어서 각 지역 중심부에 설립된 신사神社 및 면 지역 곳곳에 산재되어 있었던 신사神祠들이 말단 조직의 역할을 담당하고 있었다.

● 정읍 대흥리 보천교 본소의 팔정헌八正軒

17 『全國神職會 會報』 1919. 10, 6-7쪽.

한편, 한국강점 당일 데라우치 마사타게 총독은 〈유고諭告〉에서 종교에 대한 언급을 하고 있었으며,[18] 1911년 『조선총독부시정연보』(77쪽)에도 "조선인 및 외국인의 종교에 관한 것은 하등의 법규도 없어서 그로 인해 포교소가 함부로 설치되고 있어 그 폐해가 크다. 특히 조선인의 조직과 관계되는 것으로는 천도교, 시천교, 대종교, 대동교, 태극교, 원종종무원, 공자교, 대종교, 경천교, 대성종교 등의 여러 종이 있는데 그 종류가 너무 많고 잡다할 뿐 아니라 그 움직임도 정치와 종교를 서로 혼동하여 순연히 종교라 인정하기 어려운 것이 많아 그 취체取締가 불가피하다."[19]고 하여 종교통제에 대한 착수 의지를 드러냈다.

식민권력은 한국을 강점하면서 '비종교'인 신사를 설립하여 사상통제의 근간으로 삼으려는 구상과 더불어, 1915년 부령 제83호로

● 정읍 대흥리 보천교 본소의 총령원總領院

18 『官報』 1910. 8. 29, 31쪽

19 朝鮮總督府, 『朝鮮總督府施政年報』, 1911, 77쪽.

〈포교규칙〉(전문 19조)을 공포하여 종교단체 통제의 기반을 마련하였다. 서구 세력과 연결된 기독교의 통제는 물론[20] 조선조의 19세기 후반부터 형성된 새로운 종교단체, 소위 민족종교들에 대한 통제도 조선총독부의 당면과제가 되었다. 그러나 민족종교 단체로는 천도교만 어느 정도 신자를 확보하고 있었고 아직 그 규모가 미미한 상황이었다. 보천교는 1909년 증산 강일순의 사망 이후 이제 막 출발을 시작하여 추종자를 확보하면서 교단을 형성하려는 단계였다. 교단의 명칭도 없는 상태였다.

이러한 상황에서 총독부는 종교자유 보장, 포교행위 공인, 종교에 대한 평등한 대우를 내세워 〈포교규칙〉을 제정했다고 발표한 것이다.[21] 여기에는 제 1조에 "본령에서 종교라 칭함은 신도, 불도 및 기독교를 말함"이라 하여 종교의 범위를 정해 놓았다. 또한 제 15조에 "조선총독은 필요가 있는 경우 종교 유사한 단체와 인정한 것에 본령을 준용함도 가함"이라 하여 '종교'를 신도, 불교, 기독교라 정하고 그 외의 종교는 '종교유사단체', 소위 '유사종교類似宗教'라 하였다. 이러한 '종교'와 '유사종교' 분리는 이후 계속하여 종교정책에 적용되어 소위 민족종교들이 유사종교로 통제를 받게 되었다.

이렇게 분리한 뒤에 소위 종교단체는 〈포교규칙〉이 정하는 바에 따

---

**20** 데라우치 총독은 『諭告』에서 '信教'에 대해 "명분을 신교에 빙자하여 외람되게 정사를 논하고 혹은 달리 계획을 기도하는 것 같은 것은 곧 良俗을 荼毒하여 안녕을 방해하기 때문에 마땅히 법을 만들어 처단하지 않을 수 없다"고 하였다(朝鮮總督府, 『朝鮮の保護及併合』, 朝鮮總督府, 1932[1917], 338쪽).

**21** 총독부는 "일본 본국에 있어서 '省令 제 41호 종교선포에 관한 단속 규정'[1899년 일본 내무성령 제 41호 '神佛道 이외의 종교선포 및 殿堂會堂'과 유사한 것"(『朝鮮彙報』 1915. 8, 56쪽; ≪매일신보≫ 1915. 8. 18)이라 하고, 또한 "대정 4년(1915)에는 포교에 관한 종전의 규칙들을 정리하여 '포교규칙'을 발포했다"(朝鮮總督府, 『朝鮮の統治と基督教』, 朝鮮總督府, 1923, 7쪽)고 하였다(안유림, 「일제의 기독교 통제정책과 〈포교규칙〉」, 『한국기독교와 역사』 29호, 2008, 41쪽).

라, 종교선포에 종사하는 자는 자격 및 이력서를 첨부하여 조선총독에게 신고하여야 하며(제2조), 포교에 대해서는 총독의 인가를 받아야 하고(제3조), 종교 용도로 쓰기 위한 교회당 설교소 강의소를 설립하거나 변경할 때도 총독의 허가를 받도록 하였으며(제9조), 이를 어길 때는 벌금 또는 과태료를 물리도록 규정(제14조)하고 있다. 그 외의 종교단체, 소위 유사종교도 필요한 경우에는 이 법령을 준용할 수 있다(제15조)고 하여 문제가 발생하지 않도록 '관리'하겠다는 의도까지 드러내었다. 이는 통제(규제)의 범위를 확대하여 식민권력에 협조를 유도한 것이었고, '종교 유사단체'가 실제로 공인종교로 바뀐 적은 한 번도 없었다.[22]

식민권력은 〈포교규칙〉 제정으로 '종교'와 '유사종교'를 분리함으로써 유사종교에 대한 분리 통제를 행하였다. 감독 혹은 단속 기관도 분리했다. 소위 '종교'인 신도, 불교, 기독교는 학무국學務局 소관으로 두었고,[23] 그 외의 '유사종교' 단체들은 헌병경찰기관의 소관이었다. 1919년의 관제가 개정된 후에는 총독부 경무국 보안과 아래 두었다. 『조선의 유사종교』에 의하면, 일제 강점 당시인 1910년 유사종교의 교세는 동학계인 천도교를 위시하여 증산계(훔치계), 불교계, 숭신계, 유교계 등 모두 129,542명이었으며, 1915년에는 149,876명, 1919년에는 175,110명으로 증가하고 있었다.[24] 곧 식민지 상황 하에서도

22 "종교유사단체에도 필요할 경우에는 종교에 관한 규정을 준용할 길이 열려 있지만, 아직 공인된 것은 하나도 없다."(朝鮮總督府學務局社會教育課, 『朝鮮ニ於ケル宗教及享祀一覽』, 1939, 1쪽).

23 그러나 '포교규칙 시행에 관한 건'(통첩 제 85호. 1915.9.17)은 종교관련 사항에 따라 경찰기관과 항상 협조할 것을 정하여 '포교규칙' 집행과정에 경찰력 개입을 지시하였다. 포교자 선출과 관련하여 경무기관과 협의토록 하고, 규칙집행에 경찰력의 간섭, 지원을 받도록 하였다.

24 村山智順, 『朝鮮の類似宗教』, 朝鮮總督府, 1935, 524~550쪽. 이는 당시 불교·기독교의 교세와 비교하여 무시할 수 없는 수치였다. 1910년 천주교신자 수는 73,517명,

유사종교는 꾸준히 증가하여 1919년에는 강점 당시에 비해 1.4배의 증가율을 보여준 것이다. 그러나 이들은 〈포교규칙〉에서 '종교'로 인정되지 못함으로써 통감부 시기의 〈보안법〉(1907)과 〈집회취체에 관한 건〉(1910)의 적용을 받았고, 경찰의 강력한 단속대상이 되었다.[25]

이 시기 유사종교 중 일제가 가장 주목한 단체는 천도교와 대종교였다.[26] 천도교는 강점 후 국권회복을 위한 직접적인 항일운동보다는 장기적인 민족교육과 실력양성을 지향하여 1910년 12월 보성전문학교를 인수하는 등 전국에 강습소를 설치하여 일반인의 교육에 주력하였다. 대종교는 만주지역으로 교세를 확장시켜 나갔기 때문에 식민권력은 이들 종교에 대한 감시와 탄압을 강화하고 있었다.

이에 비해 차경석 교단은 강점 초기에는 시작 단계에 머물러 있었다. 1909년 증산 강일순이 세상을 떠난 후 그 제자였던 차경석은 고판례高判禮와 더불어 교단 조직에 힘을 들여 1911년 교단을 조직했다. 차경석은 교세를 넓히면서 서서히 실권을 장악하여 나갔다. 이에 따라 차경석 교단도 점차 식민권력의 주목을 받기 시작하였다.

식민권력이 종교정책을 전개하면서 가장 고심한 것 중의 하나가 민족문제였다. 그런데 유사종교단체들은 추종자 대부분이 과거 지배층으로부터 소외되고 억압받던 사람들이었고, 그 교의도 후천개벽의 새로운 시대가 열리고 그 때에는 억압받는 한민족이 세계의 중심민

---

개신교 장로교 신자 수는 140,470명이었다(윤선자, 『한국근대사와 종교』, 국학자료원, 2002, 51쪽).

**25** 통감부는 비공인종교 곧 유사종교단체에 대해 경제적인 착취, 민족사상, 미신적인 요소 등을 이유로 1907년 제정된 '보안법'을 적용하여 단속하였고, 총독부는 1912년에 '경찰범처벌규칙'(부령 제 40호)을 제정하여 일상생활 중에 널리 확산되어 있던 유사종교 행위를 억압해 나갔다.

**26** 천도교는 1910년 속칭 100만 명의 신자 수를 지닌 대종단으로 교세가 막강하였다(독립운동사편찬위원회, 『독립운동사-문화투쟁사-』 8, 1976, 648쪽). 나철은 1909년 단군교를 선포하여 활동하다가 1910년 8월 大倧教로 교명을 바꿨다.

족이 된다는 등 한민족의 자존감과 자주의식을 고취하면서 민족문제와 연결되기 쉬운 단체들이었다. 더욱이 유사종교는 이러한 시대적 전환기에 민족에 대한 사랑과 한민족 고유의 전통을 강조함으로써 민중들의 마음을 붙잡고 절망하던 사람들의 마음에 침투하여 희망을 주기에 충분했고, 보국안민輔國安民을 주장하며 민족운동과 연관될 수 있는 여지가 많았다.

더욱이 차경석 교단은 1894년 동학혁명의 세력들과도 연관되어 있었다. 차경석도 부친 차치구가 동학혁명 당시 동학의 접주로 처형당했고, 증산 강일순의 제자들이나 차경석의 추종자들도 과거 동학혁명과 연관되어 있는 자들이 많았다. 이러한 요소들은 차경석 교단이 충분히 민족운동과 연결될 수 있는 실마리를 보유한 것으로 보였기 때문에 동학혁명 당시 동학군과 치열한 전투를 벌였던 식민권력으로서는 긴장하지 않을 수 없는 요소였다.

그러던 중 1919년에 발발한 3·1운동은 식민권력으로 하여금 1910년대 시행해 온 유사종교에 대한 종교정책을 재검토할 수밖에 없는 상황을 만들었다. 3·1운동 주도세력이 종교단체와 긴밀하게 연결되어 있었고 유사종교의 대표격인 천도교가 주도적인 역할을 담당했다고 판단했기 때문이었다. 1919년 8월 12일 새롭게 총독이 된 사이토 마코토齋藤實는 1920년 비밀문서 〈조선민족운동에 대한 대책〉에서 종교 이용책을 강조하였고, 3·1운동 이후 총독부의 정책에서 큰 주목을 보이는 점 중 하나가 종교정책이었다 해도 과언이 아니다. 이는 3·1운동에 대한 분석에서 많은 종교가들이 참여·주도했다는 결과에 따른 것이다. 곧 3·1운동은 결국 신도가들로 하여금 그동안 미루어지고 있던 신사창건의 요구를 강력하게 요구할 수 있는 기회 및 기독교 등의 확산에 대한 불만과 염려에 따른 총독부의 종교정책을 수정할 것을 요구할 수 있는 기회를 제공하였던 것이다.

강점 이후 종교정책이 성공치 못했음을 인지한 식민권력은 민족운동에 참가한 민중의 정신세계를 조사하고 지배정책에 반영하려 하였다. 경찰 권력에 의한 강력한 유사종교 단속에도 불구하고 유사종교는 근절되지 않고 지하에 잠복해서 계속 존속하였고 식민지 조선의 민중들 다수는 여전히 유사종교에 친밀감을 보이고 있어, 식민권력의 지배의 장기화를 위해서는 민중의 정신세계에 대한 조사가 필요하다고 인식했다.[27] 보천교는 식민권력의 이러한 유사종교정책의 주요 대상 중 하나였다.

● 정읍 대흥리의 '보천교중앙본소' 팻말이 걸린 문앞에서 답사에 나선 일본 도요東洋대학의 니시무라 교수와 필자

27 민간신앙과 유사종교 단체에 관한 조사는 3·1운동을 배경으로 풍속조사가 이루어진 시점에서 본격화되었다. 식민지 지배에서 민중의 내면과 정신세계는 지배가 장기화되면서 그 파악의 필요성이 높아졌기 때문이다. 1920년대 총독부에 의한 조사사업의 중심적 역할을 담당했던 자가 『조선의 유사종교』의 저자인 村山智順이다.

## 4 민족종교의 교단공개와 친일화 유도

1919년 3·1운동에 다수의 종교인들이 참여하였다는 사실에서 식민권력은 1910년대 종교정책을 다시 한 번 점검할 수밖에 없었다. 〈포교규칙〉에 의한 '종교'와 '유사종교' 분리 통제, 유사종교에 〈보안법〉 〈경찰범처벌규칙〉 등을 적용하고 경찰력을 동원한 억압, 더욱이 내부적 논란을 거듭하였지만 아직도 완성하지 못한 비종교 '조선신궁'은 주요 검토의 대상이었다. 3·1운동 이후 식민권력은 소위 문화통치 정책을 전면에 내세웠다. 문화 통치는 외면적으로는 유화정책의 모습을 띠었지만, 실상은 3·1운동에서 나타난 민족주의 세력을 분열시키고 그 조직을 발각하여 해체시키려는 전략이었다. 이는 종교정책에도 적용되었다.

1910년대 이원화시켰던 종교통제 기구는 그대로 이어져 신설된(1919.8) 학무국 종교과에서는 '종교'(신도·불교·기독교)를, 그 밖의 소위 '유사종교'(천도교·보천교 등)는 경무국이 감독하였다. 경찰력을 동원한 종교단체 탄압도 그대로 이어져, 〈보안법〉 등과 함께 3·1운동 직후에는 제령 7호인 〈정치범죄 처벌의 건〉도 제정·적용되면서 억압의 강도는 더 강해졌다. 1910년대 그 실체가 명확히 드러나지 않은 채 많은 교도를 확보하고 있었던 차경석 교단은 이러한 식민권력의 유사종교 통제정책의 주요 대상으로 등장할 수밖에 없었다.

식민권력은 차경석 교단에 대한 탄압을 지속하면서 또 한편으로는 교단을 공개토록 회유하는 양면성을 띤 이중정책을 구상하기 시작했다. 식민권력은 〈포교규칙〉의 적용기준을 완화하는 유화책을 내세우면서,[28] 그동안 비밀리에 활동하는 등 실체 파악이 어려웠던 유사종교단체로 하여금 스스로 단체를 공개하도록 정책방향을 수정한 것이다. '유사종교'에서 '종교'로 전환된 종교단체에 대해서만 인정하고 보호해주겠다는 이른바 '어용' 종교단체 만들기 정책이었다.[29]

보천교 교주 차경석은 이미 1914년과 1915년에도 '조선독립, 황제등극' 등의 명목으로 고발되어 구금된 적이 있었고, 1917년에는 '국권회복을 표방'했기 때문에 '갑종 요시찰인甲種要視察人'으로 편입編入되었다.[30] 그 해에 그는 은피隱避의 길을 택해 비밀포교에 나서면서 몇 해 지나지 않아 수만 명의 교도를 획득하는 실적을 올렸다. 이때부터 '조선독립' 또는 '정전법井田法을 두어 평등하게 토지를 분배할 것'이라는 소문이 나돌게 되었다. 차경석이 집을 나간 후, 식민권력은 대흥리 차경석의 교단을 밤낮을 가리지 않고 감시하고 지속적으로 탄압하였다.

보천교인들은 3·1운동 이후에도 민족적 저항을 전개하고 있었다. 무엇보다도 식민당국이 가장 주목한 것은 '보천교 간부와 재외 불령단不逞團과의 관계' 때문이었다. 보천교 교단이 직접적으로 국권회복 활동에 참여했다기보다는 자금지원 등 간접적인 방법에 의한 활동이 대부분을 차지했다.

한 가지 사례로, 1920년 10월 제령 제7호 및 출판법 위반으로 징

28 '종교'와 관련하여 1920년 4월에는 '포교규칙'을 개정하여(총독부령 제59호) 교회의 설립을 허가제에서 신고제로 바꾸고, 제반 복잡한 수속을 생략하거나 삭제하고 벌금제도를 폐지했으며, 총독부 학무국 내에 '종교과'를 신설하여 종교문제를 전담하게 했다.

29 총독부는 유사종교를 공개토록 한다는 조치를 巫覡에도 적용하여 무격을 '조합'으로 만들어 공개토록 했다. 1920년 5월, 일본인 小峰源作=金在賢이 경무국으로부터 '崇神人組合'이라는 조직을 허가 받게 된다.

30 조선정신을 강조한 사학자 문일평과 우리말과 우리역사 보급에 노력했던 이윤재도 경찰의 甲種 요시찰인물로 감시를 받았다.

역 3년형을 받은 평안남도 평양부 상수리上需里 조만식趙晩植[31]의 활동을 들 수 있다. 그는 보천교가 많은 액수의 교금을 축적하고 있다는 사실을 알고 운동자금을 얻으려 접근했고, 이후 보천교 측과 ①보천교는 재외독립단 사업의 원조를 위해 만주개척 사업비 30만 원을 제공하여 사업을 경영하고 여기서 생긴 이익금은 독립운동자금으로 충당한다. ②독립단 측은 무장군인을 특파함과 함께 조선 내에서 군자금 모집에 종사하고, 보천교 측은 이에 필요한 여비旅費와 기타의 경비를 부담하고 자산가의 조사와 안내 및 모집에 조력한다는 등의 협정을 맺고 있었다.

식민당국으로서는 상해 임시정부가 수립된 상황에 군자금은 매우

● 정읍 대흥리 보천교 본소의 총정원總正院

31 '조만식과 권총단 사건'에 대한 증언, 신문자료 등 자료는 안후상의 연구를 참조하면 된다(안후상, 「보천교와 물산장려운동」, 『한국민족운동사 연구』 19, 1998, 369-372쪽).

예민한 문제였던 것이다. 이때는 보천교의 신도가 이미 '수백만에 달했고' 내부적으로도 조직을 정리하고 교금教金을 1인(김홍규金洪奎)이 별도로 관리하는 상태였다. 1921년에는 상해 임시정부에 보낼 독립운동자금 10만 7천여 원이 보천교 간부 김홍규의 집에서 발견되어 관련자들이 제령 위반으로 검거되어 실형을 선고받는 사건도 발생했다.[32] 『고등경찰요사』[33]를 보면, 의열단義烈團 자금모집 사건에도 연결되어 보천교에 수십만 원의 현금이 보관되어 있으며 독립운동 단체에서는 이 자금을 모집할 것을 모의하였다고 하였다. 그리고 3·1운동에 관여한 임규林圭가 보천교로부터 5만 원을 받아 나용균羅容均을 통해 임정에 보내는 등 보천교가 상해임시정부에 적지 않은 독립운동 자금을 조달했다는 등의 내용이 여러 곳에서 보인다.[34]

식민권력은 이러한 보천교를 물리적인 탄압만으로 통제하기에는 한계가 있음을 느껴 비밀스런 교단 조직을 세상에 공개토록 하는 회유 공작을 병행하기 시작하였다.[35] 1921년 7월경부터 경기도 경찰부의 경시警視 김태식金泰湜은 자신이 조직한 동광회東光會[36]의 사람들을 파견해 차경석을 만나 '양해하라', 곧 교 조직을 세상에 공개하라고 권유하였다. 이때 차경석은 교단을 공개하기 위해서는 큰 건물이 필

---

32 이정립, 『증산교사』, 증산교본부, 1977 ; 『보천교연혁사(상)』.

33 경상북도 경찰부, 『고등경찰요사』, 1934.

34 1920년대 전반기 발간된 동아일보와 매일신보 등의 자료를 보면 '상해임정과 군자금' '국권회복을 목적으로 하는 태을교도 검거' '태을교인, 조선이 독립되기를 기도하다 발각' '독립자금' 등과 같은 제목의 기사들이 종종 보인다.

35 "오로지 비밀포교를 신조로 하고 황당무계한 설을 유포하여 당국의 엄중한 감시를 받고 있다가 … 1922년 비밀주의를 바꿔 보천교라 개칭했다."(『고등경찰요사』, 1934.3.25.) 안후상, 「식민지시기 보천교의 '공개'와 공개 배경」, 『신종교연구』 26, 2012, 166-172쪽에서 『보천교연혁사(상)』의 내용을 참조하여 정리하고 있다.

36 여기 동광회는 同光會와는 다르다. 『보천교연혁사』를 보면, "이때 경성에 東光會가 있는데 조선인으로 警視된 金泰湜이 조직한 일등 친일파이다"라고 하였다.

요하며 또 방주회의가 열릴 때 결의할 것이라 연기하였다. 그러자 식민권력은 8월에 이르러 김홍규 등 간부들을 검거하면서 압박하여 왔다. 고천제 전날(9월 23일)에 경기도 경찰부 후지모토藤本 고등과장과 김태식은 사람들을 다시 보내 차경석과 면담하여 '양해하라'는 권고를 재차 한다. 이에 차경석은 황석산에서 고천제告天祭를 거행한 후에 협의하겠다고만 말한다.

1921년 9월 24일, 황석산에서 고천제가 이루어져 교명을 '보화普化'라 하였고 차경석은 교주의 자리에 올랐다. 천제를 마친 뒤, 차경석은 양해의 일(諒解事 : 총독부에 교주의 정체를 공개하고 단체를 세상에 공개하는 건)에 대해 '교敎는 한 사람의 교가 아니오, 많은 사람의 교이거늘 중론衆論을 듣지 아니하고 내가 홀로 처단할 수 없

● 현재 정읍 대흥리에 남아있는 본소 건물

다. 교인은 경상도가 제일 많고 그 중에 두령자는 김정곤金正坤 전해우全海宇 등인데 그들이 완강히 거부 불응하면 나 역시 어찌할 바 없는지라. 그들을 만나 타협함이 가하다'고 하면서, 사태가 시시각각 위험함을 보고 부득불 처소를 옮겨버렸다.

이 해 10월에는 보천교 간부인 이상호李祥昊가 경기도 경찰부의 후지모토藤本 고등과장의 교단공개 당부를 듣고 경성에서 내려와 차경석을 만나 협의하였다. 이에 차경석은 출판물 허가와 관청 양해 얻음을 재가(裁可)하였다.[37] 이후 이상호는 관청 양해를 얻고 경성 동대문 밖 창신동에 보천교 진정원普天教 眞正院이라는 간판을 걸고 '정井' 자 교기教旗를 만들어 사용하였다.

그러나 진정원을 설립한 후에도 관청의 단속은 여전히 계속되었다. 1921년 11월, 겨울 동지 치성제致誠祭를 거행할 때는 총독부 통역관 니시무라 신타로西村眞太郎가 경무국과 전북 경찰부 및 정읍 경찰서 대원 50여 명을 인솔하여 각각 권총을 휴대하고 불시에 본소를 들어

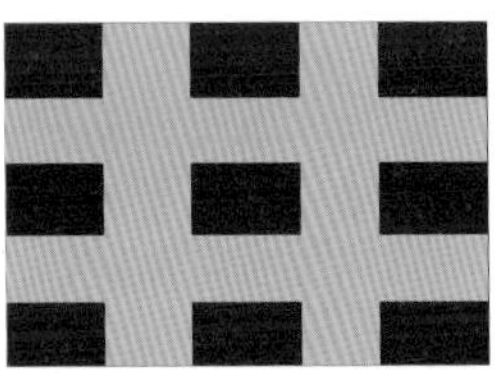

●[보천교 교기] 황색바탕에 赤色으로 물들여 '井'자가 나오게 했다. ①'井' 자는 水源을 의미하며, 물은 만물을 生成慈育하기 때문에 보천교의 德化가 널리(普) 중생에 미침을 表象한다. ②본소가 위치한 井邑을 상징하기도 하며, ③보천교가 내건 井田法의 만민의 평등을 뜻하기도 한다. 때문에 '共'의 의미로 곤욕을 치르기도 했다. ④"因公回令同舍周合國"

---

37 고천제에서는 교명을 '보화교'라 했으나 5개월 뒤인 1922년 2월에 서울에서 공개한 교명은 '보천교'였다. "차월곡이 경성의 포교 책임자 이상호에게 교명을 보화교로 할 것을 명하였지만 이상호는 보화교로는 경찰의 의심을 피하기 어렵다며, 보화교의 '普'자와 당시 공인된 천도교나 천주교의 '天' 자를 따서 보천교로 하였다"(홍범초, 『범증산교사』, 한누리, 1988). 종교적 의미로 본다면 보화는 '조화가 두루 퍼진다'는 의미이고, 보천은 '하늘의 원리가 이 땅에 두루 퍼져 미친다'는 의미로도 볼 수 있을 것이다.

와 교주를 체포하려 수색했으나 목적을 이루지 못하고 돌아갔다. 그 후 보천교 간부 6~7인이 총독부에 가서 경무국장 마루야마 츠루키치丸山鶴吉씨에게 보천교를 양해한다는 것은 사기에 지나지 않았음을 따지고, 교주를 체포하려는 술책에 대해 항의하였다.

결국 식민권력은 당시 국내에서 '종교'로 인정된 불교 및 기독교와는 달리[38] 많은 신도를 확보하여 민족운동과 독립운동자금원의 역할을 할 수 있는 비밀교단을 공개하여 이를 정책적으로 통제, 억압하는 것이 효율적이란 판단을 내렸던 것으로 보인다. 이에 대해 안후상은 교단공개로 "윤곽조차 파악할 수 없었던 조직이 백일하에 드러났으니, 일제의 정교한 탄압책이 실효를 거뒀음을 의미한다"[39]고 평가했다. 교단의 공개와 더불어, 1922년 2월 서울에 교단 조직의 서울 사무소인 보천교 진정원이 세워졌고 보천교의 종지宗旨와 교리 등도 만들어졌다.[40]

이 무렵부터 정읍 본소에서는 새로운 성전聖殿이 건축되기 시작하여 5월에 낙성식을 하였다. 1923년 3월에는 인쇄소를 설립해 『보광普光』 잡지가 발간되었고 11월 경에는 부인방위婦人方位도 조직되었다. 민립대학 설립운동과 물산장려운동으로 대표되는 실력양성운동에도 보천교는 적극적으로 참여하고 있었다.[41] 1924년에는 각 교도는 푸른 옷(靑衣)을 착용하고, 또 본소의 노동자 편의를 주기 위하여 기산조합

---

38 그러나 공인종교들도 1923, 4년 경에 들어서면서 "일제에 의한 분열책과 친일화 공작으로 말미암아 약체화돼 있었으며, 내부의 민족을 생각하는 운동세력들은 교단에서 이탈하거나 다수가 개량주의화를 꾀하였다."(안후상, 「보천교와 물산장려운동」, 403쪽).

39 안후상, 「보천교와 물산장려운동」, 362쪽.

40 이정립, 앞의 책, 90쪽.

41 안후상, 「보천교와 물산장려운동」, 403-404쪽. 1924년은 甲子年登極說이 분분했던 시기였다.

소己産組合所가 두어지며, 일간지 '시대일보사'도 인수하였다.

그러나 시대일보를 인수한 무렵부터 보천교 내에는 보수와 혁신이라는 양자 구도가 형성되기 시작하였다. 앞서의 보천교 공개는 교단 내부의 신진 지식인들의 바람이기도 했다.[42] 서울의 포교 책임자 이상호와 이성영은 임규林圭, 고용환高龍煥, 주익朱翼, 이종익李種翊 등 민족주의 우파로 분류되는 당시의 이른바 계몽주의 신진 지식인 다수를 영입하였다. 이들은 교단조직의 공개와 함께 잡지 발간, 대학 설립, 각종 사회운동 참여와 언론사 인수 등으로 현실 사회문제에도 개입하는 등 근대적 종교운동을 염두에 두고 있었다. 그러나 정읍 본소의 차경석과 핵심 간부들의 생각은 그렇지 못했다. 그들은 기존의 교 질서를 유지하며 성전을 건축하는 등 기존의 비밀결사적인 조직운동을 포기하려 하지 않았다. 이 때문에 보천교 내에서는 보수와 혁신이라는 구도가 만들어졌던 것이다.

교단 내 보수와 혁신세력의 형성과 갈등은 내분을 격화시켜 보천교 조직의 결속을 약화시킬 수밖에 없었다. 이를 기다렸다는 듯, 당시 언론들도 공개된 보천교를 공인종교로 인정키보다는 비인륜적인 미신이나 사이비 종교로 거칠게 매도하면서 보천교 박멸에 합세하였다. 언론은 '공인되지 않은 종교는 유사종교이며 유사종교는 곧 사교로, 이 사교는 종교적 집회와 헌금을 금지해야 한다. 동시에 종교 운동을 심전 개발과 같은 새로운 운동으로 전환해야 한다'[43]고 했다. 식민권력도 공개 전의 약속과는 달리 진정원 단속과 교주 체포 등을 계속 진행하면서 보천교 분열을 더욱 더 획책하였다.

---

**42** 김정인, 「1920년대 전반기 보천교의 부침과 민족운동」, 『일제강점기의 민족운동과 종교』, 국학자료원, 2002, 165쪽.

**43** ≪조선일보≫ 1936. 6. 14(석간) ; 안후상, 「보천교와 물산장려운동」, 362쪽.

1924년 시국대동단時局大同團의 결성은 보천교를 반민족적인 집단으로 매도케 하여 민심이 등을 돌리도록 함으로써 보천교의 분열을 가속화시킨 사건이었다. 9월에 시모오카 주지下岡忠治가 조선정무총감으로 신임新任되자 보천교에서는 핵심 간부인 문정삼과 임경호를 일본 동경으로 파견하여 면회하고 보천교의 취지 등을 알리도록 조치하였다. 그들이 돌아온 이후, 시모오카 총감으로부터 '교단 내에 별도 기관을 설립하면 극력으로 원조하겠으니 시국광구단時局匡救團을 설립 조직하라'는 말을 들었다. 이를 듣고 차경석은 동양도덕상으로 보면 광구단 보다는 '현재 대세가 대동大同이 아니면 평화할 수 없고 더구나 서양 세력이 점차 동양을 침범하니 이때를 당하여 동양 황인종은 상호 대동단결하여 세력을 공고히 하지 않으면 백인종의 화禍를 면키 어렵다'고 하며 시국대동단이라 개칭·결성하여 그 취지를 알리기 위해 전국적인 강연회를 계획, 실시(1924~1925)하였다.

그러나 시국대동단의 활동에 대해 청년지식인층은 격렬하게 비난하였고, 당시 일반사회에서는 이러한 보천교를 '친일파라 지목하여 공격'하게 되었으며, 이는 곧바로 각 언론과 사회 단체의 '보천교 박멸운동'으로 이어졌다.[44] 그렇다고 보천교에 대한 식민권력의 탄압이 중단되거나 줄어든 것이 아니라 오히려 관청의 단속은 더욱 더 엄중해지면서 보천교는 고립무원의 상태에 놓여 있었다.

1925년이 되면서 서울 남산에 '조선신궁'이 세워져 일본 황실의 만세일계 황조신皇祖神인 아마테라스 오오가미와 일본 근대의 제국주의 국가를 만든 메이지 천황이 제신祭神으로 받들어지면서 식민지

44 이 때문에 차경석은 이 단체를 해산하였다. 시국대동단 활동의 실패는 보천교의 대사회적 영향력을 급격히 감소시켰고, 이후 교단을 "더욱 폐쇄적이고 골수 신앙으로 국한되어지는 전환점이 되었으며, 정치적 성향의 교조직이 신앙 단체로 고착화 돼가는 결과를 가져왔다."(안후상, 「보천교와 물산장려운동」, 376쪽)

동화정책의 근간이 확보되었다. 또한 법률적으로도 일본 본토와 식민지 모든 지역에서 제국주의 국가 유지와 황민화 정책을 이뤄 나갈 치안유지법이 제정되어 식민지 조선에도 적용되기 시작하였다. 뿐만 아니라 보천교 등 소위 유사종교의 실상에 대한 파악도 완료되었다.[45]

이러한 일련의 상황변화와 함께 1926년 3월, 조선총독 사이토 마코토齊藤實는 정읍의 교본소를 방문하였고 이후 차경석은 긴 수배생활에서 벗어나게 된다. 1928년에는 경무국장 아사요시淺利가 정읍의 교본소를 방문하였다. 시국대동단의 활동이나 조선총독 등의 교본소 방문과 면담은 보천교의 교세를 활성화시켜주기보다는 결과적으로 식민지 지식인들과 민중들의 반발을 불러일으켜 보천교에 대한 민심이반으로 나타나고 있었다. 이후 보천교는 식민권력이 의도한 대로 급격한 쇠락의 길을 맞게 되었다.

**45** 특히 대외비로 1926년에 작성된 『대정 15년 3월 관내상황』은 관리나 지방의 식자층에서 하층민에 이르기까지 민심의 동향 파악을 비롯해 요시찰 인물 목록 및 조사내용, 좌경단체의 정황, 천도교, 미륵교, 보천교 등 유사종교단체의 상황 등을 내사하여 일목요연하게 정리한 내부 문건이다. 1926년 6월에 작성된 『보천교일반』(전북 경찰부)은 비밀리에 간행되어 보천교 통제에 사용되었다. 여기에는 교조 및 교주의 인적사항을 비롯해 분파, 교의 제사 주문, 포교수단, 성전 건축 상황, 내홍과 분열의 정황 등이 자세히 기록되어 있다.

● **정읍 대흥리에서 바라본 입암산笠岩山 전경**. 무라야마 지준에 의하면, '笠'은 '冠'이므로 이 땅은 반드시 왕이 나오는 곳이라 했다.

# 5 | 보천교의 몰락

일제 식민권력은 한국인의 민족의식을 약화시키고 일본민족에 동화시키는 데 종교가 폭력을 이용한 강압적인 통제보다 호소력 있고 강력한 도구임을 잘 알고 있었다. 그것은 메이지 정부의 경험, 곧 신사정책과 종교정책에서 얻은 수확이었다. 때문에 식민권력은 민족말살과 동화정책을 성공시키기 위해 강점 직후부터 집요하게 비종교 신사 설립과 종교통제책을 구사하였다.

그것은 우선 메이지 정부의 '신사 비종교화' 조치에 따라, 식민지 한국에서도 신사는 일찌감치 종교의 틀을 떠나 '비종교'이자 초종교적 위치를 확보하면서 민중동원 및 사상통제를 위한 제도적 장치로 마련되고 있었다. 식민권력은 1910년 강점 직후부터 꾸준하고 내밀하게 신사 설립을 진행하여, 1925년 아마테라스오오가미를 제사하는 조선신궁을 서울 남산에 설립하고, 이후 식민권력이 추진하는 황민화 정책의 바탕이 되고 있었다. 다음으로 식민권력은 종교단체들에 대해 〈포교규칙〉을 제정하여 '종교'와 '유사종교'를 분리하고 유사종교에 대해서는 경찰의 통제를 받도록 감독 혹은 단속 기관도 분리하였다.

보천교는 식민권력의 이러한 유사종교정책의 주요한 대상이 되었다. 보천교는 강점 시작과 더불어 포교를 시작하여 교세를 확충해 나가고 있었기 때문에 처음에는 큰 주목을 받지 못했지만, 몇 년 지나지 않아 폭발적인 성장을 하게 되면서 식민권력의 통제대상에서 비껴갈 수 없었다. 보천교는 유사종교의 대표격이 되었고, 교단은 사이비·사교화邪敎化라는 이미지를 가지면서 반인륜적인 집단으로 매도되고 심지어 비민족적인 집단으로 비난의 대상이 되었다.

민족종교에 대한 식민권력의 집요하고도 교활한 탄압으로 보천교는 교단 공개와 함께 조직을 노출하였다. 그러나 식민권력으로부터 공인된 종교단체로 인정받기는커녕 공개된 상태에서 종교유사단체로 활동하는 결과를 초래하였던 것이다. 심지어 공개과정에서 나타난 교단 내 보수와 혁신세력의 형성과 갈등은 내분을 격화시켰고 보천교 조직의 결속은 약화될 수밖에 없었다. 이를 기다렸다는 듯, 당시 언론들은 보천교를 비인륜적인 미신이나 사이비 종교로 거칠게 매도하였고 이러한 언론 보도는 식민권력의 의도와 일치하고 있었다. 민심은 이반되어 갔고 궁여지책으로 활로를 찾던 교단은 자구책으로 비민족적인 성향까지 감수하며 교단의 이미지를 바꾸려 했지만 점차 몰락의 길을 걷게 되었다.

이렇듯 민족종교 보천교의 붕괴는 철저히 계획된 식민권력의 술책에 의한 것이었다. 1936년 3월, 교주인 차경석이 세상을 떠났다. 차경석의 사후 불과 3개월도 채 안 된 그해 6월에 '유사종교 취체강화책'이 발동되었고, 소위 '종교'에 대한 통제도 강화되면서 식민권력이 의도한 신사를 중심으로 한 동화정책, 내선일체內鮮一體의 결실을 맺기 위한 바탕을 마련해 나갔던 것이다.

# II. 보천교와 민족 독립운동

● 정읍 대흥리 보천교 본소의 동문인 대흥문大興門

# 1 종교지형과 보천교

민족국가가 형성된 이후 어느 한 민족이 타 민족국가를 강점하고 식민권력을 형성하여 역사와 문화가 상이한 다른 민족을 통치·지배한다는 것은 역사상 비극이다. 1910년 일제가 한국을 강점했던 경우가 그렇다. 종교지형religious topography면에서 볼 때, 일제강점기는 기독교와 불교, 일본에서 들어온 각종 종교들, 그리고 민족종교인 천도교와 보천교 등이 활동하였던 시공간이었다.

강점 직후 발간된 『조선총독부 시정연보』(1911)에는 '종교취체'라는 항목이 들어있는데, 여기에는 '내지(일본)인의 종교'(천리교, 일본불교 등), '외국인 경영의 종파'(기독교 등) 그리고 '조선인의 종교'로 나누어 취급되었다.[1] "조선인의 (종교)조직에 관련된 것으로서는 천도교天道教, 시천교侍天教, 대종교大倧教, 대동교大同教, 대극교大極教, 원종종무원圓宗宗務院, 공자교孔子教, 대종교大宗教, 경천교敬天教, 대성종교大成宗教 등의 제종諸宗이 있어 그 종류가 많고 잡다할 뿐만 아니라 움직임(動)도 정교政教를 혼동하여 순연純然한 종교라 인정하기 곤란한 것들이 있어서 적의適宜 취체를 가해야 한다"고 하였다.

이러한 식민지 상황에서 정교분리와 민족문제는 당시의 종교지형을 결정하는 주요 변인이 되고 있었다. '조선인의 종교'는 식민권력의 강점 내내 이 문제와 관련해서 항시 감시·주목을 받은 소위 민족종교였고, 1915년 포교규칙 공포 이후에는 '유사종교(종교유사단체)'

---

1 1912년에는 '조선불교'가 나타난다. 국가신도는 이 항목에 포함되지 않았지만 식민권력의 종교정책 전개과정에서는 상호 밀접히 연결되어 있었다.

● 인터뷰를 하고 있는 무라야마 지준의 딸(도쿄 거주)

로 분류·명명되었다.

이 글은 소위 '유사종교' 중 하나인 보천교에 관심을 두고, 특히 보천교가 식민권력[2]에 대항했던 민족적 성격을 정리해 보았다. 무라야마 지준村山智順에 따르면 '유사종교는 최제우의 동학에서 시작된다'고 하여 오늘날 민족종교라 불리는 종교들이 유사종교였음을 알 수 있다. 그런데 이러한 '유사종교가 항상 사회불안을 야기하는 동인動因을 제공하므로 총독부는 끊임없이 그 동태를 감시하고 조사해야 한다'고 하였다.

조선총독부 경무국이 제국의회에 제출한 설명 자료에 의하면, 조선의 종교유사단체는 조선말 혼란한 사회상과 민중생활의 곤란함, 기독교 침입에 대한 반동, 그리고 한국강점 후 총독정치[新政]에 대한 증오와 불만을 가진 사회감정에서 나타났으며, 교도로서 정치적 욕망에 일종의 기대를 갖는 등 농후한 정치적 색채를 지녀 1919년 3·1운동과 같이 정치적 책동에 관여하여 고등경찰 상 가장 경계를 요하는 대상적 존재로, 유사종교단체의 대종大宗인 천도교와 천도교에 버금가는 세력을 가진 보천교 등으로 대표된다고 하였다.[3] 이러한 종교단체의 민족주의 운동은 국내뿐만 아니라 일본지역의 재일조선인 사이에서도 전개되면서 경계의 대상이 되었다. 물론 천도교

2 식민권력은 일제의 강점 목표를 효율적으로 달성하기 위해 나름대로의 역할을 담당한 총독부와 군, 경찰, 헌병 등 식민관료들, 신도가, 일제에 협력적인 언론 출판인들과 친일 한국인들로 구성된다. 정책면에서 본다면, 일제의 식민정책을 수용한 자와 제국의 신민 아이덴티티를 가진 식민지민들이 중심이 되며 식민지 지배를 원활히 수행하기 위해 동원된 권력들을 총칭하는 용어다.

3 朝鮮總督府警務局, 『第73回帝國議會說明資料』, 1937, 205-206쪽.

와 기독교계의 활동이 가장 많지만, 보천교의 활동상도 찾아볼 수 있다.[4]

일제강점기 민족종교의 항일운동에 대해서는 다수의 연구들이 이루어졌다. 그 중에는 천도교에 대한 연구가 가장 많고, 대종교, 태을교, 청림교 등의 연구가 그 뒤를 잇고 있다. 여기서 태을교는 선도교, 훔치교로도 불렸고 본고의 보천교와 동일하게 보아도 좋을 것이다.[5]

그러나 지금까지 일부 연구를 제외하면[6] 민족주의 운동에 대한 보천교의 활동을 부정적으로 보는 연구들이 많은 편이다. 곧 보천교 활동이 "일제강점기에 항일 운동이나 그 밖의 적극적인 민족운동으로 연결되기에는 상당한 한계"[7]가 있다는 지적이 그것이다. 그 이유로는 증산 사후 교단활동이 "민중세계에 본격적으로 확산되기 시작한 일제강점기 초기에는 조선총독부가 어떠한 형태의 민족운동도 엄격히 억압하는 무단통치를 시행"했기 때문에 '새 나라[時國]의 건국을 도모한다는 등의 소문은 식민권력으로서는 결코 간과할 수 없는 상황'이었다는 점이다. 또 "(증산교단은) 발생사적으로 동학혁명과 밀접한 관련을 맺고 있었지만, 현실 사회의 변혁을 위한 투신은 처음부터 억제하고 있었다. 동학혁명의 전개와 실패를 직접 목격하였던 증산은 자신의 종교운동을 동학혁명에서와 같은 세속적 차원보다는 순수한

---

4 朴慶植 編, 『在日朝鮮人關係資料集成』(2), 三一書房, 1975-76 所收 '在日朝鮮人の運動狀況', 警報局保安課, 1930.12. 9쪽.

5 증산 강일순 사후(1909) 1910년대 초기에는 고판례의 선도교, 김형렬의 미륵불교 등이 명칭이 사용되었으나 그 외 뚜렷한 명칭은 공식적으로 사용되지 않아 일반적으로 훔치교, 태을교 등으로 불리워지고 있었다. 1922년 등록하면서 보천교라는 교명을 사용하게 된다. 연구자(예. 노길명)에 따라서는 증산교라는 명칭을 사용하기도 한다.

6 이러한 태을교에 대한 연구들을 주도한 대표적 학자는 정읍지역의 안후상, 김재영 등이다.

7 노길명, 「초기 증산종단의 민족의식과 민족운동」, 증산종단연합회, 『일제하 증산종단의 민족운동』, 순민사, 1997, 65쪽.

종교운동으로 이끌어 가고자 하였다"[8]는 주장도 한계로 지적되고 있는 상황이다.

더욱이 보천교가 교단공개 이후 대내외적 곤경을 타개하기 위해 교단의 고위 간부들을 일본에 보내 일본 내각 총리대신과 면담하고 '시국대동단'이라는 단체를 만들어 친일활동을 한 점 등은 민족운동과의 거리를 크게 벌여놓을 수밖에 없었다. 곧 보천교의 교리적·내부적 요인과 외부적 요인을 지적하여 보천교와 민족운동과의 관련성을 부정적으로 다루었던 것이다.

이 글은 위의 주제들을 전부 다룰 수는 없기 때문에, 보천교의 교리내용이나 시국대동단의 문제를 제외하고, 연구범위를 좁혀 일제 식민권력의 기록에 나타난 보천교의 민족주의적 성격을 파악함으로써 보천교의 민족운동을 살펴보려 하였다. 이를 통해 보천교 교주 차경석의 생각은 무엇이었으며, 보천교가 일제강점기의 식민권력이나 민중들에게 도대체 무엇이었던가를 조금이나마 그 실마리를 파악해 보자는 것이다.

따라서 본고에서 주목하는 자료는 '차경석' 혹은 '보천교'와 관련된 식민권력이 생성한 자료들이다. 대표적인 것으로는 전라북도의 『보천교일반普天教一般』(1926. 6)과 평안남도의 『양촌 및 외인 사정 일람洋村及外人事情一覽』(1924. 6)[9] 등 보고서와 식민권력의 공문서들이

---

8 노길명, 위의 논문, 65쪽.

9 이 자료도 『普天教一般』과 함께 學習院大學 東洋文化硏究所에 소장되어 있으며, 철철 제목의 양인 및 외인에 대한 기술은 24쪽에 불과하고 보천교에 대한 내용이 212쪽인 것으로 보아 원래 다른 보고서가 하나로 묶인 것으로 보인다. 그러나 원래 보고서 제목은 확인이 안 되며, 여기에는 당시 보천교의 상황, 교의, 교무기관, 육십방위제, 혁신운동, 시국대동단, 己産組合, 제주도사건 등에 대한 상세한 내용들이 들어있어 『보천교일반』과 보완적인 자료의 의미를 지니고 있다. 또한 다른 종교단체에 비해 이처럼 보천교만을 대상으로 한 적지않은 보고서가 작성되었다는 사실은 일제 식민권력이 식민(유사종교)정책에서 보천교를 어느 정도 중시하고 있었는가를 엿볼 수 있는 점이기도 하다.

다.[10] 이 외에도 다수의 자료를 사용하였지만 보천교 교단의 자료들(예. 『보천교연혁사』 등)과 당시 신문기사들은 가급적 분석에서 제외하였다. 지금까지 많은 연구에서 분석되었고, 또 객관성 확보에서도 논란의 여지를 만들기 때문이다.

그리고 일제강점기 보천교의 활동은 민족운동이라는 관점에서 보면 세 시기로 구분하여 살펴볼 수 있다. 그 첫째는 1910년대 교단형성기로 교주 차경석이 도피하여 포교와 조직형성을 이루는 시기고, 다음은 1919년 3·1운동 이후 민족운동에 적극 참여한 이후 1925년 시국대동단의 첫 연설회가 열릴 때[11]까지이며, 마지막은 1925년 이후부터 1936년 교주 차경석이 사망할 때까지이다.[12] 본고는 그 중 첫째와 둘째 시기의 활동을 주 대상으로 하여, 우선 1910년대 차경석의 활동을 '갑종 요시찰인'이라는 개념을 통해 확인하였고, 다음은 1910년대와 20년대 초반에 걸쳐서 이루어진 보천교의 교단조직을 살펴보았으며, 마지막에는 3·1운동 이후인 1920년대 보천교의 민족주의적 활동상을 몇 개의 자료를 중심으로 분석하여 보았다.

---

10 국립공문서관 아시아역사자료센터 등에 소장된 자료와 기타 조선총독부 경무국과 외무성 아세아국의 공문서 및 친일단체 등에서 발간한 자료들이다.

11 시국대동단은 1925년 1월 10일 처음으로 광주 강연회를 개최하여 내선융화, 내선인의 정신적 결합 공고, 대동단결을 통한 문화향상을 주장하였다.

12 보천교 교단조직을 기준으로 하면 보천교 교단공개와 보천교 敎憲 제정(1923.8.15)을 전후로 구분하는 것도 가능하다. 보천교 진정원이 설치되고 교단이 등록되면서 보천교는 총독부의 전략대로 내분과 분열기를 맞이하고 이후 사이비종교의 대명사로 되면서 결국은 해체되기에 이른다(김철수, 「일제하 식민권력의 종교정책과 보천교의 운명」, 『선도문화』 20권, 2016).

● 도쿄의 카쿠슈인學習院대학 우방문고 자료실에서

## 2 | 1910년대 차경석의 '갑종 요시찰인' 편입

먼저 1910년대, 훗날 보천교의 교주인 차경석(1880~1936)의 활동에 대해서 『보천교일반』은 '차경석의 갑종甲種 요시찰인要視察人 편입編入'이라는 내용으로 정리하고 있다. "교주 차경석은 유명幼名을 관순寬淳, 관명冠名을 경식敬植이라 칭했고 교조 강증산의 뒤를 이어 교주가 되어 교도의 신망信望을 얻으면서 신인神人으로 숭배되었고, 은밀히 교세확장의 수단으로 국권회복을 표방하기에 이르러 1917년 4월 24일 갑종 요시찰인으로 편입되었다"고 기록하였다.

요시찰인은 어떠한 사람들인가? '요시찰'은 특정 인물이나 단체를 대상으로 일정기간 동안 주기적으로 감시하는 제도였다. 〈형사요시찰인 취급 내규 시행세칙〉(함경남도 내훈 제13호. 1931. 6. 10)을 참조하면, 요시찰인의 시찰은 담당순사[受持巡査]가 담당하며 필요에 따라서는 형사刑事순사가 맡을 수 있도록 하고(제9조), 요시찰인의 시찰은 매월 적어도 갑호甲號는 3회, 을乙과 병호丙號는 2회, 정호丁號는 1회 이상 행하고(10조), 시찰의 형식은 범죄행위의 유무나 각종 가

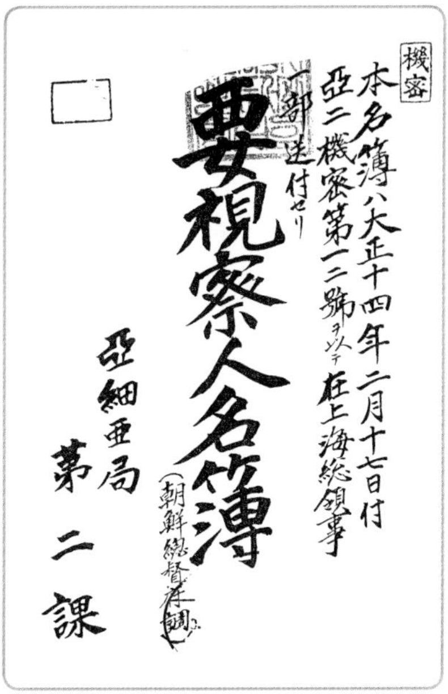

● 요시찰인 명부의 표지

정, 직업, 평판, 교제인물, 출입자, 여행지와 목적, 통신의 유무 등 상황을 면밀히 조사하며(11조), 소재불명으로 3년이 경과하거나 개전의 정이 현저하여 범죄 우려가 없거나 노쇠 등으로 신체에 중대한 장애가 있을 경우에 한하여 명부에서 삭제할 수 있도록 하였다(13조).[13]

그렇다면 요시찰인의 내용은 무엇이고 그 분류는 어떻게 하였을까. 당시의 신문 등의 자료를 통해서 확인해 보자.

> 경무국警務局의 눈으로 보면 사상불온思想不穩하던가 또는 총독정치總督政治에 불찬성不贊成의 의사意思를 가지던가 또는 그러한 행동을 취하는 인물은 종래 요시찰인이라 불리웠고 갑甲, 을乙의 두 종류로 하여 항상 그 행동을 감시하여 왔으며, 금번에 갑을의 종류를 폐지하여 전부 요시찰인으로 개정改定하여 전선적全鮮的 명부名簿를 작성 중이라 한다. 현재 당국의 요시찰인으로 확인되는 인물은 전 조선에 전부 3천여 명에 달하며, 만세소요 당시(1919년)는 약 1천 명 내외에 지나지 않았으나 그 후 점차 증가하였다. 이 명부는 종래 각 도별로 만들었던 것을 이번에 이를 통일해서 전선적全鮮的으로 만듦과 동시에 사진까지 첨부, 완성하여 각 도에 배부한 것이다. 이로써 종래는 정치 요

---

13 장신에 의하면 일본에서 요시찰에 대한 최초 규정은 1910년에 만들어진 「社會主義者 視察內規」였다고 한다. 이후 1911년에 제정된 「特別要視察人 視察內規」를 기준으로 1916년과 1921년에 일부 개정되었다. 곧 그 기초는 1910년대 초반에 만들어지고, 골격의 완성은 1920년대에 이르러 이루어졌다고 할 것이다. 일제 강점기 한반도에서도 1912년 말 '형사 요시찰'을 규정한 내규가 있었다고 한다. 그러나 그 실체는 아직 확인되지 않고 있다. 장신은 일본의 강점 이후 조선에서 '병합'에 반대하는 이들을 대상으로 요시찰이 행해졌는지는 알 수 없다고 하면서, '왜정시대 인물사료' 馬布三悅編을 보면 1910년대부터 일자별로 행적을 기록해놓았음을 볼 때 요시찰이 행해졌다고 볼 수도 있지만, 다른 사례가 없어서 조선인에게도 확대 적용할 수 있을지에 대해서는 판단을 유보한다고 하였다.(장신, 「일제하의 요시찰과 『倭政時代人物史料』」, 『역사문제연구』 제11호, 역사문제연구소, 2003, 146-147쪽)

시찰인과 사상 요시찰인 두 가지로 나누는 것이 원칙이었지만 조선인의 행동은 정치운동과 사상운동의 차이를 확연히 분류하는 것이 어렵기 때문에 민족운동자도 사상 요시찰인의 명부에 편입하게 되었다.[14]

위의 자료는 1919년 3·1운동 이후 요시찰인의 수가 2천 명 정도 증가되었고 이에 대해 전 조선을 포함하는 명부의 필요성이 있어 사진까지 첨부하여 만들어 각 도에 배부하였음을 알려주고,[15] 또 총독부의 요시찰인으로 확인되는 인물들은 사상 불온자와 총독정치에 불만자들로 정치, 사상, 민족운동의 구분이 쉽지 않아 이를 모두 통합하여 명부를 만들었다고 하였다. 곧 요시찰명부의 작성은 1919년 3·1운동을 계기로 민족해방에 대한 열망이 급격히 고조되면서 치열하게 전개된 민족해방운동의 양상과 밀접한 관련이 있음을 알 수 있다.

또 3·1운동 시에 약 1천 명의 요시찰인이 있었다는 내용으로 미루어 1910년대에도 소수일망정 요시찰인의 존재를 추정하기에는 어렵지 않다. 그리고 그들 대부분은 조선을 지배하는 식민권력, 곧 조선

---

14 『朝鮮思想通信』 1928. 7. 28. 그런데 1920년대 초반 「사상운동에 관한 정보철」이나 신문기사 등에서 요시찰 등의 단어가 등장하는 것으로 보아 3·1운동 이후에는 어떤 형식으로든지 요시찰제도가 도입된 것으로 보인다. 국가보훈처에서 복간한 『大韓民國臨時政府關聯 要視察人名簿』의 발간 주체는 日本外務省 亞細亞局 第二課이지만, 요시찰인 조사를 담당한 기관은 조선총독부였다. 명부 곳곳에 있는 "1925년 1월 현재"라는 조사시점을 나타내는 기록과 "1925년 2월 17일자로 在上海總領事에게 1부를 보낸다"는 표지의 기록으로 보아 이 명부의 발간시점은 1925년 1월 말 또는 2월 초로 추정된다.

15 조선공산당 책임비서였던 金綴洙의 회고를 보면, "1929년 말경에 내지에 잠입해서 청진, 함흥, 원산을 거쳐서 서울서 동지들과 회합을 갖고 전북과 부산으로 제주까지 갔다가 다시 나와서 양산의 병중에 있는 李圭洪 友를 차젓다가 …(중략)… 被逮되었다. (중략) 日人 警部가 두꺼운 명부책을 가지고 나를 끄러내서 (중략) "전북 부안 사는 김철수지요? 우리는 취조할 권한도 없고 전북에로 가게 됩니다" 하면서 요시찰명부를 뵈이면서…"(「김철수 친필유고」, 역사비평 1989년 여름, 362~363쪽)라 하였다.

총독부의 식민통치의 안정화와 영속화에 대해 심각한 위협이 있다고 판단될 경우 치안대책의 일환으로 시찰대상이 되고 있었다.[16] 강점 초기부터 총독부의 조선지배의 실상은 감시와 처벌의 연속이었던 것이다.

원래 요시찰인은 갑과 을로 나뉘어 감시되고 있었지만 위의 자료는 갑을을 폐지한 명부 작성을 말하였다. 그러면 요시찰인은 어떻게 분류되고 있었던가? 상기의 〈형사요시찰인 취급 내규 시행세칙〉(1931)에서는 요시찰인을 그 중요도에 따라 갑·을·병·정호로 구분하여 취급하도록 하였고, 조선총독부가 1925년 당시 임시정부 요인들의 행적 등을 조사, 작성한 기밀서류[17]는 종별을 갑, 을로 나누어 표시하고 있다.[18] 주지하다시피 이러한 종별 분류는 요시찰인의 특성과 온건·과격의 정도에 따라 세분된 것이다. 그 세밀한 분류기준은

16 그러나 장신은 '요시찰인=항일'이 반드시 일치하는 것은 아니라고 하였다. 요시찰인 선정은 경찰의 일이었다. 앞으로 위법행위, 곧 일제의 조선지배에 저항하거나 불평불만을 토로할 가능성만 보이면 대상이 될 수 있었다. 주지하다시피 친일파들조차 조선총독부의 통치방식에 대해 불만이 없지 않았다. 일제가 보기에 방법과 정도의 차이가 있을 뿐, 모두 '不逞鮮人'임은 마찬가지였다. 내정독립론을 내세웠던 이희간李喜侃이나 일본인과 조선인의 공존공영을 내걸었던 大同同志會를 항일운동가나 항일운동단체라고 주장할 수는 없을 것이다. 따라서 평가는 일제 순사의 눈이 아니라 해방된 한국인의 것으로 봐야 할 것이다(장신, 앞의 글, 175쪽).

17 국가보훈처, 『대한민국 임시정부 관련 요시찰인명부』, 1996. 또 日本國立公文書館, 『朝鮮人要視察人略名簿 』(1945)를 보면 1945년 3월 전라도, 경상도, 충청도, 함경도 등의 요시찰인들이 들어있다. 참고로 전라북도의 경우는 관내 89명, 내지 25명, 국외 19명, 외사 3명이라고 기록되었다. 그리고 日本外務省, 『要視察外國人擧動關係雜纂-韓國人ノ部-』 1-10(국사편찬위원회, 『要視察韓國人擧動』 1,2,3, 2001)의 자료도 참조 가능하다. 여기에는 1886. 10-1910.8까지의 내용이 간추려져 있다.

18 이러한 구분은 시기에 따라 변화가 있는 것으로 보인다. "要視察人 정리방법을 보면 政治, 普通, 勞動 등 三種으로 나누어 前日에 甲乙丙種을 폐지하고 대개 思想運動者와 政治運動者 중 前日 特種에 속한 사람을 政治에 編入하고 기타 民族主義者 중 다소 穩健한 사람을 普通에 編入하고 勞動組合의 리다격의 인물은 전부 勞動部에 編入하야 정리하였다는데, 前記 政治에는 다시 甲乙 양종을 분간하야 社會主義者로 政治에 편입된 인물은 政治 甲種에, 民族主義者로 편입된 인물은 政治 乙種에 編入하야 정리하였다더라."(中外日報 1928. 8. 4.)

현재로서는 알 수 없지만, 어떤 경우이든 차경석이 받았던 갑종 요시찰인은 시찰의 정도가 강한 측면에 속하고, 정치와 관련되어 그 위험도나 비중 면에서 위법행위를 했거나 할 가능성이 농후하여 시찰 대상이 된 자들이다.

참고로 차경석 이외에도 갑종 요시찰인에 속했던 인물들이 있다. 예를 들어 일제강점기의 언론인·사학자였던 문일평文一平(1888~1936)은 '1914년 귀국한 선생은 고향에서 생활을 하였는데, 선생의 경력으로 말미암아 1917년 1월부터 경찰의 갑종 요시찰인물로 감시를 받았다. 1919년 3·1운동이 일어나자 선생은 적극적으로 참여하였다.' 또 조선어학회 중진으로 항일투사이자 평북 영변의 3·1운동을 주도하고 목숨 걸고 민족 얼을 사수한 이윤재李允宰(1888~1943)도 1925년 독립운동을 도왔다는 이유로 경찰은 '갑종 요시찰인'으로 규

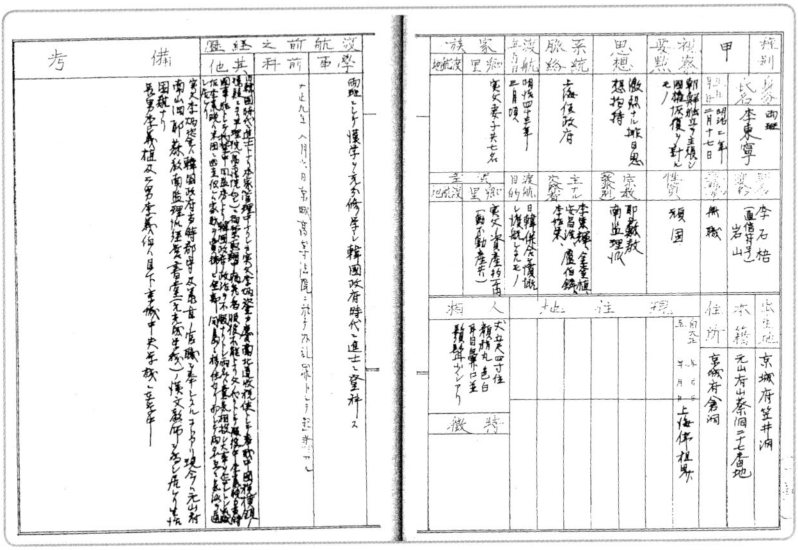

● **갑종 요시찰인의 사례**. 상해임시정부 주석이었던 이동녕의 경우이다. 사찰요인은 "조선독립을 주장하고 국권회복을 계획한 점"이며 사상은 "과격한 배일排日사상을 소지"하였다고 기록하고 있다.

정하고 주목하였다. 그리고 광주·전남 근현대사 및 한국기독교사에서 자주 거론되는 인물인 최흥종崔興琮(1880~1966) 목사는 1919년 서울에서의 3·1운동에 참여했다가 1년간 옥고를 치렀으며, 1920년 8월 창립된 조선노동공제회 광주지회장으로서 9월에 열린 전국회의에 참석하면서 노동운동을 시작했다. 그 때문인지 그는 1921년 1월 당국으로부터 '갑종 요시찰인'으로 지목되었다.[19]

그러면 1910년대, 정확히 말하면 1917년 차경석은 어떤 행동을 하였기에 갑종 요시찰인이 되었을까? 1910년대 차경석에 대한 자료도 거의 찾아보기 힘든 상황에서, 더욱이 그 사유를 밝혀주는 직접적인 자료를 찾기는 매우 어렵다. 다만 여러 자료를 종합하여 추정해보는 것은 어느 정도 가능할 것이다. 다만 서두에 언급한 『보천교일

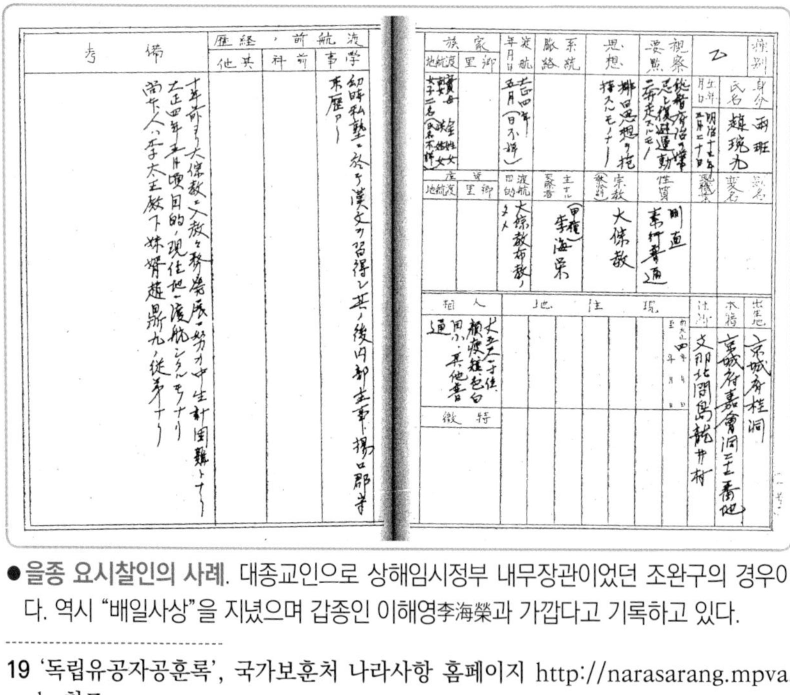
趙琬九
兩班
大倧敎
李海榮
京城府桂洞
京城府嘉會洞二十一番地

● **을종 요시찰인의 사례**. 대종교인으로 상해임시정부 내무장관이었던 조완구의 경우이다. 역시 "배일사상"을 지녔으며 갑종인 이해영李海榮과 가깝다고 기록하고 있다.

---

19 '독립유공자공훈록', 국가보훈처 나라사랑 홈페이지 http://narasarang.mpva.go.kr 참조.

반』에는 차경석이 '교조 강증산의 뒤를 이어 교주가 되어서 교도들로부터 神人으로서 숭배되어[20] 은밀히 교세확장의 수단으로 국권회복을 표방'했기 때문에 갑종 요시찰인으로 편입되었다고 기록되었다. 차경석은 어떤 자였는가? 우선 『보천교일반』의 기록을 살펴보자.

> 교주 차경석은 일명 윤홍이라 칭하고 1880년 6월 1일 전라북도 정읍군 입암면 대흥리에서 출생하였다. 아버지 차치구는 동학당의 간부이기 때문에 1894년 경석 15세 당시 흥덕군수 부하에게 체포되어 사형에 처해졌다. 경석은 1890년 1월부터 1901년 2월까지 정읍군 입암면 안경현安京賢이란 자 밑에서 한적漢籍을 배우고 1904년부터 1908년 3월까지 일진회 평의원이었으며 1907년 6월 16일 김제군 수류면 원평리 주막에서 우연히 강증산과 만난 이후 그 문하에 들어가 훔치교에 귀의하여 오로지 교리의 연구에 몰두하여 마침내 기유년 1909년 음력 1월 3일 교통教統 전례식傳體式을 하여 교도教道를 전수받기에 이르렀다.

위 기록에서 눈에 띄는 것은 차경석이 증산 강일순(1871~1909)을 만나기 전 동학과의 관련성이다. 안후상은 차경석의 부친 차치구車致九(1851~1894)는 가난했지만 기골이 장대하였으며, 양반들의 횡포에 맞서 완력을 사용하기도 한 당대 민초들의 영웅이었다고 하였다.[21] 이러한 차치구는 동학농민혁명 당시 정읍지역의 접주로 2차 봉기 당

---

20 신도들 사이에서는 차경석이 소위 도술을 심득하여 초인간적 행위를 하며 축지법, 차력술, 호풍환우술, 遁甲藏身術을 행한다고 믿고 있었다(『洋村及外人事情一覽』 '차경석의 도술', 71쪽).

21 안후상, 「차월곡 출생에 관한 소고」, 『신종교연구』 2, 2000, 62-63쪽.

시에는 정읍의 농민군을 이끌던 수령이었으나 농민군이 관군과 일본군에 밀리면서 참패를 당할 무렵에 붙잡혀 사형[焚殺刑]을 당했다(1894. 12. 29). 당시 차치구의 장남이었던 15살의 차경석은 큰 충격을 받았고 부친의 시신을 수습하여 장사지내면서 철천지한을 품었을 것이다.

차경석도 부친 못지않게 기골이 장대하고 남달랐다. 1920년대 차경석을 만났던 기록에 의하면, 차경석은 "몸은 뚱뚱하고 큰 상투에 대갓을 쓰고 얼굴은 구리빛으로 까만 수염이 보기 좋게 나 있었다. 그 풍채가 과연 만인의 장 같았다."[22]고 하였고, 1923년 4월 중순경 정읍에 가서 만났던 기록에는 "비록 현시대의 지식은 결여했다 하더라도 구시대의 지식은 상당한 소양이 있다. 그 외 엄격한 태도와 정중한 언론은 능히 사람을 감복케 할 만하다. 그는 한갓 미신가가 아니오, 상당한 식견이 있다. … 그의 여러 가지 용사用事하는 것을 보면 제왕될 야심이 만만한 것을 추측하겠다."[23]고 했다.

이러한 차경석은 동학혁명에 참여하였던 부친을 이어 당시 비밀리에 조직을 재건하여 봉기를 계획하고 있던 영학계英學契에 관심을 갖게 되었고, 1898년 가을에서 1899년 여름에 걸쳐 흥덕에서 일어난 봉기(기해정읍농민봉기)에 참여하여 정읍의 지방 관청을 습격하는 활동의 선봉장에 서게 된다.[24] 그러나 정읍에 토벌대로 온 전주진위대全州鎭衛隊에 의해 농민군 지도부가 체포되면서 봉기는 참패하게 된다. 차

22 禪道會 초대 지도법사 李喜益(1905-1990)이 만난 소회(박영재, 『이른 아침 잠깐 앉은 힘으로 온 하루를 보내네』, 운주사, 2001, 215-217쪽).

23 비봉선인, 「정읍의 차천자를 방문하고」, 『개벽』 10-38, 1923, 37-41쪽.

24 안후상, 「보천교운동 연구」, 성균관대 석사논문, 1992, 7-9쪽 참조. 英學黨이란 정읍 梨坪에 세워진 임시교회로 동학 이후 생긴 듯하며, 이곳에 드나드는 인물, 곧 동학혁명에 가담했던 자들과 그 가족들이 재봉기를 위해 결성한 비밀조직으로 맺어진 것이 영학계였다.

● **마을 안에 남아 있는 석축.** 보천교 본소 시절 석축의 흔적이다.

● **보천교 본소 석축의 예전 모습.** 본소 주위에는 보화문普化門, 대흥문大興門, 영생문永生門 등이 있었고, 10척이 넘는 석축담이 둘러 있었다.

경석도 이때 체포되어 사형의 위기에 처했으나 극적으로 모면한 이후, 22세 부터는 일진회가 주도하는 동학운동에 다시 가담한다.

일진회는 1904년 8월 조직되었다.[25] 이 때 정부는 칙령을 내려 경무사[신태수]와 총검을 휴대한 다수의 군경이 회원들의 집합을 금했지만, 9월부터는 공식 활동을 시작했다. 일심단결하여 단발착모斷髮着帽를 결의했다. 이 해 12월 2일에는 동학계통의 혁신운동 단체였던 진보회(회장 이용구)와 통합하여 양 단체는 '일진회'라는 이름으로 하나가 되었다.[26] 양 단체의 조직 및 운영에는 손병희 및 동학간부들이 밀접하게 연관되었다. 각군各郡에 조직을 착수하여 회장, 부회장, 평의원을 정하고 각도各道는 군 책임자를 선출했다. 차경석도 평의원으로 활동하였던 것이다.[27]

---

**25** 8월 18일, 50여명이 모여 회명을 '유신'이라 한 것이 그 시초이다. 임시회장을 윤시병으로 하여 정부에 알렸다. 이틀 뒤인 20일 오후 2시에 특별회를 개최하여 회명을 '一進'이라 개정했다.

**26** 일진회와 진보회는 출발이 서로 다른 단체였다. 진보회는 1904년 9월 조직된 동학계통의 혁신운동 단체로, 1903년, 일본에 있던 손병희가 러일개전의 임박함을 기회로 한국정부를 개편하고 동학을 재건하려는 꿈으로 만들어진 단체이다. 전국 360여 주에 진보회 지회를 설치하여 관찰사나 군수 등을 대상으로 각종 민원을 담판을 통해 해결하려 하는 등 갑오동학혁명의 집강소 정신을 계승하였다. 경향각지에서 일제히 개회하여 흑의단발을 결의했다. 흑의단발은 문명개화 참여와 일심단결의 의미를 지녔다. 결의를 따른 자가 20여만 명에 달했다. 그러나 진보회의 활동이 그리 순탄한 것은 아니었다. 시간이 흐를수록 진보회가 동학당임이 알려졌고 정부의 탄압도 거세었다. 이에 이용구는 일진회의 배후 조종자 송병준과 타협했고, 당시 대중의 기반을 갖지 못했을 뿐더러 일본군의 보호아래 명맥을 유지하던 일진회는 통합을 제안, 12월 2일 진보회와 합쳤던 것이다. 통합 후의 조직구성을 보면, 일진회의 중앙(본부) 임원에는 일진회 간부가 유임되었고, 이용구는 13부 총회장(13도 지방총회장) 자리로 첨가되었으며, 일진회 지방임원에는 진보회의 지방임원이 대부분 그대로 인정되었다. 그러나 당시 실제로는 이러한 구분이 제대로 되지 못하여 전국 각 지역에서의 활동에도 일진회와 진보회 명칭이 轉用되는 일은 전국적 현상이었다고 한다.

**27** 차경석의 직위는 자료에 따라 다소 차이가 있다. 『보천교일반』에는 '일진회 평의원', 이강오와 안후상은 '전남북도 순회관', 증산도에서는 '일진회 全北總代'라 하였다(이강오, 「보천교」, 『전북대 논문집』 8집, 1966, 12쪽 ; 안후상, 석사학위논문, 9쪽 ; 증산도, 『도전』). 總代는 教徒와 관리 간의 교섭 담당자이다. 1904년 일진회 전주지회

그러나 1905년 11월 17일, 을사보호조약이 체결되었다. 상황은 말 그대로 '을시년스러웠다.' 10여일 전 일진회 명의로 한국이 일본의 보호를 받아야 한다는 '일진회 선언서'가 발표된 상황이었다. 손병희는 긴급히 이용구를 불러 엄중한 책망을 하고, 12월 1일에는 천도교로 이름을 바꿨다. 차경석도 이 무렵 일진회 활동을 그만둔 것으로 보인다. 그러던 중 1년여가 지난 뒤인 1907년(음력 5월) 차경석은 증산 강일순을 만나게 되었고 핵심 제자 중 1인이 되면서 인생에 변화를 가져온다.

당시 강증산의 제자들 중에는 예전에 동학교도들이 다수 있었다. 차경석과 박공우, 신경수 등 주요 제자들이 동학교도들이었고 강증산도 동학혁명을 직접 목도하고 따라 다녔다. 그런 점에서 동학과 동학혁명은 증산사상의 형성 그리고 차경석의 보천교 성립의 필요조건인 셈이었고, 일제 식민권력이 차경석과 보천교를 좌시할 수 없게 만든 이유 중 하나였다.

더욱이 일제 식민권력은 1910년 8월 29일 한국강점 이후 한민족의 반일저항운동의 가능성을 전면 차단시키고 있었다. 강점 직후 부령으로 3인 이상의 옥외집회를 일체 금지(1910.8)시키면서 〈집회취체령〉을 공포했고, 〈조선주차헌병조례〉(전 18조)를 발포하여 치안유지에 관한 경찰 및 군사경찰을 관장했고 전국의 정치·사회단체들을 해산시켰다(9월).[28] 민족의식을 말살하기 위해 『을지문덕』, 『초등대한역

---

개설 문제 발생 때 '전라남북도 조사관으로 김규창과 전국환을 선임'한 내용은 있으나 차경석의 이름은 보이지 않는다.

28 해외 한민족 단체(대한인국민회 하와이지방총회 등)에서는 합병을 부인하는 결의문들을 언론에 발표하였고, 민족인사들의 자결(홍범식, 김석진, 황현 등)도 줄 이었고, 각 지역에서는 의병들이 계속하여 궐기하고 있었으며, 천도교에서도 김완규 등이 합병 반대를 하다 일본헌병에 체포(1910.9.1)되는 일들이 있었다. 대종교는 한반도를 벗어나 북간도 삼도구에 지사를 설치하였다(10.25). 일제는 순종황제를 '이왕'으로 책봉하

● 1920년대 전라북도 경찰 배치표.
정읍지역에 배치된 경찰력이 많다.

# 全羅北道

縮尺四

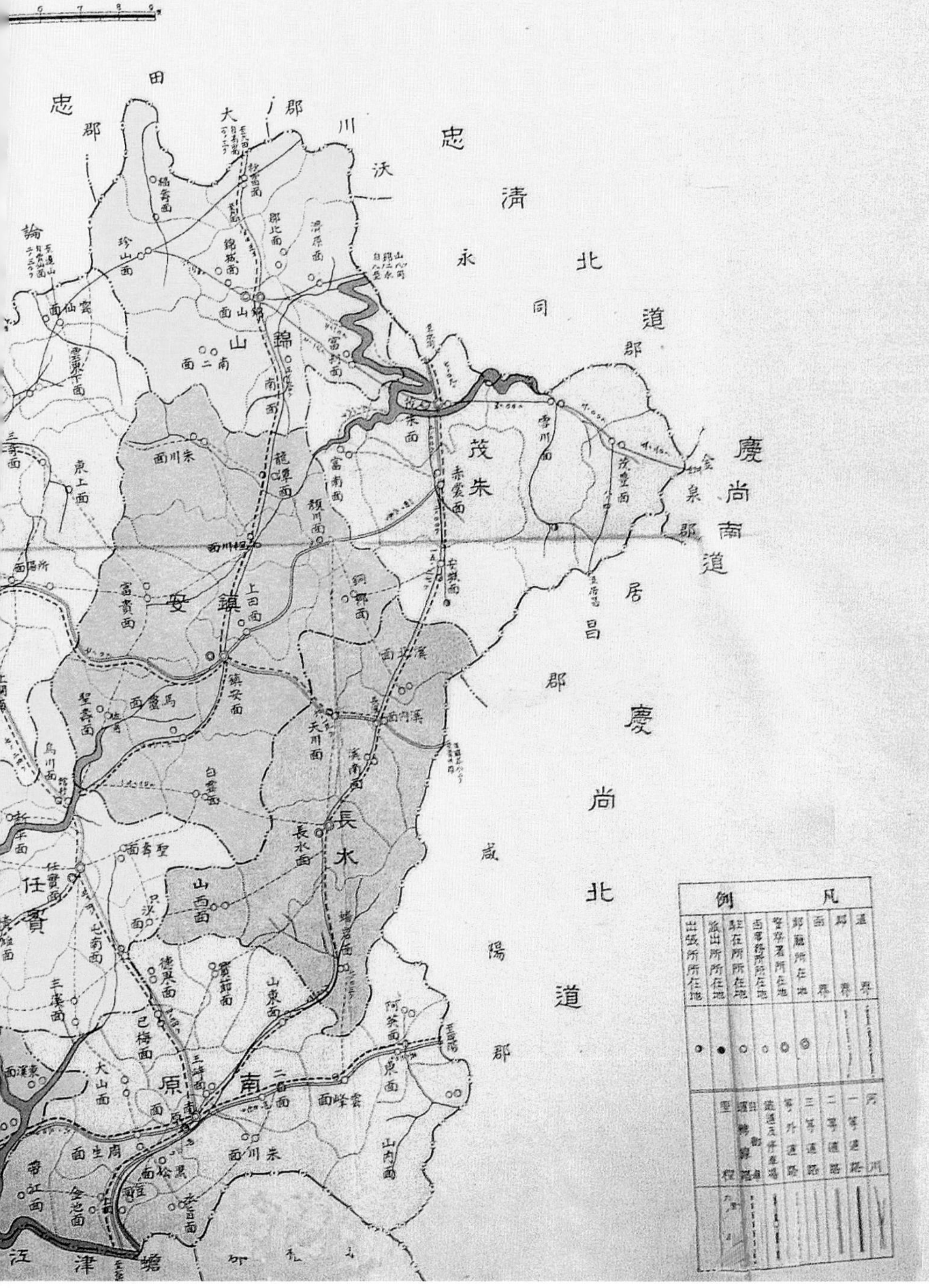

忠清北道
永同郡
沃川郡
大田郡
論山郡
慶尚南道
居昌郡
慶尚北道
咸陽郡
錦山
茂朱
鎭安
長水
任實
南原
珍山面
錦城面
南二面
富南面
赤裳面
雪川面
茂豊面
安城面
長水面
山西面
蟠岩面
山東面
雲峰面
東面
阿英面
朱川面
大山面
凡例
道界
郡界
面界
郡廳所在地
警察署所在地
面事務所所在地
駐在所所在地
派出所所在地
出張所所在地
河川
一等道路
二等道路
三等道路
等外道路
鐵道及停車場
里程

사』 등 서적 45권을 발매금지시켰고, 한국인이 저술한 각 학교용 교과서를 몰수하는가 하면 조선총독부 학무국 편집과는 학교교과서를 조사하여 식민통치에 방해되는 문구나 학생들에게 구국사상을 고취시킬 수 있는 창가 등도 삭제하였다(11월). 소위 식민지 치안에 방해가 된다고 생각하는 모든 것을 통제, 말살해 나갔다.

이런 식민권력의 형성 상황에서 종교 혹은 종교단체는 어떤 의미를 지니고 있었을까? 일본의 메이지 정부는 근대국가를 형성하면서 이미 일본의 고대 원시신도를 원용하여 국가신도 체제를 구축하여 근대 일본의 국민의식을 만들어냈으며 이 과정에서 종교의 중요성을 경험한 바 있다.[29] 식민지에서 정치·사회단체들은 모두 해산시켰으나 종교단체는 다른 방법이 필요했다. 19세기 서구열강에 의해 본격적으로 활동을 시작한 기독교(천주교와 개신교) 단체들과, 1910년 전후 조선에 들어와 활동하고 있었던 일본불교와 기독교 및 교파신도 단체들을 통제해 나가야 했다. 물론 일본에서 들어온 제諸 종교단체들의 경우는 큰 어려움이 없었지만,[30] 서구 선교사들이 활동하는 기독

---

고 합병을 도운 자들(이완용, 이용구, 송병준 등)에게 은사금을 지급했으며, 결사 해산령을 공표해 일진회, 정우회 등 친일단체까지도 해산하였고(9.12), 신문들도 폐간되거나 강력히 통제되었고, 전국 사립학교(2,200여개 교)도 일제 탄압으로 100여개 교가 폐교되면서 사립학교 설립 인가령이 시행(11.11) 되었다. 심지어 대한야소교회보를 야소교회보로, 곧 '대한' 명칭을 뺄 것을 명령하였다(1910.9.6).

29 김철수, 앞의 논문. 더불어 신도와 종교 개념에 대한 이해가 필요하다. 종교라는 개념 자체가 'religion'의 번역어로 등장한 역사적 개념으로 일본 근대화의 산물이기 때문이다. "곧 종교라는 개념은 실은 근대 천황제 국가의 형성 및 확립과정을 통하여 나아가 도덕, 신도, 불교와 마찬가지로 근대에 태어난 다른 개념들과도 병행하면서 정착하게 된 개념"이며, 정착과정에서 이미 근대 천황제 국가 이데올로기의 편제 및 억압과 통제 구조가 내포되어 있다(桂島宣弘, 「종교개념과 국가신도론」, 『종교와 식민지 근대』, 책과함께, 2013, 154-155쪽). 그리고 '일본의 민족종교인 신도'는 "자립성을 획득한 그 순간에 '종교가 아니'라는 점을 강변하는 종교로 전락했다."(黑田俊雄, 「日本宗教史上の'神道'」, 『黑田俊雄著作集』 4卷, 法藏館, 1995, 195쪽).

30 "종교 포교자, 특히 제국에서 파견된 포교자야말로, 그들의 동기와는 별개로(그것이 아무리 '선의'로 가득찬 것이라 하더라도) '문명화의 사명'에 대한 자각과 함께 이

교와 19세기 동학으로부터 비롯된 식민지 조선의 민족종교들은 민족의식과 구국사상 고취라는 점에서 항시 감시의 눈을 뗄 수 없는 단체들이었다.

일본 식민권력은 종교를 방치할 수 없었다. 식민권력은 어렵게 획득한 식민지의 안정을 유지하기 위해 끝없이 노력하지 않을 수 없으며 종교단체는 그 균형을 깰 수 있는 가능성을 지녔다고 보았기 때문이다.

가쓰라지마 노부히로桂島宣弘는 이러한 "식민지 조선에서의 종교적 억압과 통제 기제를 고찰할 때 중요한 것이 '유사종교類似宗教'라는 개념"[31]이라 하였다. 1910년 한국강점 이후 식민권력은 불교와 유교를 통제하기 위해 〈사찰령〉(1911.6.3)과 〈경학원 규정〉(1911.6.15)을 공포하였고, 기독교의 통제를 위해 〈사립학교 규칙〉(1911.10.20)을 공포한 바 있다.[32] 그리고 총독부령으로 〈포교규칙〉을 공포(1915.8.16)하여 종

러한 양식을 구체적으로 실천한 자들이었다는 점은 두말할 필요도 없겠다."(桂島宣弘, 앞의 논문, 161쪽)

31 桂島宣弘, 앞의 논문, 162쪽. 한국사회에서 종교 개념은 1883년 한성순보에서 처음 찾아볼 수 있다(장석만, 「개항기 한국사회의 종교개념 형성에 관한 연구」, 서울대학교 박사논문, 1992). 일본을 통해 들어온 근대 종교 개념은 식민지에 대한 억압과 통제에 '접합'하는 과정을 거쳐 식민권력은 '유사종교'를 발견했는가 하면, 종교 연구자들도 이에 호응하여 '미개의 종교'를 종교에 도달하지 못한 淫祠邪教로서 발견하게 된다(桂島宣弘, 앞의 논문, 160-161쪽). 대표적으로 村山智順은 조선총독부의 촉탁으로 조선의 종교조사에 깊이 관여하면서 근대 종교와 반대편에 놓인 '巫覡'에 대해 "민중의 종교적 근원이 高尙幽玄한 유일신에 대한 신앙에 이르지 못하며" 따라서 "어떻게 감시할 것인가와 함께 무격신앙을 통해서 표현되고 있는 조선사회의 생활상을 돌이켜 보고 그 대책을 강구해야 할 것"이라고 지적하였다.(村山智順, 『조선의 무격』, 민속원, 1985, '緖言')

32 '개정 사립학교규칙' 공포 시의 '관보'(1915.3.24)에 게재된 寺內正毅의 訓令에 의하면, 사립학교는 합병 당시 약 2천 개 교에 이르렀으나 총독부의 예의 교육기관 개선보급 의도에 따라 사립학교 스스로 폐쇄 또는 공립학교로 변경하는 경우가 있어 인가 사립학교 총수는 1910년 5월 1,973개 교였고 1914년 5월에는 1,242개 교가 되어 4년간 731개 교가 사라졌고, 그 중 외국인 선교사가 경영하는 학교는 1910년 5월 746개 교, 1914년 5월에는 473개 교로 4년간 폐쇄 또는 변형된 학교가 273개 교에 이르

교의 포교활동 전반을 통제하면서, 공인종교와 '유사종교'의 범주를 제도화하여 민족종교의 통제와 억압의 메카니즘으로 활용하였다.

〈포교규칙〉의 제1조와 15조는 종교와 유사종교의 구분을 명시하고 종교에 대한 조선총독의 인가를 필수 조건으로 규정하였다. 제1조는 '본령에서 종교라 칭함은 신도神道, 불교, 기독교를 말'하고 15조는 '조선총독은 필요한 경우에는 종교유사의 단체라 인정되는 것에 본령을 준용準用할 수 있다'는 내용이다. 그러나 이후 1939년까지도 "종교 유사단체에도 필요한 경우 종교에 관한 규정을 준용할 길이 열려 있지만, 아직 공인된 것은 하나도 없다"[33]고 하여 그 실상을 알 수 있다.

그러면 일제 식민권력은 소위 유사종교를 어떻게 보고 있었는가? 『조선의 유사종교』를 정리한 무라야마 지쥰村山智順과 그 외 자료들을 통해 확인해 보자. 무라야마 지쥰은 "조선의 유사종교는 (중략) 최수운이 기천득도祈天得道하여 동학이라는 이름의 종지宗旨를 창창創唱하면서 비롯되었다. 그 후 75년간 많은 유사종교가 속속 출현하여 (중략) 오늘날에도 67종에 달하고 있다"[34]고 하여 그 시초를 동학에 두었다. 그는 이러한 다수의 유사종교 단체를 조사·기록하였지만, 1924년 조사보고를 보면 "중요한 종교유사단체는 천도교, 시천교 및 보천교다"[35] 라고 하였다.

---

렀다고 그 공적을 언급하였다. '개정 사립학교규칙'은 '조선교육령'(1911.8.23), '사립학교규칙'에 이어 더욱 엄격하게 종교와 교육을 분리하여 (외국인)학교의 정치참여를 막았고, 지리와 역사과목도 일본과 외국의 지리와 역사교육에 한정하여 민족주의 교육을 배제시켰다.

33 朝鮮總督府 學務局 社會教育課, 『朝鮮ニ於ケル宗教及享祀一覽』, 1939, 1쪽.

34 村山智順, 『朝鮮の類似宗教』, 朝鮮總督府, 1935, 1쪽.

35 京城地方法院檢事局高等警察課, 『大正十三年管內狀況』, 국사편찬위원회. 1909년 중광된 대종교는 1910년대에 만주로 근거지를 옮겨 버렸다.

『조선의 유사종교』에 기록된 일제 식민권력의 유사종교를 보는 태도는 다음과 같았다.

> "조선의 신흥 유사종교는 항상 사회운동의 주체가 되어서 근세 이후의 조선 사회운동에 대단히 큰 역할을 수행해 왔다. (중략) 그 운동이 조선사회의 진동進動에 크게 기여했다는 점에서 결코 경시해서는 안 될 것"이다.(2쪽)
>
> "조선 유사종교단체의 대부분이 이름을 종교라고 빌린 정치운동 단체라는 세평은 종래 자주 들은 바이지만 (중략) 유사종교의 조선 및 조선민중에 준 영향 중 정치적 색채를 띠는 것을 관찰하면 그 수는 결코 적지 않다."(845쪽)
>
> "유사종교는 이 민족의식을 환기시키고 선동함으로써 한편으로는 민중의 환심을 삼과 동시에 다른 한편으로는 민중의 편으로 활약하는 듯이 위장하여, 다투어 이 민족의식을 자극하고 교도의 획득에 노력하며, 그렇게 함으로써 교세의 확립에 매진한 것이었다."(857-858쪽)

무라야마 지준은 유사종교의 '사상적인 영향'을 다루면서 '혁명사상을 고취하고 민족의식을 농후하게 하였다'는 교단을 88개 교단 중 51개 교단을 헤아린다고 지적하였다.[36] 이에 비해 식민권력에 협조적인 교단[37]은 총수의 5%에도 미치지 못하는 극히 적은 수였다. 곧 유사종교는 혁명의식과 민족의식을 고취시킬 가능성이 농후하여 19세

---

36 村山智順, 앞의 책, 853쪽.

37 '온후, 도덕관념이 풍부하고 사람의 도를 중시하게 되었다'와 '근로정신을 양성하고 실천에 의해 일반에게 모범을 보인다'는 각각 3개, 1개 교단이었다.

기 말의 동학혁명, 그리고 일제강점기 발생했던 3·1운동과 같은 반일운동으로 확산되기 쉬운 비종교적인 단체로 보고 있는 것이다.

1921년 요시가와 분타로吉川文太郎도 종교유사단체는 "종교라기보다는 오히려 어떤 동일한 주의를 표방하는 무리들이 모여서 하나의 단체를 조직한 것"[38]이라 할 정도였다. 무라야마 지쥰은 "유사종교단체가 성격상 대부분 비밀결사적"[39]이라 하였고, 난잔타로南山太郎도 직접적으로 "조선 내의 비밀결사란 바로 종교 유사단체를 일컫는다"[40]고 하며 비밀결사를 소유한 종교유사단체들 중 하나로 보천교를 지적하였다. 이렇게 본다면 당시 사람들 사이에는 유사종교 교단을 곧 비밀결사로 보는 인식이 자리 잡고 있었음을 짐작할 수 있다.

이에 따라 무라야마 지쥰은 '소요사건을 야기하고 민중을 선동한 것' 등 적극적 정치운동을 하는 교단의 수가 총 105개 교단 중 53개 교단이고, '관의 시설에 반대한 것' 등 소극적 정치방해를 한 교단이 52개 교단이라 정리하고, 유사종교 교단의 적극적 정치운동은 1894년 동학혁명으로부터 영향을 받았음을 지적한 것이다.[41] 이런 인식에서 한국강점 초부터 동학과 여러모로 연결되었고, 종교 포교와 함께 비밀결사 조직을 만들어가는 차경석의 움직임은 식민권력의 입장에서는 좌시할 수 없었을 것이다.

---

38 吉川文太郎, 『朝鮮の宗教』, 朝鮮印刷, 1921, 305쪽.

39 村山智順, 앞의 책, 1쪽.

40 南山太郎, 「祕密結社の解剖(一)」, 『朝鮮公論』 112号, 1922. 일본에서는 오오모토교大本教가 여기에 속하는 것으로 보고 있었다.

41 村山智順, 앞의 책, 845-846쪽. 그 사례 중에는 "전북 정읍 보천교의 경우, 교주 등극설을 유포하여 민심을 현혹하고 혹은 시국을 빌미로 불온언동을 일삼고 또는 풍속개선, 단발장려에 반대를 표명하는 등의 일이 한 두 번이 아니다."(847쪽) "함북 성진 보천교의 경우, 농촌진흥운동의 하나인 색상있는 옷의 장려에 반대하여, 교도는 '이미 교의에 의하지 않은 것에 따를 필요가 없다'는 등 말하고 있다"(848쪽) 등이 들어 있다.

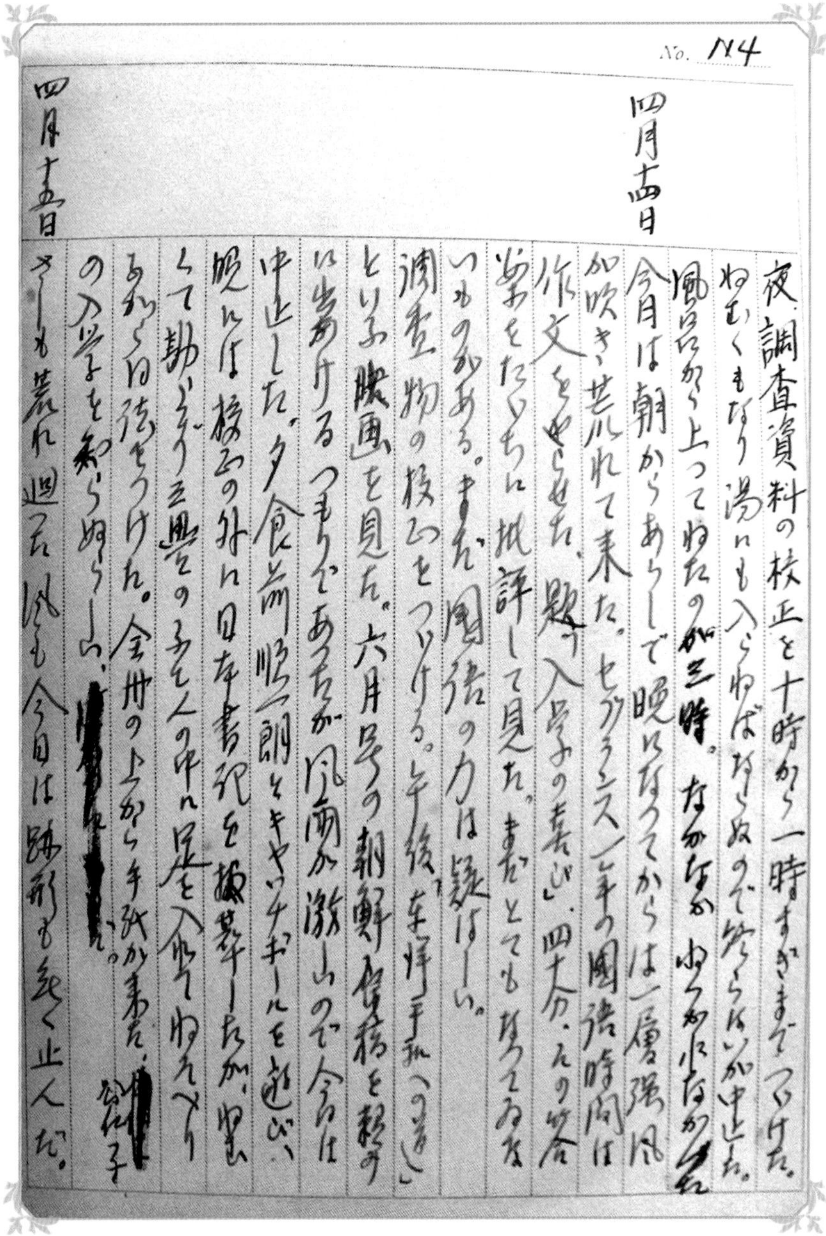

No. 114

四月十四日

夜、調査資料の校正を十時から一時すぎまでつづけた。
ねむくもなり湯にも入らねばならぬので終らないが中止した。
風呂から上ってねたのが三時。なかなか[illegible]
今日は朝からあらしで晩になってからは一層強風
が吹き荒れて来た。[illegible]一年の国語時間は
作文をやらせた。題「入学の喜び」。四十分、その答
案を[illegible]批評して見た。[illegible]
いものがある。まだ国語の力は疑はしい。
調査物の校正をつづける。午後、[illegible]手紙「[illegible]」
[illegible]映画を見た。六月号の朝鮮[illegible]原稿を[illegible]
に出かけるつもりであったが風雨が激しいので今日は
中止した。夕食前[illegible]をキャッチボールを遊び、
晩には校正の外に日本書紀を[illegible]した。[illegible]
[illegible]
[illegible]から手紙をつけた。[illegible]の上から手紙が来た。[redacted]
の入学を知らないらしい。[redacted]

四月十五日

きのうも荒れ通した風も今日は跡形もなく止んだ。

● **무라야마 지쥰이 남긴 일기의 일부.** 무라야마 지쥰(1891~1968)은 1919년 동경제국대학 사회학과를 졸업한 후 조선총독부 촉탁으로 근무하면서 조선의 민속과 사회 사정에 관한 다수의 보고서를 작성하였고, 1941년 일본으로 돌아갔다.

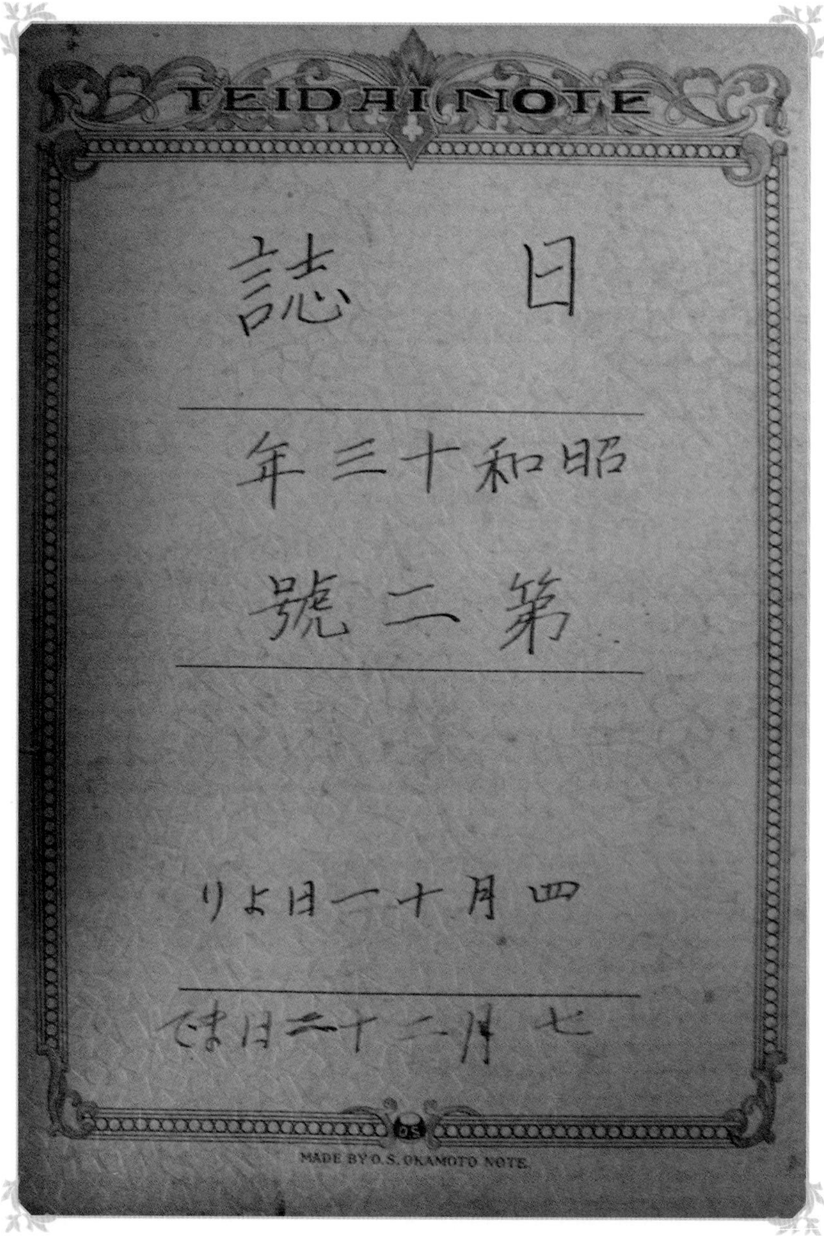


● **무라야마 지쥰이 남긴 일기장**. 10여 권에 이르며 1920, 30년대의 조선사회 사정을 알 수 있는 자료적 가치가 높다. 도쿄에 거주하는 무라야마 지쥰의 딸이 소장하고 있고 아직 한국어로는 번역되지 않았다.

## 3 국권회복운동과 차경석의 교단 조직 형성

다음은 아직 보천교라는 교명은 없었지만, 보천교의 민족주의적 성격을 규명해 나가기 위해 1910년대 차경석과 관련된 교단의 국권회복운동과 1920년대 초 폭발적 성장을 하게 되는 교단의 조직형성 과정을 살펴보겠다. 차경석은 강증산의 사후(1909), 1911년 창립된 고판례高判禮(1880~1935)의 '선도교'(仙道教, 일명 太乙教)에서 활동하면서 1914년경부터 실권을 장악하고 독자의 세력을 형성해 나갔다.[42] 『보천교일반』의 내용을 다시 인용해 보자.

> 경석은 동지同志와 함께 교도教徒의 통일 포교에 노력하면서도 증산의 고제高弟인 김형렬과의 사이에 불화를 빚어 서로 원한을 품는 싸움을 계속하는 중 형렬은 태을교 일파를 일으킴으로써 차경석은 선도교라는 별파를 창설하여 일심가진 교도를 모집하여 교무를 확장하기에 힘써 1916년(병신년) 11월 자택에 교도를 모아 교무를 분장하기 위해 24방위의 임직任職을 두어 내부 조직을 견고히 하여 교무의 쇄신발전을 도모한 뒤 1917년 11월 18일 포교를 위한다고 칭하여 가출하여 그 이래 그 중요 간부를 데리고 각지를 전전하며 혹은 산중山中 인적이 끊어진 곳을 골라 다니며 요언妖言 사술邪術로써 무지몽매한 무리를 꾀거나 혹은 조선이 독립하여 대시국 건립되면 자신(경석)은 왕위에

42 이 무렵부터 차경석의 보천교 외에 김형렬의 미륵불교, 안내성의 증산대도교, 이치복의 제화교, 박공우의 태을교, 문공신의 고부파, 김광한의 도리원파, 김병선의 교단 등이 형성되었다.(『보천교일반』, 15-25쪽)

오르거나 혹은 교주 등극의 그날은 각 교도는 모두 계급에 따라 각자 부윤 군수 등 각 관직에 임명된다는 등 황당무계한 언사言辭를 농락하여 사람들의 마음人心을 미묘하게 흔들고 비밀리에 포교에 종사하였지만 당시 경찰관헌의 탐색 점점 엄중해졌기 때문에 그 후 묘연히 행방을 감추어 소재불명이 되었다.

앞에서 보았듯이, 식민권력은 동학혁명의 기억으로부터 공인종교였던 불교나 기독교보다 민족의식을 고취시켜 민중을 선동할 가능성이 높은 민족종교를 더 강력하게 통제[宗教取締]하고 있었다. 때문에 차경석과 태을교는 교단을 형성하는 과정에서, 조선의 국권회복과 관련된 혐의로 여러 차례 수난을 겪게 된다.

1914년 5월에는 '차경석이 새 정부를 도모하고 있으며, 조선을 독립시켜 황제에 등극한다'는 헌병대 보조원 신성학申成學과 장성원張成元의 천원川原헌병대 고변告變으로 헌병대에 체포되어 구금심문을 받고 다음날 석방되었다. 1915년에는 교인 김송환이 전주헌병대에 차경석이 불구不久에 조선을 독립시켜 자신이 황제에 등극한다고 농촌 우민을 유인하여 금전을 사취한다고 고발하였다. 이에 차경석의 본가를 수색하였으나 증거를 찾지 못해 검거하지 못하였다.[43] 이후 차경석에 대한 사찰과 탄압은 더욱 심해졌다.

뿐만 아니라 차경석이 직접적으로 연루된 사건은 아니지만, 태을교의 비밀결사운동도 취체의 대상이 되었다. 1905년 을사조약이 체결되자 최익현과 더불어 태인의 무성서원에서 의병을 일으켰다가 체포되어 최익현과 함께 쓰시마 섬에 유배되었다가 살아서 돌아온 임병

---

**43** 이강오, 앞의 논문, 37-38쪽 ; 『보천교연혁사』 상 ; 村山智順, 『조선의 유사종교』에도 1915년에서 1933년까지의 보천교의 취체상황 11건이 기록되었으며 1914년과 1915년 사건이 요약되어 있다.

찬林炳瓚(1851~1916)은 고종의 밀명을 받아 비밀독립운동 단체인 독립의군부를 조직하여 국권회복운동을 계획하였다. 1913년에는 그의 부하들이었던 충남 부여 출신의 이용규李容珪 외 윤병일尹炳日, 이만식李晩植, 이래수李來修, 김태영金泰泳, 진치만陳致萬, 전용규田鎔圭, 손진형孫晋衡 등이 비밀결사 단체인 독립의군부를 조직하고 동지를 규합하였다. 그리고 국권반환을 촉구하는 글을 일본 내각총리대신과 조선총독에 여러 차례 보낸 혐의로 체포되었다.[44] 이용규 등은 태을교도들이며 평소 포교활동에도 참여하고 있었고 태을교의 포교방법을 활용하여 동지도 규합하고 있었던 자들이다. 1916년 4월에는 이용규

● **보천교 성전聖殿인 십일전十一殿.** 부지 3천여 평에 건평 350평, 높이 87척이나 되는 건물로 안에는 용두사신龍頭蛇身을 조각한 도금鍍金 제탑祭塔이 있는데 높이 30여척, 둘레 80여척이나 되었다.

**44** 그들은 거문도에 거주 제한 처분(1914.8-1915.7)을 받았고 그 처분이 1년 더 연장되었으며, 일부는 병사하기도 한다.

등이 국권회복을 모의하고 조선 내의 일본인을 신술神術을 사용해 척살하려는 목적으로 동지를 규합하고 고종황제의 칙명서와 마패를 제작하기까지 한다.[45] 또한 1917년 9월에 태을교에 입교한 경기도 이천출신 신현철申鉉哲도 양평, 이천, 여주 등지를 다니며 국권회복을 목적으로 하는 태을교에 가입할 것을 권유하다가 체포되었다.[46]

이런 가운데 차경석은 1916년 11월에 내부조직을 견고히 하기 위해 24방위의 임직을 두어 향후 보천교 조직구성의 첫 틀을 마련한다. 우선 교중敎中 강령자綱領者 12인을 택해 수, 화, 금, 목, 동, 서, 남, 북, 춘, 하, 추, 동에 배치하고 난 뒤, 24방위의 방주方主를 임명하고 조직을 드러내지 않는 비밀포교의 방식을 택하였다.[47] 이러한 활동은 식민권력의 주의를 끌었고, 앞에서 살펴보았듯이 차경석은 '은밀히 교세확장의 수단으로 국권회복을 표방하기에 이르러 1917년 4월 24일에는 갑종 요시찰인으로 편입'되기에 이른다. 그리고 이해 가을에 들어서면서 차경석은 집을 떠나 강원도와 경상도의 산간지대에 숨어 지내면서 비밀포교를 계속하였고, 조선의 독립을 약속하고 앞으로 정전법井田法이 시행되어 모든 사람들에게 토지가 골고루 분배될 것임을 말하여 수많은 신도들을 획득하였다.[48] 이에 식민권력은 차경석 체포령까지 내리게 된다.

---

45 '居住制限處分ノ件'(高第11227號, 1917. 7.7), 姜德相, 梶村秀樹 共編, 『現代史資料』 25, みすず書房, 1977, 26-27쪽.

46 '不穩言動處分'(高第28099號), 『現代史資料』 25, 64-65쪽.

47 24방주제는 24절기에 응한 조직이다.

48 "나는 6년 전부터 보천교 신자가 되어 북방육임이 되었으나 … 차 교주가 熊谷里에 있을 때는 우리 집에 수개월 체제한 일도 있었다. 또 수년간 같은 마을에 있는 동안에는 매일 우리 집에 출입하고 있던 관계상 차 교주와 나와는 가장 친밀한 사이였다. 그런데 그 후 차는 정읍으로 이사하였고 나도 함께 정읍으로 이사하였으나…"('正義府 및 보천교의 군자금 모집계획에 관한 건,' 祕 關機高授 제32743호, 1925. 11. 10, '민태호 신문조서')

1918년 10월에는 제주 법정사에서 항일무장봉기가 발생한다. 식민 권력의 기록에 나타난 내용(일명 '제주도 사건')을 그대로 옮겨 보자.[49]

> "차경석은 신도모집을 위해 각지를 전전하다가 1918년 국권회복國權恢復의 미명하에 경상북도 영일군 출신 김연일金蓮日 등과 서로 모의하여 같은 해 9월 19일 구舊 우란분회盂蘭盆會의 때에 전라남도 제주도 법정사法井寺에 교도 약 30명을 소집하여 '왜노倭奴는 우리 조선을 병합하고 병합 후는 관리는 물론 상민商民에 이르기까지 우리 동포를 학대하고 혹우酷遇하여 실로 왜노는 우리 조선민족의 구적仇敵에 가까우며 불무황제佛務皇帝 출현하여 국권을 회복함으로써 교도는 우선 제일 먼저 도내 거주의 내지인 관리를 살륙殺戮한 연후 상민商民을 구축驅逐하여야 한다'고 설說하고 10월 4일 밤부터 다음 5일에 김연일은 그 수하를 도내 각지에 보내 다시 신도 33명을 소집하여 스스로 불무황제라고 칭하고 이를 선언하여 목적을 결행하려고 발언하여 그 방법을 의논하고 대오隊伍를 정리한 후 부근 각 면리장面里長에게 '일본관리를 소벌掃伐하여 국권을 회복함으로써 직접 장정을 거느려 참가하고 만일 따르지 않으면 군율에 비추어 엄벌에 처한다'라는 의미의 격문을 배포하고 6일 밤부터 제주성내를 향해서 행동을 개시하고 도중 전선을 절단하고 또 내지인 의사 외 조선인 2명을 부상시키고 다음날 7일 아침 중문리에 도착하여 그곳 경찰관 주재소를 습격하여 방화 전소全燒시킨

---

49 『洋村及外人事情一覽』, 73-74쪽. 이 내용은 '不穩文書發見ニ關スル件'(密受第102號 其 660. 高警第 36611號. 1919. 12. 26)이나 『高等警察要史』(慶北警察部, 1934.3.25., 265-266쪽)에서도 거의 일치된 형태로 기록되고 있으며, 이는 안후상이 이미 「보천교와 물산장려운동」(『한국민족운동사 연구』 19, 1998)에서 보고하였다.

사실이 있으며 그 때 폭도 38명은 검거했지만 차경석, 김연일 등의 간부는 신도信徒로부터 모집募集한 수 만엔을 갖고 소재를 감추어 지금 행방이 불명하다."

그리고 같은 해 11월 12일에는 제주도 교인 이찬경李燦京이 기선汽船으로 실면實綿과 조면繰綿 19포대를 목포로 옮기며 비밀스럽게 많은 돈[50]을 은닉하여 가져오다 목포경찰서에 체포되는 일이 발생한다. 이때 고판례와 교인 19명이 목포검사국에 체포 구금되었고 24방주 조직이 식민권력에 노출된다. 당시 목포경찰서에서 수사한 결과, 선도교 간부 박종하라는 자가 제주도의 교도로부터 모은 돈 1만 2천 오백 원을 11월 30일 목포발 열차로 정읍의 본소 재무계 채규철에게 보내려 했고, 1918년 음력 3월 경에는 5백원, 음력 9월에는 2천원, 계 2천 5백 원을 제주도에서 본소 채규일에 교부한 사실이 발각되어 보안법 위반 및 사기취재죄詐欺取財罪로 검거하였다고 한다. 그러나 교주 차경석은 소재불명으로 기소중지처분을 받았다.

또 정읍경찰서에서 탐지 수사한 결과 교주 차경석은 이미 "1918년 경부터 국권회복國權恢復의 미명美名을 표방하여 신도의 마음을 붙잡고, 국권회복 후에는 스스로 왕위에 올라 왕도王都를 정읍에 두고 각 교도는 대저 계급에 따라 상응하는 관위를 주고 또 보천교를 신앙하는 자는 만사 뜻한 바와 같이 이루어진다는 감언으로 입교를 권유"[51]

---

50 7만 원이라고도 하고 10만 원이라고도 한다.

51 『보천교일반』, 42-46쪽. 김재영은 갑자년(1924) 천자등극설이 유포되자 조선총독부는 일본 왕실에 대한 불경행위라 보고 고등법원에 넘겨 정읍검사국에 지시, 보천교 간부 10여 명을 호출 심문할 만큼 민감한 반응을 보였다고 하고(김재영, 「보천교 천자등극설 연구,」 『한국종교사연구』 9집, 2001, 116쪽), 또 홍범초는 "차경석의 갑자등극설은 동학혁명, 계속된 의병운동, 3·1운동 실패 후 조선민중이 다시 한번 가져본 나라의 독립에 대한 꿈이었다"(홍범초, 「보천교 초기교단의 포교에 관한 연구」, 『한국종교』

한 일들이 발각되었다.

3·1운동 직전인 1918년 8월에는 태을교의 김형렬이 위봉사에서 주지 곽법경과 더불어 '장래에 동교同敎의 단체적 세력을 이용하여 불온한 계획을 꾸미려고 하는 사실을 탐지하고' 검거에 착수했다. 그는 "장래의 조선에 대한 것을 논하고 또한 이를 단행하려면 무슨 일이든 단체의 노력이 아니면 그 목적을 달성할 수가 없다. 암암히 단체의 세력을 믿고 장래에 있어서의 조선의 독립계획을 풍자하고 불온한 언동을 농弄한 것이다. 또 1919년 11월에는 전주포교당에서 강일순이 재생再生하여 동양의 맹주盟主가 되고 조선은 독립될 것"이라고 말했다.[52]

1919년 종교계의 주도적 활동으로 3·1운동이 발생하자, 식민권력은 차경석의 거대한 비밀결사에도 큰 관심을 갖고 강력한 탄압과 회유의 이중정책을 구사할 준비를 한다. 이때 차경석은 교도를 통할하여 포교수단으로 60방위제方位制를 창설하여 1919년 말에 이르러 보

---

10, 1985, 179쪽)고 평가하였다. 노길명은 계급모순과 민족모순의 심화된 상황에서 민중들, 특히 동학혁명의 실패를 체험한 자나 3·1운동이 실패한 다음 실의에 빠져있던 민중에게는 소위 '차천자 등극설'이 그 내용이야 어떠하든 강한 민족주의적 성격을 내포하였던 것으로 간주된다고 하였다(노길명, 「초기 증산종단의 민족의식과 민족운동」, 『일제하 증산종단의 민족운동』, 순민사, 1997, 61쪽). 이러한 천자등극설은 3·1만세운동을 전후하여 더욱 확산되기 시작하여 1920년대 보천교의 교세의 증가에 영향을 미쳤던 것이다. 또 『朝鮮出版警察月報』 第106號(1937. 6)에 '出版不許可の理由及記事該當要旨(執務資料)-『未完成』'이 있는데, 그 금지사유를 보면 임진왜란에서 행주산성의 권율 장군과 같은 한국무장의 武勇행위를 賞揚하여 민족의식을 고양시켜 조선독립을 시사 선동할 수 있다는 점과 보천교 간부 한 사람이 차경석의 초상화를 의뢰하려 秋江을 찾아와 대화하는 중에 "선생도 물론 알고 있듯이 지금 신천지는 정감록에 의하면 井邑에서 개시된다고 하는 것은 삼척동자도 알고 있으며, 이미 車천자님은 정읍에 대궐(宮城)을 세워 등극하는 날을 기다리고 있다. 지금 시일이 다가오고 있다"라고 한 점을 그 이유로 지적하였다.

**52** '太乙教徒檢擧に關する件'(密受第 102號 其 661. 高警第 36610號. 1919. 12. 26), 국회도서관, 『한국민족운동사료(三一運動篇 其二)』, 국회도서관, 1978, 637-639쪽.

천교의 내부조직을 완성하기에 이르렀다.[53] 즉 교주 바로 밑에 방주方主 60명을 두고, 방주 각 1인 밑에 6임六任을 맡는 6인을 두고, 다시 육임 각 1인 밑에 12임을 맡는 12인을 두며, 12임 각 1인 밑에 8임을 맡은 8인을 두는 조직으로 하고, 또 8임에는 40인의 신도를 모

● 금산사 만인교 옆에 건립된 '태운太雲 김형렬金亨烈 선생 등 88애국지사 충혼비'

---

53 60방주제는 이강오, 앞의 논문, 65-69쪽에 설명되어 있지만, 본고에서는 『보천교일반』과 『洋村及外人事情一覽』의 기록을 토대로 하였다. 60방주 중 금목수화 동서남북 춘하추동 艮寅甲卯乙辰巽已丙午丁未壬子癸丑坤申庚酉辛戌乾亥의 36방주는 方形木製磁石을, 24절기에 응한 24방주는 圓形木製자석을 교주로부터 교부받아 裝着휴대하고 다녔다. 『보천교일반』 등의 보고서는 60방주제 외에도 보천교의 교무기관, 교의회 등의 구성과 직위 및 각 역할을 자세히 기록하고 있는 것이 특징이다.

집하는 자로 충당하고, 또 40인의 신도 중 다시 15임에 해당하는 15인을 두어 교세확장에 노력하였다.

그리고 교무기관으로 정읍의 본소本所와 사정방위四正方位,[54] 그리고 주요 도시에 진정원眞正院과 참정원參正院, 각 군郡에 정교부正教部를 두었고, 의결기관인 교의회教議會를 두고 그 밑에 방주·정리正理·정령正領·선화사宣化師로 구성된 강선회綱宣會와 평사원評事員 136명으로 이루어진 보평회普評會를 두고 있었다. 본소에는 총정원總正院과 총령원總領院을 두었고, 총령원 밑에 진정원과 참정원, 진정원 밑에 정교부를 두고 있었다.

또한 이러한 조직구성은 남자에게만 한정되는 것이 아니라 여자도 또한 동일하였다. 소위 여방주 제도였다. 1923년 12월 23일 동지 치성제에서 교주 부인[朴씨]은 주요 간부와 협의한 결과, 동서남

● 정읍 보천교 본소의 보천교 회의소

54 교주 차경석을 土方主로 하여 金·木·水·火方主이다.

북에 여방주 주요 간부를 두고,[55] 그 밑에 각 6명의 방주를 두었으며, 그 외에는 일반 남자 방주제에 준해(6임, 12임, 8임 등) 60방주제를 만들어 나갔다. 남자 방주제와 동일하게 부인들로 구성된 이러한 여방주 제도는 다른 교단이나 조직체에서 유사한 형태를 찾아보기 힘든 보천교만의 독특한 조직이었다. 남녀의 60방주제 조직은 또 그 외로 28수宿 선화사宣化師를 두어 조직체가 무제한으로 전개되고 있었다.

보천교 조직이 공개(1922년)되기 이전의 이러한 비밀결사적 형태는 당연히 식민권력의 감시의 대상이 될 수밖에 없었다. 비밀결사라는 사실은 어떤 모습으로든 기존 체제에 대한 반항 곧 반일적 성격을 띄게 되기 때문이다. 이 점은 총독부로서는 "실로 후회하는 점이 있어 이를 여하히 단속할까 하는 것은 조선의 치안유지 상에도 중대한 관계가 있어 정세를 신중히 분석하고 있으며 경찰관의 고민이 적지 않았다"[56]고 하였다. 이러한 우려에 따라, 비밀포교에 대한 식민권력의 엄격한 취체와 적극적인 회유의 결과 차경석은 "공공연한 포교를 계획하고 1922년 1월 18일 본부를 서울로 진출시켰다. 이와 같이 해서 비밀포교가 공개포교로 바뀌고, 교도는 13도에 걸쳐 그 세勢는 한때 천도교를 능가하는 형세"[57]가 되었다.

미키 하루오三木治夫는 이 당시의 상황에 대해 "그 다수는 '조선독립' 및 '보천교를 믿지 않으면 조선민족이 아니다'라든가 '교주가 등극 즉위식을 거행한다' 등의 유언流言이"[58] 유포되고 있었다고 하였다. 이렇게 보천교는 내부조직을 정비하고 "포교에 노력한 결과 일시

---

55 이달호 누이 李達英[東方主], 車輪淑[北方主], 제주도 愼貞心[南方主] 등이었다.

56 『보천교일반』, 55쪽.

57 坪江油二, 『朝鮮社會思想運動沿革略史』, 嚴南堂 書店, 1966, 150쪽.

58 三木治夫, 『綠旗』, 1937, 25쪽. 녹기연맹은 일제강점기 하에 민간차원에서 식민지 지배에 도움을 준 단체이다

교도 600만이라 호언할 정도의 세력勢力"을 지닌 교단으로 성장하였다.[59]

『양촌 및 외인 사정 일람洋村及外人事情一覽』(1924)에도 이러한 상황을 '보천교의 근황'으로 조사하여 기록하였다. "선도교는 1922년에 이르러 종래의 비밀포교주의를 버리고 공연포교公然布教를 위하는 동시에 명칭을 보천교라 개칭하여 1924년(갑자년)에는 교주 등극하며 그때는 교도들에게 상당相當하는 관직을 줄 것이라는 무계無稽한 말을 흘려 우민愚民의 입교권유에 노력한 결과 일시에는 교도 600만 명이라고 과칭誇稱하는 성황을 보여주었고",[60] 이후에는 식민권력의 엄

---

59 『보천교일반』, 55쪽. 이와 더불어 보천교의 교기, 교종, 교의, 계전, 축제일, 교무기관, 교의회 등도 제정되거나 정비되었으며 성전 건축과 기산조합도 준비되었다. 그 중 보천교는 '井' 字의 教旗를 사용하였는데, 旗章에는 무엇을 의미하는지 판단하기 어려운 "因公回令同舍周合國"이라는 의미가 새겨져 있었다 하며(『보천교일반』, 180쪽), 1924년 6월 2일에는 중앙본소 총령원 앞에 본소 부근에 거주하는 보천교 노동자 약 300명을 모아 놓고 ①노동자의 矯風 ②노동자의 救護 ③融化 ④비교도를 보천교에 관한 노동에 사역시키는 일이라는 4대 항목을 들어 기산조합 설립의 가부를 협의하여 만장일치로 설립을 가결하고, 같은 달 11일 창립총회를 개최하여 사회자 木방주대리 金海卷이 개회사를 하고 역원의 선거와 조합규칙의 설정을 논하고 조직을 꾸렸다. 이처럼 1920년대 종교 교단이 노동조합을 설립·운영했다는 점은 노동조합운동사에서도 큰 의미의를 지닌 것으로 볼 수 있다.

60 『洋村及外人事情一覽』(1924), 77쪽. 당시 보천교 신자 수에 대해서는 50만 명, 150만 명, 600만 명 등 논란이 많지만 식민권력의 기록에서도 제시되었듯이 당시에도 자칭·타칭으로 '600만 신도'라 불렸음을 알 수 있다. 600만 신도(『보천교연혁사 상』, 44; 『도훈』, 9), 『보광』(1923) 창간호에도 "수백만"(2쪽), "6백만"(5쪽), 3백만(9쪽) 등 교단 내에서도 정확한 신도 숫자를 파악치 못하였다. 또 1928년에는 3만 6천여 명을 기록했고 지역적으로는 경북이 최다였고 다음이 강원, 전북, 전남, 경남, 평북 순이었으며, 농민 98%, 무학력 79%였으며, 충북 단양의 어떤 마을은 전체가 입교했다 적었다. 『朝鮮思想通信』 1929년 7월호에는 "전 조선 50여만 신도"라 했고, 8월호에서는 "그 수 천만으로"라 했다. 경북경찰부가 발간한 『高等警察要史』(1934.3.25)의 교세 현황을 보더라도 경북도내 종교인 중 47% 정도가 보천교인이었고, 70% 정도가 증산계(보천교+무극대도교)였다. 이러한 신도 수 문제에 대해서는 G. Davie(1994, 2000)가 영국의 종교상황을 설명하면서 언급한 'Believing without belonging'(소속없는 믿음/신앙)의 개념과 또 항상 종교인구 추정에는 중복 신앙자의 문제가 있다는 사실을 참작한다면 '600만 신도'를 이해하는 데 다소 도움이 될 것이다. 참고로 1923년 진주에서 어떤 사람이 입교를 위해 보천교의 宗旨를 묻자 '보천교의 종지는 利在弓弓'이라

중한 경찰취체를 받으면서 점차 퇴교자가 속출했으며 특히 1925년 1월에는 관헌의 환영을 받으면서 내선융화를 표방하는 시국대동단 조직의 활동으로 민심의 이반을 경험하게 된다.

● 정읍 보천교 본소의 북문인 보화문普化門

답하였다. 주지하다시피 '利在弓弓'은 『정감록』에서 찾을 수 있으며 동학에서도 '弓乙'을 말하고 있다.

## 4 3·1운동 이후 보천교의 민족주의적 성격

보천교의 민족주의적 성격은 교단조직 형성을 마친 3·1운동 이후의 활동에서 뚜렷하게 드러난다. 주지하다시피 3·1운동 이후 식민권력은 민족종교에 대한 정책을 변화시켜 나갔다. 이는 3·1운동의 주도세력이 종교단체였고, 특히 천도교의 참여가 뚜렷이 드러났기 때문이다.[61] 3·1운동 직후 조선총독으로 부임한 사이토 마코토齋藤實는 1910년대의 식민지배 정책을 유지하면서[62] 소위 문화통치를 내세워 조선민중을 분열시키고 반일 독립운동의 발생을 막으려는 고도의 통치술을 구사한다. 또한 3·1운동 이후 국경을 넘어 만주, 러시아 등지에서 무장 항일활동을 하는 국외의 독립운동 세력과 국내 세력(각 집단과 개인)의 연계를 차단하고 근본적으로 해외 독립운동 세력의 근거지를 초토화시키려고 의도하였다.[63]

---

61 3·1운동은 천도교측의 주도로 기독교계와 논의했고, 불교계의 참여도 진행되어 "민족대표로 천도교 15인, 기독교 15인, 불교 2인의 총 32인으로 하자고 결정되었다."(조규태, 『천도교의 민족운동 연구』, 선인, 2006, 22-23쪽). 이후 기독교계에서 1인이 추가되어 16인이 된다. 1919년 3·1운동 이후 "소요사건 入監者의 종교별"(국회도서관, 『한국민족운동사료(三一運動篇 其二)』 국회도서관, 1978)을 보면 민족종교로 거론될 수 있는 것으로 천도교, 시천교, 大倧教 등이 들어 있다. 여기에 태을교나 선도교 명칭은 보이지 않으나, 3·1운동 이후 시시각각으로 보고한 朝鮮軍參謀部에서 작성한 보고서('鮮內民心 一般의 趣向에 대하여' 密受 第 102號 其 465. 朝特報 제 35호. 1919. 8. 18)를 보면 종교계의 동향으로 "천도교도에 귀의하게 되면 장래 조선독립에 즈음하여 물질적 利德을 얻는다고 칭하며 입교하는 자" 등이 있음을 보고했는데, 이는 태을교와 천도교가 혼재되어 인식되었음을 추정 가능케 한다.

62 조선총독부는 경찰관서의 수를 1919년 736개소에서 1920년 2,746개소로 증가시켰고, 경찰관은 6,387명에서 20,134명으로 증가시켜 감시와 탄압을 강화했다.

63 만주·중국 등지의 무장독립군들이 국내로 진입해 경찰주재소를 파괴하고(부산경찰서 1920.9.14; 밀양경찰서 1920.12.27; 종로경찰서 1923.1.12) 조선총독부 폭탄

문화통치의 주된 내용은 강점 직후부터 줄곧 진행해온 조선을 영구히 일본의 식민지로 종속시키기 위해 동화정책을 조속히 추진하면서[64] 식민통치의 지지층(협조자, 동조자)을 확보하고 조선의 제諸 단체를 식민지배 기구 안에 끌여들여 3·1운동과 같은 전민족적이고 조직적인 독립운동의 가능성을 원천적으로 봉쇄시키는 것이었다. 사이토 총독은 이를 위해 「조선민족운동에 대한 대책」[65]을 제시했다. 여기에 들어있는 종교에 대한 대책은 각종 종교단체를 중앙집권화해서 그 최고지도자에 친일파를 앉히고 일본인 고문을 붙여 어용화시킨다는 내용이었다. 따라서 '잡교'라고 통칭된, 3·1운동에서 최대의 조직적 역량을 보여준 천도교를 비롯한 보천교 등 소위 민족종교 단체도 총독부의 방침과 권고를 따른다면 편의를 제공하고 그렇지 않으면 엄

---

투척(1921.9.12), 동양척식주식회사와 조선식산은행을 습격(1926.12.28)하는 등 주요 식민통치기구를 공격하면서 일제 식민통치를 위협하거나 국내 주요 인사 혹은 단체와 연결하여 독립운동자금을 모집하는 일이 빈번하게 발생했다.

64 일본은 패전 후 그동안 자신들의 활동을 다음과 같이 정리하였다. "일본의 조선통치의 근본정책은 '一視同仁'이며 혹은 '내선일체'였다. 이를 식민정책상의 술어로 말할 때는 소위 '동화정책'이며, 내지연장주의였다"(大藏省管理局, 『(極祕)朝鮮統治の性格と實績. 日本人の海外活動に關する歷史的調査』 通卷 第 11冊 1-170, 1947, 2쪽). '내선일체' '일시동인' '내지연장주의' 등은 모두 한국 강점을 무리없이 진행하여, 식민지 한국인들을 정신적으로 '일본인화' 하려는 정책들을 대변하는 구호들이었다. 19세기와 20세기 전반부에 지구촌을 지배했던 제국주의 국가들은 이러한 강점 사실을 선의로 탈색시키기 위해 소위 '동화정책'을 내세웠다. 동화정책은 '식민지 領有國이 식민지 원주민 고유의 언어, 역사, 문화, 생활양식 등을 압살하고, 그것을 자국민에 동화시키기 위하여 취하는 정책이었다. 일본이 조선을 식민지로 領有하고 있을 때, 조선에 대하여 취했던 정책 등이 그 전형적인 것이다.'(下中邦彦 編, 『世界大百科事典』 東京:平凡社, 1972) 일본제국의 입장에서 식민지 조선은 일본이 경영한 최대의 식민지로, 대륙팽창을 염두에 둔 그 순간부터 병참기지로 반드시 동화정책을 성공시켜야만 될 곳이었다. 강점 당시 타이완 인구는 300만 명, 조선은 1,500만 명 정도였다.

65 朝鮮總督府, 『齋藤實文書』 9, 高麗書林, 1990, 143~158쪽. 여기에 제시된 8가지 대책 안은 ①당국의 태도방침을 철저하게 할 것(일본에 절대 충성하는 관리의 양성) ②친일단체 조직의 필요(친일의 '民間心腹者' 물색) ③종교적 사회운동: 불교·기독교·잡교 ④인재육성 ⑤遊食者의 구제(일정 직업 없는 자 선전동원, 정탐활용) ⑥日鮮 자본가 연계 ⑦농촌지도 ⑧선전기관 설치와 이용이었다.

중 단속하고 경우에 따라서는 해산까지 명할 수 있게 되었다.[66]

이러한 상황에서, 1920년대 질적·양적으로 성장한 차경석의 보천교 역시 식민권력의 주요 감시 대상이 되었던 것은 명약관화한 일이다. 3·1독립운동을 겪으면서 식민당국이 보천교와 관련해서 가장 주목한 것은 '보천교 간부와 재외 불령단不逞團과의 관계'였다. 보천교 교단이 직접적으로 국권회복 활동에 참여했다기 보다는 국내를 바탕으로 군자금 지원 등 간접적인 방법에 의한 활동을 할 여력이 큰 단체로 보였기 때문이다.

3·1운동 이후 상해에 임시정부가 수립되었고 만주지역에는 여러 독립운동단체가 수립·활동하면서 자금이 필요하게 되었고, 이에 자금을 모집하기 위해 국내로 요원을 파견하기도 했고 아니면 국내와 국외를 연결하는 군자금 연결루트를 만들려 노력하고 있었다. 여기에 '상해임정 보천교에 독립운동자금 모집하려 요원 파견'(동아일보 1924.4.1.)이라는 기사처럼 자칭·타칭 많은 수의 신도를 보유하고 많은 자금을 확보하고 있다고 알려진 보천교는 적지 않은 역할을 담당할 수 있는 단체였던 것이다.[67]

---

66 "유사종교 단체가 종교단체보다 더 위험하다고 간주된 것은 분명했다. .... 정치에 관여하지 않은 종교만이 순수하고 진정한 종교라 주장되고 있다."(장석만, 「일제시대 종교개념의 편성」, 『종교와 식민지 근대』, 책과함께, 2013, 84쪽) "3·1운동 이후 문화통치기에는 결사에 대한 단속방침이 완화되어(결사 단속은 보안법 제1조의 규정에 의함), 종교유사단체로 인정되는 단체도 증가하고 있었다(다만 천도교, 보천교 등에 대한 단속은 엄격했다). 이 시기의 단속은(천도교와 보천교 이외에) 일상적인 종교행위에 대한 경찰범처벌규칙의 적용을 중심으로 이루어졌으며, .... 1936년 1월 15일에 심전개발운동의 구체적인 대강이 공포되자, 경찰 당국은 보천교(제2차 대본교 사건의 영향으로 해산됨)뿐만 아니라 종교유사단체 전반에 대한 단속을 더욱 강화하는 방침을 세우게 된다."(青野正明, 「조선총독부의 신사정책과 유사종교」, 『종교와 식민지 근대』, 책과함께, 2013, 205쪽)

67 그러나 "천도교는 3·1운동 직후 일제로부터 모든 자금이 동결되어 독립운동자금을 지원할 수 없게 되었다."(성주현, 『식민지 시기 종교와 민족운동』, 선인, 2013, 333쪽) 이에 천도교는 박인호의 명의로 '특별성미'라는 명목으로 자금력을 확보하고 있었

한 예로 '의열단원 검거의 건'(京鍾警高祕 제16789호의 4. 1924. 1. 7)을 보면 '오세덕吳世悳은 자금모집 암살을 목적으로 국내로 의열단원이 들어온 소식을 듣고 크게 기뻐하며 자금모집의 방법에 대해 지난 해 말 연구한 결과, 민간에서 강탈하는 것은 수천 엔 이상 탈취하는 것이 불가능하고 단체 중 보천교에는 수십만 엔의 현금이 있고 차경석이 이를 보관하고 있으며, 특히 소재지 정읍은 마을 모두가 보천교

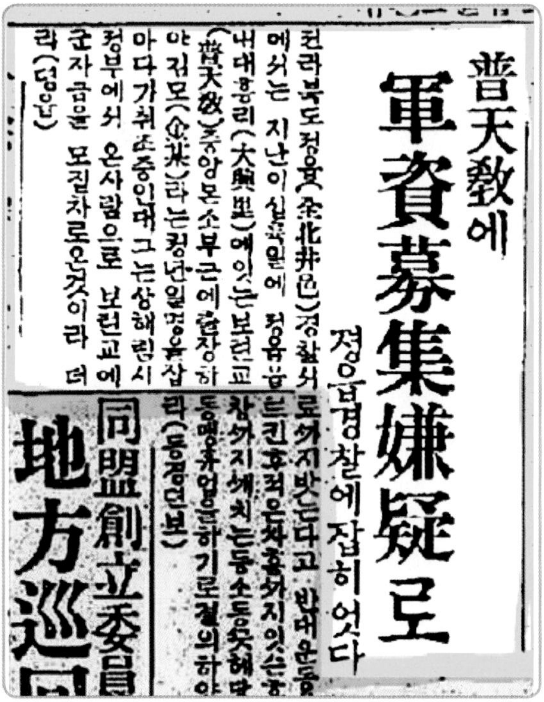

普天敎에 軍資募集嫌疑로

정읍경찰에 잡히엇다

전라북도정읍(全北井邑)경찰서에서는 지난이십팔일에 정읍읍내대흥리(大興里)에잇는보텬교(普天敎)중앙본소부근에 출장하야 김모(金某)라는청년일명을잡아다가취조중인데 그는상해림시정부에서 온사람으로 보텬교에 군자금을 모집차로온것이라 더라(정읍)

● 상해임시정부에서 군자금 모집을 위해 보천교로 요원을 파견했다는 기사. 동아일보 1924.4.1

다. 당시 태을교에 대한 식민권력의 보고서들로는 '강원도의 태을교도 독립단원 검거의 건'(高警第13765호, 1921.5.13.); '太乙教に就いて'(朝鮮軍参謀部, 祕 朝特報第11號. 1922.3.27.) ; '大正11年(1922) 不逞鮮人狀況報告'(陸軍省, 密第8號其40) '國權回復を目的にする團員の檢擧'(祕 1921.2.21 高警第9437號) '國權回復を目的にする太乙教徒の檢擧'(祕 1921.5.10 高警第137,565號) '太乙教徒檢擧に關する件'(祕 高警第36610號) '太乙教に關する件'(陸軍省, 密第102號其975) '獨立運動資金募集者檢擧'(忠淸南道知事報告. 祕 1919.11.7. 高警第21565號) 등이 보이고, 신문기사에도 다수 보인다.

신자들이기 때문에 미리 황모黃謀(裵致文?)라는 보천교와 신용 두터운 자를 물색하였다'라고 공술供述하고 있다. 그런 만큼 식민권력도 보천교에 대한 감시와 탄압을 강화하고 있었다.

참고로 조선총독부 재판소 대구지검 김천지청에서는 1921년 5월 14일, 검사사무취급으로 '흠치교 사건 취급에 관한 건'을 내보내 흠치교 사건 수리 및 심문, 구류에 대해 안동지청 검사로 이송할 것을 기록하고 있었고,[68] 대구지법 안동지청에서도 1919. 3~1921. 2 및 1921. 3~1922. 2의 울진지청의 '태을교도에 관한 범죄표'가 별도로 조사, 보고되면서 범죄 종류를 갑, 을로 분류하여 표기하고 있었다.[69] 더욱이 1921년에는 보천교인이 많이 거주하던 안동에서는 안동재판소가 '방주는 징역 6년, 육임은 징역 4년, 12임은 징역 2년, 8임은 징역 1년, 15임은 구류 벌금'이라는 보천교도에 대한 특별법을 만들어 탄압하고 있었다.

1923년 조선물산장려회의 이사 30명 중 임경호林敬鎬, 주익朱翼 등 4인이 보천교 간부였다는 사실,[70] 그리고 주익은 3·1운동과 상해 임정에도 참여한 바 있었다.[71] 또 1923년 2월 상해에서 열린 한민족 국민대표회의에 참가한 100명의 대표자 중에는 보천교 대표로 보천교 진정원 배홍길裵洪吉과 김종철金鍾喆, 보천교 청년단 강일姜逸 3인이 공식적으로 참가하였다. 특히 강일은 1923년 7월 김원봉金元鳳의 의열단에 입단하여 김원봉의 지시로 상해의 전문학교 재학증명서를 얻어 부산으로 들어와 단원을 모집하여 상해로 보내거나 국내에 지부

68 朝鮮總督府裁判所 大邱地檢金泉支廳, 『例規ニ關スル記錄(1920-1923年)』, 1923.
69 朝鮮總督府 大邱地法安東支廳, 『統計ニ關スル記錄(大邱地方法院蔚珍支廳)(1921-1922年)』, 1921.
70 안후상, 「보천교와 물산장려운동」, 『한국민족운동사 연구』 19, 1998, 384쪽.
71 方基中, 「1920·30年代 朝鮮物産奬勵會 硏究」, 『國史館論叢』 第67輯, 1996.

를 두어 군자금 모집 등의 임무를 수행하고 있었다.[72] 이 국민대표회의에 참석한 사람들 중 다른 종교계에서는 천도교측 대표가 동일하게 3인 정도 보이고 있다.[73] 여기에 보천교 직위를 걸고 참가하고 있었다는 사실은 당시 보천교의 위치를 실감하는 데 도움을 준다.

1920년대 이러한 보천교의 민족주의 운동 참여에 대해서는 다른 연구들을 통해 다수 밝혀졌다.[74] 따라서 본고에서는 식민권력의 기록을 중심으로 두 가지 사건을 검토하고자 한다. 두 기록 모두 보천교가 만주지역의 재외 독립운동단체와 관련된 상황을 보여주는 것으로 하나는 김좌진金佐鎭 사건이고 다른 하나는 조만식趙晩植 사건이다.

● 정읍 보천교 본소의 서문西門인 평성문平成門

72 '義烈團員檢擧の件'(京鍾警高祕 第16789號의 4. 1924. 1. 7) '姜逸ノ供述要旨'.

73 조선총독부 경무국, 「국민대표회 대표이름에 관한 건」(高警 제599호. 1923. 2. 21); 朝鮮總督府 警務局, '上海情報'(高警 제2693호. 1923. 8. 7).

74 안후상, 「일제하 보천교운동」(상·하), 『南民』 4, 서해문집, 1992; 김재영, 「보천교 천자등극설 연구,」『한국종교사연구』 9집, 2001 등.

일제의 관동청경무국關東廳警務局은 1924년 11월 26일 일본 외무성 아세아국亞細亞局(第3課), 척식사무국拓植事務局, 조선경무국, 평안북도, 길림吉林·하얼빈 각 총영사, 하얼빈·북경·상해 각 내무사무관 앞으로 '김좌진金佐鎭 군자금軍資金 확보'(祕 關機高授 제32743호)의 건을 보고한다. 소위 '김좌진 군자금 사건'에 대한 식민권력의 보고 내용은 이렇다.

> "근년 김좌진은 자금 부족하여 부하를 해산하고 모든 활동이 불능不能한 상태가 되어 금번 봄 조선 내 보천교 교주 차경석車景錫과 연락하여 만주별동대滿洲別動隊로서 행동하는 일로 지난 10월 초순 교주 대표 모某씨가 영고탑寧古塔에 와서 2만여 엔円의 군자금을 제공함으로써 김金은 이 돈으로 옛 부하들을 소집하여 삼분구三岔口에 근거를 두고 포교布教와 무장대武裝隊 편성을 계획하고 동지同志를 거느려 동녕현東寧縣으로 들어왔다. (중략) 김金은 종래 독립단의 두목으로서 상당한 인망人望이 있고 그가 상당한 군자금을 준비하여 부하를 불러 모아 다수의 참가자가 있으며 보천교를 배경으로 행동하는 그의 장래는 상당 주의를 요하는 것으로 인정됨."

이는 또 관동청 경무국장 발신의 '김좌진 일파의 행동'(機密 제 1199호. 1924. 11. 10)에서도 동일 내용이 보고되었다. 동령현에 근거를 둔 김좌진이 9월 상순 태을교 본부(보천교) 교주 차경석으로부터 수 만 엔을 받아 부하를 소집해서 무력행동에 나섰다는 보고이다. 이런 내용을 분석해 보면 당시 김좌진 장군을 둘러싼 상황과 매우 일치함을 알 수 있다.

북로군정서 총사령관으로서 김좌진 장군은 1920년 2월에 길림성 왕청현 십리평十里坪에 사관연성소士官鍊成所를 설치하여 독립군 지휘 간부들을 길러내며 명실공히 만주지역에서 가장 강력한 무장독립운동단체로 발전하였다. 북로군정서의 무장투쟁을 성공적으로 이끌어내기 위해 군자금 모집, 무기 구입, 사관연성소 설치 등을 적극 추진하였다. 그때 재만 한인들의 공로는 컸다. 주지하다시피 김좌진은 1920년 10월 21일부터 26일까지 6일간 청산리 일대에서 벌어진 전투(홍범도, 이범석과 함께)에서 크게 승리했다.

그러나 이후 패전을 설욕하기 위해 일본군은 계속 증파되었고, 일본군은 아무 죄도 없는 재만 한인들에게 패전의 분풀이를 하면서 한인부락을 초토화하는 작전을 감행하고 끔찍한 만행을 저지름에 따라 김좌진 부대는 후일을 기약하면서 전략상 소련과 만주 국경지대인 밀산密山으로 향한다. 마침내 밀산에 집결해 대한독립군단을 조직하게 되고 김좌진은 여기서 부총재를 맡았다. 그러나 밀산의 상황도 여의치 않았다. 당시 밀산에는 일본군이 주둔해 있었고, 이웃 러시아에는 러시아 혁명군도 주둔했다. 무기와 식량의 보급, 앞으로의 행보 등이 큰 문제였다. 또다시 독립군은 흩어지게 된다.

김좌진 부대는 다시 북만주 지역으로 이동한다. 1922년 김좌진은 수분하綏芬河(흑룡강성 목단강에 있는 市)와 북만주 일대에서 대한독립군단을 재조직하여 총사령관으로 활동한다. 본부는 중·소 국경지대인 동녕현東寧縣에 두었다. 김좌진은 당시 총사령관으로서 군자금 모집, 독립군 징모 등에 상당히 고심하였다.[75] 그래도 인적자원은 만주와 러시아 연해주 한인사회로부터 제공받았다.[76]

---

75 박환, 『김좌진 평전』, 선인, 2010, 122쪽.

76 『不逞團關係雜件 朝鮮人部』, 在滿洲 37, 432-2-1-3. 1924년 1월 18일 「북만주에

3·1운동 직후에는 대중적인 지지 속에서 군자금을 모집할 수 있었지만, 1920년 일본군의 만주출병 이후부터는 상황이 크게 변했다. 일본군에 대한 두려움으로 재만 한인사회가 크게 위축되었기 때문이다. 이에 김좌진은 재만 동포들에게 회유와 더불어 강력한 경고를 함으로써 이 문제를 해결하고자 하였다. 이는 대한독립군단 총사령관(김좌진) 명의의 1924년 3월 발표된 부령部令 제11호에 나타난다. "〈부령 제 11호〉 제1조. 각 지역에서 나라 일에 진력하다가 순직한 씨명을 조사해서 역사책에 기입한다. 제5조. 본 군단에 있어서 징모한 병사로서 병역의 복무를 기피하는 자는 중벌에 처한다. 제6조. 본 군단에서 청연請捐한 군자금의 납부를 거절한 자는 중벌에 처한다." 김좌진은 주민들에게 이처럼 군자금을 요청하면서 대한민국의 국민으로서, 배달민족으로서 그 의무와 천직을 다해 줄 것을 청하였다. 그는 이러한 군자금 모집을 본부가 있던 동녕현 일대 뿐만 아니라 여러 지역에서 한 것으로 보이는데, 영안지역에서도 군자금 모금이 이루어졌다는 것을 일본 첩보기록을 통해 알 수 있다. 이 첩보기록에는 그가 1923년 영안에 살고 있는 김서기에게 군자금 5천원을 요구하였다고 기록되어 있다.[77]

이와 같이 김좌진은 군자금을 모으기 위해 많은 노력을 기울였는데, 이러한 노력에도 불구하고 군자금 모금활동은 주민들로부터 원성을 사게 된다. 당시 주민들은 일본군들로부터는 생명의 위협을, 경제적인 면에서는 생계의 곤란을 겪고 있었기 때문에 군자금 모금에 큰 부담을 느꼈던 것이다. 김좌진으로서는 "재만 동포들의 민족의식

---

있어서 독립운동가의 소재 및 그 계획에 관한 건 보고」

**77** 1923.6.14. 재하얼빈총영사가 일본 외무대신에게 보낸 문서, 「김좌진의 군자금 강요에 관한 건」. 독립기념관 소장 ; 박환, 앞의 책, 124-125쪽.

저하 등 주변 요건의 변화로 인해 상당한 위기에 봉착하였다."[78]

앞의 '김좌진 군자금 확보' 문건에는 "근년 김좌진은 자금이 부족하여 부하를 해산하고 활동불능 상태가 되어"라 하였다. '근년'은 1923~24년을 말한다. 이 무렵 위기에 봉착한 상황에서 김좌진은 북만주지역의 독립운동단체와 민간조직, 대종교 등 종교조직 등을 전체적으로 결합시켜 신민부 탄생의 견인차 역할을 하게 된다.

1924년 10월 18일, 남만주 지역에서는 이 지역 전체를 통괄하는

●1920년대 만주지역의 신민부와 정의부 그리고 참의부 관할지역

78 박환, 앞의 책, 125쪽.

하나의 독립운동단체가 조직된다. 이 단체의 이름이 정의부로, 통의부를 중심으로 하여 길림 주민회, 의성단, 서로군정서 등이 통합하여 조직된 것이었다. 남만주지역 단체들의 이러한 통합은 김좌진 등 북만주지역에서 활동하던 독립운동단체들에 큰 자극을 주었다. 북만주지역 단체들은 1925년 3월 10일 영안현寧安縣 영안성寧安城에서 신민부를 조직하였다. 이때 김좌진은 대한독립군단의 대표로 참석한다.

김좌진의 신민부에서의 활동을 보면, 우선 그는 대한독립군단에서와 마찬가지로 군자금을 모금하는 데 큰 노력을 기울였다. 군자금은 무장투쟁을 하는 데 있어 필수적인 요건이다. 군자금이 없으면 무기를 구입할 수 없고 무기를 구입하지 못하면 당연히 군사작전도 할 수 없다. 이에 김좌진은 재만 한인들로부터 군자금을 의무금으로 징수코자 하였다. 그러나 대한독립군단 때와 마찬가지로 당시 재만 한인농가의 생활은 극히 어려웠기 때문에 의무금은 잘 모금되지 못했다.

상황이 이렇자 김좌진은 국내에서 군자금을 모금코자 모연대募捐隊를 조직하여 국내로 파견하였다. 그러나 이것 또한 일제의 감시로 순탄하게 이루어지지 못했다.[79] 1920년대 이러한 김좌진 장군의 상황을 고려하면 앞의 기록 내용은 매우 일치하는 점이 많이 보이며 보천교의 차경석에게 만주 별동대 자금을 제공받은 일은 큰 무리가 없다.

그리고 이 자금으로 무장대와 포교를 계획하였다고 한다. 김좌진

---

79 김좌진이 군자금을 확보하기 위해 총독부가 만주로 보내는 돈 약 6천원을 탈취했다는 기사도 보인다.('總督府公金 新民府가 奪取', 동아일보 1926.5.26) 그리고 김좌진은 무장투쟁을 전개하는데, 1925년 강모 등 신민부원에게 수십 개의 폭탄과 권총을 주고, 사이코 마코도 총독 암살을 지령하기도 하였다(朝鮮總督府警務局, 『諺文新聞差押記事輯錄』, 1932, 103쪽). 또 親日, 附日기관인 保民會, 조선인민회, 권농회, 侍天敎(국권강탈에 앞장 섬), 청림교, 濟愚敎(일진회계열 인물 다수 가담. 3·1운동 이후 만주지역 반일세력 탄압에 앞장 섬) 등 주요 간부를 암살하고자 하였다(동아일보 1927. 10. 15 참조).

장군의 정치지향의 키워드는 '대종교'였다. 그는 대종교에 바탕을 두고 독립운동을 전개하였다. 1922년 4월 대종교는 총본사를 북만주 영안현 남관으로 이동해 각처에 포교당을 설치하였다. 그리고 1922년, 1923년 2년 동안에 48개 처에 시교당을 설립하고 포교활동에 전념한 결과 이 지역에는 대종교가 크게 번창하였다. "조직된 신민부의 이념은 대종교적 민족주의였고 그것은 조선인의 민족정신, 즉 단군을 중심으로 한 민족정신을 배양하여 이상적인 국가인 배달국을 지상에 재건하는 것이었다."[80]

김좌진이 신민부를 조직할 당시 북만주 지역은 대종교 신도가 다수 거주하는 지역이었다. 김좌진을 비롯한 신민부 구성원의 대부분이 대종교인이었고, 이러한 사실이 북만주 지역에 신민부가 설립되는 데 있어 적지 않은 영향을 주었기 때문이다. 대종교와 가장 밀접한 연관성을 지녔던 단체는 단연 신민부였다.

보천교는 김좌진의 신민부 뿐만 아니라 남만주 지역에 조직된 정의부와도 연결되고 있었다. 이를 보여주는 문건이 '대정 8년 제령 제7호 위반 강도죄 사건'으로 알려진 '정의부正義府 및 보천교의 군자금 모집계획에 관한 건'(祕 關機高授第 32743號)에 대한 보고서이다. 경기도 경찰부의 도경부보[河崎武千代]가 경기도 경찰부장에게 보낸 '수사보고서'(1925년 11월 16일자)에는 '1925년 11월 13일 권총을 휴대한 불령선인 일단이 보천교 간부와 제휴하고 조선독립군자금을 모집 중인 용의자 수사의 명령을 받아 남선南鮮 방면에 출장 중 전라북도 정읍군 입암면 대흥리 173번지의 보천교 북방 방주 한규숙 집에 전기前記 용의자 일단이 숨어있음을 탐지'했음을 보고하였다. 여기서 불령선인은 정의부 요원들이었다.

---

**80** 박환, 앞의 책, 128쪽.

이 사건의 경위를 살펴보면 다음과 같다. 당시 보천교는 시국대동단의 설치로 심각한 민심의 이반을 경험하고 있었다. 차경석은 "시국대동단을 조직하고 각종 단체를 망라할 예정이었으나 결과는 세상의 비난을 받았다"고(조만식 신문조서) 하고, 또 "지금 각 사회에서 보천교를 공격하고 있으나 보천교의 진의를 모르고 성토하고 있다"(김정호 신문조서) 거나 "동교(보천교)는 수백만 원의 현금을 가지면서 재외 독립단으로부터 친일파라는 오해를 받고 있어 사정상 곤란한 처지"(정찬규 신문조서)임을 술회하였다.

그리고 이러한 상황은 보천교로 하여금 독립운동 단체와의 연결, 지원을 서두르게 하고 있음을 알 수 있다. 이는 조만식이 한규숙과 함께 차경석을 만났을 때, 당시 대화에서 보천교의 입장이 여실히 드러났다. "차경석은 만주 및 국내의 상황을 듣고 시국대동단時局大同團을 조직하여 실패한 것을 말하였다. 그리고 시국에 대하여 어떤 단

● 정읍 보천교 본소의 태화헌泰和軒. 건축 당시는 내정원內正院이다.

체를 조직하는 것이 옳은 것이냐고 의견을 묻기에, 조만식은 지금 유산·무산의 두 계급이 서로 원만한 교제를 한다는 것은 지극히 어렵게 되었고, 유력자와 무력자가 서로 원만한 교제를 할 수 없는 현 상황에서 국내의 유지를 모아 단체를 조직하더라도 돈이 있을 동안은 복종하지만 돈이 없어지면 이탈하게 되므로 국내에서 사업을 해도 될 수 없고, 보천교에서 만주에 생산기관을 조직하여 교도들을 이주시켜 민족사업을 영위하는 것이 좋다고 대답하였는데, 차경석은 재산가로 하여금 마음에서 기꺼이 돈을 제공하게 하여 이것을 자금으로 하는 편이 마땅하며 강제적으로 모금하는 것을 생각해 보는 것으로 말하고, 조만식은 지금의 시국은 불법적으로 강취하여 이로운 기회에 순응하는 것, 즉 강제적으로 돈을 모집해도 이것을 이치에 따라 사용한다면 무방할 것이라고 하였는데, 차경석은 그것도 그렇지만 이와 같은 말은 여기에서 하면 문밖에 순사가 있으니 만사는 한규숙과 상의하라고 말하였다."(정찬규 신문조서)

결국 이후에 한규숙韓圭淑, 김정호金正昊, 조만식趙晩埴, 이춘배와 제휴방법에 대해 상의하였다. 협의 결과, '보천교는 재외 독립단으로부터 친일파라는 비난을 받으므로 곤란하고 의사소통을 통하여 독립단에 원조를 하고 싶으며 원조방법으로서 개척사업을 영위하여 그 이익금을 독립단에 제공할 것과 개척사업 자금으로 약 30만 원 정도를 내려고 하는데[81] 연락할 단체가 없어서 곧바로 신용하고 낼 수 없기 때문에, 독립단이 틀림없다면 자금을 제공하는 것으로 하였다.' 이는 "보천교가 종래 재외 독립단과 손잡을 생각이 있었으나 신용할 수 있

**81** 1920년 무렵 조선의 3대 건축물은 조선총독부, 천도교 대교당, 명동성당으로 알려졌다. 특히 김구는 임정귀국 연설에서 "천도교 대교당이 없었으면 3·1운동이 없었고, 임정이 없었고, 독립이 없었을 것이다" 라고 연설까지 한다. 이러한 천도교 대교당과 중앙총부의 건설비가 27만 원이었다.

는 연락자가 없으므로 민족사업에 물질적인 보조를 할 수 없게 되었지만 확실한 연락자가 있으면 시국대동단까지도 교주가 3만 원을 냈으므로 그의 10배인 30만 원을 낸다."(김정호 신문조서)는 진술조서나 "독립자금 모집에 도움을 주고, 그 단체의 손을 거쳐 보천교의 가르침을 해외에 선전하는 일을 협의하였다."(조만식 신문조서)는 내용과도 맥락을 같이 한다.

이러한 결정에 따라 "봉천으로 가서 정찬규鄭燦奎와 만나 앞에서 말한 것을 이야기한 바, 그는 정의부正義府 참의 김정관金正觀과 상의한 결과 정의부 군인 6명을 파견하기로 내정하였고 특파원 사령장과 군자금 모집 영수증 등을 작성하여 준비가 되면 조만식에게 여비를 보내도록 통신하였"(이춘배 '自首調書')고, 정찬규도 "보천교와 제휴하여 단원을 무장시켜 선내鮮內로 잠입하면 서로가 호응하여 독립자금을 모집하는 것이 어떤가. 보천교는 선내鮮內에서 유력한 교이므로 반드시 좋은 성적을 올릴 수 있을 것이라고 하였다."(정찬규 신문조서)[82] 결국 '보천교는 재외 독립운동을 후원할 것, 그 방법으로 만주에서 개척사업을 일으켜 생활이 곤란한 보천교도들을 이동시켜서 생산기관을 조직하고 그 이익금을 독립단에 제공할 것, 이를 위하여 소요되는 자본 약 30만 원을 보천교는 지출할 것, 보천교는 군자금 모집에 협조하여 자산가 조사, 길 안내 등을 할 것'(정찬규 신문조서)[83] 등의 협의

---

82 "문) 군자금은 어디에 쓸 생각이었나. 답) 만주에 개척사업을 일으켜서 생산기관을 조직하고 그 이익금으로 대대적인 독립운동을 시작할 예정이었다."(조만식 신문조서) "상해 임시정부에서는 수백만 원의 군자금을 모집하려고 하였지만 실제는 4만 원 밖에 모금하지 못했고, 기타는 모두 도중에서 횡령 당했다는 것을 들었고..."(한규숙 신문조서) 당시 독립군의 운영을 위해 군자금을 절대적으로 필요로 했던 해외 독립단체가 김좌진 사건에서와 같이 인적, 물적 자원이 많다고 알려진 보천교와 연결되고자 했던 것은 지극히 당연한 일이었다.

83 "한규숙의 말에 만일 이 일이 발각되면 곤란하므로 보천교를 내세우지 말고 개인적으로 한다고 말하고, 이춘배는 이 일은 절대 비밀로 하고 만일 도중에 체포되더라도

가 이루어지고 정찬규는 '정의부 제4중대 임시특파원'이라는 견서肩書를 받고 국내로 들어와 활동하다가 체포된 것이다. 식민권력으로서는 3·1운동 이후 해외 독립운동단체로 연결되는 군자금은 매우 예민한 문제였고, 때문에 보천교의 자금에 대해서도 주의를 기울이지 않을 수 없는 상황이었다.[84]

당시 이 사건과 관련하여 심문을 받거나 거론된 주요 인물들이 보천교와의 관계, 역할들은 다음과 같다.

| 성명 | 연령 | 보천교와 관계 | 활동 및 기타 |
|---|---|---|---|
| 차경석 | 약46 | 교주 | |
| 한규숙韓奎淑 일명 韓圭淑 | 37 | 북방 방주 (9년 전 입교, 7년 전 방주) | 한학. "상당한 자본가로 1917년 3월 경부터 보천교를 맹신하여 간부에 임용되고 1921년 보천교 본소 소재지로 옮긴 이래 교도 사이에 상당한 세력을 가진 자이며 평소 排日사상을 가져 주의를 요하는 자"(「普天敎徒等ノ時局標榜强盜ニ關スル件」 1925. 11. 20. 全羅北道知事) |
| 조만식趙晩埴 | 39 | 보천교도 (1925년 4월부터) | 경성보성법률전문학교 졸업. 대구, 평양재판소 서기 근무. 1920.9. 제령7호 및 출판법 위반으로 징역 3년(가출옥). "경성에서 不逞運動者와 왕래하며 항상 조선독립운동에 참여 획책하여 온 자"(「普天敎徒等ノ時局標榜强盜ニ關スル件」) |

---

보천교와의 관계는 말하지 않을 것이니 염려할 것이 없다고 하였다."(조만식 신문조서) "김정곤의 말이, 우리들 교주선생도 만주의 독립단과 제휴하고 일하는 것을 희망하고 있으므로 자네도 열심히 아무 걱정 없이 진력하여 줄 것을 부탁한다."(이춘배 '自首調書')

84 '正義府支部長會議0000に關する件'(機密 第161號. 1925. 3. 13.)에서도 길림에서 온 보천교 간부 1인이 당시 정의부의 활동소식을 알려주고 있는 기록이 보인다.

| 성명 | 연령 | 보천교와 관계 | 활동 및 기타 |
|---|---|---|---|
| 박기선朴基善<br>별명 鄭燦奎 | 39 | | 興京縣 汪淸門 統義府 민사부장(金履大) 비서. 천도교 崔東義, 상해 임정 洪晩喜와 교분. 大韓統義府員. 정의부 제4중대 임시특파원. “1914년 경 일본으로 건너가 明治대학 법학과에서 약 3년간 재학한 이래 일본체류 약 6년으로 조선으로 돌아온 후는 오직 조선독립운동을 뜻하여 1919년 만주로 가서 正義府(당시의 大韓統義府)에 들어가 金正寬의 부하가 되어 군자금 모집에 종사하여 온 자”(「普天敎徒等ノ時局標榜强盜ニ關スル件」) |
| 이춘배李春培 | 38 | 보천교도 | “경기도경찰부 河崎 警部補는 춘배, 인배 등의 보고에 의해 피의자 등이 진주 방면에 침입하였음을 알고 경기도 경찰부의 밀정이라 이야기됨”(「普天敎徒等ノ時局標榜强盜ニ關スル件」) |
| 정상찬鄭常燦 | 32 | 북방 육임六任 | |
| 김정호金正昊<br>/金漢吉 | 37 | 북방방주대리 | 북방 방주=한규숙. 서당교육 |
| 김정곤金正坤 | 35 | 서방방주 | 10년전 입교, 6년 전 서방방주. 서당 교육. 미신유포로 구류처분(고령경찰서) |
| 전병덕全炳德 | | 입동立冬방주 | |
| 김정관金正觀 | | | 정의부 참의 |
| 이진산李震山 | | | 정의부의 유력한 간부 |
| 김수권金秀權 | 52 | 대한大寒방주 | 진주진정원장. 서당교육 |
| 정준엽鄭準燁 | 32 | 북방 육임六任 | 별명 鄭常燁, 서당교육 |

| 성명 | 연령 | 보천교와 관계 | 활동 및 기타 |
|---|---|---|---|
| 최상룡崔尙龍 | 26 | 북방 12임任 | 서당교육. 경남 진주 |
| 민태호閔泰鎬 | 40 | 북방 육임 | |
| 박희동朴熙東 | 31 | 보천교도 | 경남 진주 |
| 임태인任泰仁 | 29 | 보천교도 | 경남 진주 |
| 문태현文太鉉 | | 육임 | 합천 |
| 김진영金珍永 | | 보천교도 | 합천 |
| 김병태金炳台 | 37 | 북방육임 | 경남 산청군 |
| 김인배金仁培 | 33 | 보천교도 추정 | 별명 金一竹. 선린상업학교 졸업. "경기도 경찰부 밀정이라 말해짐"(「普天教徒等ノ時局標榜强盜ニ關スル件」) |
| 김인하金寅河 | 48 | | 평북 정주군. 조만식의 장인. 권총 운반. 여관주인. |
| 정찬협鄭燦協 | | 보천교인 | |
| 박자혜朴慈惠 | | 부인婦人 선포사 | 단재 신채호의 처 |
| 김용배金容培 | | 보천교도 | 경남 동래군 |

# 5 | 보천교의 운명

일제강점기 차경석에 의해 창교되고 쇠퇴해버린 보천교의 운명은, '보천교류는 모두 소탕방침. 다나까 경무국장 담화'(《조선일보》의 삭제된 기사 1936. 6. 10)에서 보듯이, 식민권력이 장악하고 있었다. 해방 이후 근년까지도 차경석과 보천교는 긍정적 이미지를 확보하지 못하고 유사종교, 사이비종교의 대명사로 치부되어 왔고 그런 과정에서 보천교의 민족주의적 성격은 왜곡될 수밖에 없었다. 이는 지극히 종교에 대한 제국주의적 시각이며 일제강점기 형성된 식민주의적 시각이다.

물론 일제강점기 보천교의 모든 활동이 민족운동과 직결된다고 주장하는 것은 아니다. 시국대동단을 조직하면서부터는 차경석 조차 한탄하였듯이 친일적 행위에 가담하게 되었고 민심의 이반을 경험하였다. 그렇게 본다면 보천교 뿐만 아니라 일제강점기 시대를 견뎌냈던 모든 종교도 그러한 비난에서 완전히 자유로울 수는 없을 것이며 그 운명도 그리 순탄했던 것만은 아닐 것이다. 어쩌면 보천교는 교주 차경석이 타계한 1936년을 기점으로 거의 해체상태에 이르고 해방 이후도 부흥을 볼 수 없음으로 해서 일제강점기 행위에 대해서 반성조차 할 기회를 잃어버렸는지 모른다.

이제 늦었지만 그러한 보천교에 씌워진 제국주의적이고 식민주의적 시각을 되돌아볼 때가 된 것 같다. 본고에서는 차경석과 보천교 교단의 민족주의적 성격을 일제 식민권력의 기록물들을 중심으로 고찰하여 보았다. 주지하다시피 보천교의 창교주 차경석의 부친은 갑오년 동학혁명 때 전봉준과 더불어 봉기했다가 관군에게 잡혀 분살

형을 당한 동학 접주 차치구였다. 그러니까 차경석은 동학의 후예인 셈이다. 그 역시 부친을 따라 동학에 종사하다가 강증산을 만나 구세제민의 운수를 받으며 보천교 창교의 길을 걷게 된다. 그러나 1910년 경술국치를 당하여 이미 조선의 국운이 기울어버린 상황에서 종교, 더욱이 민족종교 창교주의 운명도 순탄할 수만은 없었다. 차경석은 교명도 내걸지 못한 채 창교의 초기부터 민족의식과 민족사상, 민족운동 등을 예의 주시하는 일제의 끊임없는 감시를 받았고, 뒤에는 혹심한 탄압(취체)을 피해 수년간 은피의 길에 나서기도 했다.

보천교 조직이 공개(1922년)되기 이전의 이러한 비밀결사적 형태는 당연히 식민권력의 감시의 대상이 될 수밖에 없었다. 비밀결사라는 사실은 어떤 모습으로든 기존 체제에 대한 반항 곧 반일적 성격을 띄게 되기 때문이다. 이 점은 총독부로서는 "실로 후회하는 점이 있어 이를 여하히 단속할까 하는 것은 조선의 치안유지 상에도 중대한 관계가 있어 정세를 신중히 분석하고 있으며 경찰관의 고민이 적지 않

● 정읍 대흥리 마을 안 논밭에 남아있는 보천교 본소의 석축.

았다"[85]고 하였다. 이러한 우려에 따라, 비밀포교에 대한 식민권력의 엄격한 취체와 적극적인 회유의 결과 차경석은 "공공연한 포교를 계획하고 1922년 1월 18일 본부를 서울로 진출시켰다. 이와 같이 해서 비밀포교가 공개포교로 바뀌고, 교도는 13도에 걸쳐 그 세勢는 한때 천도교를 능가하는 형세"[86]가 되었다. 미키 하루오三木治夫는 이 당시의 상황에 대해 "그 다수는 '조선독립' 및 '보천교를 믿지 않으면 조선민족이 아니다'라든가 '교주가 등극 즉위식을 거행한다' 등의 유언流言이"[87] 유포되고 있었다고 하였다. 그러나 이와 동시에 식민권력의 엄중한 경찰취체를 받으면서 점차 퇴교자가 속출했으며 특히 1925년 1월에는 관헌의 환영을 받으면서 내선융화를 표방하는 시국대동단 조직의 활동으로 민심의 이반을 경험하게 된다.

보천교는 3·1운동 이후 민족독립운동에도 직·간접적으로 참여하고 있었다. 교단 내부에서 고민과 간부들의 협의를 거쳐 상해 임시정부와 만주지역의 독립운동 단체와 연결되어 군자금을 지원하는 등 나름대로 최선의 역할을 했던 것이다. 특히 북만주 지역에 김좌진 등을 중심으로 세워진 신민부에 군자금을 제공하여 별동대를 구성, 일제에 저항케 했는가 하면 남만주를 중심으로 세워진 정의부에도 상당한 자금을 제공하여 민족사업을 영위하면서 포교는 물론 독립운동의 토대를 마련하려 구체적으로 계획, 실행에 옮기려 하던 중 검거되기도 했다. 이러한 사실들은 대교단을 형성하고 있었던 보천교 역시 식민지 상황이라는 시대적 상황을 자각하고 민족적 사명을 망각하지 않았음을 보여주는 자료들이다.

---

85 全羅北道, 『普天教一般』, p.55.

86 坪江汕二, 『朝鮮社會思想運動沿革略史』, 東京: 嚴南堂書店, 1966, p.150.

87 三木治夫, 『綠旗』, 京城: 綠旗聯盟, 1937, p.25. 녹기연맹은 일제강점기 하에 민간 차원에서 식민지 지배에 도움을 준 단체이다.

● 일본 가쿠슈인學習院대학 우방문고 자료실에 보관된 젠쇼 에이스케善生永助의 사진 자료 확인 모습.

# III. 식민권력의 형성과 보천교

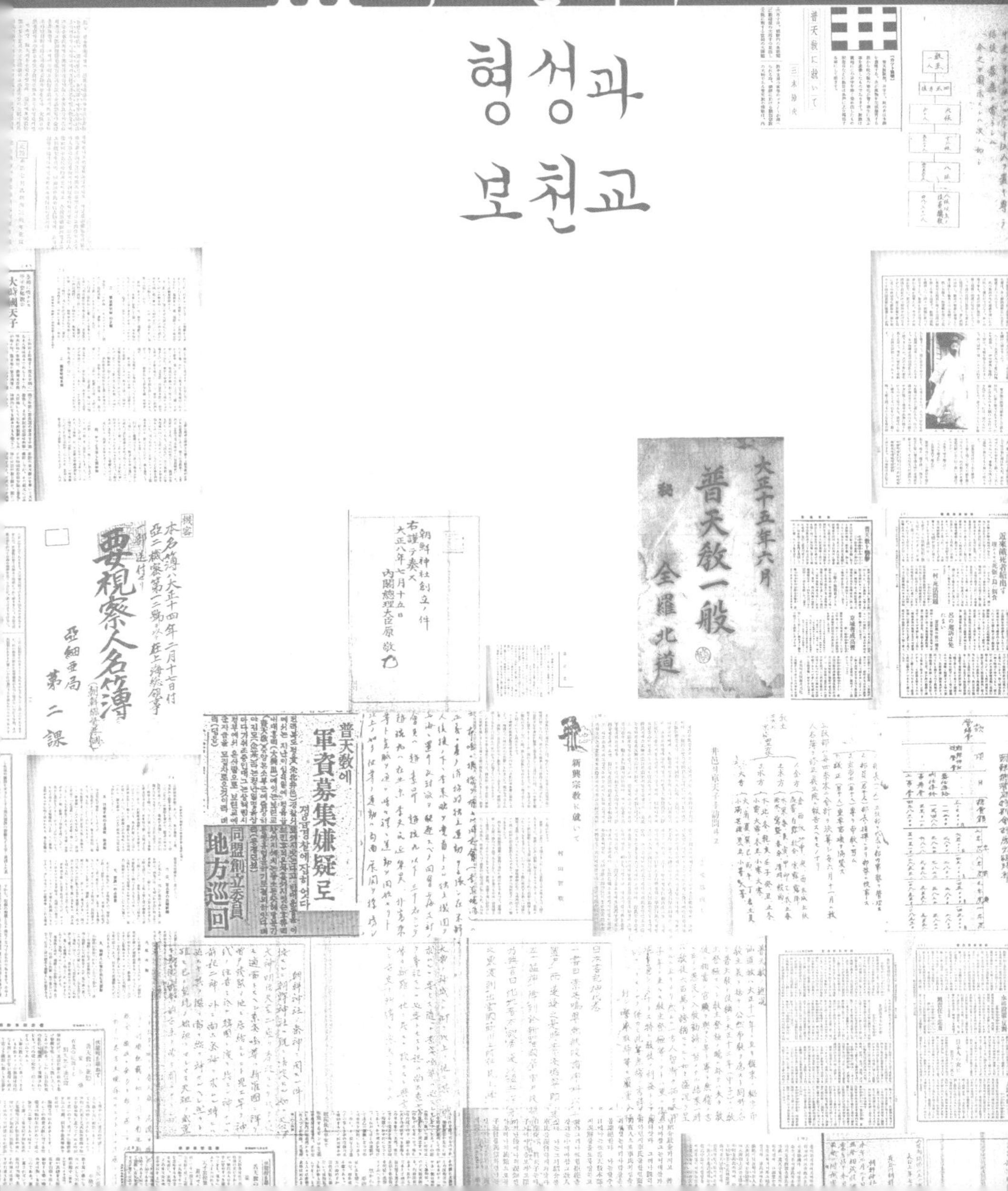

●『녹기綠旗』(1권 8호, 1937)에 실린 보천교 교주 차경석

# 1 『보천교일반』(1926)

1905년 한국에 통감부를 두어 보호국으로 만들었던 일본 제국주의는 5년 뒤인 1910년 무단으로 한국을 강점하여 총독부를 설치하고 국명을 '조선'으로 바꾸면서 일본의 한 지역인양 식민정책을 펴나갔다. 이렇듯 1910년대는 일본 제국주의 식민권력이 한국을 강점하고 식민지 정책을 전개해 나가던 시기였다. 따라서 각종 정책들이 일제의 식민지화 정책에 맞춰 이루어지고 있었던 시기였다. 종교정책도 예외가 아니었다. 총독부는 일본의 근대사에서 종교의 중요성을 잘 알고 있었다. 메이지明治 정부는 신도神道를 중심으로 국민들을 정신적, 사상적으로 통제하였고 종교가 민중들의 정신사에 미치는 영향력이 적지 않다고 보았다. 일제 식민정권 또한 강점 직후부터 내세운 소위 '동화정책'과 '내지연장주의'를 성취하기 위해서는 이러한 메이지 정부의 경험을 바탕으로 폭력을 이용한 강압적인 통제보다 종교가 호소력 있고 강력한 도구임을 인정하고 있었다.[1]

19세기 중반 수운 최제우(1824~1964)가 동학을 창교한 이래 많은 민족종교들이 모습을 드러낸 가운데 증산 강일순(1871~1909)의 영향력도 한국 민족종교사에서 큰 부분을 차지한다. 강증산은 1901년부터 시작한 그동안의 천지공사天地公事를 마치고 1909년, 뒤를 이을 후계자도 지명하지 않은 채 세상을 떠났다. 본 글에서 다룰 민족종교 보천교는 강증산의 제자였던 차경석(1880~1936)이 증산 사후 증산사

1 김철수, 「조선신궁 설립을 둘러싼 논쟁의 검토」, 『순천향 인문과학논총』 27, 2010, 156쪽.

상을 바탕으로 조직한 교단이다.

국가가 식민화되는 상황에서 아직 채 제도화되지 못한, 더욱이 교조의 사망으로 혼란스런 교단을 정비하고 자신만의 새로운 계통의 종교를 제도화시켜야 할 종교가가 만난 운명은 절망적이었다. 외부적으로는 '식민지'라는 상황과 내부적으로는 뚜렷한 후계자 없는 교단의 분열양상은 특정 종교가의 교단 형성에 분명한 장애물이었다. 차경석은 증산 사후 일제강점기의 시작과 함께 종교활동을 시작하여 20년대 전반기까지 많은 신도를 확보하고 다양한 활동을 전개하여 보천교 교단을 세웠으나 식민권력의 집요한 공작으로 1925년 경 이후로 변화, 쇠퇴의 길을 걷다가 1936년 사망한 인물이다.

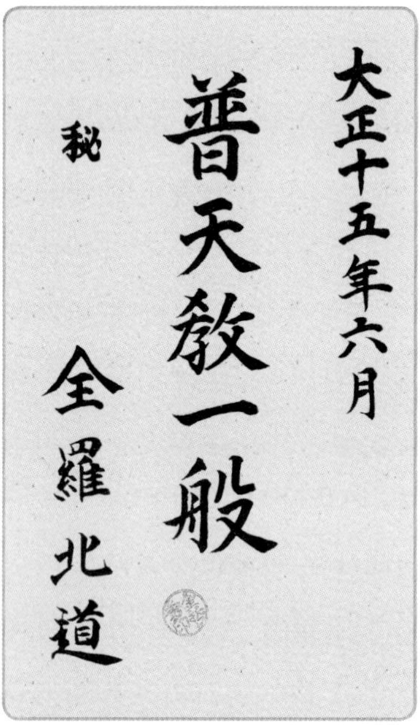

●『보천교일반』의 표지

지금까지 보천교에 대한 학계의 연구는 이강오의 "보천교"를 비롯하여 홍범초, 황선명, 안후상, 김재영, 조경달 등에 의해 주로 이루어져 적지 않은 편이다.[2] 이들은 주로 한국내의 각종 역사적 문헌(신문자

2 이강오, 「보천교: 한국 신흥종교 자료편 제1부 증산교계 각론에서」, 『전북대 논문집』 7-8, 1966; 홍범초, 「보천교 초기교단의 포교에 관한 연구」, 『한국종교』 10, 1985; 황선명, 「잃어버린 코뮨: 보천교 성립의 역사적 성격」, 『신종교연구』 2, 2000; 안후상, 「보천교운동 연구」, 성균관대학교 교육대학원, 1992; 안후상, 「보천교와 물산장려운동」, 『한국민족운동사연구』 19, 1998; 안후상, 「차월곡 출생에 관한 소고」, 『신종교연구』 2, 2000; 안후상, 「식민지시기 보천교의 '공개'와 공개 배경」, 『신종교연구』 26, 2012; 김재영, 『보천교와 한국의 신종교』, 신아, 2010; 趙景達, 「植民地朝鮮における新興宗教の展開と民衆(上. 下)-普天教の抗日と親日」, 『思想』 921-922, 2001.

료, 공판자료, 교단자료 등)과 증언 자료들을 통해 연구하여 보천교의 활동내용과 일제의 탄압 그리고 민족독립운동에의 적극적 기여도 등을 밝혀 내었다. 일제하 민족종교 연구에 모두 소중한 자료들이다. 그러나 이 글은 『보천교일반普天教一般』을 중심 자료로 놓고 다루었다.

일제강점기에 식민권력이 종교를 대상으로 조사 보고한 자료로는 기독교[3] 등에서 찾아볼 수 있으나, 보천교나 무극대도교와 같은 민족종교에 대한 별도의 조사 자료가 있다는 점은 주목을 끌기에 충분하다. 『보천교일반』(1926. 6)은 당시 전라북도에서 비밀리에 조사 정리하여 식민지 종교정책, 특히 보천교의 탄압에 이용된 정책 자료이다. 조선군 참모부의 다른 자료[4]와 함께, 그만큼 식민권력이 보천교를 어느 정도 비중 있게 다루고 있었는지를 보여주는 근거이기도 하다. 또한 지금껏 신문자료(조선일보, 동아일보 등)나 교단자료(『보천교연혁사』, 『보광』, 『도훈』, 『증산천사공사기』 등)로는 접근하기 힘들었던 사실이나 식민권력의 태도를 확인할 수 있는 자료로서의 가치를 지니고 있다.

본 자료는 일본 가쿠슈인學習院 대학의 우방문고에 소장되어 있다. 조경달 교수의 글(2001)로 인해 알려지고 인용되면서 지금까지 국내 연구자 중에도 언급한 적은 있으나 체계적으로 내용을 살펴보고 분석된 적은 없었다. 이 자료의 내용을 모두 사실로 보기는 어렵다.[5] 식민권력의 시각으로 작성된 보고서로 자료비판이 요구되기 때문이다. 본고에서는 두 가지를 고려했다. 먼저 일제강점기 하 보천교에 대한

---

3 朝鮮總督府, 『朝鮮の統治と基督教』, 朝鮮總督府, 1921.

4 朝鮮軍參謀部, "太乙教に就いて."((祕) 朝特報第11號; 陸軍省. '密第8號其40), 1922. 3. 27.

5 예를 들어, 교조 강증산과 교주 차경석에 대한 소개, 증산 사후 제자의 상황이나 교단의 분파실태 등의 부분에서는 사실로 보기 어려운 내용들이 보이나 본고에서는 이러한 자료비판 내용은 제시하지 않았다.

새로운 사실을 발견하고 기존의 연구들과 비교분석한다는 차원도 있지만, 보천교를 '종교를 내세운 정치운동단체'로 볼 수 있는가의 여부와 『보천교 일반』에 나타난 당시 식민권력의 민족종교에 대한 시각을 살펴보고자 한다.

● 정읍 대흥리에 남아 있는 보천교 본소의 흔적을 답사하는 모습

## 2 | 1910년대 식민권력과 종교정책

먼저 식민권력이 종교를 어떻게 취급하고 있었는가를 보기 위해 일제 강점 직후부터 이루어진 종교정책을 살펴본다. 교단형성의 외적 상황을 확인할 필요가 있기 때문이다. 식민권력은 피식민 국가의 내부에 개입하여 사회경제구조는 물론 모든 체제를 바꾸어 자신들의 이익 극대화를 전개하여 나간다. 폭력성과 억압성 그리고 왜곡성을 띤 각종 물리적, 제도적 수단들을 통해 새로운 구조를 강제함으로써 식민지의 사회발전은 왜곡된다. 전통적 제도들은 이질적 제도의 침입으로 해체 파괴되며 식민지는 착취체계에 적합하도록 조정된다. 이러한 과정에서 종교제도들도 각종 규정들로 재구성되기 시작한다. 한국강점에 주도적 역할을 한 이토 히로부미伊藤博文는 추밀원 1차회의 석상에서 “무릇 종교란 국가의 기축을 이루어 사람의 마음 깊이 침투하여 인심을 국가로 귀일시켜야 할 것이다.”고 종교단체의 사회적 기대를 주장하였다.[6]

일제의 대한정책은 강점과 더불어 갑자기 이루어졌다기 보다는 이러한 메이지 정부의 대한정책과 통감부의 각종 정책의 연장선에서 이루어졌다고 해도 과언이 아니다. 초대통감과 제2대 통감을 지낸 이토 히로부미와 소네 아라스케曾禰荒助는 일본제국주의 대외정책의 측면에서 점진파에 속한다면 초대총독 테라우치 마사다케寺內正毅는 야마시나 아리토모 계山縣有朋 系 육군세력의 대표적 인물로서 무단파

---

6 村上重良, 『天皇制國家と宗教』, 東京:日本評論社, 1986, 128쪽.

에 속하는 인물이었다.[7]

안정된 지배체제의 구축을 우선과제로 했던 통감부는 종교를 1907년에 제정된 〈보안법〉의 대상으로 하였다.[8] 통감부의 단속은 경제적인 착취, 민족사상, 미신적인 요소 등을 이유로 한 것이었다. 강점 후 식민권력은 식민권력에 의해 공인되지 않고 실태파악이 어려운 각종 종교를 민족정신의 온상이며 민족운동과 결부되어 있다고 경계하였다.

총독부는 1912년에 〈경찰범 처벌규칙〉(부령 제 40호)을 제정하였다. 경찰범 처벌규칙의 규정은 민중의 일상생활 중에 널리 확산되어 있던 종교의 억압에 사용되었다. 경찰범 처벌규칙의 제1조 제23호에는 '병자에 대한 금압禁壓, 기도, 부주符呪 또는 정신요법 등'을 시술할 경우 구류 또는 과료科料에 처한다고 정하였다. 경찰범 처벌규칙은 '미신타파'의 명목으로 종교 담당자들을 직접 단속의 대상으로 하고 경제, 풍기, 위생 등의 이유에서 촌락제사의 모든 행사에 대한 단속을 강화하였다. 경찰범 처벌규칙에 의해 식민권력에 의해 공인되지 않은 종교단체는 활동의 장과 규모를 대폭 축소시킬 수 밖에 없게

---

7 1910년 전후 일제의 종교정책은 단선적인 종교탄압정책으로만 규정하는 것은 제한적인 의미밖에 지닐 수 없으며, 강점 이후의 종교정책이 통감부 시기의 상대적으로 '온건한' 종교정책이 취체·탄압 중심의 무단적 정책방향으로 귀결되었다 하더라도 이토 계와 야마시나 계의 협조, 대립 길항의 관계를 읽어내야 한다. 일본 내에서 야마시나 계는 계속적인 군비확장, 군부의 정치적 입지를 강화하기 위해 치안경찰법 등의 정책을 추진한 반면, 이토 계는 군부세력을 견제하면서 군비확장에 반대하고 대내외적인 점진주의적 입장을 나타냈다. 통감부를 이토 계를 중심으로 운영하는 대신 군사영역을 야마시나 계에 맡기는 형태를 취했다. 1910년 강점 후 초대 총독 테라우찌와 하세가와長谷川 총독은 야마시나 계의 정책 노선을 실현하는 중심인물로서 식민지 조선에서 무단통치를 수행해 나간다. "伊藤의 종교정책은 장기적으로 일본 종교계를 통해 한국의 종교계를 장악해 가는 것을 목표"로 하고, 寺內를 비롯한 "山縣계는 伊藤계의 이러한 '점진주의'가 한국에 혼란만을 가중시켰다고 평가하고 '대륙적 발전'을 추구하기 위한 취체중심 체제로의 전환"을 꾀하였다(金翼漢 2001, 36-40, 49, 51).

8 度邊彰, 「朝鮮における宗教」, 『朝鮮』, 1920. 1.

되었다.[9]

1915년 8월, 총독부는 〈신사사원규칙神社寺院規則〉과 〈포교규칙〉을 공포하였다. 신사사원 규칙은 허가제를 취하고 있던 데 대해 포교규칙은 종교의 범위를 규정하여 종교단체가 구비해야만 하는 사항을 갖고 신고제로 하였다. 제1조에서는 종교를 신도, 불교, 기독교라 정하고 그 외의 종교를 종교유사단체, 소위 '유사종교類似宗教'라 하였다. 제15조의 단서 '전항에 의해 본령을 준용하는 단체는 이를 고시한다'를 두고, '종교유사의 단체'에 '공인'종교에의 길을 여는 규정을 두었다. 이 규정에는 식민권력에의 협력을 끌어내려는 의도가 있었지만, 식민권력이 실제로 이 규정을 적용해서 종교로 공인한 적은 한 번도 없었다.

총독부는 종교와 '유사'종교를 구분함으로써 '유사'종교에 대한 억압책을 행해 왔다. 포교규칙에 의해 종교로 공인된 신도, 불교, 기독교는 학무국學務局 소관이었다. 그 외의 종교유사단체는 헌병경찰기

● 정읍 보천교 본소의 후면 모습

9 강위조, 『일제통치하 한국의 종교와 정치』, 대한기독교서회, 1977, 96쪽.

관의 소관 하에 두었다. 그리고 1919년의 관제개정 이후는 총독부 경무국 보안과의 소관이었다. 식민권력은 천도교 등 70개 가까운 종교단체를 종교라 인정하지 않고 종교 유사단체로 보았기 때문에, 1920년대에도 경무총감부령 '집회취체에 관한 건'을 적용해서 단속을 계속했다. 총독부의 포교규칙에 의해 종교 유사단체로 분류된 단체는 식민권력의 관리감독에 대해 협력하지 않는 경우 규제되었다.

그러나 이러한 법제화에 의한 단속 강화에도 불구하고 '유사'종교는 근절되지 않고 지하에 잠복해서 계속 존속하였다. '유사'종교 관계자는 식민권력의 단속에서 벗어나 그 모습을 숨기고 있었다. 공인되지 않은 종교들은 대부분 민중의 일상생활과 결부되어 일상의 불안을 달래주고, 일상생활에 있어 마음의 의지처로서 역할을 맡고 있었다. 당시 조선총독에게 보낸 '진정서'에는 '유사' 종교 활동의 폐해가 고발되고 있었다.

> "고래로부터 위로는 왕복대관王僕大官에서 밑으로는 서민에 이르기까지 무격巫覡이 경신대행敬神代行을 존신尊信하지 않는 자 없고 이에 무격 등은 혹세무민을 업業으로 하여 인민은 경신의뢰敬神依賴를 상사常事로 함으로써 재화를 항비亢費하는 악습이 있습니다."('陳情書' 1923.8.26).

1919년 3·1운동에서 소위 '유사'종교의 대표격인 천도교가 주도적인 역할을 담당하였고 많은 민중이 참가하였기 때문에 식민권력은 민중의 정신세계 조사가 지배의 장기화를 위해 필요하다고 인식하였다. 총독부는 '유사'종교가 혁명사상의 교의를 가지고 있기 때문에, 해외로부터 위험사상의 유입 통로가 될 가능성을 가장 경계하였다.

‘유사’종교들은 대개 ‘후천개벽’의 교의를 주장하는 경우가 많았다. 혼돈과 암흑의 ‘선천’ 세계가 지나가고 후천의 새로운 이상사회가 열린다고 예언하였다. 후천은 종교적으로 하늘의 구원신(天)이 직접 사람으로 강림하는 시대이며 그 시대야말로 그 이상향의 지상천국이 실현되는 시대이다. 19세기 중반 이후 조선의 상황은 국내·외적인 문제들로 인한 조선의 몰락과 일본 제국주의에 의한 보호국화 상태가 진행되는 선천의 암흑세계이며 그 암흑기가 지나가면 희망이 충만한 후천의 미래세계가 열려 새로운 왕국의 도래가 시작된다고 보았다. 체제안정과 동화를 원하는 식민권력으로서는 매우 위험한 사상이었다.

그 외에도 ‘유사’종교들은 한반도 및 한민족 중심의 민족애와 조선 고유의 전통을 강조하였다. 위기에 직면하고 전환점이 필요할 때 도래할 후천의 시대에는 조선민족이 세계의 중심 민족이 된다고 하였다. 이러한 민족주의적 요소는 민중의 마음을 붙잡고 지배당하던 사람들의 마음에 침투할 수 있었다. 외세에 의해 나라가 위기에 직면하고 있던 가운데 ‘보국안민輔國安民’을 주장함으로써 민족운동이 주체가 되었던 종교단체도 나타났다.

3·1운동과 종교세력과의 연결을 파악한 식민권력은 종래의 종교에 관한 대책을 새롭게 하였다. 3·1운동으로 종교에 대한 대응이 충분치 않았던 것을 인지한 식민권력은 ‘유사’종교의 실태를 파악하기 시작했다. 총독부는 신고제에서 허가제로 변경한 것처럼, 포교규칙의 적용기준을 완화했다. 이러한 총독부의 유화책은 비밀리에 활동하고 있던 종교단체를 스스로 나타나게 하기 위한 것이었다.[10] 보천교는 이러한 일제 종교정책의 주요 대상이 되었다.

10 강위조, 앞의 책, 97쪽.

● **보천교 관련 촬영 현장**. 일본 요코하마에서

● **보천교 관련 촬영 현장**.
일본 도쿄의 게이오기쥬쿠 대학에서

# 3 | 보천교의 포교활동과 조직

1910년대 총독부의 종교정책이 외적 상황이라면, 이 부분은 보천교 교단형성의 내적 상황이다. 보천교는 증산 강일순을 교조로 하고 있다. 때문에 『보천교일반』(이하 본문의 「」는 『보천교일반』의 내용이고 [ ]는 쪽수이다)은 강증산에 대한 설명으로 시작한다. 「신화神化, 일심一心, 상생相生, 거병해원去病解怨, 후천선경後天仙境 등의 교의로 창도唱道하여 마침내 훔치교(선도교仙道教라고도 한다)라는 일종의 미신교를 창교」[2-3]하고 그 주문으로 「'태을천상원군 훔리치야도래 훔리함리사파아'('태을천상의 君에 원하는 바를 뜻과 같이 성취하게 하여 주소서'라는 뜻이다)를 만들어 매일 일천 회를 암송하면 그 효험이 나타나 질병있는 자는 치유되고 질병 없는 자는 몇 배 강건하게 되며 또 모든 원하는 뜻을 성취」[3]할 수 있다고 내세웠다. 이를 통해 포교에 힘써 마을 사람은 물론 마을 인근의 「사람들이 바람처럼 따르면서 이에 귀의하여」[3] 그 수가 점차 많아지기에 이르렀다고 했다.

그러나 당시 강증산의 종교행위는 뚜렷한 명칭을 갖지 못한 것으로 보인다. '훔치교', '선도교'라는 명칭은 증산 사후 둘째 부인인 고판례(1880~1935)의 교단에 1911년 하반기부터 불렸던 명칭이다. 뿐만 아니라 일제는 이를 '미신' 취급하고 있음도 알 수 있다.

1909년 증산은 천지공사를 마치고 세상을 떠난다. 그러나 증산을 따르던 제자 중 특정인을 지목하여 종통을 계승토록 하지 않았던 것으로 보인다. 더욱이 이듬해인 1910년은 주지하다시피 한국의 국운이 일제에 의해 강탈당한 해였다. 이런 상황에서 뚜렷한 후계자도 없

● 객망리客望里(전라북도 정읍시 덕천면 신원리)의 '강증산 상제 강세지'. 주변에 시루산이 있다.

는 종교교단의 성립이나 전개활동이 여의할 리 없었다. 여기서 주목할 만한 것이 1910년대 무단통치하에서 증산의 교의를 계승하여 종교활동을 시작한 차경석이었다.

차경석은 일명 윤홍이라 칭하고, 1880년 6월 1일 출생하였다. 아버지 차치구車致九(1851~1894)는 동학당의 간부이기 때문에 1894년 경석 15세 당시 흥덕군수 부하에게 체포되어 사형에 처해졌다. 차치구는 정읍시 입암면 대흥리에서 출생하여, 동학혁명 당시 정읍지역의 접주로 2차 봉기 당시에는 농민군 5천을 이끌던 수령이었으나 혁명의 패망과 함께 불의의 죽임을 당하였다. 이후 가세가 기울어 형편이 빈한했고, 나중 차경석이 증산을 만난 것에 대해서도 집안에서는 '동학한다고 집안이 망했는데 또 이상한 사람을 끌어들여 집안을 아주 망치려 한다'는 불만이 많았다.

경석은 「1890년 1월부터 1901년 2월까지 정읍군 입암면 안경현安京賢이란 자 밑에서 한적漢籍을 배우고 1904년부터 1908년 3월까지 일진회 평의원이었다.」[9] 1907년 6월 16일 김제군 수류면 원평리 주막에서 우연히 강증산과 만난 이후 그 문하에 들어가(강증산의 둘째 부인이 고판례이며, 차경석의 이종누이이다. 차경석의 종교활동은 고판례가 주도한 선도교와 함께 진행되었다) 훔치교에 귀의하여 교리의 연구에 몰두하여 마침내 「1909년 음력 1월 3일 교통教統 전례식傳體式을 하여 교도教道를 전수받기에 이르렀다.」[10][11]

● 당시 언론에 나타난 보천교주 차경석의 모습

11 동학을 신앙했던 차경석이 증산 강일순을 만난 것은 1907년이다. 『대순전경』의 기

증산 사후 차경석은 동지同志들과 함께 교도敎徒의 통일 포교에 노력하였다. 그러나 증산의 수석 제자(高弟) 김형렬(김형렬의 딸은 증산의 세 번째 부인이다)과의 사이에 불화를 빚어 서로 다투게 되었다. 그러던 중 「형렬이 태을교 일파를 일으키자 차경석도 선도교라는 별파를 창설하여」[10-11][12] 일심가진 교도를 모집하여 교무를 확장하기에 이른다. 1916년 11월 자택에 교도를 모아 교무를 분장하기 위해 24방위의 임직任職을 두어 내부조직을 견고히 하여 교무의 쇄신발전을 도모하였다.

1917년 11월 18일에는 포교를 위해 집을 나섰고, 「중요 간부를 데리고 각지를 전전하며 혹은 산중山中 인적이 끊어진 곳을 골라 다니며 요언妖言 사술邪術로써 무지몽매한 무리를 꾀었다. 혹은 조선이 독립하여 대시국이 건설되면 자신(경석)은 왕위에 오르거나 혹은 교주 등극의 그날이 오면 각 교도는 모두 계급에 따라 각자 부윤, 군수 등 각 관직에 임명된다는 등 황당무계한 언사言辭를 농락하였다.」[11-12][13] 이렇게 하면서 사람들의 마음을 미묘하게 흔들고 비밀리에 포

록을 보면, 1907년 5월 세무관과 송사할 일이 있어 전주를 가던 차경석이 용암리 물방앗간 앞 주막에서 증산을 만나게 된다. 증산은 김형렬의 집을 떠나 "이 길이 길행吉行이라. 한 사람을 만나려 함이니 장차 네게 알리리라"고 하여 의미심장한 언사를 하였다. 이후 차경석은 증산으로부터 다양한 종교체험을 하면서 제자로서의 면모를 갖추게 된다. 그러나 차경석에게 뚜렷하게 종통을 전수한 것으로 보기는 어려우며 특히 종통을 두고 김형렬과의 관계는 증산 사후에도 계속 문제가 되었다.

**12** 증산의 제자들은 사후 다양한 교단을 형성한다. 태을교는 박공우가 일으킨 교단이다. 선도교는 고판례를 중심으로 형성되어 차경석이 함께 활동하였고, 김형렬은 미륵불교, 안내성은 증산대도교, 이치복은 제화교, 문공신은 고부파, 김광찬은 도리원파 등의 교단을 형성하였다.

**13** 1917년부터 '대시국'에 관한 풍설이 확대되었는지는 확실치 않지만, 이강오는 "차경석이 縮天縮地하며 신출귀몰하는 도술조화는 장차 한국의 참 주인으로 등극하리라는 설이 포교자들의 입을 통하여 선전되고 있었다"(이강오 1966, 7)고 하였다. 신정부는 증산사상의 '조선을 종주국으로 하는 정교일치의 세계통일이 이루어지는 조화정부造化政府'에서 생각해낸 것이다. 또 당시 "정감록 비결을 절대시하여 새 왕조의 출현을 고대했던 자, 동학에서 뜻을 이루지 못하고 실망했던 자들 가운데에는 그들이 바라는

교에 종사하였지만 당시 경찰관헌의 탐색은 점점 엄중해졌다. 때문에 그 후 차경석은 묘연히 행방을 감추어 소재불명이 되었다.

그러다 1919년 3·1운동이 일어난다. 주지하다시피 3·1운동에 다수의 종교인들이 참여하였다는 사실은 식민권력으로 하여금 종교정책을 다시 한번 돌아보게 하였다. 이런 상황에서 식민권력이 차경석의 거대한 비밀단체에 큰 관심을 가진 것은 당연하며, 강력한 탄압과 회유의 이중정책을 구상하였던 것이다. 이때 차경석도 종래의 방침을 바꿔 점차 공공연한 포교를 지향하면서 4대 교의(일심, 상생, 거병해원, 후천선경)을 천명하고 '보천교'로 등록하였다.

원래 교단 공개를 위해 고천제告天祭에서 이름한 교단의 명칭은 '보화교普化教'였으나, "이상호는 관의 의심을 받을까 두려워 고천제에 이름한 보화교의 보와 천주교, 천도교의 천을 따서 보천교로 하였다" (이강오 1966). 이러한 주장에 대해 보천교는 일군만민一君萬民의 평등주의를 내세운 중국 고전(『詩經』)의 '보천솔토普天率土' 곧 '온 하늘 밑은 왕의 땅 아닌 데가 없고, 땅 닿는 곳에 사는 사람 치고 왕의 신하 아닌 사람은 없다(普天之下 莫非王土 率土之濱 莫非王臣)'로, 평등사상에서 나왔다고 보았다. 또 종교적 의미로 본다면 보화는 '조화가 두루 퍼진다'는 의미이고, 보천은 '하늘의 원리가 이 땅에 두루 퍼져 미친다'는 의미로도 볼 수 있을 것이다. 또 새롭게 내부 조직을 60방주제로 개혁하였고 「경성에 진정원眞正院을 두는 것을 시작으로 대구, 진주, 평양, 제주도, 전주 등 각지에 진정원을 설치하였다. 점차 전도全道에

신정부의 주인공이 차경석이가 틀림없다는 것을 믿고" 입교하는 자가 늘어났다고 하였다. 이는 결국 '대시국' 구상과 정읍 대흥리를 수도에 버금가는 도로 및 건축물을 지으려 한 것과도 상통된다. 이강오는 '차경석의 갑자(1924)등극설이 포교상 가장 큰 요목'이었다고 지적한다(이강오 1966, 15). 여기서 '時國'은 때 곧 선·후천의 변화의 時를 말한다. 『정역』의 '도수度數' 개념과도 같은 의미이다.

● 정읍 대흥리의 논밭에 남아있는 보천교 본소의 돌기둥이 있던 자리

미쳤고 또 각 군에 정교부正教部를 두었으며」[13], 공개적으로 종교유사단체로 활동하기에 이르렀다.

본소 소재지인 정읍군 입암면 접지리는 처음에 소수의 사람들만이 거주하던 마을에 불과하였다. 그러나 1922년 중앙본소의 설치 이후로는 호구戶口가 점차 증가하여, 특히 「1924년 갑자년에 교주 차경석의 천자天子 등극 운운의 설(迷說)을 유포할 때에는 이를 허망되게 믿는(妄信) 자 많아」[185] 각지에서 교도들이 이주하여 날마다 인구가 증가하는 상황에 이르렀다. 이러한 성쇠盛衰상황을 보면 다음과 같다.

① 1922년 말 본소 소재지 12호 (당시 교도 없었다)
② 1923년 말 본소 소재지 71호 364명
③ 1924년 말 본소 소재지 153호 811명
④ 1925년 말 본소 소재지 400호 1,859명

그리고 보천교는 '정井' 자字의 교기敎旗를 사용하였는데, 기장旗章에는 무엇을 의미하는지 판단하기 어려운 내용이 담겨 있었다. 「교도敎徒의 말을 종합해 보면 "因公回令同舍周合國"을 뜻한다」[180]고 했다. 나름대로 보천교의 교의를 이해하여 해석해 본다면 '천지공사天地公事에 따라 명령을 돌려 함께 살며 두루 힘을 합해 국가(時國)를 만들자'라는 뜻으로 풀 수 있지 않을까 한다. 보천교가 포교에 사용하는 교의는 다양하였다. 「우주의 신명을 부르고 강산江山의 정령精靈을

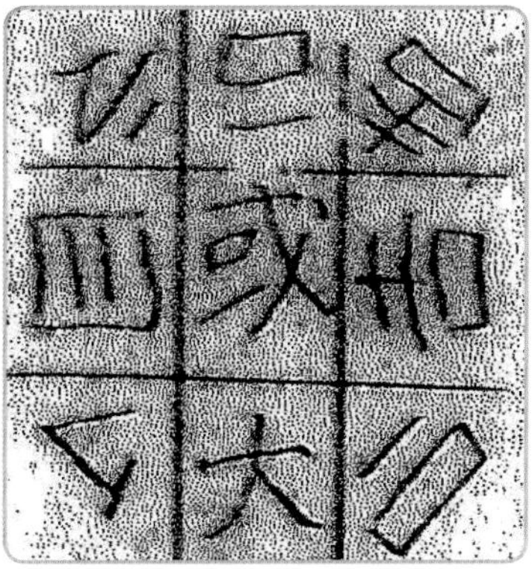

● 보천교 교기敎旗의 내용

● 성탑聖塔의 모습

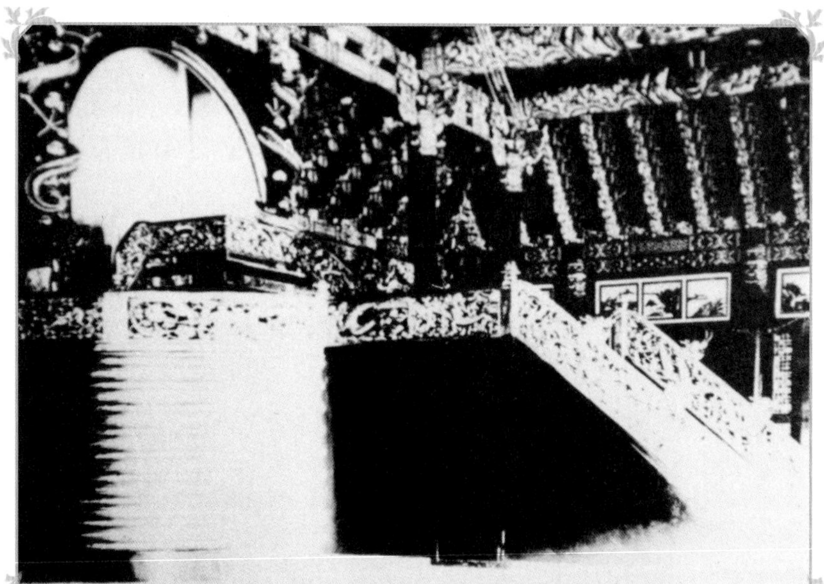

● 정읍 대흥리 보천교 본소의 본전本殿인 십일전十一殿 내에 있는 성탑聖塔.

모아 후천의 이치理教를 정定함을 목적으로 하고 이러한 목적을 달성하기 위하여 신화神化, 일심一心, 상생, 거병해원, 후천의 선교仙教 등의 교의를 일관되게 신앙하는데 있다」[27]고 하여 보천교의 주요 교의를 제시하였다. 이러한 교의의 내용을 좀 더 정리해 보면 다음과 같다.

① **신화** : 신화라 함은 신의 천위天位에 도달하는 것, 즉 해탈의 경계를 말하는 보천교 궁극의 목적이다. 「우리들의 신에 대한 개념은 고대에 우주를 창조하고 만물을 주재主宰하는 유일무이한 신, 즉 공상적空想的인 신이 된다. 따라서 우리는 이런 신을 공경하는 것이다. 그렇지만 석가의 불佛, 노자의 선仙에 이르러서는 신이 이상적으로 된다. 그리고 본교本教는 교조 증산천사를 일심으로 믿고 의지하면 보편타당성을 얻고 영육일치靈肉一致의 실재적實在的인 신이 된다.」[27-28] 인류는 신의 가능성을 갖는다. 일반적으로 신화theosis. deification는 "자신이 신이 되었다는 관념",[14] 신성하게 되는 것을 말한다. 일심의 신앙생활을 통해 개개인들은 교조를 더 닮을 수 있고 교조와 같은 모습을 회복할 수 있음을 말한다.

② **일심** : 의식통일 상에서 진의眞義를 발견하는 것을 말한다. 또 일심을 기초로서 '개안開眼'의 원리를 세우는 것이며, 이로서 무념무상의 명경지수明鏡止水와 같은 대광명大光明의 진공眞空을 얻을 수 있다.

③ **상생** : 보천교의 도덕으로 즉 상호부조의 뜻이다. 「일찍이 '오행상극五行相剋' 또는 '생존경쟁'의 원리에 의해 인류사회는

14 오강남, 『종교 이제는 깨달음이다』, 북성재, 2011, 89-90쪽.

약육강식과 우승열패 상태에 빠져들어 교조는 '천하무상극지리天下無相剋之理'를 주장하여 상생설을 말하였다.」[29] 상생은 도덕의 본체로서 인애仁愛, 자비慈悲, 겸양謙讓 등의 덕목이 모두 상생의 의의意義에서 분파된 것에 지나지 않는다.

④ **거병해원**去病解怨 : 사회 일체의 죄악은 모두 병病이다. 사회 일체의 불평不平은 모두 원怨이다. 이 병을 제거하고 이 원을 푸는 것이 보천교의 사명이다.

⑤ **후천선경** : 보천교 최고의 이상이다. 불교의 극락, 기독교의 천국은 사후의 세계에 존재하는 것이다. 그러나 「우리가 지금 숨 쉬고 있는 대지는 곧 미래의 선경으로, 세상의 모든 병과 원怨(죄악과 불평)이 사라지고 사람들은 신화神化된 상태」[30]를 말한다. 이것이 천국이자 극락이다. 그리고 여기에 주註를 달아, 「증산의 탄강 이전을 선천이라 칭하고 이후를 후천이라 칭한

● 정읍 보천교 본소의 후문인 영생문永生門

다. 선천, 후천은 이러한 의미로 해석된다」[30]고 하였다. '현재'를 선천으로 볼 것인가, 후천으로 볼 것인가에 대해서는 의견이 다양하다.

그 외에 '구천하감지위九天下鑑之位', '옥황상제하감지위', '칠성성군하감지위七星聖君下鑑之位'가 있는데, 이는 모두 교조를 가리키는 것이다.

종교교단의 일상적인 포교는 이러한 교의를 널리 홍보하여 사람들의 마음을 끌게 된다. 그러나 『보천교일반』에는 식민권력의 시각에서 보천교의 포교행위를 기록했기 때문에, 이러한 교의에 의한 포교보다는 황당무계한 방법으로 포교가 이루어졌다고 비난하고 있다. 「보천교의 교의敎義로 칭해지는 신화神化, 일심, 상생, 거병해원, 후천 등은 소위 표면의 간판에 지나지 않으며, 또 직접 포교에 임하는 방주 이하의 역원役員은 천학비재한 무리가 많아 그 인격 지식 경험 등에 따라 임용시켰고, 납입금의 다과多寡에 따랐으므로 실로 그 교를 사랑하고 그 교를 널리 홍보하고 그 교를 고양시키려 하는 자는 자신의 납금納金을 많게 하고 자기세력 하에 부하를 많이 두기 위해 입교자를 유치시키려 했다.」[39-40] 그러나 소위 '황당무계한 포교방법'이 동원되었을 수도 있으나, 1910년대 당시 많은 수의 신자를 확보했다는 사실은 신중한 해석을 요하는 부분이다. '황당무계'했음에도 다수의 신자가 확보되었다 한다면 식민지 한국인의 우매성을 간접적으로 지적하는 것이며, 그렇지 않다면 보천교를 통제, 탄압하기 위해 '황당무계한 포교방법'을 강조한 식민권력의 정책적 기술記述로 볼 수 있다.

이러한 목적과 수단으로 입교권유를 위해 가장 많이 사용하는 구실은 다음과 같이 정리하고 있다[40-42].

① 교주 차경석은 모년 모월 등극하며 그때 교첩부주敎帖符呪를 소지한 자는 그에 응당하는 관직을 받는다.
② 올해는 악질유행하여 보천교를 믿는 자는 그 재액을 면한다.
③ 현재 모습을 숨긴 차경석은 모년 모월 나타나 새로운 대시국大時國을 건설하여 현재의 제도 일체를 파기하고 정전법井田法을 두어 개인소유 토지 모두를 몰수하여 평등하게 분배할 것이다. 때문에 모든 토지소유자는 지금 빨리 토지를 매각하여 보천교에 봉납하면 신국가가 건설될 때 고위고관에 임해져 생활의 안정을 얻는다.
④ 보천교에 입교하여 성심성의껏 신앙하면 장래 다대한 행복을 얻는다. 가령 악질 유행하여 인류 대반이 사멸할 경우에도 천신지기天神地祇가 출현하여 생명의 안전을 보장받는다.
⑤ 보천교에 입교하여 열심히 신앙하고 교리를 심층 이해하고 받들게 되면, 상제 하강하여 친히 개안법開眼法, 축지법縮地法, 변신법變身法, 공력법供力法, 호풍환우술呼風喚雨術 등의 비법祕法을 전수받아 초인적超人的인 활동을 하며 최고의 행복을 얻게 된다.

이상의 「불온不穩하고 황당무계한 언변」[42]을 사용하여 포교한다고 하였다. 그러나 사람들은 「민도가 낮아 경찰단속이 쉽지 않아 지방을 선택해 양민良民을 유혹하여 그 많은 자산을 기부하고 보천교를 위해 탕진하며 암흑으로 끌어들이는 일이 심하여 현재 이를 발각한 중대한 사례들이 있다」[42]고 했다.[15]

15 그 사례로서 1918년 11월 12일 제주도의 이찬경李燦京이 기선汽船으로 實綿과 繰綿 19포대를 목포로 옮기며 비밀스럽게 많은 돈을 은닉하여 가져온 일, 1921년 음력 3월경 방주方主 김영두가 교도로부터 군자금을 모집하여 20만 원을 사취도주詐取逃走한 일, 교주 차경석이 1918년경부터 국권회복國權恢復의 미명美名을 표방하여 신도

다음으로 보천교의 내부조직을 살펴보면, 특히 방주제가 가장 특징적이다. 방주제는 『보천교일반』에 별도 첨부한 제 규정으로 정리하고 있다. 1919년 차경석은 교도를 통할하는 포교수단으로 60방위제方位制를 창설하여, 1920년 말에 이르러 조직을 완성하기에 이르렀다. 즉 교주 바로 밑(直下)에 방주方主 60명을 두고, 방주 각 1인 밑에 6임任을 맡는 6명을 두고, 다시 육임 각 1인 밑에 12임을 맡는 12인을 두었고, 12임 각 1인 밑에 8임을 맡은 8인을 두는 조직으로서, 8임에는 40인의 신도를 모집하는 자로서 이를 충당했고, 또 40인의 신도 중 다시 15임에 해당하는 15인을 두어 신도를 모집하였다.

이를 그림으로 나타내면 다음과 같다.

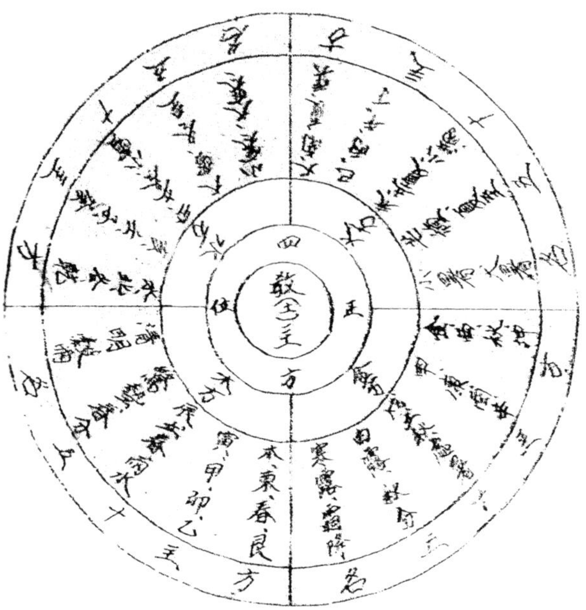

● 보천교 60방주 조직표

의 마음을 붙잡고, 국권회복 후에는 스스로 왕위에 올라 王都를 정읍에 두고 각 교도는 대저 계급에 따라 상응하는 관위를 주고 또 보천교를 신앙하는 자는 만사 뜻한 바와 같이 이루어진다는 감언으로 입교를 권유한 일 등을 들고 있다.

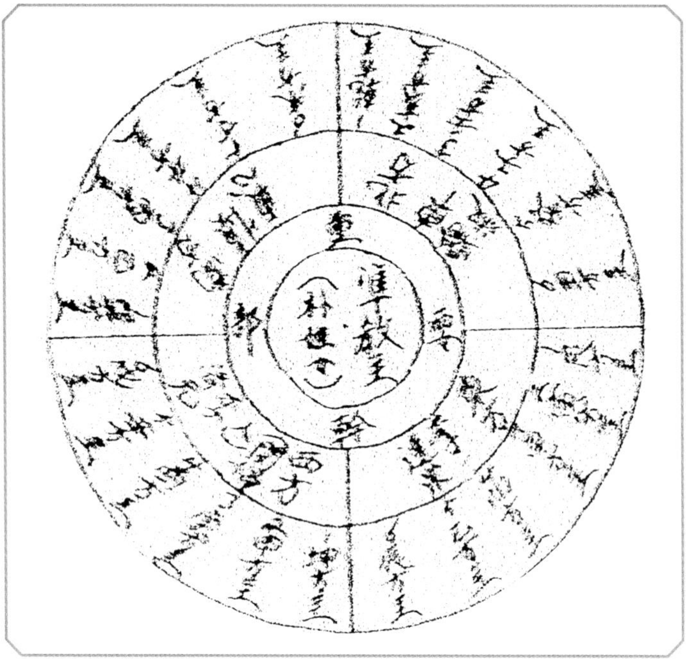

●보천교 여방주 조직표

그리고 여방주 제도도 두었다. 1923년 12월 23일 동지 치성제에서 교주 부인(朴씨)은 주요 간부와 협의한 결과, 동서남북에 여방주 주요 간부를 두고, 그 밑에 각 6명의 방주를 두었으며, 그 외에는 일반 남자 방주제에 준해(6임, 12임, 8임 등) 앞의 그림과 같이 제도를 두어 장차 60방주제 완성을 예정하고 있었다.

이렇게 보천교는 교의와 내부조직 등을 정비하고 「포교에 노력한 결과 일시 교도 600만이라 호언할 정도의 세력勢力」[55][16]을 지닌 교

16 당시 보천교 신자 수에 대해서는 50만 명, 150만 명, 600만 명 등 논란이 많다. 600만 신도(『보천교연혁사 상』, 44; 『도훈』, 9), 『보광』(1923) 창간호에도 "수백만"(2쪽), "6백만"(5쪽), 3백만(9쪽) 등 교단내에서도 정확한 신도 숫자를 파악치 못하였다. 三木治夫(1937, 25쪽)는 "그 다수는 '조선독립' 및 '보천교를 믿지 않으면 조선민족이 아니다' 라든가 '교주가 등극 즉위식을 거행한다' 등의 유언流言이"(녹기연맹은 일제강점기 하에 민간차원에서 식민지 지배에 도움을 준 단체이다) 유포되고 있었다고 하였다. 또 1928

단으로 성장하게 되었다. 이 점은 총독부로서는 「실로 후회하는 점이 있어 이를 여하히 단속할까 하는 것은 조선의 치안유지 상에도 중대한 관계가 있어 정세를 신중히 분석하고 있으며 경찰관의 고민이 적지 않다」[55]고 하였다. 따라서 '보천교의 입교수단으로 이용하는 구실'들을 중심으로 당국의 단속이 배가되어 엄밀 엄중하게 하였으며, 또 「일반인의 자각과 지식을 향상시켜」[55] 사람들의 보천교에 대한 의문과 불신 등을 야기시켜 교세를 약화시키려 노력하고 있었다.

1920년 9월 경, 차경석은 경상남도 함양군 서하면 봉전리에서 60 방주 밑에 교도 1명씩을 선발하여 태을교의 주문을 주송케 하고 수업修業시켜 이들을 강력자强力者(壯士)라 칭하였다. 이들은 짧게는 40일, 길게는 2년에 걸쳐 수업하였다. 1920년 함양에서 천제天祭를 거행할 때, 교주는 「내년에 악질惡疫이 유행하므로 태을교의 주문을 적어 문門에 붙이고 모과木果를 먹으면 이 재액災厄을 면한다고 하여 각 방주는 이를 사들여 일반 교도에게 배포하였다」[153-154]. 때문에 보천교에서 모과를 대량 구입하여 1920년과 1921년 2개년 간에 약 5만 원을 소비하였다고 한다. 또 1921년 음력 9월 24일, 경상남도 함양군 서하면 봉전리(원 뇌전리) 후방에 있는 황석산의 일부인 성곡산城谷山에서 차경석은 교도 약 400명을 모아 천제를 거행하였다. 이때 교주는 「구 한국황제의 의관대속衣冠束帶를 하고 당일 천자天子가 되

---

년에는 3만 6천여 명을 기록했고, 지역적으로는 경북이 최다였고 다음이 강원, 전북, 전남, 경남, 평북 순이었으며, 농민 98%, 무학력 79%였으며, 충북 단양의 어떤 마을은 전체가 입교했다고 적었다. 『조선사상통신』 1929년 7월호에는 "전 조선 50여만 신도"라 했고, 8월호에서는 "그 수 천만으로"라 했다. 경북경찰부가 발간한 『고등경찰요사』(1934.3.25)의 교세 현황을 보더라도 경북도내 종교인 중 47% 정도가 보천교인이었고, 70% 정도가 증산계(보천교+무극대도교)였다. '주요 요주의 유사단체'로서 보천교는 성금액수도 매우 많았던 것으로 추정되고, '상당한 교세를 지니고 있다'고 하였다. 이러한 숫자를 고려할 때 보천교의 주문에 동학 주문인 시천주주侍天主呪 등이 주요 주문으로 들어있음도 고려해야 한다.

었고, 국명을 시時로, 교教를 보화普化라」[151] 하였다. 이때부터 차천자라 부르게 되었다.

1925년이 되면서, 보천교는 대동사회의 구현을 위해 조직한 시국대동단이 식민권력이 내건 내선융화內鮮融和를 실현하는 단체라는 비난을 받으며 각지 청년단 및 신문사로부터 맹렬한 공격을 받았다. 보천교는 「운명을 일시에 돌리려 획책하였으나 쇠퇴의 조짐이 현저하여 드디어는 백만 원이라는 막대한 예산을 계상計上하여 착수한 성전聖殿 신축공사도 같은 해 10월부터 완전히 중지되기에 이른 상황」[56]이었다.[17]

---

17 당시 보천교의 현황에 대해서는 재정이 궁핍하여 일시 공사 중지된 「1)성전건축 공사사무소 개설, 2)보천교 청년단 조직('보천교 정의단'), 3)보천교 同友會 조직, 4)普興女子私立修學 설립」[150.5-150.8]이 기록되었다. 특히 보흥여자사립수학은 「종래 보천교도는 자제에 대해 소위 신학문을 위하지 않는 방침을 따랐기 때문에 … 교주 실제 여동생 차윤숙이 주장하여 신지식을 함양하여 장래 사회에서 활약함으로써 보천교 진흥을 … 본년 5월경 본소 소재지에 내왕하여 경북 의성군 의성면 교도 女교사 김옥선(당 18세)을 교사로써 차윤숙의 客室을 교실로 충당하여 6월 8일부터 15명의 여자를 모아 별도 일과표를 만들어 '보흥여자사립수학'이라는 명칭하에 매일 오전 9시부터 오후 4시까지 교습시켰다」[150.7-150.8]고 하였다.

● 정읍 대흥리에 남아있는 건물에 '보천교중앙본소' 팻말이 걸려 있다.

● 정읍 대흥리의 보천교 십일전의 자취[遺趾]

## 4 | 식민권력의 종교 탄압과 보천교의 갈등

긴장과 타협은 정치와 종교의 관계에서 떼어 놓을 수 없는 것이다. 그렇지만 식민지라는 상황은 그런 관계조차 왜곡된 형태로 나타난다. 식민지 권력과 종교, 특히 새롭게 교단을 창설해야만 하는 민족종교와의 관계는 그런 정상적인 권력과 종교의 긴장과 타협관계가 될 수 없다. 갈등와 타협관계 모두 식민권력의 일방통행적 성격을 지니게 된다.

식민권력은 교주 차경석의 심성을 「속이 좁고 담력이 없다(狹量小膽)」[161]고 비난하였다. 1924년 음력 1월 어느 날, 교주는 「각 방주를 성전에 모아놓고 잡담을 하면서 교주의 비행이나 교教의 불비不備한 점 등이 있으면 사양치 말고 말해라 하고, 또 직접 이야기하기 어려운 내용은 서면으로 제출하라고 했다. 당시 이 말을 믿고 정직하게 많은 비행결점을 적서摘書한 자는 오히려 교주의 반감을 샀다. 특히 이상호 같은 경우는 교주로부터 절교絶交 선언과 탈퇴 처분을 받았고,[18] 교주는 만사萬事에 속이 좁고 담력이 없어 충성·솔직한 자를 싫어하고 교언영색巧言令色의 간신배를 가까이 했다」[162].

그러나 당시 이러한 『보천교일반』의 기록과는 대조를 이루는 기록들도 있다. "내가 정읍에 가기는 1923년 4월 중순경이다. … 비록 현시대의 지식은 결여했다 하더라도 구시대의 지식은 상당한 소양이 있

18 「이상호는 이 때부터 보천교에 반감을 갖기에 이르렀다」[162]고 했다. 1924년 총령원장 이상호와 해亥방주 이성영의 '보천교 혁신운동'의 시작을 말한다. 1922년, 경기도 경찰부는 구속된 60방주 중 한 사람인 이상호를 회유하여 조직공개를 요구하였다. 공개하면 관의 보호는 물론 종교로 행세할 수 있다고 유도했다. 그래서 교의 명칭을 '보천교'로 하여 등록하였다. 그러나 교단공개와 함께 교헌教憲 제정은 교의 비밀결사 형태의 운동이 노출되었음을 의미했다(안후상 1998, 360).

다. 그 외 엄격한 태도와 정중한 언론은 능히 사람을 감복케 할 만하다. 그는 한갓 미신가가 아니오, 상당한 식견이 있다. … 그의 여러 가지 용사用事하는 것을 보면 제왕될 야심이 만만한 것을 추측하겠다"[19] 고 하였다. 또 선도회禪道會 초대 지도법사 이희익李喜益(1905~1990)의 면담 회고를 보면, "차천자는…몸은 뚱뚱하고 큰 상투에 대갓을 쓰고 얼굴은 구리빛으로 까만 수염이 보기좋게 나 있었다. 그 풍채가 과연 만인의 장 같았다"[20]고 하여 다른 시각을 보여주었다.

'교주 차경석의 인격'에 대한 비난은 계속된다. 「교주는 교도들이 성금 납입할 때는 기뻐해도 성금 납입이 저조할 때에는 비관하고, 의식衣食이 궁핍한 교도敎徒들의 고혈膏血을 짜내어 금은옥보金銀玉寶를 산적하는 데 사력을 다하여 계전戒典의 남사濫奢·기의棄義는 무시하여 버린다」. 보천교에는 계전戒典을 두었는데 여기에는 ①장공狀公(教에 대해 위험한 행위를 음모하는 것) ②불경 ③간음 ④사장私藏 ⑤횡포橫暴 ⑥기망欺罔 ⑦유인誘引 ⑧사유私遺 ⑨옹폐擁蔽 ⑩비척比斥 ⑪패륜 ⑫남사濫奢 ⑬기의棄義 항목이 있었다. 또 벌전罰典과 적용 계전適用戒典을 두어 ①출교-장공과 불경 ②교공권 박탈敎公權剝奪 ③면직 ④강직降職 ⑤부과付科 ⑥공견公譴이 있었고, 계전 이외의 죄는 망선회網宣會의 공결公決에 의한다고 하였다. 곧 교주가 만들어 놓은 계전을 교주 스스로가 무시하여 버린다고 비난한 것이다.

1914년 5월에 헌병대보조원 신성학申成學과 장성원張成元은 차경석을 천원헌병대에 고발하였다. 명목은 조선독립, 황제등극을 말했다는 것이다. 차경석은 구금된 지 9일 만에 석방되었다. 1915년에 또 신도인 김송환이 '농촌우민 유인, 금전사취, 조선독립, 황제등극' 등

19 비봉선인, 「정읍의 차천자를 방문하고」, 『개벽』 10-38, 1923, 37-41쪽.
20 박영재, 『이른 아침 잠깐 앉은 힘으로 온 하루를 보내네』, 운주사, 2001, 215-217쪽.

사유로 전주헌병대에 고발했고, 1917년 4월 24일에 차경석은 '국권 회복을 표방'했기 때문에 '갑종 요시찰인甲種要視察人'으로 편입編入되었다. 같은 해 6월에는 신도 김경범의 아들이 '부친의 금전 사기' 명목으로 천원분견소에 고발했고, 차경석은 이때도 10일 만에 석방된다. 그리고 11월에 차경석은 모친 회갑연 직후 천지에 고천告天하고 은피隱避의 길을 택해 비밀포교에 나섰다. 그리고는 몇 해 안에 수만 명의 교도를 획득하는 실적을 올렸다. 이때부터 '조선독립' 또는 '정전법井田法을 두어 평등하게 토지를 분배할 것'이라는 소문이 나돌게 되었다. 당연히 식민권력은 이를 '불온不穩하고 황당무계한 언변'이라 하고, 사람들의 '민도가 낮아 경찰단속이 쉽지 않다'고 하였다.

차경석이 집을 나간 후, 식민권력은 대흥리 차경석의 교단을 밤낮을 가리지 않고 감시하고 지속적으로 탄압하였다. 식민권력이 발각한 '중대한 사례'들은 다음과 같다.

● 정읍 보천교 본소의 육화헌六和軒

먼저 제주도 이찬경李燦京은 1918년 11월 12일 기선汽船으로 실면實綿과 조면繰綿 19포대를 목포로 옮기면서 그 배 안에 비밀스럽게 많은 돈을 은닉하여 들여왔다가 목포경찰서에 단속되었다. 수사내용은 선도교 간부 박종하가 제주도 거주 교도로부터 돈을 모아 현금 1만 2천 5백 원을 11월 30일 목포발 열차로 정읍(본소 재무계)에 보내려 했고, 같은 해 음력 3월 경에는 5 백원, 음력 9월에 2천 원, 계 2천 5백 원을 제주도 신도로부터 모집하여 본소 채규일에 교부하려는 사실이 발각된 것이다. 이에 대해 보안법 위반 및 사기취재죄詐欺取財罪로 검거하였고, 연루자連累者인 교주 차경석은 소재불명으로 기소중지처분을 받았다.[21]

또 다른 사건으로, 1921년 음력 3월 경 방주方主 김영두는 교도로부터 군자금軍資金을 모집하여 20만 원을 사취 도주詐取逃走하였다. 이에 차경석은 김영두를 사형死刑에 처하도록 명하고 그 소재를 파악 중이었다. 관할 정읍경찰서에서 이를 탐지 수사한 바, 차경석은 「1918년 국권회복國權恢復의 미명美名을 표방하고 신도의 마음을 수람收攬하면서 국권회복 후에는 스스로 왕위에 올라 왕도王都를 정읍에 두고 각 교도는 계급에 따라 상응하는 관위를 주고, 또 보천교를 신앙하는 자는 만사 뜻한 바와 같이 이루어진다는 감언으로 입교를 권유」[43-44]하였다. 이리하여 성금誠金으로 많은 액수를 받아 이를 교도 김공칠에 명해 김제군 만경면 대동리에 매장, 보관했는데, 방주 김영두 등이 김민두와 공모하여 보관중인 현금 10만 3천 7백 원을 편취했고 6만 4백여 원은 김영두가 갖고 경성 방면으로 도주하여 간

21 신도의 이름(이찬경, 강대거, 문인택 등)과 현금 액수(7만 원, 10만 원 등)는 자료에 따라 상이하다. 그러나 내용은 대동소이하다. 이때 24방주 조직이 노출되었고 교인 19명이 체포되었다. 고판례도 목포검사국에 체포 구금되었다.

곳을 알 수 없었다. 김민두는 부친과 함께 나머지를 갖고 정읍군 내장면 신월리의 자택에 매장 은닉했으나 관할 정읍경찰서에서 발견 4만 3천 71원 정도는 압수했다. 당시 차경석은 소재불명으로 본건은 1919년 제령 제7호[22] 위반 및 사기취재죄가 적용되었고, 1921년 10월 23일 광주지방법원 정읍지청에서 기소중지처분을 받았다.

심지어 '국화문양 차용'으로 논란이 된 경우조차 있었다. 국화 문양은 일본 왕실이 사용하는 문양이다. 전주군 전주면 완산마을 소재 전북 진정원眞正院은 1923년 11월 30일 낙성했으나, 같은 해 9월 상순 성전에 사용될 둥근 기와(丸瓦) 190매와 간중와幹重瓦 140매 전체에 국화 문장紋章이 찍힌 것이 발견되어 단속을 받았다. 그 결과 관할 경찰서로부터 엄중 경고를 받았으며, 1925년 2월 18일 중앙본소 동冬방주와 전북 진정원 서무사장庶務司長이 입회 감시한 가운데 둥근 기와는 모두 국화 문양 부분을 삭제했고 여기에 시멘트를 덧칠했으며, 간중와는 국화문장 부분을 훼각毁却하였다. 이런 내용과 유사한 것으로, 교도들이 머리에 썼던 조선식 갓(附絲笠)도 주목의 대상이었다. 교주 차경석이 나타난 뒤 교조 강증산 치성제 때에는 일반 교도들도 교주와 동일한 갓(笠)을 쓰도록 했으나 식민권력의 주의를 주목시키고 있었다.

그러나 무엇보다도 3·1독립운동을 겪으면서 식민당국이 가장 주목한 것은 '보천교 간부와 재외 불령단不逞團과의 관계' 때문임은 의심할 나위 없다. 보천교 교단이 직접적으로 국권회복 활동에 참여했다기 보다는 자금지원 등 간접적인 방법에 의한 활동이 대부분을 차

22 1925년 치안유지법이 제정, 시행되기 이전, 식민지 한국인들의 사상통제와 행동탄압에 적용되었던 대표적인 법규가 〈보안법〉과 〈제령 제7호〉였다. 특히 제령 제7호는 〈정치범죄 처벌의 건〉으로 3·1운동 직후 만들어져 독립운동의 탄압에 주로 적용되고 있었다(김철수 1995).

지한다.

한가지 사례로, 1920년 김상옥金相玉 등의 공채公債모집단, 애국부인단 등의 '불령'행동에 가맹加盟하여 같은 해 10월 제령 제7호 및 출판법 위반으로 징역 3년형을 받은 평안남도 평양부 상수리上需里 조만식趙晩植[23]의 활동이다. 그는 1921년 9월 가출옥된 뒤 「은전恩典을 받아 다시 개전改悛의 정情으로 의당히 조국부흥祖國復興의 뜻을 버린 것」[174-175]으로 알았으나, 보천교가 많은 액수의 교금을 축적하고 있다는 사실을 알고 운동자금運動資金을 얻으려 접근했다. 그는 1925년 4월, 보천교 여女교도 박자혜朴慈惠와 경성에서 접근하여 보천교 본소의 북北방주 한규숙韓圭淑을 방문하여 장래 보천교의 발전은 해외에 있는 불령단不逞團과 연결하는 데 있다고 '교묘하게' 사람들을 설득하였다. 그 이후 다시 부하 이춘배李春培와 함께, 같은 해 5월 하순에 재차 본소의 한규숙을 방문하여 아래의 항에 대해 협정했다.

> ①보천교는 재외독립단 사업의 원조를 위해 만주개척 사업비 30만 원을 제공하여 사업을 경영하고 이로부터 생긴 이익금은 독립운동자금으로 충당한다.
> ②조만식趙晩植, 이춘배李春培는 재외독립단과 연락 책임을 맡으며, 보천교 측은 두 사람이 유력한 독립단과 연락하여 확증을 얻으면 전항의 금액을 제공한다.

---

23 '조만식과 권총단 사건'에 대한 증언, 신문자료 등 각종 자료는 안후상(1998, 369-372)이 정리하였다. "비밀리에 래왕하여 교간부(당시 조만식은 보천교 수호사장修好司長-외교담당 간부-을 지냈다고 한다)가 된 경우는 조만식 말고도, 한규숙 장덕수 … 등 여타 조선의 지도급 인사들이었다. 이들 중에는 교인이 된 경우도 있으나, 대부분은 교와 긴밀한 관계를 유지하며 국권회복을 위해 노력하였다. 조만식과 한규숙이 일경에 잡히게 된 것은 권총 2자루를 소지한 상해 밀정의 밀고 때문이었다."(안후상 1998, 353). 여기 조만식과 고당 조만식曺晩植(1883~1950)은 별개의 인물이다.

③전항 확증의 방법은 유력한 독립단에서 무장군인 수 명을 조선 내에 특파하는 방법을 강구하여 사기 독립단이 아님을 입증한다.

④독립단 측에 무장군인을 특파함과 함께 조선 내에서 군자금 모집에 종사하고, 보천교 측은 이에 필요한 여비旅費와 기타의 경비를 부담하고 자산가의 조사와 안내 및 모집에 조력한다.

⑤모집하여 얻은 군자금은 독립단과 보천교가 절반으로 한다.

협정을 이룬 뒤에, 본소에서 여비 300원을 조달 교부받아, 6월 경에 이춘배는 봉천奉天에 파견되었다. 이춘배는 조만식과 가까운 동지 정찬규鄭贊奎와 봉천에서 회합하여 사정을 설명하고, 그로부터 권총 2정, 실탄 47발을 받아 9월 6일 안동安東으로 와서 압록강을 도보로 건넜다. 신의주에서 조만식과 합류하여, 9월 20일 경남 진주로 가 한규숙 등과 만나 군자금을 모집하러 다녔다. 부근의 자산가를 물색하면서

● 정읍 대흥리 보천교 본소의 정화당井華堂. 건축 당시는 중앙실이다.

자금을 '강탈하기' 위해 회중전등 2개, 학생복 2벌, 각반과 운동화 등을 구입하여 준비하였다. 이들은 목적을 달성한 뒤에 11월 7일에 보천교 본소에 도착하여 교주로부터 특파원 여비를 얻게 된다. 이를 경기도 경찰부원과 관할 정읍서井邑署의 단속에 걸려 일당이 체포되었다.[24] 식민당국으로서는 군자금이 매우 예민한 문제가 되었고, 때문에 보천교의 자금에 대해 부정적인 견해를 거침없이 피력하고 있었다.

더욱이 보천교에 중국인이 입교入教하고, 또 일본 종교계와 관련을 맺게 되자 식민권력은 더욱 더 신경쓰지 않으면 안 되었다. 경성부 황금정黃金町에 사는 중국인 담연곤潭延琨은 1925년 5월 5일 본소에서 임경호의 통역으로 교주와 면담한 뒤, 동양인이 '상생'하는 일의一義에 찬동하여 입교하였다. 중국인이 정식으로 입교한 것은 이것이 효시가 되었다. 식민권력은 이에 대해 「그(담연곤)는 수백만 원을 소유한 자산가인 관계로 보천교는 이를 이용하였고, 또 담연곤도 보천교의 모든 용품을 조달함을 허락받는 것으로, 표면적으로 교리를 운운하여도 요要는 물질적으로 상호 이해타산利害打算이 맞아 입교」

---

24 당시 식민권력의 보고서들로는 「太乙教に就いて」(조선군참모부, '(祕) 朝特報第11號'. 1922.3.27.) ; 「대정11년(1922) 不逞鮮人상황보고」(육군성, '密第8號其40') 「국권회복을 목적으로 하는 團員의 검거"((祕) 1921.2.21 高警第9437號) 「국권회복을 목적으로 하는 태을교도의 검거」((祕) 1921.5.10 高警第137,565號) 「태을교도 검거에 관한 건」((祕) 高警第36610號) 「태을교에 관한 건」(육군성, '密第102號其975') 「독립운동자금 모집자 검거」(충청남도지사보고. '(祕) 1919.11.7. 高警第21565號') '1924년 김좌진 장군에 대한 군자금 2만 원 지원 건으로 무장대의 편성가능'(亞細亞局第3課關機高授 제32743호) 등이 보이고, 신문기사로는 동아일보에서 「선도를 표방하는 비밀단체 대검거」(1921.4.26.) 「국권회복을 목적으로 하는 태을교도 검거」(1921.5.13.) 「(태을교도)국권회복단원 또 체포」(1921.5.14.) 「태을교인의 독립운동」 조선이 독립되기를 기도하다 발각(1921.8.6.) 「(태을교도)십만 원의 독립자금」(1921.10.29.) 「(태을교인)무과출신으로 독립운동」(1921.10.30.) 상해임정 보내는 군자금 의심의 11만 원 압수(1922.2.24.) 기사들이 있고, 매일신보에도 「道형사과에 검거된 권총단 2명」(1925.11.19.) 「도형사과에 검거된 권총단의 내용-활동중심지는 정읍-」(1925.11.21.) 「정읍 권총단 사건」(1925.11.22.) 「정읍 권총단 내용-차경석을 위협하고 삼십만 원 뺏으려다 발각-」(1925.11.25.) 등이 보인다.

[169]했던 것이라 평가절하했다.

또 보천교는 1924년에 일본의 '오오모토大本교와 제휴'를 추진하였다. 이 해 9월 3일, 보천교 간부 김승민金勝玟이 오오모토의 본부를 방문했다. 이를 계기로 오오모토와의 관계가 밀접해지고 오오모토 측에서도 간부 마쓰무라松村眞澄와 안도安藤唯夫 두 사람을 보천교 본소에 파견하면서 정식으로 제휴관계를 맺게 되었다. 그 뒤 양측은 서로 몇 차례 상호교환 방문이 있었고, 1925년 5월에는 보천교 간부였던 김형욱金炯郁, 최종호崔宗鎬, 김승민 3인이 오오모토교를 방문하여 오니사브로우王仁三郞와 만나면서 제휴는 더욱 밀접해졌다.[25]

오오모토는 어떤 교단인가. 보천교와 제휴를 맺은 오오모토가 일본사회에서 급성장한 하나의 요인은 종말론에 있다. 그 중 하나가 '1921년 새로운 세상이 열림'에 대한 설說-「大正十年立替說. 明治五十五年의 세상 바꿈世の立替」이라 한다-이었다. 『대본신유大本神諭』는 미·일美日전쟁의 발발과 도시의 초토화, 천황국가제의 멸망을 예언함으로써 메이지 유신 이후 사람들의 심층심리에 내재해 온 불안감과 답답함을 강렬한 종말론으로 증폭시켰다. 제1차 대전 이후, 교단은 신도 30만 이라는 폭발적인 발전상을 보여줬다.

---

25 데구찌 오니사브로우出口王仁三郞(1871~1948)이며 오오모토大本의 개조開祖 데구찌 나오出口なお와 함께 2대 교조二大教祖이다. 1900년 개조開祖 데구찌 나오의 5녀 데구찌 스미出口すみ와 결혼하여 사위가 되어 이름을 出口 王仁三郞으로 바꾸고, 1918년 데구찌 나오가 사망하자 데구찌 스미가 2대 교주二代教主가 되고 王仁三郞은 교주보教主輔가 되었다(「補」가 아니라 특별히 「輔」를 쓴다). 『보천교일반』에는 제휴가 시작된 해를 1924년 12월 24일로 보았고, 정읍에 온 오오모토교 간부도 松村謙三라고 하였다. 본문의 내용은 大本七十年史編纂會 編, 『大本七十年史』 上(1964, 763-766)의 내용이다. 이러한 제휴에 대해 김홍철은 보천교의 "대동건설론의 실천적 결과가 보천교와 일본의 신종교인 대본(교)과의 유대관계였다"라고 했다(김홍철 2000, 243). 오오모토교는 1921년, 1935년 두 차례에 걸쳐 '천황에 대한 불경'이라는 지탄으로 탄압을 받았는데, "천황의 절대권을 무시하고 다른 민족을 대등하게 대하고 다른 민족, 특히 조선의 종교와 우호관계를 맺는다는 이유 등등 때문에 오랫동안 천황 지지세력들로부터 미움을 받게 되었다."(김홍철, 『증산교사상 연구』, 원광대 출판국, 2000, 244쪽)

그러나 일본정부는 국가신도와 어긋나는 신화해석을 하며 신도 수를 확대하는 오오모토에 대해 위기감을 느끼기 시작했다. 내무성이 공식적으로 경고하고 오니사브로우王仁三郎도 경찰에 불려가 주의를 받았다. 교전教典인 『대본신유』는 불경不敬스럽다고 판단되어 발행 금지되었다. 육·해군대신은 군대 내부에 오오모토 신자를 두지 말 것을 지시했고, 당시 수상(原敬)도 1920년 오오모토에 불쾌감을 나타냈다. 정부는 한때 신자였다 탈퇴한 자가 오오모토를 '황실의 존엄을 모독하였고' '오니사브로우王仁三郎은 음모가'라고 고발한 것을 계기로, 1921년 2월 12일 불경죄不敬罪, 신문지법 위반新聞紙法違反으로 탄압했다. 소위 제1차 오오모토 사건大本事件이다. 이때 80명이 검거되었고 오니사브로우 등이 기소起訴되었다.

오오모토는 일본 내에서 친정부의 입장을 취하고 있지 않았다. 보천교가 제휴를 하기 직전에 이미 큰 탄압을 받은 '불경스러운' 단체였다. 이런 오오모토 측이 보천교에 대해 기록한 것을 보면 "보천교는 조선총독부로부터 조선독립을 기도하는 단체로 낙인 찍혀 감시를 받고 있었다"라고 하고, "오오모토와 보천교 사이에는 깊은 연관이 생겼으나, 조선총독부 등에서의 압박이 심했기 때문에 보천교에 관한 기사는 오오모토에서 발행하는 신문이나 잡지에 게재치 말아달라는 보천교에서의 요망"[26]이 있었다고 했다. 당시 식민권력의 입장에서 보천교가 어떤 위치에 있었는가를 추정하기는 어렵지 않다. 그리고 이러한 탄압상황은 10년 뒤에도 똑같이 발생하였다. "일본내지에서 오니사브로우의 대본교가 철저하게 박멸되는 등 사상통제의 대선풍이… 조선에 5만 신도의 차천자의 보천교와 1만 신도의 조천자趙天子의 무극교, 3천 신도의 강증산교와 2천의 신도를 가진 동화교에도

---

26 大本七十年史編纂會 編, 『大本七十年史』 上, 宗教法人大本, 1964, 763-766쪽.

전북경찰부가 중심이 되어 점점 불일중에 전全조선에 일제히 철퇴를 맞았다."[27]

● **정읍 대흥리의 거리 모습**. 당시 왕경王京(서울)을 모방하여 방로坊路를 구획하고 동서東西로 통하는 중앙로를 종로鐘路라 하였다. 도로들이 보천교 본소를 중심으로 직선으로 형성되었다.

● **정읍 대흥리의 거리 모습**. 당시 종각이 설치되었던 자리.

27 「전조선 類似宗教에 不日中에 大鉄槌.」《조선일보》. 1936. 6. 10.

# 5 보천교 연구의 과제

보천교는 일제 강점기에 큰 교단을 형성하였다가 식민권력의 집요한 공작으로 급속히 쇠퇴한 보기 드문 종교교단이다. 식민권력의 조사보고서인 『보천교일반』은 보천교에 대한 식민권력의 시각을 여실히 드러내 주었다. 어쩌면 보천교에 대한 '부정적인 시각'마저도 식민권력에 의해 철저하게 왜곡되지 않았나 싶다.

최근 여러 연구결과들로 많은 인식전환은 되었지만, 아직도 보천교에 대한 오해들은 다양하다. 우선 보천교를 사이비 종교, 소위 '유사종교'라는 혹세무민의 종교로 보는 시각이다. 혹세무민의 종교라 하면 조선조 말 지배층이나 유학자들에겐 동학도 혹세무민이고 서학도 혹세무민이었다. 일제가 불법적으로 한국을 강점한 초반기에 몇백만 명의 신도를 지녔던 종교에 식민권력이 낙인지운 평가로 볼 수 있지는 않을까? 그렇지 않다면 왜 많은 수의 민중들이 보천교에 참여했을까를 설명해야 한다. 이들 중 일부는 모든 것을 바쳐 대흥리로 이주(탄갈자殫竭者라 한다)까지 했다. 당시 민중의 집합심성과 사회적 상황 그리고 보천교 종교운동의 친화성을 밝혀내야 한다. 종교사회학자 뒤르켐E. Durkheim은 "그릇된 종교란 없다. 모든 종교들은 나름대로 진실하다. 그 방법들은 서로 다르다 할지라도 모든 종교는 인간존재의 주어진 여건들과 부합된다"[28]라고 하였다.

또 보천교가 임시정부나 독립활동에 자금을 지원했다는 점을 강조하여 보천교를 '종교조직을 내세운 정치운동단체'로 보는 면도 문제

28 에밀 뒤르켐, 노치준·민혜숙 역, 『종교생활의 원초적 형태』, 민영사, 1992, 23쪽.

가 된다. 이러한 입장은 보천교에는 특별한 종교 교리가 보이지 않으며 새 세상 만들기와 새 정부 수립이 강조되었다는 점을 지적한다. 그러나 이는 보천교에서 교조 강증산의 흔적을 지워버렸기 때문이다. 『보천교일반』에는 강증산의 종교체험과 활동은 물론 차경석 교단의 교리와의 연결을 기술하고 있다.

일제는 한국을 강점한 후 동화를 식민정책의 주요한 슬로건으로 내세웠고, 한국인들의 민족의식을 약화시키고 일본민족에 동화시키려는 노력을 꾸준히 전개하였다. 여기에 중요한 것이 교육과 종교였다. 일제는 강점 내내 이러한 노력을 중단한 적이 없었다. 아직 채 교단도 안정화되지 않은 형성기의 종교, 특히 소위 '유사종교'들이 식민권력의 이러한 정책에 저항하기는 쉽지 않았다. 더구나 자신들이 강점한 다른 민족들에게조차 단순한 복종 이상의 것을 요구하는 일본 제국주의의 신권적 천황제를 정신적으로 승인하고 천황을 현인신現人神으로 경배하라는 강요는 민족종교에는 당혹스러운 일이었다. 이미 일본의 오오모토에서도 좋지 않은 기억을 갖고 있었던 식민권력으로서는 타 종교에 비해 새로운 국가 건설을 기도하며 다수의 신도를 확보하고 군자금을 지원하는 등 새로운 세력을 형성하던 보천교는 초기에 박멸하거나 어용화시켜야 할 대상이었다. 외형적으로는 유화정책을 사용하면서 분열과 그 조직의 약체화를 꾀했다. 종교통제 기구도 이원화시켜 유사종교로 분류된 보천교는 총독부 경무국에서 감독토록 하여 강력한 폭력성과 억압성을 띤 통제를 가하였다.

이런 점에서 보천교를 식민지 종교통제정책의 '하나의 본보기'로 삼아 탄압했을 것이었다는 추정도 재고해야 한다. 보천교에 대해 『보천교일반』과 같은 보고서가 작성되었다는 사실은 보천교가 본보기라기 보다는 주 대상이었음을 의미하는 것이다. 식민권력의 통제는 보천교를 직접적으로 겨냥했고 보천교는 철저하게 형성기의 종교 단체였다. 오히려 "한국의 여러 종교들에 대한 구체적 정책은 각기 달랐고, 그에 대한 한국 종교들의 대응도 역시 다양했다는 점"[29]이 적절하게 보인다.

1925년은 중요한 분기점이 되었다. 서울 남산에 조선신궁이 건립되어 정신적, 사상적으로 황민화 정책의 구심점이 마련되었고, 조선사편수회의 『조선사』 구상도 이루어졌다. 또한 법률적으로도 치안유지법이 제정되어 시행된 해이다. 식민지 민중을 일거에 통제할 수 있는 현실적 이데올로기가 필요했던 식민권력은 그동안의 종교정책을 바탕으로 본격적으로 식민지 통치전략의 일환이며 한민족의 민족의식을 약화시키고 기본적으로는 한민족의 민족적 정체성을 말살시키는 정책을 전개하여 나갔다.

29 류성민, 「일제강점기의 한국종교와 민족주의」, 『한국종교』 24, 1999, 199쪽.

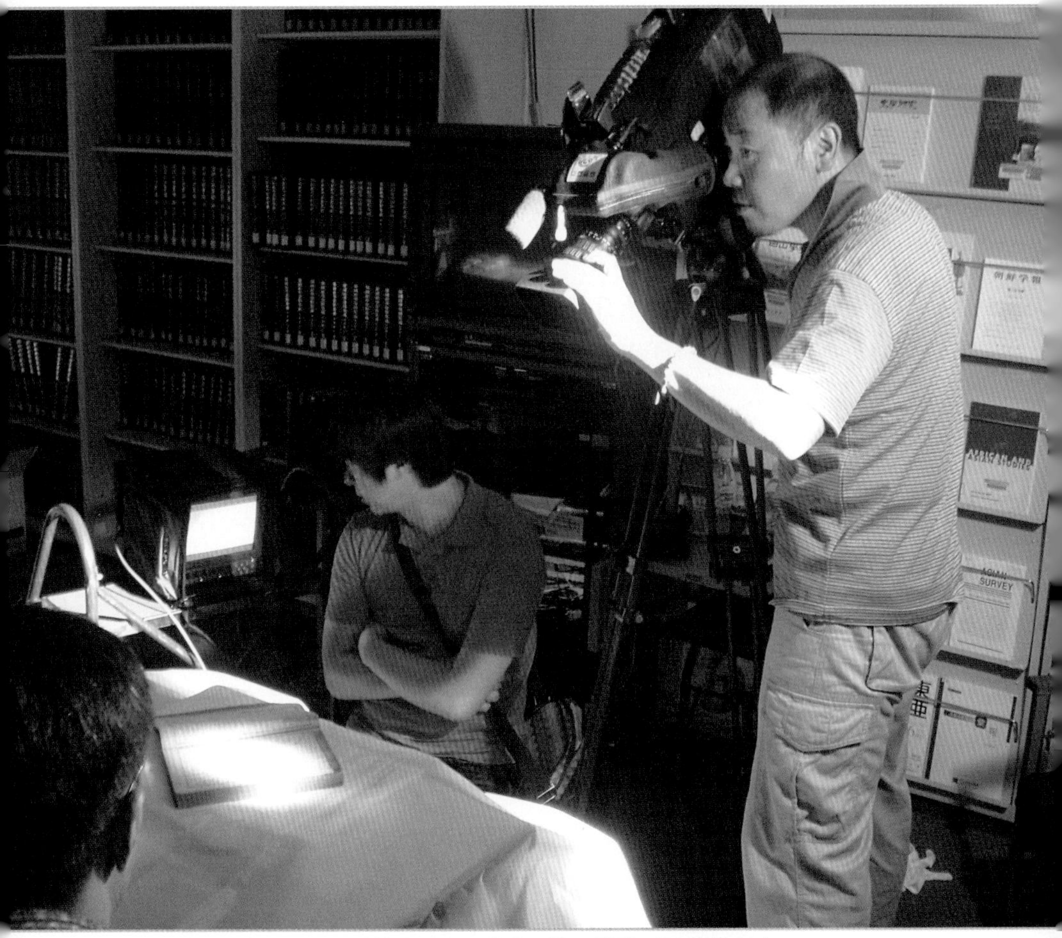


● 일본 가쿠슈인學習院대학 우방문고에서 보천교 관련 자료 촬영 모습

# IV. 식민권력의 종교정책과 국가신도

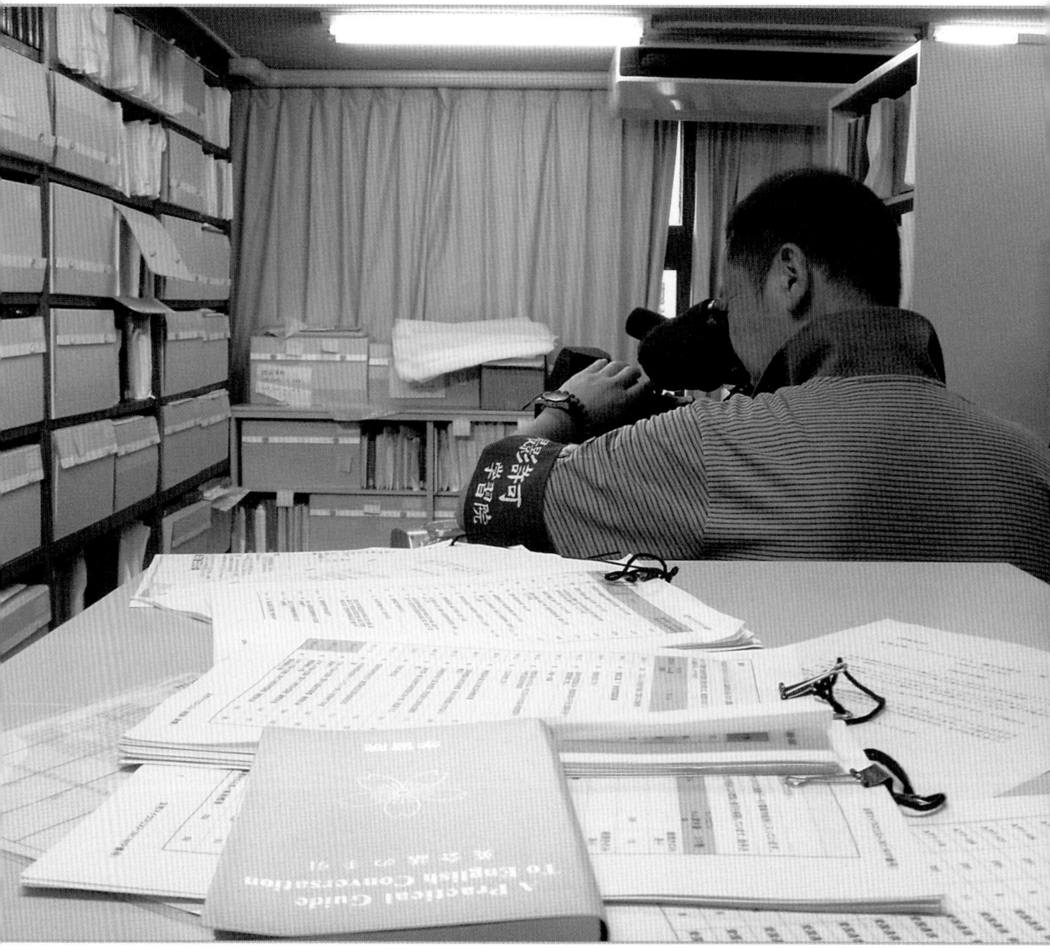


● 일본 가쿠슈인學習院대학의 우방문고 자료실 촬영 모습

# 1 황민화 정책과 종교

일본의 식민지 한국 지배정책에 대한 연구는 크게 토지조사사업 등과 관련된 식민지 지배를 둘러싼 사회·경제사적 연구, 보안법 및 치안유지법 등 각종 통치법의 제정과 강제를 둘러싼 정치·법규의 연구, 민족운동·농민운동·공산주의 운동 등 각종 사회운동을 중심으로 민족의 주체적 역량을 파악하고 있는 연구, 그리고 '황민화 정책' 혹은 교육령을 둘러싼 문화·종교정책에 관한 연구 등으로 분류할 수 있다. 이와 같은 경향 중에 가장 많은 연구가 이루어진 분야는 역시 사회운동을 중심으로 한 연구이며, 상대적으로 문화·종교정책, 특히 종교정책과 관련된 연구는 그리 많지 않은 편이다. 그리고 종교정책과 관련된 연구들 중에서도 다수는 1930년대 이후에 뚜렷하게 나타나고 있는 신사참배에 대한 저항의 문제를 다루었다.

그러나 일제의 종교정책[1]은 1910년 강점 직후부터 신사를 중심으로 꾸준하게 이루어졌으며, 그것은 1919년 민족독립운동으로 전환기를 맞이하고 1925년 조선신궁의 진좌제로 제 1단계의 완성을 보았음을 알 수 있다. 그리고 그 후 만주사변 중일전쟁 등의 발발과 함께 국가신도를 중심으로 한 노골적인 황민화 정책으로 나타난 것이다. 이 글은 이러한 일제의 종교정책을 다루었으며, 그 중에서도 특히 1910년대와 20년대 전반기, 곧 조선신궁이 설립을 보기까지 조

1 여기서 '종교'라 함은 교파신도, 불교, 기독교, 유사종교, 국가신도를 지칭한다. 일제는 공식 견해를 통해 '국가신도는 종교가 아니다'라고 하고 있지만, 종교로 다루어지고 있음은 틀림없기 때문에, 본 고에서도 '종교정책'이라 하는 개념을 통해 신사문제를 다루고 있다.

선신궁을 둘러싼 구체적인 내용(각종 정책, 논의, 저항)과 그 의미를 살펴보았다. 그리하여 일본의 식민지 한국 통치에 나타나는 '황민화 정책'의 구상을 구체적으로 드러내 보고자 한 것이다.

패전 후 일본은 그동안의 자신들의 활동을 정리하면서, "조선통치의 최고방침은 내선일체에 있고, 궁극의 목표는 조선의 시코쿠·큐슈화四國九州化이다"[2]라고 했고, 극비자료로 다룰 것을 요구하는 자료에서는 36년간 자신들의 통치가 '착취' 개념으로 일관되고 있는 데 대해 불만을 토로하면서, "일본의 조선통치의 근본정책은, '일시동인一視同仁'이며 혹은 '내선일체'였다. 이를 식민정책상의 술어로 말할 때는 소위 '동화정책'이며, 내지연장주의이다"[3]라고 지적하였다.

● 서울 남산에 세워진 '관폐대사 조선신궁'을 알리는 입구와 토리이鳥居

---

2 '(取扱注意)朝鮮統治の最高方針', 『日本人の海外活動に關する歷史的調査』 通卷 第 3冊, 大藏省 管理局, 1947, p.3.

3 '(極祕)朝鮮統治の性格と實態', 『日本人の海外活動に關する歷史的調査』 通卷 第 11冊, 大藏省 管理局, 1947, p.2.

그리고 미나미南 총독 이래 '내선일체'의 슬로건 밑에 추진되어 왔던 일련의 일시동인을 내세운 모든 정책은 '황민화'라는 명목으로 무리하게 강행하여 민족을 부정함으로써 동화정책이 '선의善意의 악정惡政'(p.8)이 되고 있다고 그 실패를 지적하였다. 여기에서도 나타나고 있듯이 식민지 한국에서의 강점 이후 1920년대까지 소위 동화정책에 대해서는 긍정적으로 평가하고, 그 이후 '황민화' 정책에 대해서는 불만을 나타낸 것이다.[4] 이러한 1920년대와 20년대의 동화정책을 담당하고 있는 것은 교육과 종교이며, 따라서 신사를 중심으로 하는 종교정책도 중요한 역할을 담당하였다.

쿠라다 마사히코藏田雅彦에 의하면 식민지 한국에서의 문화·종교정책은 "천황제를 기축機軸으로 조직된 근대일본의 국가체제가 군사적·정치적 그리고 경제적으로 조선을 침략하는 데 있어, 그 침략을 합리화하고, 또 그 침략에 저항하는 조선민중의 민족의식을 억압·유화宥和하는 역할"[5]을 하였으며, 그 정책은 교육과 종교를 중심으로 한

---

4 『世界大百科事典』에 의하면 同化政策은 "植民地 領有國이 植民地 原住民 고유의 언어, 역사, 문화, 생활양식 등을 壓殺하고, 그것을 自國民에 동화시키기 위하여 취하는 정책. 일본이 조선을 식민지로 領有하고 있을 때, 조선에 대하여 취했던 정책 등이 그 전형적인 것이다"(『世界大百科事典』, 平凡社, 1972년판, '동화정책' 項)라고 하고, 황민화정책은 "일본의 식민지 통치하에서 조선인을 전시동원 체제에 짜넣기 위하여 취하였던 일련의 정책"(『世界大百科事典』, 平凡社, 1988년판, '황민화정책' 項). 그리고 『新編東洋史辭典』에 의하면, 황민화 정책은 "일본이 조선에 대해 행한 정책. 1930년대 만주사변, 중일전쟁으로 정세가 악화됨에 따라, 일본정부는 전시체제의 일환으로서, 조선인민의 황민화 정책을 추진하고, '국체명징·내선일체·忍苦鍛錬'의 3강령을 내걸고, 1937년에는 초등학교에서 '황국신민의 서사'를 제창하도록 하는 등을 행하였다"(京大東洋史辭典編纂會, 『新編東洋史辭典』, 創元社, 1980)고 적고 있다. 곧 이와 같은 설명에서 알 수 있듯이 황민화 정책은 시기적으로 1930년대 이후의 정책, 곧 15년 전쟁 당시의 '황국신민'화 정책을 가리키나, 일반적으로는 지배의 全시기에 걸친 '融和'정책 일반의 의미로 사용된다.

5 藏田雅彦, 「天皇制國家の朝鮮植民地支配と文化·宗教政策」, 『朝鮮史研究會論文集』 29, 1991, p.66). 따라서 그는 식민지 한국에서의 총독부에 의한 불교와 기독교의 이용을 지적하고 있다.

것이라고, 문화·종교정책의 의미를 직접적으로 지적했다. 이러한 측면에서 본다면 중심의 대상은 '교육칙어'와 '국가신도' 등이 되며, 결국 종교정책의 설정은 단순히 그 시기의 모든 종교 상황 보다는 일제의 한국통치정책과 관련되어 있음을 알 수 있다. 환언하면, 종교정책의 구명究明은 일본의 식민지 한국통치정책의 본질을 밝히는 하나의 방법인 것이다. 그리고 이러한 종교면에 검토의 중심을 두는 것은 말할 것도 없이 천황제 국가의 이데올로기적 본질을 탐구하는 것이며, 소위 '황민화' 이데올로기를 밝힐 수 있는 것이다.

일본의 해외침략이 이루어지는 메이지 시대의 종교적 특징은 국가신도에 있다. 메이지 정부는 국가신도를 통해 국민조직화(통제 및 동원)를 수행하였고, 일본 국내 뿐만 아니라 식민지에서도 종교정책은 국가신도를 중심으로 이루어졌던 것이다.[6] 나까지마中島三千男는 국가

---

6 일본내에서 국가신도는 "대규모의 신사통합(합병)의 추진"(1906~1910)을 통하여 1촌1사주의 또는 신사중심주의를 만들면서 '전통적 신 관념의 부정' '신직의 官吏化'가 이루어지고 있다. 러일전쟁 후 이루어진 이러한 통합추진은 제국주의 국가를 밑으로부터 지탱하는 지방 만들기, 村(행정촌)만들기 운동으로 나타나고 있다. 소위 지방개량운동이다. 일본의 해외침략을 살펴보는 데 이러한 국가신도는 중요하며, 사실 국가신도는 일본 파시즘 시기의 지배사상인 국체론적인 것과 일본 전통종교인 신도 및 신사와 결합된 것을 말한다. 따라서 식민지에서의 국가신도의 분석을 위해서는 이 두 가지 모두를 분석할 필요가 있다. 전자의 국체론적인 것이라 함은 신도가 국가와 결합되어 국가이데올로기의 표현체로 나타나 이는 특히 신사참배강요의 형태로 나타나고, 후자를 고려할 때는 신사 본연의 모습(씨신 신앙)에 대한 분석 및 비판이 필요하다고 생각한다. 물론 어느 것을 강조하든지 결국은 황민화 정책과 관련된다. 예를 들어 씨신氏神의 관점을 택한다 하더라도 "씨氏라 함은 일본 고대의 지배층이 천황을 중심으로 형성된 정치적 혈연단체"(黑田日出男, 1995 : 75)이며, 씨신은 이러한 씨와 관련된 신이기 때문에 결국은 천황중신의 이데올로기를 말하고 있기 때문이다(그리고 이는 창씨개명이 황민화 정책에서 갖는 위치도 짐작할 수 있게 해주고 있다). 이러한 양 측면을 통해 식민지 종교정책의 이데올로기성은 명확히 분석될 여지가 있다. 그러나 현재까지 이루어진 대다수의 연구들은 전자에 초점을 둠으로써 식민지 종교정책은 신사참배에 대한 저항이 주로 다루어지고 있다. 결국 식민지 한국에서의 신사문제를 고찰하기 전에 일본에서의 신사의 의미와 특히 메이지정부의 신사정책과 그 사회적 의미는 무엇인가를 고찰하는 작업이 필요함을 의미하고 있다. 이는 식민지의 신사참배 강요면만을 강조함으로써 그에 대한 저항의 측면만이 강조되고 있는 현실의 연구태도의 한

와 종교, 그리고 근대국가 형성의 문제를 들어, "'메이지유신'이라 하는 것은, 자유·평등 등과는 관계없이, 존황양이尊皇攘夷, 왕정복고王政復古, 결국 존황尊皇이라 하는 형태에서 국가가 형성되고 있는 것이다. …… 거기에서 신도를 통하여, 그 중핵은 천황 상像을 어떻게 국민 사이에 심고 확장할 것인가 하는 것이며, 메이지유신 이래 국가의 최대과제이다. 이것이 없다면 일본의 근대국가는 해체되는 것이다"[7] 라고 지적하였다.

결국 국가형성에 있어 종교의 존재는 국민통합을 위한 상당한 역할을 하는 것이었다. 이러한 종교 이용책은 식민지에서 황민화 정책을 추진하는 경우에 뚜렷이 나타났고, 특히 1930년대의 천황을 정점으로 한 국민정신함양강화國民精神涵養强化 소위 '황민화' 정책의 전반全般을 해명하는 데 불가결한 것이었다. 이러한 국가신도는 신사제도로 대표되며, 신사제도는 제신, 사격, 진좌 등의 구성요소로 이루어

---

정성에서 보다 넓게 신사의 문제는 일본역사에 있어서 촌락과 밀접한 관련을 맺고 있다는 사실에 주목하고자 함이다. 곧 씨신신앙과 관련되어 행정적인 측면을 갖고 행정의 말단기능으로서의 역할을 하고 있었다는 점이다. 따라서 메이지시대의 국가신도의 형성과정에서의 국가와의 관련과 식민지 지배이데올로기 형성, 그리고 촌락과의 관계, 예를 들면 '농촌진흥운동'과의 관련성에 주목하고자 함이다. 이러한 제측면을 살핌으로써 식민지 한국에 신사의 침투, 식민지 정부의 의도, 그 기능과 폐해 등을 구체적으로 거론함으로써 종교적 측면(특히 기성종교와의 갈등)에서의 신사참배거부만이 아닌 '사회적 측면'(촌락사회구조와의 관계)도 함께 살펴볼 수 있는 기회가 된다. 종래 조선총독부의 신사정책에 관한 연구는 주로 황민화 정책과 관련하여 신사참배강요의 문제에 초점을 두고 신사참배거부의 문제를 주로 기독교를 중심으로 다루고 있기 때문에, 곧 민중의 저항은 기독교 신도의 신사참배거부운동으로 단순화되어 버릴 가능성이 있다. 그러나 이는 신사의 문제를 간과할 수 있는 소지가 있는 것이다. 즉 한국병합전부터 계속되어온 민간 일본인에 의한 神社 및 神祠건립과, '황민화' 정책시기에 정책적 의미를 가진 神社 및 神祠, 이 모두를 '국가신도'로서 천황제 이데올로기로 설명해버리는 경향을 가질 수 있으며, 촌락에 있어서의 일반 민중의 저항을 소홀히 다루어버릴 위험성을 갖고 있다.

7 中島三千男, 「海外(植民地)神社について」, アジアに對する日本の戰爭責任を問う民衆法廷準備會編, 『宗教の戰爭責任-神社の海外進出と佛教の植民地布教』, 樹花舍, 1996, p.9.

졌다. 조선신궁의 설립에도 이러한 각 요소들에 대한 논의가 특히 총독부와 신도가神道家들 사이에 끊임없이 이루어지고 있으며, 이러한 논의는 결국 식민지 한국의 황민화 정책과 관련되었던 것이다.

이 글은 일제의 강점과 동시에 이루어지기 시작한 이와 같은 제반 정책 및 논의들을 살펴보고 그 황민화 정책의 구상을 드러내 보이려 했다. 이를 위해서 먼저 지금까지 이루어져 온 연구들을 살펴볼 필요가 있다.

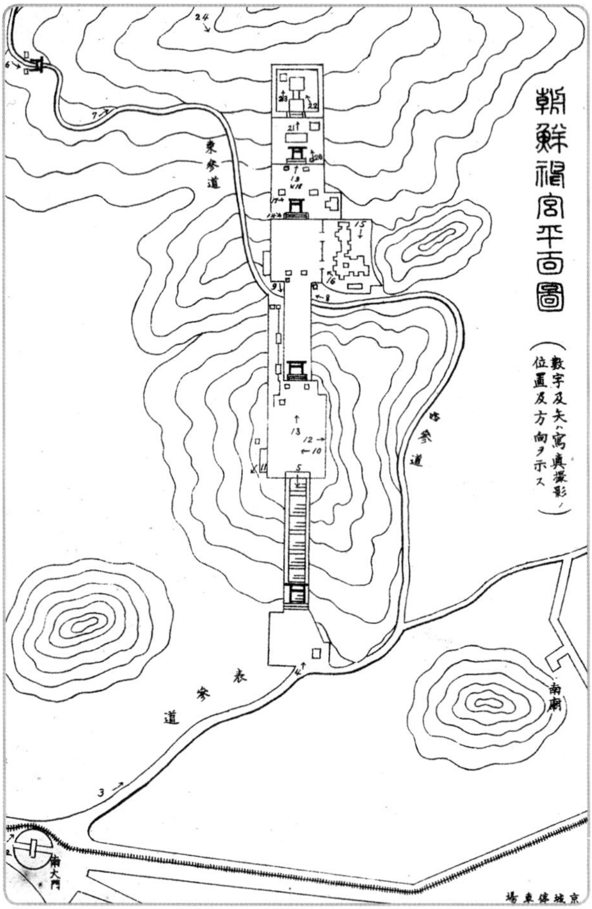

● 조선신궁 평면도

● 서울 남산에 설립된 조선신궁 전체 모습(1935)

## 2 지금까지의 연구들

여기서는 단지 선행연구를 살펴보려는 것만이 아니라, 식민지 신사정책을 이해하기 위한 몇 가지 개념들도 동시에 이해하고자 한다. 이를 통해 본 연구가 지향하게 될 몇 가지 문제점도 제기하여 본다. 그러나 조선신궁에만 한정시킨 선행연구는 찾아보기 힘들다. 조선신궁을 조금이나마 다룬 다수는 신사정책 혹은 종교정책에 대한 연구들이며, 또 이러한 연구의 거의 대다수가 조선신궁 강제참배에 대한 기독교계의 저항을 다룬 연구들이다. 이러한 연구들 중 몇 개를 골라 그 연구경향을 살펴보겠다.

우선 나카노 쿄도쿠中濃教篤에 의한 일련의 연구들이다. 그의 '조선의 〈황민화〉 정책과 종교'[8]는 식민지 한국에서 일본의 종교정책에 관한 연구의 선구적 위치를 차지한다. 여기서 그는 총독부가 제정한 〈사찰령〉 및 〈포교규칙〉에 의한 불교, 기독교 통제의 실례를 소개하면서, "포교전도는 필연적으로 '황민화' 정책"(p.187)이라고 지적하였다. 그리고 나카노의 연구 결과를 모은 『천황제 국가와 식민지 전도』[9]에서는 천황제 국가에 의한 식민지 지배에 불교 및 기독교의 해외전도가 이용된 점을 예리하게 분석하였다. 그리고 기독교도에 대한 신사참배의 강요가 다루어지면서 조선신궁의 문제가 간략하게 언급되고 있다(pp.257-265). 그리고 강동진姜東鎭의 경우는 직접적으로 종교정책을 다루고 있지는 않으나 『일본의 조선 지배정책사 연

8 中濃教篤, 「朝鮮の〈皇民化〉政策と宗教」, 『世界』 327號, 1973.2.
9 中濃教篤, 『天皇制國家と植民地傳道』, 國書刊行會, 1976.

구』[10]에서 1920년대를 주로 다루면서, 내용적으로는 나카노와 비슷하게, 총독부 당국이 "각 종교단체를 '일본인 유력자' 내지 '민간인 유력자'로 하여금 조종하도록 함으로써 어용화御用化"(p.408)시키려 했음을 지적하였다.

일제 식민지 시대 종교정책에 대한 체계적인 연구는 한석희韓晳曦에 의해 정리되었다고 해도 과언이 아니다. 그는 우선 이이누마 지로飯沼二郎와 함께 엮은 『일본제국주의하의 조선 전도』[11]에서 알려지지 않은 일본인 전도자들을 발굴하고, 특히 이이누마는 '3·1만세 사건과 일본조합교회'[12]에서 일본 기독교가 조선지배에 가담한 사실을 분명하게 밝히면서 일제의 강점과 종교와의 관계를 고찰했다. 그리고 한석희의 『일본의 조선지배와 종교정책』[13]은 광범위한 자료를 수집하여, 주로 불교와 기독교의 각 파를 중심으로 조선총독부의 종교정책과 일본인 포교자와의 관계 및 협력, 더욱이 조선인 종교자들이 식민지배에 저항한 문제들을 세밀하고 광범위하게 다룬 노작이다. 그리고 제 3장에서는 '신사참배의 강요와 저항'을 다루면서 식민지 한국에서 신사제도의 확립과 조선신궁 진좌제 전후의 상황 그리고 신사의 말로를 부분적으로 고찰하였다.

1990년대에 정력적인 연구결과들을 내놓고 있는 학자들은 쿠라다 마사히키藏田雅彦, 아오노 마사아키靑野正明 등이었다. 쿠라다는 '근대 천황제 국가의 종교정책과 기독교-일본 통치하 조선을 중심으로-', '일본 통치하 조선에 있어서 신사참배 문제와 성결교회 탄압사건',

---

10 姜東鎭, 『日本の朝鮮支配政策史研究』, 東京大學出版會, 1978.

11 飯沼二郎, 韓晳曦, 『日本帝國主義下の朝鮮傳道』, 日本基督教團出版局, 1985.

12 飯沼二郎, 「3·1萬歲事件と日本組合教會」, 京都大學 『人文學報』 34號, 1972.

13 韓晳曦, 『日本の朝鮮支配と宗教政策』, 未來社, 1988. 한국에서는 金承台, 『일제의 종교침략사』, 기독교문사(1990)로 번역되었다.

'일본 통치하 조선에 있어서 등대사燈臺社의 활동과 탄압사건', '천황제 국가의 조선 식민지 지배와 문화·종교정책'[14] 등 일련의 글을 통해 메이지 시대 이후 일본의 근대화의 특징이 서양화와 일본화의 동시수행이라는 일종의 모순된 정책으로, 이는 메이지 정부의 종교정책에도 반영되었다고 지적하였다. 그리고 천황제 국가의 종교정책이라는 틀에서 특히 식민지 한국의 기독교사를 천황제와의 대립관계로 재해석하고 탄압과 회유라는 총독부의 전술을 분석하려 하였다.

그리고 아오노 마사아키는 '조선총독부의 신사정책-1930년대를 중심으로-'[15]에서 기존의 신사 강제참배에 대한 기독교의 저항문제

● 조선신궁 본전의 모습

14 藏田雅彦, 「近代天皇制國家の宗教政策とキリスト教-日本統治下朝鮮を中心にして-」, 『國際文化論集』 2, 1990 ; 「日本統治下朝鮮における神社參拜問題と聖潔教會彈壓事件」, 『キリスト教論集』 第 26號, 1990 ; 「日本統治下朝鮮における燈臺社の活動と彈壓事件」, 『國際文化論集』 創刊號, 1990 ; 「天皇制國家の朝鮮植民地支配と文化·宗教政策」, 『朝鮮史研究會論文集』 29, 1991.

15 青野正明, 「朝鮮總督府の神社政策-1930年代を中心に-」, 『朝鮮學報』 第 160輯, 1996.

가 주로 다루어져 왔음을 지적하였다. 이와 함께 1930년대 농촌진흥운동 전개과정에서 농촌의 '관제官製' 자치의 중심에 통제하의 신사神社(실제는 神祠)를 두고 그 자치自治에 촌민들을 통합시키려는 구상을 비판적으로 고찰할 필요가 있음을 제시하였다. 이는 식민지 한국 농촌에서 총동원체제기에 자치재편自治再編을 목표로 하면서, 동시에 농촌에서의 신기체제神祇體制 구축構築임을 지적했던 것이다. 이러한 지적과 함께 신사 이용책의 도입[봉재奉齋 문제와 최남선의 '유신도惟神道' 문제], 신사神祠 중심의 '관제官製' 자치상自治像['심전개발'의 제창과 신기神祇체제의 구축문제], 그리고 '부락제部落祭'[조사와 정책적 의도]를 다루어 나갔다.

또 식민지 한국의 신사제도를 살펴보기 위해 자료적인 가치를 지닌 글도 있다. 곧 곤도 요시히로近藤喜博의 『해외신사의 사적 연구』[16] 및 오가사와라 쇼조小笠原省三의 『해외신사사(상)』[17]으로 이는 연구서라기 보다는 자료 모음의 성격을 강하게 지닌 저서이다. 특히 오가사와라의 저서는 조선신궁과 관련된 당시의 1차 자료들 및 총독부와 신도가들 사이에 나타난 각종 견해에 대한 기록들을 대부분 수록했고, 본 연구도 다수 참조, 인용하였다.

그러면 이상의 간략한 선행연구 검토를 통해 본 연구가 지향할 문제, 제한점 및 연구방법을 제시하면 다음과 같다. 우선 본 연구가 다룰 문제는 1910년대와 20년대 조선신궁 설립을 둘러싼 각종 논의에서 나타난 황민화 구상이다. 일반적으로 황민화 정책은 1931년 만주사변과 1937년 중일전쟁을 거치면서 전개된 정책으로 보나,[18] 여

16 近藤喜博, 『海外神社の史的研究』, 明世堂書店, 1943.

17 小笠原省三, 『海外神社史(上)』, 海外神社史編纂會, 1953.

18 이를 좀 더 구체적으로 살펴보면, 1931년 만주사변 이후 宇垣一成 총독 통치기간(1931~936)의 準戰時體制期을 황민화 정책의 준비기간으로 볼 수 있고, 1937년 중일

기서는 이러한 황민화 구상이 이미 조선신궁의 설립에서 그 틀이 나타났음을 지적한 것이다. 이와 더불어 조선신궁 설립 이전까지의 신사제도를 황민화 구상과 분리된 순수한 형태로 보는 시각과 조선신궁 제신논쟁에서 총독부의 관리들과 논쟁을 벌인 신도가들이 '식민지 한국인을 위한' 행위로 해석하는 입장에 대해서도 비판을 가하고자 하였다. 이를 위해 앞서 제시한 『해외신사의 사적 연구』 및 『해외신사사(상)』에 실린 자료들과 총독부의 각종 자료 및 일본 전국신직회의 당시 『회보』 등을 중심적으로 분석하였다.

그러나 본 연구는 과거의 사실을 입증하고 왜곡된 주장을 반박하고자 하는 데 중심을 두었기 때문에 특정한 이론적 틀을 제시하지 않았다.[19] 다만, 국가신도의 식민지 설립은 그 설립 시기, 설립 장소, 설

---

전쟁 이후 곧 南次郞 총독 재임기간(1936~42) 이후의 전시체제기를 황민화 정책으로 특징지을 수 있다. 따라서 이 시기 사회상황의 변화와 신사를 통한 황민화 정책은 다음과 같은 틀을 통해 전개되고 있다.

전쟁확대→국민정신 함양→皇室·國體·神社 (三位一體의 논리)
- (國)神社→ 신사조영, 참배
- (家)神棚→ 신봉설치, 대마봉재

19 이에 대해서 분석틀을 제시한다는 것은 여간 용이한 일이 아니다. 예를 들어 藏田雅彦처럼 종종 서구제국의 식민지 지배와 비교하여, 서구의 식민지 지배도 군사적·경제적 수탈뿐만 아니라, 특히 스페인과 포르투갈의 경우처럼 지배의 첨병으로서 기독교의 역할과 비교하는 경우가 있다. 이는 선교사의 역할이 컸던 아프리카의 경우, 기독교와 서양문명의 구별이 되지 않았다는 점(尹健次, 『朝鮮近代教育の思想と運動』, 東京大學出版會, 1982, p.189 참조)과 서구문명의 우월성에 대한 신앙은 소위 '二重의 委任', 곧 "아프리카를 위해서, 그리고 동시에 세계 전체를 위해서 아프리카 사회와 경제를 개발하는 것이 유럽인에의 이중의 위임으로 된 것이다"(『ユネスコ·アフリカの歷史』 第 7卷 上, 同朋社, 1988, p.462)라는 점과 비교하는 것이다. 분명히 식민지 지배에 있어 기독교 선교의 역할은 이민족 정책의 방향에도 관계하고 있다. 그래서 이방인 지배와 동화정책으로 분류되는 이민족 지배는, 간접지배와 직접지배라는 식민지 통치의 주요한 두 형태로 表裏一體의 관계에 있다고 볼 수 있다. 예를 들어 직접통치와 同化정책을 철저화한 영국의 아일랜드 지배는, 아일랜드인의 민족주의에 의한 저항과 영국내의 비판을 받고, 영국은 어느 정도 빠른 시기에 자치를 인정한 간접통치로 전환하고 있다. 동화주의와 내지연장주의를 고집했던 프랑스도 19세기 말에는 알제리아 지배 및 인도지나 지배가 어려워지고, 20세기에 들어서면 피지배민족의 문화 및 사회제도를 활용하는 協同政策(politique d'association)으로 전환한다(Stephen H.

립 주체, 제신祭神, 사격社格 및 규모 등으로 그 존재 위치를 살필 수 있기 때문에, 여기서는 본 연구를 위해 주요한 개념인 사격과 제신을 중심으로 서술해 본다. 그리고 설립 주체, 설립 시기, 설립 장소 등의 개념은 사격과 제신개념을 다루면서 함께 설명해 보았다.

### 1) 사격社格

『신사제도 요강』과 『신도의 기초 지식과 기초문제』에 의하면, 실질적으로 "신사는 제국의 신기를 봉사奉祀하고, 공적인 제전祭典을 집행하며, 공중公衆 참배의 용도를 제공하는 설비이다"라고 지적하고, 형식적으로는 "신사라 함은 신사명세장神社明細帳인 공부公簿에 등록된 것"이라 하였다.[20] 그리고 사격은 이러한 신사 및 신사제도와 관계를

---

Roberts, 『History of French Colonial Policy 1870~1925』 Vol. I, Frank Case & Co. Ltd., London, 1963, chap. 4 참조). 藏田雅彦는 이러한 서양의 흐름을 지적하고 일본의 정책을 검토하여 다음과 같이 세 가지 오류를 지적하고 있다. 첫째, 19세기에서 20세기에 걸친 세계 식민지 정책의 흐름은 동화주의·내지연장주의로부터 간접통치로 전환하고 있고, 이와 함께 아일랜드를 시작으로 민족독립을 주장하는 내쇼날리즘이 대두하기 시작하고 있다(1911년 영국 자유당 내각에서 제 3차 자치법안이 나왔고, 1916년 공화국으로서 독립을 주장하는 무장봉기, 곧 이스타 봉기가 발생)는 점이다. 이러한 상황에서 일본의 한국병합은 시대의 흐름에 역행하고 있다. 둘째, 직접통치와 동화주의는 피지배민족의 문화 및 종교를 인정하지 않고 이보다 우월한 서구문명에 동화시키는 것이며, 그 배경에는 인종우월주의에 의해 지지되는 溫情主義(paternalism, 곧 "아프리카를 위하여")와 메시아이즘("세계를 위해")을 볼 수 있다. 일본의 식민지 한국통치에도 "조선의 독립을 보호하기 위하여" "동양의 평화를 유지하기 위하여" "조선의 정체를 해소하기 위하여" 등 인종우월주의와 유사한 민족우월의식이 보여지며, 이 의식은 천황제 이데올로기의 중요한 요소인 자민족중심주의라고 할 수 있다. 세째, 일본의 동화정책은 영국의 아일랜드 지배와 유사하나 영국과는 달리 자치를 인정않고, 통치 말기에 들어서면 전향을 강요하고 정신적, 문화적 수탈을 하고 있다는 점이다(藏田雅彦, 「天皇制國家の朝鮮植民地支配と文化·宗教政策」, 『朝鮮史研究會論文集』 29, 1991, pp.65-66). 그러나 일본의 식민지 지배를 서구와 비교하는 것은 무리이다. 필자도 註에서 논문 발표시 평자들의 의견으로 무리임을 지적하면서 이는 "일본의 조선지배의 정책적 특징을 보다 선명하게 부각"(p.83)하기 위한 문제제기일 뿐이라고 설명하고 있다.

20 小野祖教, 『神道の基礎知識と基礎問題』, 神社新報社, 1980, p.70.

지닌 용어이다. 신사는 봉재奉齋의 이유가 있고, 제사祭祀 상 특히 중요한 것이다. 혹은 숭경 상 특별한 취급을 받아야만 하는 것이다. 그것이 국가의 제도[21] 및 특히 메이지 이후 관례적으로 수립되면서 사격이 되는 것이다. 따라서 사격을 정의하면, "①국가 또는 공적 기관이[결정자] ②법 또는 공적인 관례에 의해 정해진 구별 또는 차등에 따라[결정규준] ③그 신사에 대한 숭경상의 규준, 대우상의 서위序位를 두는 경우에 생기는[목적] ④신사의 격식格式이다[의미]."[22]

사격은 천사天社, 국사國社를 시작으로 다양한 격식을 취하나,[23] 식민지 한국의 신사제도와 관련된 개념으로는 관폐사官幣社와 국폐사國幣社가 있다. 1871년 관폐사와 국폐사로 구분되고 그것은 다시 대사

● 남대문 옆의 조선신궁 참배 시작을 알리는 건축물

21 국가제도상 사격은 일본의 패전과 함께 1946년 神道指令의 국가신도폐지명령에 의해 폐지되었다.

22 小野祖教, 『神道の基礎知識と基礎問題』, 神社新報社, 1980, p.125.

23 예를 들어 官社·不在官社, 式內社·式外社, 大社·中社·小社, 官幣社·國幣社, 國史現在社, 案上社·案下社, 一宮·二宮 등, 그리고 府縣社, 鄉社, 村社, 無格社 등이 있다.

大社, 중사中社, 소사小社로 분류되었다. 이러한 구분은 처음에 신기관神祇官이 제사하는 신사를 관폐사로 하고, 지방관이 제사하는 신사를 국폐사로 정한 것이지만, 신기관 그리고 교부성教部省이 폐지된 후에는 바뀌어, 관폐사와 국폐사 모두 국가가 관리하여 내무성이 소관청이 되고, 폐백幣帛의 경우 관폐사는 황실로부터, 국폐사는 국가로부터 봉존奉尊되었다. 이러한 관국폐사는 관폐대사, 관폐중사, 관폐소사, 국폐대사, 국폐중사, 국폐소사, 열격列格관폐사 등 7가지 종류로 분류되었다. 대·중·소사는 폐백공진상의 구별에 의한 것이며, 메이지 이후는 열격 관폐사라 하는 등외의 관폐사격도 만들어졌지만, 칭호상의 격식에 불과했다.

신사의 열격[24] 또는 승격은 내무대신의 행정처분으로 행해지며, 관국폐사는 내무대신의 주청奏請으로 천황의 칙재勅裁를 거쳐 이루어졌다. 이러한 관국폐사는 그 경비를 국고로부터 공진받고, 신찬폐백료神饌幣帛料를 황실 또는 국가로부터 공진받는 원칙을 갖고 있었다.[25]

이와 더불어 신궁, 궁, 대사大社, 신사, 사社(식민지 한국의 경우는 神祠)라는 사호社號도 있으나, 이는 제신 및 신사의 격식과 관련된 것으로 그 역시 사격의 성질을 갖는 명칭이었다. 그러나 신궁은 일반신사와는 다른 특수한 신사였기 때문에 사격제도와는 관계가 없다.[26] 신궁은 국유국영이며, 신궁의 직원은 관리이고, 경비는 국고의 부담으로, 그 수입은 국고의 수입이 되었다. 그리고 신궁은 신궁력 반포의 특권

---

24 열격이라 함은 중요한 지역에 있는 거류민 신사, 無格社, 혹은 각종 村社 중 몇개를 선정하여 국폐사라 하든지, 관폐사로 하든지 格을 주어 정비하는 것이다.

25 小野祖教, 『神道の基礎知識と基礎問題』, 神社新報社, 1980, pp.142-143. 이에 비해 부현신사(식민지 한국의 경우 神祠)는 씨자숭경자의 부담 및 수익에 의한 경비 지변과 특정신사에 한해 祈年, 新嘗 및 例祭의 3大祭의 경우 신찬 폐백료를 지방단체로부터 공진하는 경우가 있다.

26 小野祖教, 『神道の基礎知識と基礎問題』, 神社新報社, 1980, p.143.

을 갖고, 대마大麻 반포에 있어서도 제한을 받지 않았다. 곧 사격 자체가 신사에 대한 국가의 특별 규정임을 생각하면, 신궁은 이러한 사격을 초월한 신사이다.

그러나 이상의 구분이 식민지에 그대로 적용되고 있는가는 의문이었다. 찌바 마사지千葉正士는 '동아지배 이데올로기로서의 신사정책'[27]이라는 글에서 '외지外地' '점령지'의 신사정책을 대상으로 신사 사격제도를 정리하였다. 그에 의하면, 식민지에서는 일본 국내와 같이 관폐사·국폐사·부현사府縣社·향사鄕社·촌사村社·무격사無格社의 사격제도社格制度로 분류하지 않고, 신사를 '정부 설치 신사政府設置神社', '정부 열격 신사政府列格神社', '거류민 설치 신사居留民設置神社'라는 명칭을 부여하여, 설치자의 존재방식을 원칙으로 정리하였다. 정부 설치 신사는 곧 내각고시內閣告示 또는 내무성 고시內務省告示 및 그에 준하는 법 형식에 의해 설치된 신사이며, 예를 들어 조선신궁朝鮮神宮, 대만신궁, 사할린신사, 관동신궁, 남양신사南洋神社 등으로, 해당 지역의 총진수격總鎭守格의 신사가 해당되었다. 그리고 부여신궁扶余神宮과 대남신궁(대만)은 총진수격은 아니지만 그 틀에 포함시켰다. 거류민 설치 신사는 곧 해외에서 생활하는 일본인 또는 현지인과 함께 비용을 거두어 설치한 신사이다. 그리고 정부 열격 신사는 거류민 설치 신사로부터 몇 개의 신사를 빼내어 관폐사의 사격社格을 부여한 것이다. 이러한 정부 열격 신사는 대만과 식민지 한국에서 1936년 이후 열격列格되었다.

따라서 찌바千葉는 '일본 제국주의는 곧 정부 설치 신사-(정부 열격 신사)-거류민 설치 신사라는 위계서열적인 신사제도를 갖고 동아지배

---

27 千葉正士, 「東亞支配イデオロギ-としての神社政策」, 『仁井田陞博士追悼論文集Ⅲ 日本法とアジア』 勁草書房, 1970.

이데올로기를 형성하였다'고 주장했다. 이러한 주장은 단지 해외의 신사제도를 피상적으로 기술하고, 그 지배 이데올로기로서의 수행 및 유효성에 대해 구체적인 고찰을 유보함으로써 아쉬움을 남겨놓았다.

그리고 닛다 미츠코新田光子는 '해외 신사의 사회적 기능'에서 사격제도보다는 종교의 사회통합을 기준으로 소위 '해외신사'[28]를 〈우지가미氏神 유형〉과 〈신궁神宮 유형〉으로 분류했다. 우지가미 유형은 자발적 통합과 설립주체가 해외 이주자인 형태이며, 신궁 유형은 강제적 통합과 설립 주체가 국가인 경우라고 지적하였다. 또 종교의 사회통합 기능을 중시하여 '신사에 의한 사회통합'을 자발적 통합-강제적 통합이라는 기준에 맞추어 분석하였다.[29] 이는 설립주체와 통합기능을 중시했으나, 우지가미 유형의 분석에 적합한 것으로 식민지 한국의 신사제도 분석에 크게 유용한 틀이라고는 볼 수 없었다.[30]

---

28 해외신사라는 표현은 하와이 신사 등 일본이주민 지역의 신사를 함께 포함하는 개념이므로, 여기서는 2차 대전 이전 식민지의 황민화를 의도하여 설립되었던 신사를 지칭하고 있으므로 적절한 개념이라 볼 수 없다.

29 新田光子, 「海外神社の社會的機能-大連神社を事例して」, 戰時下日本社會硏究會, 『戰時下の日本:昭和前期の歷史社會學』, 行路社, 1992. 여기에서 '신사에 의한 사회통합'은 하나는 신사의 존재 자체 및 신사를 중심으로 한 문화가 전체사회의 주요문화에 침투, 정착에 의한 형태와, 또 하나는 어떤 특정의 신사에의 적극적 관여를 통해 신사와의 일체감, 신자 同士와의 연대감 양성의 경우, 곧 신사에의 참배기원, 신사행사에의 참가라 하는 적극적인 관여를 전제로 하며, 실질적인 의미에서는 '씨자의식'을 형성하는 것이라고 지적하고 있다.

30 물론 식민지 한국의 경우도 조선신궁을 제외한 神社 및 神祠와 그것이 존재하고 있었던 지역사회와의 관련에 초점을 둘 때는 유용할 수 있다. 예를 들어 青野正明은 식민지 한국에서 일제의 '황민화' 정책을, 하나는 전쟁동원을 위한 강압적 측면, 다른 하나는 수탈체계의 '합리화'를 위한 행정적 지배로서의 측면을 갖고 있다고 지적하고, 후자의 경우 구체적으로 신사정책을 수탈체계의 '합리화'를 추진한 농촌진흥운동의 연장선상에서 보고, 곧 농촌진흥운동에서의 농촌의 體制內化의 시점으로부터 신사정책을 분석하여 ①민간일본인의 神社신앙 ②총독부의 신사정책 ③조선민중의 민간신앙의 위치관계가 구별 및 명확하게 된다고 보고 있는 주장에서는 이러한 관점이 하나의 분석틀이 될 수도 있다(青野正明, 「朝鮮總督府の神社政策-1930年代を中心に-」, 『朝鮮學報』 第 160輯, 1996). 그러나 이 경우도 신사설립 및 씨자구성은 총독부의 강제에 의해 이루어지고 있기 때문에 적용에는 무리가 있다.

사격제도는 식민지의 종교정책을 분석코자 할 때, 특히 식민지 간의 비교를 위한 하나의 기준틀을 제공한다. 예를 들어, 식민지 시기 한국 대만 사할린 만주 관동주關東州 중국 등에 세워진 절대적인 신사 수 비교보다는 사격에 따른 비교를 통해 일제의 종교정책을 분석 가능한 것이다. 나카지마中島三千男에 의하면, '해외신사 및 그 중 관국폐사의 수는 식민지 한국이 74사社 중 10사, 사할린樺太이 127사 중 1사, 대만은 130사 중 5사, 관동주는 12사 중 1사, 만주와 중국은 135사와 52사이나 관국폐사는 없다'라고 지적하여 일본의 식민지 정책에서 식민지 한국의 위치를 짐작할 수 있다고 했다.[31]

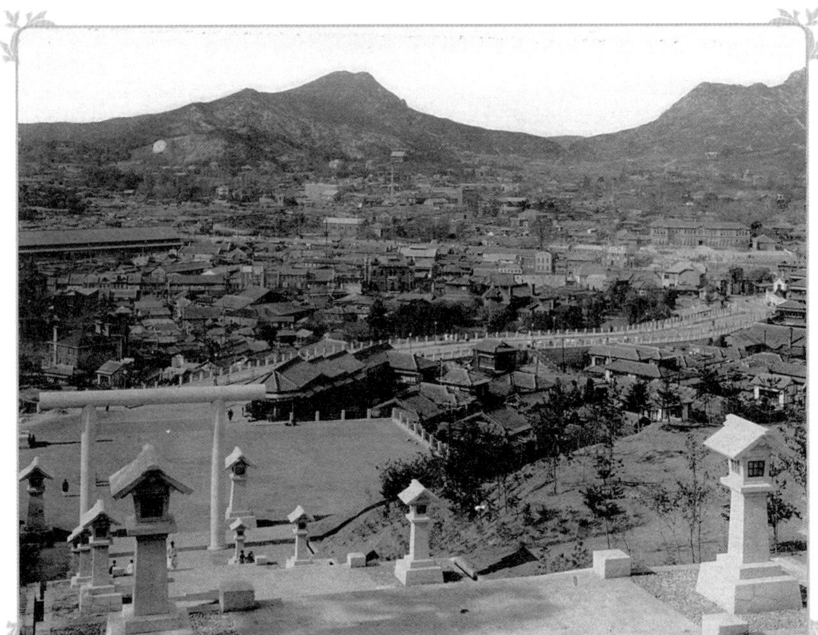

● 조선신궁 중광장에서 본 서울

31 中島三千男, 「海外(植民地)神社について」, p.7.

### 2) 제신祭神

이 글이 다루고자 하는 부분은 조선신궁의 제신을 둘러싼 논쟁이다. 이를 위해서는 메이지 이후 일본 신사의 사격제도는 물론 제신에 대한 이해가 필요하다. 일본의 신도는 수많은 신을 제사하는 종교이나,[32] 식민지 침략기 황민화 정책과 관계 깊은 제신은 천황 및 황족과 국토 및 국가의 공로자를 포함한 선조祖先 및 영靈이다. 이러한 제신과 관련하여 신사를 구분하는 경우는 다음과 같이 8가지가 주로 제시되었다.[33]

①아마테라스 오오가미天照大神를 봉재奉齋하는 신사
②천황 및 황족皇族을 봉재하는 해외의 신사
③이즈모계出雲系의 신神들을 봉재하는 신사
④국혼신國魂神(쿠니다마 신)을 봉재하는 해외의 신사
⑤고토히라 신金刀比羅神을 봉재하는 신사
⑥하치만 신八幡神을 봉재하는 신사
⑦이나리 신稲荷神을 봉재하는 신사
⑧특수한 신들

그러면 신사의 제신은 어떻게 결정되었는가. 여기에도 몇 가지 규칙이 보여졌다.[34] 우선 일본의 해외침략에 따른 신사설립에서 가장 빈번한 것은 천황의 소詔에 의해 봉재奉齋된 신사였다. 조선신궁, 대

---

32 일본신도의 제신의 유형으로는 만물창조의 신, 영능상의 신, 祖先 또는 사람의 靈을 제사하는 신, 직업, 天象, 地象, 동식물, 음식물 등에 관한 신으로 분류되고 있다. 小野祖教, 『神道の基礎知識と基礎問題』, 神社新報社, 1980, pp.181-193.

33 『海外神社史』 '제 1輯 祭神篇'.

34 『海外神社史』, pp.4-5.

만신궁, 관동신궁, 남양신사, 사할린신사 등 관폐대사 등이 여기에 해당된다. 거주민의 희망 및 신앙 등은 고려되지 않고, 그 설비비는 국비國費로 지변支弁되며, 그 지역의 신앙과는 관계가 없는 제신을 일본 관헌의 결정으로 봉재한 신사들이다. 식민지 한국의 '신사神祠' 및 대만의 '사社'도 여기에 해당되는 경우들이 있었다. 다음은 거주민, 특히 일본인 거류민의 희망 및 신앙에 의한 것이었으며, 이 경우는 일본인 거류민에 의한 경우가 많고, 그들의 다양한 출신지역 때문에 의견을 모으기 힘든 경우들이 있었고, 이런 경우 아마테라스 신을 봉재한 경우가 일반적이었다. 일본 거류민 중 동일 부현府縣의 출신자가 많은 지역에는 그들 지역의 신덕神德 높은 신사의 제신을 봉재하였다[예. 만주의 개척촌].

제신 결정이 곤란할 경우는 관할 영사관→외무성→황전강구소皇典講究所의 '해외신사협회'에 의뢰하였으며, 이 경우 다수는 관련 신神과 함께 '국혼신'이 봉재되는 경우가 많았다. 이 외에 주둔군의 일방적 의지[예. 張家口의 蒙疆神社], 특정인의 신앙[예. 만주의 이즈모계 신을 봉재한 신사들], 그리고 그 지역과 관계 깊은 신을 제신으로 한 경우들이 있었다.

이와 함께 일본의 신사 제신에서 주목할 개념이 분령分靈과 영대靈代 [신체神體]였다. 분령이라 함은 제신의 신령을 나누어 새로운 신사를 설립하는 것이다. 신령의 분령, 곧 무한 분열성은 일본의 신 개념이 갖는 특징 중 하나이다. 신사의 제신은 무형의 신령이기 때문에 이를 상징하여 표현하는 물物을 대상으로 제사하는 신사의 전통이 있다. 이 신령의 상징물 혹은 표현물을 영대 또는 신체라 한다. 영대는 보통 거울, 구슬, 칼, 신폐神幣, 신부神符 등으로 나타나며, 뒤에서 보겠지만 1925년 기독교계 학교에서 최초의 저항은 조선신궁이 이러한 영대를 맞이하는 의식儀式에서였다. '삼종三種의 신기神器 모독사건'에서 보여진 삼종의 신기는 천황의 왕권을 상징하는 거울, 구슬, 칼이었다. 1913년 4월 내무성령 제 6호 '제신, 제사명, 사격 등에 관한 건' 제 3조에서는 '제신의 영대는 공중에게 배관拜觀시키는 것이 가능하다'고 하여 이후 강제참배의 가능성을 암시했던 것이다.

● 조선신궁 참배도로의 모습

# 3 | 조선신사 설립계획

### 1) 강점 직후 1910년대 조선신사 설립계획

주지하다시피 메이지유신 정부는 신도 국교화 정책을 지향하여, 메이지 10년대부터 국가 신도화 정책을 추구하였다. 국가 신도화 정책을 전개하면서, 신사는 '국가의 종사宗祀'로서 위치를 부여받아 왔다. 곧 "신사는 우리의 국체와 표리일체의 관계이며, 황도도의皇道道義의 근원이 됨과 함께 사생활에 이르기까지 그 중심을 이룬다. 이에 신사는 황국에 있어서는 극히 중요한 지위를 점하며, 황실의 숭경은 견고하며, 신사의 공公의 제사 및 그 유지·경영에 관한 것은 국가의 가장 중요한 정무政務의 하나이다"[35]는 지적에서 뚜렷이 그 경향을 알게 된다.

이렇듯 신사를 '국가의 종사', 국민도덕의 연원淵源으로 위치부여하고, 국가권력을 배경으로 신사를 국가의 손으로 재편성하였다. 메이지 천황제 국가체제에서 신사는 관국폐사官國弊社와 민사民社로 구분되어, 전자는 신궁神宮을 정점으로 국가의지를 체현하는 것으로서 활용되고, 국민교화에 큰 역할을 담당하도록 하고 있었다.

한편 민사民社는 지역주민의 기층심의基層心意에 관련되어 우부스나産土 신사로서 존재하여 왔던 것을 재편성하여 '국가의 종사'로서의 국가의 통제 하에 두어 왔다.[36] 특히 메이지 말에 강권적으로 단행된

---

35 岡田包義, 『神社制度大要』, 1942 ; 大村英昭,西山茂, 『現代人の宗教』, 有斐閣, 1990, p.52에서 재인용.

36 전통적 선조제사가 家의 境界를 상징하는 儀禮, 裝置인 것처럼, 神社, 특히 産土神社는 지역사회의 경계와 통합을 상징하는 장치이다. 거기에서의 제사는 그 신과의 교

신사합사 정책神社合祀政策[37]은 신사의 제 2의 유신이라 불리워질 정도로 대규모적인 것이었다. 메이지 말의 지방개량 정책과 결부되어 일촌일사一村一社라는 정리 통합으로 지향되었다. 1906년 신사 총수 약 19만 사社가 1912년 약 12만 7,000사로 감소되었다. 특히 무격

---

류·일체화의 확인과 함께, 그것에 의한 지역사회의 재활성화가 시도되는 것이다. 신사의 氏子는 무제한적으로 확대되는 것이 아니라 특정의 지역적 범위를 氏子圈으로 하고, 성원들은 그 유지, 제의에 참여한다. 이러한 의미에서 신사는 지역사회의 사회구조와 밀접하게 결부되어 있다. 그러나 지역사회 자체가 전체사회의 동향에 좌우되는 것처럼 신사도 마찬가지이다. 특히 메이지 이후 일본의 신사제도는 국가권력에 의해 좌우되고 있다(大村英昭, 西山茂, 『現代人の宗教』, 有斐閣, 1990, p.51). 메이지 4년(1871) 신도가 '국가의 宗祀'로 공적 성격을 규정받은 이래, 일본정부는 신도의 국교화를 지향하여, 淸日 및 러일전쟁의 국가비상시에는, 메이지정부가 신사를 民心修攬의 장으로 활용하고, 국가신도체제의 전개는 거기에서 크게 진전하고 있었다. 그리고 메이지 33년 神社局의 독립, 39년 '官國弊社經費國庫支弁' '府縣社以下神饌幣帛料供進'의 실시, 40년 '神社祭式行事作法'의 통일 등은 그 성과로, 이리하여 신사는 국가제사의 장으로 변질되고 있다.

**37** 메이지 말기의 신사정리정책에 대한 체계적인 정리는 『近代の集落神社と國家統制』(森岡清美, 吉川弘文館, 1987)에 잘 나타나 있다. 여기에는 모범 町村의 육성과 연결되어 있던 신사정책으로 부터, 행정이데올로기로서의 신사중심설이 출현하는 과정을 지적하고 있다. 신사가 하나의 행정이데올로기로서 명확한 형태를 띠며 나타난 것은 1907년 7월 『신사협회잡지』 6권 7호의 '신사를 중심으로 한 지방자치'라고 지적하고 있다. 이러한 신사중심설에 따라 신사의 정리는 1町村1社를 목표로 하여 이루어지고 있었지만, 정부는 이를 明文으로 보여주지 않고 단지 구두로 지시하고 있었기 때문에, 府縣의 실정과 知事의 자세에 따라 목표와 실시가 다양하였다고 한다. 이러한 신사는 지역집단의 신성한 시설만이 아니라, 국가신도의 말단시설로서 행정의 대상이 되어, 메이지 유신기부터 제2차 대전 중에 이르기까지 국가권력의 손에 그 제도가 수정 정비되어 왔다. 그리고 근대 일본의 국가권력은 한편으로는 집락신사의 정리를 가능한 한 추진하면서, 다른 한편으로 집락신사의 창설에 엄격한 틀을 부과하면서 동시에 지극히 社格이 높은 소수의 유력신사를 창건하고 있었다. 村上重良은 이러한 국가권력에 의한 창건신사를 4가지로 분류하고 있다. ①근대 천황제 국가를 위한 전몰자를 제사하는 신사(靖國神社 등) ②南北朝시대의 南朝方 '충신'을 제사하는 신사(湊川神社 등) ③천황·황족을 제사하는 신사(明治神宮 등) ④식민지·점령지에 창건된 신사(朝鮮神宮 등)(村上重良, 『國家神道』, 岩波新書, 1970, pp.182-192). 특히 메이지천황 사후(1912년) 추모열기가 고조되었고, 이는 메이지신궁 造營사업으로 전개되어, 주민감정, 국민감정과 관료통제가 상보적 관계를 맺고 있음도 보여주고 있다(森岡清美, 『近代の集落神社と國家統制』, 吉川弘文館, 1987, 「補論2. 大正期における集落神社の創建問題」, pp.268-271).

사無格社 등 유지기반이 약한 신사는 강제적으로 정리되었다. 이러한 대규모적인 신사정리 정책은 우부스나產土 신앙, 수호신 신앙의 세계에까지 국가권력이 개재하여 재편, 통합을 추진하였다. 곧 기기신화記紀神話를 중심으로 한 통일적 신앙체계를 창출하고, 여기에 근거하여 국민통합을 지향했던 것이다. 신사는 오로지 국체정신의 발양發揚을 위한 국가의 '조영물造營物'로서의 위치를 부여받게 되었다. 그것은 학교 아동, 청년단, 호주회戶主會 등을 동원하여 신사참배를 추진하고, 국가축제일, 입퇴영 보고제入退營報告祭 등으로 관철되었다.[38]

이러한 일제는 1910년 한국을 강점하자마자 식민지 한국에 신사 건설 계획을 마련하게 된다. 특히 이러한 노력은 총독부 관료들뿐만 아니라 일본 내지에 있었던 신도가들 사이에 적극적으로 추진되었다. 1910년 한국강점과 동시에 동경의 황전강구소皇典講究所에서 열

● **경성신사(현재의 숭의여자대학교 자리)의 전경.** 1898년에 세워졌고 1916년 경성신사로 개칭된 국폐소사로, 제신祭神은 아마테라스오오가미天照大神, 조선국혼대신国魂大神, 오오나무지노미코도大己貴命, 스쿠나히코나노미코도少彦名命이었다.

38 大村英昭, 西山茂,『現代人の宗教』, 有斐閣, 1990, p.53.

린 전국신직회全國神職會 평의원회評議員會에서는, 이도우츠 키미히로到津公熙(宇佐神宮 宮司), 쿠다라 타다타카百濟忠敬(玉祖神社 宮司) 등의 제안으로 '한국 경성에 신사건설 실행에 관한 건'이 결의되었다. 그 이유로는 다음과 같이 지적되었다.

> "생각해보면 제국帝國의 보호국인 수부首府 한국 경성에 거류居留하는 우리 동포의 수 약 4만 명이라는 계산에도 불구하고, 모국母國과의 연쇄連鎖, 충군애국의 정신을 함양하는 기초의 중심이 되어야만 하는 우지가미 사氏神社를 건설하는 것이 최대 급무急務임은 어느 누구도 이의異議를 달지 않는다. 하물며 직職을 신기神祇에 봉奉하고, 항상 국체國體를 옹호하여 야마토 혼大和魂의 발휘함을 자임하는 우리들 신직神職에 있어서야. 그러므로 조속히 인격숭고人格崇高 지조견실志操堅實한 인물을 선발하여 경성에 파견하여 곧바로 착수할 것을 바란다."[39]

이 결의에는 신사 건설이 주로 식민지 한국 거주의 일본인을 대상으로 한 것임을 알게 된다. 그러나 이러한 결의를 시작으로 신직神職을 경성에 파견하고, 신사 건설 사업에 착수하려고 하였지만, 전국신직회로부터는 한 사람의 신직도 보내는 것이 가능하지 않았다. 앞서도 지적하였듯이 메이지 정부는 국가신도의 강화를 기도하여 천황제 국가를 위해 국민교화가 유효하다고 판단되는 경우에는, 정부의 주도로 거액의 국비, 공비를 들여 신사를 창건하였다. 이에 따라 최초로 출현한 본격적인 창건신사創建神社는 1868년(메이지 원년) 메이지 천황이 쿠스노키 마사시게楠木正成의 충절을 현창顯彰하기 위해 건설

39 『海外神社史』, p.56.

을 명해, 1872년 5월 24일 진좌鎭座한 진천신사湊川神社(別格官弊社)였다. 또 1871년 식민지 홋가이도에 개척삼신을 제신으로 한 삿뽀로신사札幌神社를 북해도 총진수로 설치하였다. 대만의 경우는 1901년 능구친왕能久親王과 개척삼신[40]을 제신으로 한 대만신사(관폐대사)가 진좌鎭座되었다. 이러한 메이지 정부가 식민지에 일본인을 위한 신사

● 조선신궁의 모습(1933)

---

40 開拓三神은 大國魂命, 大己貴命, 小彦名命을 말한다. 이는 內國 식민지 北海道의 總鎭守로서 勸請되었던 札幌神社의 祭神으로 제사되었다. 특히 일본의 해외신사에 勸請되었던 신들이다. 근대일본의 신사는 메이지유신 후에 창건된 湊川神社의 설립에서 보듯이 역사적으로 국가에 공헌한 인물을 祭神으로 하는 신사를 만드는 것으로, 국가의사를 체현하고, 민심의 통일을 기도하는 장이었다. 여기에는 구래의 촌락제사로서의 신사와는 다른, 일본국가의 가치관이 첨예하게 표명되어 있다. 개척삼신도 모두 天照大神을 奉仕하는 征服神이다(神祇院編, 『神社本義』, 內閣印刷局, 1944, p.8,53).

를 설립하자는 신도가들의 결의를 따른다는 것은 생각하기 어렵다. 그보다 총독부는 이러한 신사가들의 노력을 거부하지 않으면서, 먼저 신사를 제외한 모든 종교에 대한 정책에 관심을 기울였다. 따라서 1910년대 조선총독부의 종교정책은 신사제도를 구상한 기독교, 불교, 경학원 등에 대한 제반 종교통제 정책을 마련했던 것이다.

이와 동시에 1910년대 일본 신직회에서는 식민지 한국에의 신사 건설 주장을 끊임없이 제기하였다. 그러면 다음에는 1910년대 이러한 일본의 전국신직회의 동향과 총독부의 제반 종교통제정책의 전개를 살펴보자.

(1) 일본 전국신직회의 동향[41]

일본 전국신직회에서는 한국강점과 동시에 1910년 9월 '조선반도에 있어서 신사제도'라는 주제의 강연을 하고 이 글을 『전국신직회회보』(第 143號)에 싣고 강점에 따른 일본 신직계의 향후 구상을 제시하였다. 이에 의하면 '충군애국의 념念을 양성하고 우리의 미풍양속에 동화同化시키는' 것을 중요하게 생각하여, '그러면 여하이 이를 동화시킬 수 있을까'에 대한 구상을 전개하였다.

> "한편으로는 정치상 선정善政을 펴서 회유懷柔를 도모하고 이와 함께, 또 한편에서는 교육상 점차로 이를 훈도薰陶하여 황택皇澤에 젖게 하는 것이 필연의 사업이며, 풍속관습 상 저절로 이를 동화시키는 것도 또한 필요한 것으로써, 명명冥冥의 리裡에 있어 효력은 실로 위대하다. 고로 우리는 우리 민속의 중심인

---

41 일본 전국신직회는 1920년 말까지 매월 『전국신직회 회보』를 발간하여, 일본신직계의 주장 및 동향을 기록하고 있다. 여기서는 전적으로 이를 참조하고 있다.

신사제도를 조선반도에도 시행하여 동화의 결실을 빨리 거두고 싶다"(p.4).

"…여하히 신사제도를 실시해야만 하는가. … 우선은 단지 내지인만이 아니라 신부新附의 민民, 곧 새롭게 우리 동포가 된 1천여만의 민民에 대해서도 신기숭경神祇崇敬의 념念을 갖게 하도록 하고 싶다. 용이한 일은 아니며 … 우선 당국자에 대해 조선반도에 있어서 신사제도의 조사에 착수할 것을 희망하는 것이다."(p.3)

그래서 최후에는 "우리들과 같은 전문가가 역사전기歷史傳記를 연구"[42](p.14)하는 것을 주장하여 많은 박수갈채를 받았다고 기록하였다. 그리고 같은 회보에는 가나가와神奈川 신직神職(峯岳生)의 '일한병합과 신직의 신무新務'라는 글도 실렸다. 여기에는 "… 동화同化라 운운하는 것은 경영經營의 골자骨子라고도 이야기 되며, 이 책策을 강구講究함은 국민 금일의 최대 급무라고 생각한다. 모두 동화책同化策에 관해서는 식자識者 모두 떠들썩하게 이를 논하고, 혹은 교육의 여하를 일컫고, 혹은 종교의 여하를 말하고 있지만, 모두 귀착歸着하는 것은, 종교로서는 아국체我國體와 수유상합水乳相合하여 추호도 외국의 식미息味를 갖고 있지 않은 것으로 하고, 교육으로서는 주로 유교주의儒教主義로서 더욱 적당한 것으로 인정하고 있는 모습이다."(pp.51-52)[43]

이와 더불어 당시 신도가의 입장에서 본 식민지 한국의 기독교와 유교 등 종교상황에 대해 지적하면서 "신직의 신무神務로써 조선에

42 이러한 역사전기에 대한 연구는 결국 조선신궁의 제신논쟁으로 이어지는 것이다.
43 강점 직후 이러한 신직회의 수유상합의 비유는 1930년대 최남선의 화학적 결합이라는 비유와 함께 일제의 동화정책 및 황민화 정책의 의미를 엿볼 수 있게 한다.

신도 포교의 필요"(p.52)성을 강조하였다. 곧 "고로 유교를 이용하려면 우선 신도로 그 근본을 만들고, 그 위에 유교로 하여 채색彩色을 베푸는 상태"(p.53)를 지적하였다. "조선에 신도의 필요를 느끼고, 더욱이 현재 행해지고 있는 유야儒耶(유교와 기독교-필자)의 불안으로부터 생각하면, 더더욱 신도포교의 긴급함을 느끼는 것이다. 그러면 신도를 여하히 포교해야만 하는가. … 그 창건을 여하한 방법으로 해야만 하는가. 이것 등은 금일의 큰 문제로 가볍게 논할 것은 아니지만…"(p.54)이라고 지적하고 절을 달리하여 그 묘책을 지적하였다. "신사창립에 대해서는 일찍부터 간사이關西신직회의 의議에 올린 것에 의하면 가까운 장래에 관폐사官幣社 조선신사는 정부의 손으로 창립하도록 하고 있다. 그렇지만 우리는 이 대반도大半島에 한 개의 신사를 얻는 데 만족해서는 안 된다. … 적어도 그 제 1기에 있어서 1도道 1사社는 설치하고 싶다고 생각한다. … 이러할 때 우리 신직이 스스로 나아가 자신의 손으로 창립하는 것을 바라는 것이다. 곧 신직 스스로 나아가기 위해서는, 우선 전국의 신직이 협동하여 조선유세대朝鮮遊說隊를 조직하고, 이로써 조선 전도를 순차順次 유세하면서, 신新 국민을 신神의 밑에 오게 하면 감히 1도 1사를 구하는 것은 어려운 일이 아니다. 이렇게 해서 세운 사社를 미래의 관국폐사로 하고, 더욱 진행하여 부현사府縣社 이하를 창립하여, 따라서 일촌일사一村一社를 보기까지 진행하고 싶다고 생각한다."(p.54). 결국 여기에 강점과 동시에 일본정부에 의한 신사 창립계획이 마련되었음이 보이며, 이와 더불어 당시 신직계의 각오와 바램이 뚜렷이 나타났고, 그 결과를 미리 볼 때 신직계의 견해대로 이루어지고 있음을 알게 된다.

그리고 "여기에 주의해야만 하는 것은, 이미 일본 이주민은 계속 소小신사를 창립하고 있는 상태이지만, 이것 등은 사실 기쁜 현상으로, 정말로 그렇게 되지 않으면 안 되는 것이다. 이에 대해 총독부는 충분히 편의便宜와 주의注意를 협조할 것을 바란다"(p.54)라고 하여, 자신들의 바람을 이루기 위해 총독부의 협조를 구하고 있었다. 결국 강점에 따른 신직의 신무, 곧 일제의 동화정책에 따라 신직 스스로 용맹 활동을 하고 난 후 위정자와 협조하는 상태를 묘책으로 지적한 것이다.

더욱이 우리의 관심을 끄는 것은 강점 직후부터 일본의 신도가神道家들 사이에서는 '조선신사 제신론朝鮮神社祭神論'이 나타났다는 사실이다.[44] '신도연구회와 조선 제신론'이라는 표제 하의 내용을 보면, 1910년 9월 17일 국학원대학 강당에서 신도연구회 예회例會가 개최되어, 가까운 장래에 있어 정부가 건설해야 한다고 생각되는 관폐대사 조선신사의 제신에 대해 토론이 제출되었다. "제 1안으로서 오오

● 조선신궁의 배전

44 이는 지금까지 1925년 조선신궁 진좌제 직전 일부 신도가들에 의해 제기되었다고 알려지고 있다.

쿠니다마노미코도大國魂命, 오오나무찌노미코도大己貴命, 스쿠나히고나노미코도少彦名命 삼신 일좌설三神一座說, 제 2안으로 아마테라스오오미노가미天照大御神 설說, 제 3안으로 아마테라스 신天照大御神 1좌座, 스사노오노미코도素盞嗚尊 1좌, 오오쿠니다마노미코도大國魂命 오오나무찌노미코도大己貴命, 스쿠나히고나노미코도少彦名命 삼신 일좌三神一座, 합하여 모두 3좌 1사설社說, 제 4안으로서 단군檀君, 기자箕子, 이조李朝, 제 5안으로서 아마테라스 신天照大御神, 스사노오 신素盞嗚尊, 이다케루노미코도五十猛命, 이나히노미코도稻氷命 등으로 하고 그 외는 배사配祀하거나 혹은 이다케루 신五十猛命, 이나히 신稻氷命, 혹은 스미요시 대신住吉大神, 진구왕후神功皇后 등의 설說이 나왔지만, 결국 배사配祀, 혹은 별사別社로서의 제신은 스사노오 신이 가可하고, 이다케루 신이 가능하고, 이나히 신이 가능하고, 스미요시 대신, 진구왕후, 이토 히로부미伊藤博文 모두 가능하고, 단군, 기자, 이조李朝 역시 가능하다"는 견해가 나왔지만, "지금 조선에 있어 제 1착으로 건설되어야만 하는 관폐대사의 제신으로서는 대체적으로 아마테라스 신과 오오쿠니다마 신 양파로 나누어져, 아마테라스 신은 찬동자 다수로 일시 동설同說이 일결一決되는 형태였지만, 오오쿠니다마 신은 극히 소수였지만 강경한 태도를 가졌기 때문에 토론의 종결을 보지 못하고", 산회하여 10월 15일의 다음 모임에서 결정하기로 하였다고 전하였다.[45]

그리고 1910년 11월에는 '교육칙어와 조선의 동화'(佐伯有義)에 대해 논하면서, "조선반도도 우리국가의 세력범위로 들어오게" 하고

45 『全國神職會會報』 第 143號, 1910. 9, p.79. 그 이후는 자료가 보이지 않아 어떻게 결정이 났는지 정확하게 알 수는 없다. 그리고 여기서 素盞嗚尊, 五十猛命, 稻氷命 등은 모두 일본의 神代紀正書 『古事記』 등에 나오는 고대 한국과 관련을 갖고 있다고 생각하는 神들이다.

"충량忠良한 신민臣民"을 만들기 위해서, 식민지 한국에 유교를 통한 교육보다 교육칙어를 기초로 해야 함을 지적하면서, "신도가 제씨諸氏는 조선의 동화 운운하는 것에 대하여 여하한 의견을 갖고 있을지 모르지만, 경성에 신사건설을 바란다고 하는 의견 외에는 아직 들리는 것이 없다. 이 천재일우의 시기를 맞이하여 수수방관함은 참으로 유감스러운 일이 아닐까"[46]라고 하며, 신도가들의 활동을 촉구하였다.[47]

1912년 10월 28일에는 부산 용두산·용미산신사의 츠카다 스가히코塚田管彦가 테라우찌寺內 총독에게 '조선 국내 신사설립에 관한 건의'를 직접적으로 전하였다. 이 내용을 보면 "지금 … 조선의 실황을 보면 불교 및 기독교 각종各宗의 경쟁하여 민심을 수습하기에 급급하

---

46 『全國神職會會報』 第 145號, 1910. 11, pp.5-6.

47 이와 함께 식민지 한국에서의 신도가들의 노력과 관의 협조사항을 계속하여 전하고 있다. 예를 들면, 新義州의 敬神家들을 중심으로 한 平安神社 건립준비 과정과 제신결정(천조대신), 진좌식 예정 소식을 전하고 있으며(『全國神職會會報』 第 152號, 1911. 6, p.48), '전라북도 신사창립 계획' 소식도 싣고 있다. "신사의 건립은 益山郡 地主會가 우선 發起하고 山(敷地, 곧 函山을 말함-필자)의 收用 및 도로의 개설지의 결정.......신사는 오직 전라도민 만이 아니라 조선전체의 수호신으로 하려는 목적에 의해 널리 일반에 贊同을 구하는 일"(『全國神職會會報』 第 153號, 1911. 7, p.49)을 예정하고 있음을 알리고 있으며, 1912년 진해신사 소식에서는 鎭海有志의 發起로 兜山 일원을 海軍省으로부터 貸下받아 천조대신을 奉祀하는 진해신사를 조성하려는 노력(『全國神職會會報』 第 163號, 1912. 5, p.95)도 싣고 있다. 그리고 '압록강연안에 있어 신사창립의 현황'(『全國神職會會報』 第 171號, 1913. 1, pp.35-42), 安東神社, 龍巖浦神社, 湯山城神社의 설립과 그 의의, '南山大神宮 上棟式'(경성신사를 말한다-필자)에 寺內총독 대리 및 이하 官民의 참석(『全國神職會會報』 第 177號, 1913. 7, p.105), 1913년 10월 16-18일간 '경성신사 大祭'에 총독 山縣정무총감 및 朝野 명사의 참배소식(『全國神職會會報』 第 181號, 1913. 11, pp.70-71), 1914년 6월 17일 반년 만에 歸任한 寺內총독의 경성신사 참배(『全國神職會會報』 第 190號, 1914. 8, p.84), '평양신사의 발전' 소식(『全國神職會會報』 第 190號, 1914. 8, p.85), '인천대신궁' 소식(『全國神職會會報』 第 197號, 1915. 3, p.75), '조선최초의 (메이지천황)分靈 奉祀'로서 진주신사 소식(『全國神職會會報』 第 228號, 1917. 10, pp.51-52) 등이 계속하여 나타나고 있다. 그리고 '조선종교근황'을 전하며, "기독교는 외국 선교사의 노력으로 … 포교구역은 반도 全土에 이르고 그 信徒 內地人 300으로 弱한데 대하여 조선인 30만에 가깝다"고 전하면서(『全國神職會會報』 第 185號, 1914. 3, p.75) 상황이 위급함을 지적하고 있다.

고 그중 외국 선교사들의 움직임은 세계주의를 고취하고 배일사상을 선동하는 경우도 있으며 … 신사를 설립하여 일본의 도의를 발휘하여 조선인민을 감화함으로써 제국국체帝國國體의 존엄한 소이所以 황통皇統의 만세일계萬世一系 천양무궁天壤無窮한 소이 … 아我 국가에 동화"[48]시키는 것이라 하고 이를 위해 신사에서 제사해야만 되는 신을 구별할 것을 지적하였다.[49]

● 조선신궁의 봉찬전

48 『全國神職會會報』 第 168號, 1912. 10, p.79.

49 여기서 제시된 신은 "一. 皇祖皇宗 : 즉 천조황대신, 神武天皇 등을 말함. 二. 建國始祖의 諸神 : 즉 素盞鳴尊, 五十猛 등을 말함. 三. 國土經營의 祖神 : 즉 大己貴命, 少彦名 등을 말함. 四. 國土의 祖 : 즉 稻氷命(神武天皇의 皇兄), 大日槍 등을 말함. 五. 國土守護神 : 즉 住吉大神 등을 말함. 六. 叛亂反正에 공로있는 분 : 즉 神功皇后, 武內宿禰, 豊太閤, 伊藤公爵 등을 말함. 七. 忠君愛國의 名臣 및 殉難氣節의 烈士 : 즉 역사상 저명인물. 백제의 福信도 그 一人임"(『全國神職會會報』 第 168號, 1912. 10, pp.79-80)이다. 그리고 동시에 부산 용두산신사 및 용미산신사 兩社를 韓鄕神社라 개칭 및 官幣社 列格을 請願하고 있다(『全國神職會會報』 第 168號, 1912. 10, p.81). 1912년 12월 24일에는 용두산·용미산신사 관폐열격 청원 주동자 塚田管彦과 氏子總代 敬神會員 58名 連署로 寺內 총독에게 '請願書'를 제출하고 있다(『全國神職會會報』 第 171號, 1913. 1, pp.72-75). 그리고 계속하여 용두산 신사 宮司 塚田의 부산 守備隊 등에서의 강연 및 '용두산 신사의 대발전'에 대한 소식들을 싣고 있다(『全國神職會會報』 第 172號, 1913. 2, p.209).

이와 동시에 일본 내지에서는 1914년 5월 16일 내각 총리대신 겸 내무대신 오오쿠마 시게노부大隈重信가 지방관 회의에서 시정의견施政意見을 발표할 때 신사숭경에 관한 근본의根本義를 연술演述하였다. '신사는 국체의 본의本義'[50]임을 지적하고, 최근 종교국에서 종교 각 교파를 취체할 목적으로 종교 법안을 제정하고 제출하려는 움직임이 있음을 알려주었다. 이와 더불어 종교법의 제정과 함께 식민지의 종교취체에 관해서도 엄중한 제도를 설치하는 것이 풍교風敎 및 안녕을 유지하는 데 더욱 긴요한 일이라고 강조하였다.[51] 이후 조선총독부는 7월 7일 관보에, 6월 29일자 조선총독부령 제 49호로 '신사의 제식祭式 등에 관한 건'을, 동同 부령 제 50호로 '신직임용 봉무神職任用奉務 및 복장규칙', 총독부 고시 제 157호로 '신사 봉사奉仕의 행사行事 및 작법作法에 관한 건'을 공시하였음을 알리는 등[52] 식민지 한국의 종교 상황에 큰 관심을 기울이게 된다.

(2) 조선총독부의 종교정책

그러면 1910년대, 곧 3·1운동 이전 조선총독부의 종교정책은 어떠하였는가를 간략히 살펴보자. 조선총독부는 지배 초기부터 민심의 회유를 위해 종교정책을 중요시하였다.[53] 총독부는 이미 1912년부터 조영 준비를 개시한 조선신궁 창립을 기도하고,[54] 신사제도 확립시책

50 『全國神職會會報』 第 188號, 1914. 6, pp.1-4.

51 『全國神職會會報』 第 196號, 1915. 2, p.57.

52 『全國神職會會報』 第 213號, 1916. 7, p.49.

53 이는 伊藤博文 韓國統監 시대부터 행해지고 있었던 '중앙기독청년회'에의 매년 1만円의 기부를 續行하여 融和를 기도하고 있는 것으로 짐작할 수 있다. 곧 어용화 정책으로 이는 후에 '일본조합교회' 및 '조선불교중앙교무원'이 지배에 적극적으로 협력하는 것을 통해서도 볼 수 있다.

54 한석희, 『일제의 종교침략사』, 기독교문사, 1990, p.141.

을 전개해 나갔다. 이를 위해 먼저 일본 내지에서 공인된 종교에 포교의 편의를 제공하고 식민지 한국의 전통 종교를 억압 내지는 '어용화'하려 기도하였다. 그 기본법규가 1915년까지는 한국통감부가 정한 〈종교의 선포에 관한 규칙〉, 이후는 〈포교규칙〉이었다. 또 한국불교[55]를 통제하기 위하여 1911년 〈사찰령〉이 공포되었다.

1916년 11월 17일 통감부령 제 45호 〈종교의 선포에 관한 규칙〉(全 8條)은 일본인 포교자를 대상으로 한 규칙이며, 포교관리자, 포교방법, 종교시설 설립에 대한 통감의 인가권을 정하고, 한국사원 관리의 길을 틈으로써, 한국불교를 일본화하는 것을 허락하고 있었다. 그리고 이 규칙의 결함을 보충하기 위해 나온 것이 〈사찰령〉과 〈포교규칙〉이었다.

● 조선신궁의 신관들

55 조선총독부는 이를 '조선불교'라 하여 '내지불교'와 별도로 취급하고 있다.

강점 시부터 3·1운동 시기까지 조선총독부 정무총감政務總監[56]을 지내면서 〈사찰령〉 및 〈포교규칙〉 등을 규정한 야마가타 이사부로우山縣伊三郞의 전기에 의하면, "조선총독부 설치 초, 야마가타는 불교의 경학經學 및 타 종교단체[기독교 등]와 함께 이를 도외度外로 해야 함을 찰察하고, 민중신앙의 단체로써, 이를 공인할 필요를 인정하여 테라우치寺內 총독의 재결을 거쳐 메이지 44년(1911) 9월 〈사찰령〉을 실시하고, 단연, 한국시대의 제한압박制限壓迫보다 이를 해방解放하고, 포교의 자유를 주기 위하여"[57]라고 적고 있다.

그러나 〈사찰령〉을 보면 자유를 주는 조항은 어디에도 보이지 않는다. 총독의 인·허가권을 정하고, 본말本末제도 및 사법寺法의 인가제는 본래 한국불교에는 없었고 일본불교를 전형으로 한 것이었다. "사찰령에서는 내지의 본말사 제도를 모방하여, 전선全鮮에서 수찰首刹 30을 본산本山으로 하고,[58] 나머지 사찰은 그 창립의 유서由緖, 사통부원寺統付援의 관계 등을 참작해서, 일정一定 본산의 말사로서 부속하고 그 통할을 받도록 하였다."[59] 그리고 '사법寺法'도 실제는 총독부측의 초안草案에 기초하여 작성되어[60] 본사의 자주성은 보이지 않았다. 시행규칙 2조를 보면, 본산의 주지는 총독, 말사의 주지는 지방장관의 허가를 얻도록 함으로써 사실상 임명제나 다름이 없는 것

---

56 官制上 각부를 總理하는 役職으로, 통상 내무관료 출신자가 충원되었다. 이는 총독이 현역의 육해군 대장이기 때문에 內政을 담당하는 파트너의 필요성에 따른 것이었다.

57 德富蘇峰編, 『素空山縣公傳』, 山縣公爵傳記編纂會, 1929, p.295. 德富는 山縣의 동료로 綿密한 취재를 행하고 있다. 平山洋는 신빙성 있는 자료로서 평가하고 있다(平山洋, 「朝鮮總督府の宗教政策」, p.493).

58 후에는 31본산이 된다.

59 武部欽一, 「寺刹令の發布と其の運用に就いて」, 朝鮮總督府編, 『朝鮮』 192號, 1931.5, p.6.

60 韓晳曦, 『日本の朝鮮支配と宗教政策』, p.69.

이었다.[61]

이에 따라 1912년 서울에 '30본산 주지 회의소'를 설치하고, 공동으로 각황사覺皇寺를 건립하여 포교를 준비했다. 그리고 1915년에는 당국의 주도로 〈30본산 연합제규制規〉를 제정하고 '중앙학림中央學林'을 설립하여 승려양성에 착수하였다. 이리하여 식민지 한국의 약 1,300여개 사찰은 총독부의 통제 하에 놓이게 되었다.[62]

불교통제에 이어 다음 목표는 기독교였다. 이를 위해 1915년 8월 16일 조선총독부령 제 83호로 〈포교규칙〉(全 19條)을 발포하였다. 〈포교규칙〉은 〈종교의 선포에 관한 규칙〉의 연장선 상에 있지만, 내용상으로는 몇 가지 점에서 중요한 변화가 보인다.

첫째, 기독교에 대한 통제를 명문화하였다는 점이다. 〈종교의 선포에 관한 규칙〉에서는 '기타의 종교'로 되어 있었지만, 〈포교규칙〉에서는 '기독교'라 분명히 명시하였다(제 1조). 제 1조의 '기독교'라는 종교명의 표시는 메이지 이래 모든 일본 법령 중에서 최초로 사용된 것이라는 점도 주목할 필요가 있다. 일본내지의 법규보다도 먼저 식민지 한국에서 기독교 통제가 적극적으로 이루어진 것은, 기독교도의 비율이 한국에서는 전인구의 약 1.7%로 일본 내지보다 분명히 높으며,[63] 이에 따른 신도가들의 위기의식 그리고 '자유, 자주, 평등을 부추기는 외국 선교사, 특히 미국 장로파에 속한 자'[64]를 통제하지 않으

61 이때 사찰령에 대한 저항과 또 한편에서는 이 기회에 식민지 한국사찰을 합병하려는 일본불교 야심가의 개입, 그리고 일본내지의 사원과 본말관계를 맺는 사원의 등장 등에 대해서는 韓晳曦, 『日本の朝鮮支配と宗教政策』을 참조하라.

62 武部欽一, 「寺刹令の發布と其の運用に就いて」, 朝鮮總督府編, 『朝鮮』 192號, 1931.5, pp.7-8.

63 『조선총독부 통계연보』 1930/1932년, p.660을 보면 1915년 教徒數 약 26만7천명을 인구 1,600만명으로 하여 환산하면 인구비로 약 5배가 되고 있다.

64 總督府庶務部編, 『朝鮮の獨立思想及運動』, 1924. 11, p.29.

면 안 되었던 이유로 볼 수 있을 것이다.

둘째는 〈포교규칙〉의 적용자에 일본인[종교의 선포에 관한 규칙은 일본인 포교자에 한정하였다] 이외의 구미인 및 한국인 포교자도 포함시켰다는 점이다(제 6, 13조).

셋째, 4조와 7조에서 보듯이 각 교파, 종파 관리자의 해임권을 갖고, 그들에게 포교자 감독을 시키고 있다. 〈종교의 선포에 관한 규칙〉에서는 인가권은 있었으나(제 1조) 해임권은 인정되지 않았다.

넷째, 통제의 범위 외에 있던 '종교유사의 단체'(유사종교)에 적용 가능하도록 하였다는 점이다(제 15조).

이와 같이 '모든 종교를 일괄통제' 하는 특징을 가진 법규는 그 이전 일본 내지에도 다른 식민지 법령에도 없었다는 사실에서 〈포교규칙〉의 성격을 찾아볼 수 있다.[65] 결국 〈포교규칙〉은 내용적으로는 일본 내지에서 제정된 모든 종교관계 법규와 모순되지 않으면서, 세밀

● 조선신궁 진좌제에 사이토 총독이 부인과 함께 참석하는 모습. (1925.10.15.)

65 平山洋, "朝鮮總督府の宗教政策", p.495.

하게 규정하고 재량권을 총독에게 부여하면서 전조全條를 19조로 삭감한 것이다.[66] 이 법령이 식민지 지배에 유효하였다는 것은 거의 동일한 조문의 〈포교규칙〉이 1920년 사할린청령樺太廳令 제 50호로도 제정되었다는 사실에서 알게 된다.[67]

그리고 1915년 8월 16일에는 조선총독부령 제 82호로 〈신사사원규칙神社寺院規則〉(全 20條)이 발포되어 〈포교규칙〉과 동시에 신사제도가 확립되었다. 신사제도의 확립에 대해서도 야마가타 이사부로우가 큰 역할을 하였다. 전기傳記에는 "제사祭祀의 정政은 선조를 숭경하고 국민으로 하여금 보본반시報本反始의 정신을 함양시키는 도道가 됨으로, 제사와 종교와는 이를 분명하게 구별하여 통리統理하지 않으면 안 된다. 이에 의해 공公은 한국의 제사에도 채택해야 할 것은 채택하고 폐지해야 할 것은 폐지하여, 제사의 정政을 통리하여 풍교風教의 유지에 이바지하도록 힘썼다"[68]라고 기록되었다.

강점 이전 서울 등 각 도부군道府郡에는 각 1개소의 사직단社稷壇을 두고, 매년 봄에는 기곡제祈穀祭와 가을에는 신상제新嘗祭를 행하고 있었다. 이와 동일한 제사는 일본에서는 신사의 관할이었고, 사직단의 제사는 허가되지 않았다. 이에 대해 "공公은 깊이 고래의 사실史實을 고구考究하여, 메이지 44년(1911) 춘계제春季祭부터 사직단에서, 사신직신社神稷神의 제사를 행하지 못하도록 결의하고, 그 의議를 제출하여 테라우찌 총독의 결정을 얻으려고 노력하여, 사직단에서의 신곡제新穀祭와 신상제新嘗祭를 추방하여 폐지하기에 이르렀다"[69]고 했다. 결국 사직단의 제사는 폐지되었지만, 신사관계 법규가 제정되지

66 平山洋, "朝鮮總督府の宗教政策", p.496.
67 平山洋, "朝鮮總督府の宗教政策", p.510.
68 德富蘇峰編, 『素空山縣公傳』, 山縣公爵傳記編纂會, 1929, p.297.
69 德富蘇峰編, 『素空山縣公傳』, 山縣公爵傳記編纂會, 1929, p.298.

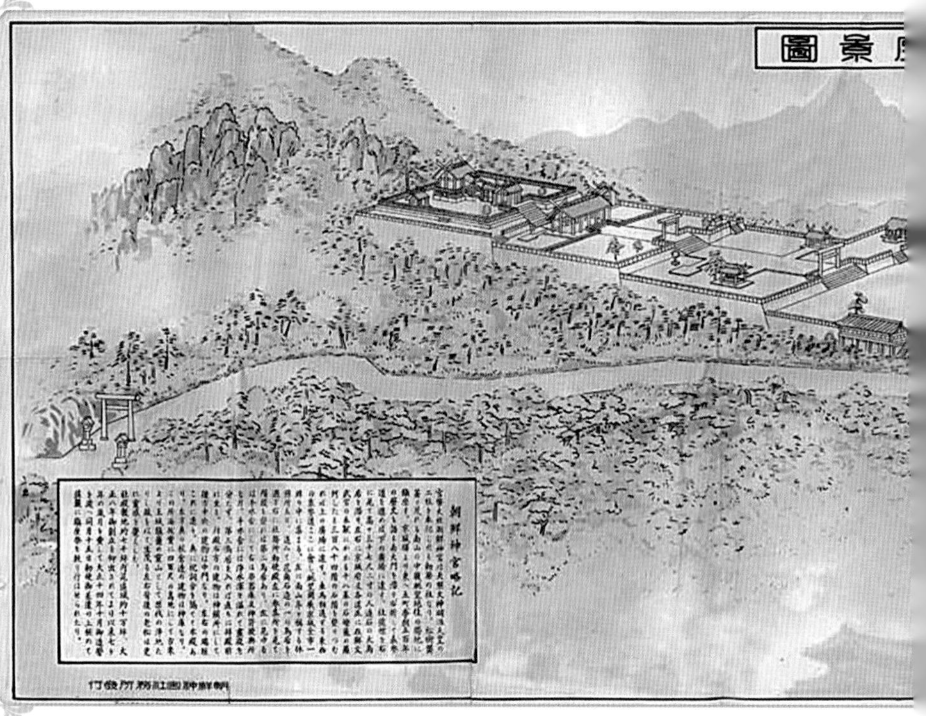


않았기 때문에 1915년에 이를 제정한 것이다.

그리고 1915년 〈신사사원규칙〉이 발포된 것은 이 해 11월 다이쇼大正 천황의 즉위의례即位儀禮[70]까지 한국에도 신사제도를 발족시켜 두려는 준비이기도 했다. 〈신사사원규칙〉에는 신사 및 일본불교의 사원을 창립하기 위한 수속이 정해져 있고, 이 규칙에 의해 1916년 말까지 17개의 신사와 32개의 사원이 인가되었다.[71]

야마가타는 "제사령祭祀令을 조선에 시행하는 안案을 구비하고 테라우찌 총독의 결정을 구하였다"[72]고 하고, 일본 내지를 대상으로 한

---

70 1915. 11. 10. 京都御所에서 행해졌다.

71 『조선총독부통계연보』 1930, p.656.

72 德富蘇峰編, 『素空山縣公傳』, 山縣公爵傳記編纂會, 1929, p.298.

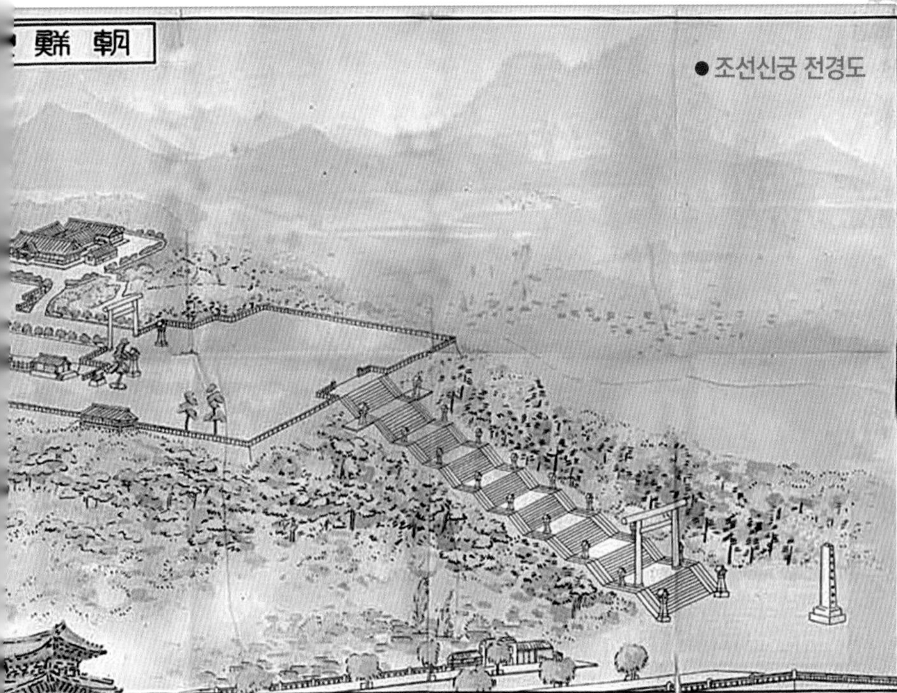


●조선신궁 전경도

칙령 제 10호 〈관국폐사 이하 신사 제사령官國幣社以下神社祭祀令〉(14년 1월)과 내무성령 제 4호 〈관국폐사 이하 신사제식官國幣社以下神社祭式〉(14년 3월)을 한국에 적용하기 위해, 거의 동문同文의 조선총독부령 제 49호 〈신사의 제식 항례식祭式恒例式에 관한 건〉과 동 제 50호 〈신직 임용 봉무奉務 및 복장규칙〉을 16년 6월 발포하였다. 이 수속으로 한국의 신사에서도 일본 내지와 같은 제식祭式을 행하는 것이 가능하게 되었다.[73]

이와 함께 신사 창립에는 30명 이상의 숭경자, 신전神殿과 배전拜殿의 구비 등이 필요하였기 때문에, 그 설립이 용이하지 않아 총독부는 소규모의 시설을 '신사神祠'로써 허가하는 방침을 세웠다. 이 역시 야

73 平山洋, "朝鮮總督府の宗教政策", p.497.

마가타山縣가 의도한 것이었다. "공公은 신사神祠의 창립 및 그 외에 관한 규정을 준비하고, 그 신성神聖을 보호할 필요를 인정하여 대정 6년(1917) 3월 총독의 결재를 받고 1917년 3월 22일 조선총독부령 제 21호로 〈신사神祠에 관한 건〉[全 7條. 이때부터 총독은 하세가와 요시미찌長谷川好道]을 발포하였다."[74] 이러한 신사제도 확립에 대해 전기傳記는 "현재 조선 내 각지에 신사를 창립하고 경신숭조敬神崇祖의 예禮와 보본반시報本反始의 도道를 행함이 추호도 유감없이 이르게 된 것은, 공公이 재임 중 보다 노력한 결과임은 과언이 아니다"[75]라고 함으로써 일제강점 직후부터 3·1민족독립운동 이전의 신사제도의 기초 확립에 정무총감의 역할을 분명하게 지적하였다.

(3) 1910년대 종교정책에서 조선신사의 위치

지금까지 일제의 강점 직후인 1910년대 일본 내지의 신도가들의 결의 및 열망과 총독부의 종교정책을 살펴보았다. 강점과 더불어 신도가들은 식민지 포교를 위한 열망을 끊임없이 표출하였다. 이러한 열망은 순수한 종교적 열망에서 나타났다기 보다는 침략과 황민화 논리에 의한 것이었다. 삿뽀로札幌, 사할린樺太, 대만 등에 신사를 설립할 때보다 한국강점 직후 신도가들의 조선신사 설립 열망과 결의가 매우 강하였다는 사실은 이를 간접적으로 보여준다. 이러한 그들의 열망은 총독부의 입장과도 일치하고 특히 총독부가 통치방침으로 내세운 동화정책을 수행하기 위한 방법으로 채택되고 있었다. 그러나 총독부의 신중한 자세는 처음부터 신도화 정책을 추진하기 보다는 우선 일본 제종교의 식민지 한국포교에 대한 편의 제공과 점차 신

74 德富蘇峰編, 『素空山縣公傳』, 山縣公爵傳記編纂會, 1929, p.298.
75 德富蘇峰編, 『素空山縣公傳』, 山縣公爵傳記編纂會, 1929, p.298.

도 이외 종교에 대한 통제정책의 시행을 통해 자신들의 목적을 달성시키려 하였다.

따라서 소위 '조선신궁'에 대한 소식들이 종종 전해졌으나, 아직까지는 각종 설 및 조사라는 내용으로 나타났던 것이다. 예를 들어 1912년 "조선총독부는 총독부 신축과 함께 조선신궁의 건설을 조사비 중에 계상計上하여 이미 본 년도에 상당한 조사를 진행하였지만 다음 년도에도 동일한 조사비를 투자하여 총독부 청사의 신축 종료 후 신궁공사에 착수하려는 예정이며 금회 메이지 천황의 사망으로 다시 조선신궁에 메이지 천황을 봉사해야 한다는 설說,"[76] "조선총독부는 관폐대사 조선신사를 건립하고 메이지 천황의 신령神靈을 봉사奉祀할 계획이지만 예산의 불성립으로 아직 그 운運에 이르지 못하고 있지만 금번 당해 계획에 기초하여 부지 선정을 위해 전형銓衡한 결과 남산공원의 일부에 봉안奉安하는 것으로 내정內定하였다"는 소식[77] 등이 그것이다.

그러나 1910년대 후반기에 들어서면서는 "조선신사 조영설계를 완료하여 조선신사 조영비 총액은 백만 원으로 하고… 조선총독부 시정 10년에 준공을 고할 것을 희망으로 다음 년도 총독부 예산에 계상하여 의회의 협찬을 바라고"[78], "조선 경성에 관폐대사 조선신궁 건설의 의議는 제 28의회에 예산 제출되었지만 의회해산 때문에 이루어지지 못하고, 조선총독부는 7년도 예산에 해당 건설비를 요구하기로 결정, 신체神體는 아마테라스오오가미와 메이지 천황을 나란히 봉사하고 장엄한 궁전신원宮殿神苑 등을 건설할 계획"[79], 그리고 제

76 『全國神職會會報』 第 167號, 1912. 9, p.71.
77 『全國神職會會報』 第 196號, 1915. 2, p.56.
78 『全國神職會會報』 第 213號, 1916. 7, p.49.
79 『全國神職會會報』 第 227號, 1917. 9, p.51.

40의회의 중의원에서 건의와 질문을 하는 가운데 〈조선신사 건설에 관한 건〉[80] 등이 보여 전반기와는 달리 보다 구체적인 진행이 이루어졌음을 알 수 있다.

3·1운동 직전인 1918년에는 총독부[하세가와 총독]와 내무성·궁내성 사이에 조선신사 창건 협의 및 결정이 이루어지고, 제신을 아마테라스와 메이지 천황 2주柱로 결정하였고, 특히 일본 국내에서도 '조선신궁'에 대해 공식적으로 그 '제신' 문제를 거론할 상황에 이르렀다. 예를 들어 '조선신궁 제신祭神 건의'라는 기사를 보면, "국민당國民黨 대의사代議士 다카키 마스타로우高木益太郎, 이도우 도모야伊東知也 두 사람은 1월 30일 조선신궁에 스사노오 신 봉사奉祀에 관한 건의안을 중의원에 제출하고 그 이유를 다음과 같이 들었다.

● 남산에서 바라본 서울 모습(가쿠슈인學習院대학 우방문고 소장)

80 『全國神職會會報』 第 233號, 1918. 3.

… 이제 존尊(스사노오노미코도-필자 주)을 조선신사에 봉사하고 선민鮮民 숭경의 표적으로 정하여 이에 의하여 인심의 반향을 귀일歸一시켜 제국민帝國民다운 심성을 도야하여 일천육백만 민중에 대하여 일본주의 특히 일선동근적日鮮同根的 개념을 줌으로써 장래 불발不拔의 기초를 심음은 실로 긴요한 일에 속한다."[81]

히라야마 요우平山洋는 3·1운동 이전 총독부 종교정책의 목적을 식민지 한국불교의 무력화, 일본 공인종교의 포교에 대한 편의 제공을 통해 서서히 '황민화'를 달성하는 것이라고 지적하였다.[82] 그는 이 시기 모든 종교를 일괄 통제할 〈포교규칙〉이 제정된 점에 주목하고, 이러한 종교통제의 기본법규는 그 시점에서 일본 내지, 대만 및 남 사할린 등의 식민지에도 전무한 식민지 한국에 독특한 법규라는 점을 강조하였다. 총독부는 한국인을 제국신민화하고, 천황제 이데올로기를 주입하는 기반으로서 신사제도의 확립을 서서히 기도했던 것이다. 이를 위해 〈신사사원규칙〉과 〈신사神祠에 관한 건〉을 발포하여 강점 시 거류민을 대상으로 한, 그리고 일본에서와 같은 사격제도도 없이 산재하였던 거류민 설립 신사·신사神祠들을 정리하는 작업에 착수하고 있었다.

그러나 3·1민족독립운동 이후 일제의 종교정책은 전환되는 모습을 보인다. 곧 1910년대 총독부의 종교정책은 신도가들의 끊임없는 열망과 더불어 내면적으로는 신사건설 및 신사제도의 확립을 기도하면서도, 외면적으로는 신사만이 아닌 일본 내지의 공인종교를 침투시켜 한국을 일본 내지에 동화시키려는 정책적 의도를 드러내었다.

---

81 『全國神職會會報』 第 244號, 1919. 2, p.39.
82 平山洋, 「朝鮮總督府の宗教政策」, p.497.

소위 총독부가 전체적인 동화정책의 틀로서 제시한 '내지연장주의內地延長主義'[83]라고 말하여도 좋을 것이다. 그리고 신사제도는 신도가들의 열망과 총독부의 정책이 서서히 연결을 맺으면서 3·1민족독립운동 직전인 1918년 표면으로 나타나기에 이른다.

당시 한국의 신사설립에 큰 관심을 기울였던 오가사와라小笠原省三는 다음과 같이 적었다. "일본제국의 종사로 신사봉재를 일본정부가 본격적으로 고려한 것은 대정 7년 3월(1918년-필자)이라고 기억한다. 당시 조선총독부로부터 내무대신에게, 조선신사에 관하여 신사조사회의 의견을 질의하였고, 이에 대해 미즈노水野 내무대신으로부터 동년 7월 하세가와長谷川 조선총독에게 회답이 있었고, 점차 내무성과 궁내성 및 조선총독부 사이에 협의가 진행되어, 대정 8년 관폐대사 조선신사 창립계획이 발표된다."[84]

그러나 1910년대 신사제도에는 아직 강제적인 참배 등이 행해지고 있지 않았다.[85] 이러한 종교정책이 3·1운동 이후 전환된 것이다. 이렇게 본다면 강점 직후부터 3·1민족독립운동 이전 일본의 종교정책은 동화정책의 정점인 황민화 정책으로 지향하는 제 1단계로 볼 수 있다.

---

83 보다 간략하게 표현한다면 '내지제도의 식민지 移植'이라고 볼 수 있다.

84 『海外神社史』, p.57.

85 신사참배 강요는 1925년 조선신궁 설립 전에는 나타나고 있지 않았지만, 천황, 황실에 대한 절대적인 존숭이 요구되어 이에 대한 모독은 용서없이 엄벌에 처하고 있었다. 그와 같은 처벌의 예로, (1)105인 사건에서 드러난 천황 '眞影' 배례거부 사건 (2)동아일보의 三種神器 모독사건(1920. 9. 25), (3)강경보통학교 학생들의 신사참배 거부사건(1924. 10.) 등을 들 수 있다(한석희, 『일제의 종교침략사』, 기독교문사, 1990, p.141).

## 2) 3·1민족독립운동과 조선신사

(1) 총독부의 3·1운동 인식과 종교정책의 강화

**가. 총독부의 3·1운동 인식** | 3·1운동 직후 1919년 7월 18일에는 아마테라스 신과 메이지 천황을 제신으로 하는 조선신사, 곧 "신사를 조선 경기도 경성부 남산에 창립하고 사격을 관폐대사에 열列할 것"이라는 내각고시가 내각 총리대신 하라 다카시原敬로부터 나왔다. 1919년 8월 12일, 새롭게 총독이 된 사이토 마코도齊藤實[86]는 1920년 비밀문서 '조선민족운동에 대한 대책'[87]에서 종교 이용책을 강조했다. 그리고 새로운 정무총감이 된 미즈노 렌타로우水野鍊太郎[88]는 신사 중심의 자치에 대해 신중론을 내세웠다.

이처럼 3·1운동 이후 총독부 정책에서 크게 주목할 점은 종교정책이라 해도 과언이 아니다. 이는 3·1운동에 많은 종교가들이 참여했고, 더욱이 주도하였다는 결과에 따른 것이다. 특히 조선불교와 기독교에 대한 정책의 필요성을 인식한 총독부는 여러 가지 대책을 마련하고 있었다.

우선 조선불교에 대해, '불교는 조선 오백년의 압박을 받아 사회적 세력을 실추한 것으로 보이나 민간에는 상당한 신앙 세력을 보유함으로써 이를 부흥시켜 국민신앙의 기취起趣를 구축함이 더욱 중요하다고 믿는다'라고 분석하고, 그 구체적인 방책으로서 6가지를 제시하였다. 곧 ① '〈사찰령〉을 개정하여 경성에 총본산을 설치하고 이로

---

86 해군대장으로 현역에 복귀시키고, 8월 20일 조선 및 대만총독부 관제개정 및 공포, 文官총독을 결정하여, 총독의 육해군 통솔권을 削除한다.

87 國立國會圖書館憲政資料室 所藏;平山洋, 「朝鮮總督府の宗教政策」, pp.498-500 재인용.

88 水野鍊太郎은 1919~1922 식민지 한국에서 政務總監을 하고 난 뒤 24년 清浦내각의 內務大臣, 27년 田中義一내각의 문부대신, 42년 '大政翼贊會' 산하단체인 '大日本興亞同盟'의 부총재, '興亞總本部'의 총리가 되고 있다.

하여 30본산을 통할하게 하는 제도' ② '총본산에는 관장管長을 두고 친일주의자로 이를 충원'한다. ③ '불교 진흥을 촉진하기 위한 단체를 설치하여 이로 하여금 총본산의 옹호기관이 되도록' 하며 ④ '상술上述의 단체는 본부를 경성 총본산 내에 두고 지부를 각 본산 소재지에 두어 그 회장은 거사居士 중 친일주의이며 유덕有德한 사士로 이를 충원'한다. ⑤ '일반 인민의 교화, 죄인의 감화, 자선사업' 등을 행한다. 물론 총본산 및 불교진흥단체가 자주성을 갖지 못하도록 ⑥ '총본산과 각 본산 및 불교단체에는 상담역으로 인격을 갖춘 일본인 고문을 둔다'고 정하였다.[89]

이러한 '대책'이 나옴과 거의 동시기에 3·1운동의 여파와 함께 〈사찰령〉 반대운동이 나타났다. 한용운 등 불교유신회佛敎維新會[90]는 장문의 진정서를 총독에게 제출했고, 이에 찬동하여 날인한 승려의 수가 2,700명에 달하였다.[91] 이 운동으로 조선불교 30본산은 유신회에 찬동파와 반대파로 나뉘어 대립하게 되었고, 총독부는 1922년 5월에 30본산 주지를 소집하여 찬동파를 회유공작하고 사태를 수습하였다. 결국 일본 내지와 동일한 총본산·관장제는 실현되지 않았지만, 사태 수습 후에는 불교진흥단체로서 '재단법인 조선불교 중앙교무원'이 설치되었다.[92]

조선불교와 더불어 그들이 특히 큰 관심을 기울인 것은 기독교에 대한 정책이었다. 기독교에 대한 종교정책은 그들이 가장 곤혹스러

---

89 國立國會圖書館憲政資料室 所藏, '조선민족운동에 대한 대책' ; 平山洋, 「朝鮮總督府の宗教政策」, pp.498-499 재인용.

90 한용운 등 청년승려들이 1920년 조직, 사찰령 철폐운동을 시작하고 있다.

91 한석희 자료 참조.

92 조선총독부편, 『施政30年史』, 1940.9, p.209. 平山洋, 「朝鮮總督府の宗教政策」, p.499.

워 했고, 여기에는 '기독교 박해'라는 세계 여론을 무마하는 일도 중요했다. 각종 정책을 시행해 기독교를 통제하면서, 다른 한편으로 '기독교 박해'라는 세계 여론으로부터 벗어나는 것이 3·1운동 이후 총독부의 주요한 정책 중 하나였던 것이다.[93] '대책'을 보면, 기독교를 통제하여 '민간 유지(일본인)의 심복자心服者를 내세워 기독교를 조종하면서 상당한 편의와 원조를 주어 장래에는 총독문화 정책선전의 일 기관一機關이 되도록 할 것'이 필요하다고 지적하였다.[94] 그래서 이전부터 당국과 양호한 관계를 유지하여 온 일본조합교회日本組合教會를 적극적으로 후원하였다.[95] 3·1운동 당시 조합교회는 관헌의 원조를 받으며 반反 독립운동을 전개하고 있었다.[96] 그러나 조합교회의 술책을 알고 한국인 신도가 대량 이탈하면서, 1921년 10월에는 돌연 조합교회가 한국전도를 포기하게 된다. 이에 따라 새롭게 조선인 신도만으로 구성된 '조선회중교회朝鮮會衆教會'가 조직되었다. 그래서 조합교회를 '총독문화 정책선전의 일 기관'으로 만드려는 '대책'은 실패하였다.[97]

---

93 3·1독립운동 이후 총독부는 소위 '문화정치'로 변화시키면서, 이러한 변화를 내외에 알리기 위해 1919년 11월 상해 대한민국임시정부의 외교부 차장 呂運亨 등 3명을 동경에 초대하여 '자신들의 독립운동은 잘못된 것이었다'라는 전향연설을 하도록 계획한 것도 이에 속한다. 그러나 여운형은 동경에서 일본을 비판하게 된다(한석희 참조).

94 平山洋, 「朝鮮總督府の宗教政策」, p.499.

95 한석희 참조. 조합교회는 1910년 10월 제 26회 총회의 신도대회에서, '새롭게 더하여진 조선동포의 교화'를 결의, 총회는 실행위원회를 선출하고, 익년 渡瀬常吉이 主任이 되고 조선 전도가 시작되었다. 총독부는 渡瀬의 '日本과 병합되어진 조선인으로 하여…일본국민으로서 설 수 있는 覺悟에 도달'(渡瀬常吉, 『朝鮮教化の急務』, 1914, p.11)이라 하는 전도방침에 共鳴하고, 기밀비부터 年額 6,000円을 익명으로 계속 기부하고 있다.

96 平山洋, 「朝鮮總督府の宗教政策」, p.500.

97 平山洋, 「朝鮮總督府の宗教政策」, p.500.

그리고 1921년 1월 발행한 『조선의 통치와 기독교』(조선총독부)[98]를 보면, 통감부 시대에 기독교와의 밀접했던 관계를 적고,[99] 3·1운동에 대한 총독부의 조치가 잘못 알려지는 것을 반박하고 그 대책을 제시했다. 총독부는 1919년 9월에 〈총독부 관제 개정〉을 발표했고 사이토 총독, 미즈노 정무총감 및 각 국부장局部長을 바꾸었다. 또 "종교적인 측면으로는 총독부의 관제개정과 함께, 우선 학무국에 종교과

● 남대문 옆의 조선신궁 참도參道의 학생들

98 책자의 머리글에서는 "… 특히 작년의 소요사건(3·1운동-필자) 이래 이 문제(조선에서의 기독교의 활동-필자)는 여러 의미로부터 주의해야만 하는 것으로서 內外人의 耳目을 집중시키고 있는"(p.1) 것이며, "극단적인 것이 되면 조선에 있어 기독교의 활동은 布教의 가면을 쓴 정치운동이며, 외국선교사는 모두 직접간접으로 불온한 조선인을 선동하여 我國權에 반항하도록 하는 商賣하고 있는 상태라고 말하는 자도 있다"(p.1)고 적고, "이 소책자 편찬의 동기는 조선에 있어 기독교의 利弊를 論評하고 또 역사적 고증을 詮索하여…조선에 있어 기독교의 眞相을 알고자 하는 사람들에게 참고의 一端"(pp.1-2)을 주려 하는 것이라고 말하고, 1920년 8월 학무국 관계자(半井淸)는 "단기간에 있어 사업"(p.2)이라고 함으로써 급박하게 일이 진행되었음을 보여주고 있다.

99 특히 伊藤 통감은 당시 일본 및 조선 메소디스트 교회의 감독이었던 M.C.해리스와는 친밀한 교제를 하고 있었으며, 평양의 일본 메소디스트교회 건립시는 1만 원을 기부하고, 그 외 경성에 있는 조선인 소속의 중앙기독교 청년회 사업을 유지하기 위하여 매년 1만 원을 下附하여 장려하고 있었다는 사실을 지적하고 있다(p.6).

1과課를 신설하여 사무관 1명, 촉탁 1명, 판임관判任官 이하 여러 명을 두어 종교행정에 관한 사무를 처리하고 또 제반 조사에 종사하도록 하였으며, 당국은 특히 종교를 잘 이해하는 사람을 찾으려 노력하여 과원課員 중 2명의 기독교 신자를 충원하였다."(p.15) 그 기독교 신자는 "상호간의 의사소통을 도모하면서 총독부 정치의 철저를 기하는 일에 근무하고"(p.15) 있으며, 1919년 9월에는 경성에서 열린 조선 주재 외국인 선교사 연합대회에 학무국장이 참석하여 종교에 관한 총독부의 방침을 설명했다(p.15).[100] 또 1919년 말에서 1920년에는 경성 주재 외국인 목사 및 신자의 유지有志들로 조직된 경성 기독교 연합위원회[101]가 중심이 되어 당국, 외국인, 신문기자 등의 간담회를 종종 개최했고(p.16), 1920년 경성의 지식계급을 망라한 국제친목회[102] 조직 및 활동(p.17) 등도 돕고 있었다.

그리고 "일시동인一視同仁의 취지에 기초하여 문화정치를 실시"(p.17)하기 위해 "많은 시설개선"을 행하였으며, "특히 기독교 및 부속사업에 직접 간접으로 관계있는 사항"(p.18)으로 우선 "각종 규칙의 개정"에 노력하였다. 특히 1920년 4월의 〈포교규칙〉 개정이 그 중 하나였다.[103]

---

100 이때 '남·북 메소디스트교회, 미국 남·북장로파, 카나다 장로파 및 호주 장로파의 6개 선교단연합'의 이름으로 전도사업, 교육사업, 의료사업, 종교문학, 소유권 및 재정적 문제, 도덕개선 등에 관한 陳情書가 제출되고 있다(pp.44-57).

101 고등법원장 渡邊에 의해 主宰.

102 회장은 조선은행총재 美濃部, 간사장은 기독교청년회의 丹羽 씨가 맡고 있었다.

103 그리고 포교규칙 개정과 더불어 1920년 3월 사립학교 규칙개정, 종교단체의 재단법인 설립허가 등을 들고 있다. 곧 宗教課를 설치하여 선교사들의 동향감시 및 교회의 법인 인정 등으로도 통제하고 있었다. 그리고 당국은 "또 하나의 곤란한 사건에 봉착"하고 있다고 하고 그것은 다름 아닌 "소요사건 1주년"(p.20)이며, 이를 위하여 경무국장과 학무국장 등은 경성의 외국 선교사 중 중립인 2인과 회견 및 동맹휴교 등이 없기를 바라고 있었다(pp.20-21).

3·1운동 직후 총독부 종교정책의 지주였던 1920년 4월의 〈개정 포교규칙〉은 어떤 것인가. 총독부의 설명은 허가주의에서 신고주의로 변경, 규제의 완화라고 선전하고 있었다. "대정 9년(1920) 4월 〈포교규칙〉을 개정하여 교회당·설교소·강의소 등 설립의 허가주의를 신고주의로 바꾸고 동시에 제반 복잡한 수속을 생략함으로써 포교의 편의를 도모하려는 것"[104]이라고 했다. 그러나 이 〈개정〉에서 제 12조는 완전히 새롭게 첨가된 것이었다. 곧 '조선총독은 현재 종교의 용도로 제공한 교회당, 설교소 또는 강의소 등이 안녕질서를 문란할 우려가 있다고 인정할 때는 그 설립자 또는 관리자에 대해 사용을 정지 또는 금지할 수 있다'는 조항이다. 이 조문은 3·1운동 시 교회당이 운동의 거점이 되었다고 보고, 시설을 '정치적으로 이용하는 것에 대한 금압'[105]을 위해 추가된 조항이었다. 이는 개정의 본심을 직접적으로 드러내고 있었다. 그리고 제 14조에서는 '조선총독은 포교관리자, 포교담임자 또는 조선사찰 주지에 대해 필요하다고 인정하는 보고를 명령할 수 있다'고 하였다. 개정 전의 12조 '연말 현재의 신도수' 및 '그 해 신도 수의 증감'의 보고만을 결정했던 조항에 비해 새롭게 첨가되어 통제를 더욱 강화했던 것이다.[106]

---

104 『朝鮮總督府施政年報大正十年』, 1921. 3, p.180.

105 總督府編, 『朝鮮に於ける新施政』, 1920.8, p.40.

106 그러나 당시 일본내지에서는 이러한 추가된 條文과 같은 내용을 가진 법령이 없었다는 사실을 지적하면서, 平山洋은 총독부의 종교정책이 그때까지의 '내지연장주의'를 떠나 독자의 방향으로 진행되기 시작했다는 것을 의미한다고 보고 있다(平山洋, 「朝鮮總督府の宗教政策」, p.501). 그리고 일본내지의 종교행정담당자인 文部大臣은 이러한 추가된 내용의 것과 같은 권한을 갖지 못하고 있다. 곧 식민지 한국에는 독자의 법규제정권(제령)이 존재하고 있었다는 사실과 일본내지에서 만들어진 법규를 식민지 한국에 강제하는 것이 아닌 그 역의 과정 등에 대한 주목은 일제 식민지 정책의 성격을 규정지워줄 수 있는 하나의 요인이며, 식민지 한국에 대한 연구가 내지일본과 관련되어 비교, 분석될 필요성을 보여주고 있다. 平山洋는 이러한 점을 강조하여 식민지 한국통치는 '내지연장주의'라기 보다는 '조선연장주의'라고 지적하고 있다(平山洋, 「朝

**나. 신직회의 3·1운동을 계기로 한 신사정책의 강화 |** 3·1운동 직후 일본 전국 신직회는 3·1운동에서 "천도교 일파 및 미국 기독교 신자"의 움직임과 포교문제의 중요함을 전하면서 활동을 시작했다.[107] 곧 3·1운동은 신도가들이 그동안 미루었던 신사창건을 강력하게 요구할 수 있는 기회 및 기독교의 확산에 대한 불만과 염려로 총독부의 종교정책 수정을 요구할 수 있는 기회를 제공했던 것이다.

『전국신직회 회보』 제 252호(1919. 10)에는 이러한 신도가들의 생각 및 의지가 분명하게 드러났다. '조선통치의 장래-부附 조선신사의 창건에 대해-'를 권두 논설로 제시함으로써 신도가들의 강력한 의지를 표출시켰다. 이에 의하면, 첫째 '소요에 대하여'에서는 "금번 소요를 거울삼아, 이 반도 정치를 여하히 처리하여 갈 것인가 하는 것은 금일 절박한 중대한 문제뿐만이 아니라, 이 처리여하에 따라 장래 아국我國이 항상 불안한 일대 부담을 지게 되는 바이기 때문에 충분하게 사려하고 또 각오하지 않으면 안 된다. 생각해 본다면 금번의 소요는 결코 우연으로 일어난 것이 아니다."(p.1) 라고 문제의 심각성을 적고 있었다. 또 소요의 원인은 "적어도" 세 가지 요인, 즉 민족주의의 세계적 대세와 한국통치의 결함 그리고 불량 선교사의 배일적排日的 선전이라고 지적하였다.

---

鮮總督府の宗教政策」, p.508). 1920년 〈개정포교규칙〉의 경우는 1939년 일본내지에서 제정된 〈종교단체법〉의 선구가 되고, 1925년 〈치안유지법〉의 선구가 〈정치에 관한 범죄처벌의 건〉이라는 것은 이미 널리 인정되고 있다(松尾洋, 『治安維持法と特高警察』, 教育社, 1979, p.63). 그리고 총동원체제 구축에서도 중요한 역할을 담당한 '興亞奉公日'(1939. 9)의 선구도 식민지 한국의 '愛國日'(1937. 9)이며(須崎愼一, 「アジアの中のファシズム國家」, 歷史學硏究會·日本史硏究會編, 『講座日本歷史10 近代4』, 東大出版會, 1985, p.264), 더욱이 '隣組'의 조직화가 1940년 9월임에 대하여 식민지 한국에서는 '愛國班'에 의해 1939년 6월말에는 이미 거의 전 가정이 통솔되고 있었다(『施政30年史』, p.830).

107 『全國神職會會報』 第 245號, 1919. 3, p.42.

둘째, '이민족을 동화하는 것이 어려운가'라고 제시한 장에서는 "이 일과 관련하여 14일 미즈노 정무총감이 지방관을 소집하여 관리의 차별철폐, 봉급제도의 동등, 지방자치제, 자선병원의 건설 등의 신정新政을 발표한 것을 우리는 매우 기쁘게 생각하며, 그 성공을 바라는 바이다. 이렇게 해 나간다면 동화는 결코 불가능한 문제가 아니다. 우리 국민은 역사상 기다幾多의 민족을 동화시켜 왔던 경험을 갖고 있다. 동화는 오직 시간문제이다"(p.4)라 했다. 덧붙여 "동화는 그 모체가 항상 건전하지 않으면 안 된다. … 조선을 동화시키는 것은 반드시 우선 우리 국國 자신의 건강을 확보하지 않으면 안 된다"(p.5)라고 강조하였다. 이는 일본 국내의 기독교 및 불교에 대한 불만으로 보인다. 당시 일본 국내의 상황은 "물질적으로 물가폭등, 생활불안의

● 조선신궁 입구에서 기념사진을 찍는 여학생들

리에게 동화시키는 것은 곤란한 문제이다”(p.7)라고 각성을 촉구했다. 곧 3·1운동을 기해 신도가의 위기의식이 표출되면서 이 해결을 총독부의 “사이토 총독과 특히 미즈노 정무총감”에게 바라고 있었다.[110]

위의 논설 직후 ‘조선신사 조영확장’이라는 소식이 보인다. “아마테라스 신과 메이지 천황 2주柱의 신神을 봉사奉祀해야만 하는 관폐대사 조선신사는 그 계획발표의 시초부터 조선인 간에 조선조의 비조鼻祖인 이성계李成桂도 제신 중에 포함해야 한다는 운동이 일어나서, 총독부는 조선신사 조영에 대해서는 절대 비밀을 지키고, 일시 조영을 중지할 것인가 진행할 것인가에 대해 논의하였지만, 계속 진행하기로 결정하여 최초의 조영비 오십 만 원에 새로이 백만 원을 추가하여”[111] “지진제地鎭祭를 5월 중에 집행”(p.34)하려고 추진해 나갔다. 결국 관폐대사 조선신궁은 그들의 열망과 총독부의 필요성에 의해 1925년 10월 15일 진좌제鎭座祭가 행해지고 있다.

---

110 『全國神職會會報』 第 252號, 1919. 10, 論說 ‘朝鮮統治の將來-附朝鮮神社の創建に就て-’, pp.1-7.

111 『全國神職會會報』 第 258號, 1920. 4, p.34.

# 4 | 제신논쟁과 황민화 구상

## 1) 제신논쟁의 발단

앞에서도 살펴보았지만, 일본의 식민지 지배정책은 황민화에 목표를 두었고, 황민화 정책은 〈조선교육령〉에 의한 식민지 교육구조 실시, 일본어 사용강제, 창씨개명 등 구체적인 틀로 이루어지고 있었다. 또 보다 직접적으로는 국가신도를 중심으로 한 신사의 설립과 참배의 강제가 핵심적인 요소로 등장했던 것이다. 이러한 식민지 신사와 황민화 정책을 나카지마中島三千男는 "민족개조정책民族の作り替え政策"(p.17)이라 지적했다. 말할 것도 없이 신사를 중심으로 한 '황민화' 정책의 중대한 역할을 맡았던 것은 조선신궁이었다.

조선총독부 『시정25년사』에도 "조선신사를 창건하여 …이로서 국풍이식國風移植의 본원本源으로 하는 것은 조선통치 상 가장 긴요한 일"[112]이라 하였다. 따라서 총독부는 1912년부터 조선신사 조영준비 비용을 예산에 계상하고, 전반에 걸쳐 "상세 은밀한 조사에 착수하고, 대정 4년에 그 조사를 완료"(p.159)하였다.[113] 그리고 "통치상의 문제" 뿐만 아니라 "정신적 중심기반"으로서 "끊임없이 내지인들이 요구"에 의해 설립되는[114] 조선신사의 설립지 선정에도 신중을 기하

---

112 조선총독부, 『施政二十五年史』, 1935, pp.158-159.

113 『해외신사사』에도 조선신궁은 "1912년부터 1915년에 걸쳐서, 창립준비費가 예산에 計上되고, 제국의회의 협찬을 거쳐 확정되어, 1913년 이래 전문 技術官을 내지에 파견하여, 諸社의 구조형식 등을 조사 연구하여 참고자료로 하였다"(『海外神社史』, p.425)고 적고 있다.

114 『海外神社史』, p.424.

여 우선 전국의 최적지를 탐색하였고, 최종적으로는 경성으로 확정하였다. 1930년대 말 부여신궁 창립 예정지였던 부여도 유력한 후보지 중 하나였다.[115] 결국 일제의 신사정책은 식민지 통치 상 및 식민지의 정신적 지배를 위한 문제로서 강점 직후부터 신중을 기하여 이루어졌던 것이다. 이러한 신사가 천황의 선조를 중심으로 한 것임을 볼 때, 일제가 한국에서 시행한 종교정책은 신사제도의 확립을 통한 천황제 종교의 수출논리, 곧 천황제 이데올로기 침투의 중요한 회로回路였으며, 침략적 성격을 노골적으로 드러낸 민족의식의 말살과 제국신민의 육성을 목적으로 한 것이었다.

이러한 신사제도에서 중요한 요소가 제신과 사격문제이다. 제신과 사격에 의해 그 신사의 성격과 지위 및 설립자의 의도 등이 파악 가능하기 때문이다. 특히 일본이 식민지 지역에 만든 신사의 경우는 일본정부의 향후 식민지배 의도가 담겨있기 때문에 식민지 정책을 고찰 혹은 비교하는 데 주요한 분석대상이 된다. 그러나 지금까지 식민지 신사제도에 관한 다수의 연구들은 강제참배에 대한 저항을 주로 다룸으로써 이 문제를 소홀히 한 면이 없지 않다.

제신의 경우, 일본국가가 설립한 대표적인 식민지 신사는 삿뽀로신사札幌神社[116], 대만臺灣신사, 사할린樺太신사, 조선신궁, 남양南洋신사, 관동關東신궁 등[사격은 모두 관폐대사들이다]이었다. 또 이들 신사의 제신은 삿뽀로 신사 이래 일본인 고래의 전통적인 신도사상에 근거하여 '국혼신'을 봉제하는 것이 일반적이었다. 그러나 이러한 제신봉재 전통은 1925년 조선신궁 창건 이후 전례가 파괴되었다. 이는 신

115 『海外神社史』, p.425.

116 식민지신사는 아니지만 국가에 의해 北海道 개척 守護로서 창시된 것이기 때문에 식민지 신사를 지적할 때 항상 같이 지적되는 신사이다.

도인神道人의 입장에서 볼 때, 일본의 사상사에 하나의 전기轉機를 의미했고, 당시 신도인들에게 큰 문제를 안겨주었다. 그만큼 국가신도 시대에 조선신궁 제신문제는 중요한 의미를 갖게 된 것이다.[117]

개괄적으로 살펴본다면, 대만과 사할린 그리고 삿뽀로 신사의 경우 제신은, 후에 아마테라스 신도 합사하였지만, 최초의 제신은 개척삼신開拓三神이었다. 이 신은 새롭게 개척한 지역에서 제사되는 신들이다.[118] 그런데 한국에서는 상황이 변해 아마테라스 신과 메이지 천황이 등장하였다. 물론 모두 천황제의 해외침략, 천황숭배와 관계된 신들인 것은 동일하지만, 조선신궁의 아마테라스 신과 메이지 천황의 등장은 천황숭배를 의미하는 보다 직접적인 표현이었다. 이러한 식민지 신사의 제신 변화는 "보다 정치적" "이데올로기적" 의미가 강하게 스며들어 있었다.[119]

제신문제는 일제의 식민지 침략에서 중요한 요소로 등장하여 만주 및 중국 등에서의 신사설립에도 영향을 미치게 된다.[120] 여기에서 살펴보아야만 하는 것이 이러한 제신과 관련된 일본정부 혹은 총독부와 신도가들 간의 논쟁이다. 제신논쟁은 조선신궁 설립 직전에 나타났으며, 식민지 지배에 있어 총독부와 신도인들의 견해가 대립된 것이었다. "욱일기旭日旗를 등에 지고 이들 땅에 진출進出한 것이기 때문에, 소위 '해외의 신사'도 역시 이르는 곳마다 봉재奉齋되기에 이른

---

117 神社新報政教研究室編, 『近代神社神道史(增補)』, 神社新報社, 1986, pp.169-170.

118 상세한 내용은 中島三千男, 「海外(植民地)神社について」, pp.16-17 참조. 물론 대만의 경우는 개척삼신과 함께 能久親王(청일전쟁 후 일본은 대만을 무력점령하고 있지만, 그때 지휘관인 北白川能久親王이 臺南에서 죽는다)도 제사하고 있다.

119 中島三千男도 이 점을 강조하고 있다(「海外(植民地)神社について」, p.17).

120 中濃教篤은 제신논쟁에 대한 고찰의 필요성을 지적하면서, 이를 노골화된 '神들의 침략'이라 부르고 있다(中濃教篤, 『天皇制國家と植民地傳道』, 國書刊行會, 1976, p.282).

것은 당연하다"[121]는 침략적 사고를 지녔던 일본 내지의 신도인들이 조선신궁 설립 전후에 자신들이 제기한 제신문제에 적극적으로 참여·활동함으로써 이후 식민지 종교정책에서 주요한 위치를 담당하게 된다. "해외신사 문제에 적극적으로 개입하기에 이른 것은 실로 이 문제가 격화한 대정 14년(1925)부터이며, 또 해외신사 문제의 보편적 견지에서도 이것은 중대한 의의를 갖고 있었다"[122]는 지적은 이를 뒷받침한다.

일본정부 역시 신사를 중심으로 한 식민지 지배를 신도가들과 더불어 본격적으로 고려한 것은 조선신궁 설립이 중요한 하나의 계기가 되고 있었다. "일본제국의 종사宗祀로서 신사봉재를 일본정부가 본격적으로 고려하기에 이른 것은 대정 7년(1918) 3월이라고 기억한다. 당시 조선총독부에서 내무대신 앞으로 조선신사에 관하여 신사조사회의 의견을 질의했고, 이에 대해 미즈노水野 내무대신이 같은 해 7월 하세가와 조선총독에게 회답하였고, 점차 내무성과 궁내성 및 조선총독부 사이에 협의가 진행되어, 대정 8년 관폐대사 조선신사 창립계획이 발표된다."[123] 신사설립을 중심으로 한 일본정부와 신도인의 협조, 그리고 신사의 제신과 관련된 대립을 통해 한국의 경우 신사를 중심으로 한 황민화 정책이 구상되었던 것이다.

### (1) 조선신궁 제신의 결정

강점과 함께 제반 종교정책을 통하여 신사를 포함한 기존의 종교들을 통제하여 나가던 것과 동시에, 한국 전역의 총진수로서 식민지

121 『海外神社史』, p.57.
122 『海外神社史』, p.57.
123 『海外神社史』, p.57.

정책 곧 동화정책을 수행해나갈 신사창건 계획이 수립·진행되었다. "1912년 이래 조용히 신중하게 각종 조사를 수행하여,"[124] 1919년 7월 관폐대사 조선신사의 기초가 이루어지고, 1920년 5월부터 조영공사를 착수하고, 1925년 9월 준공, 10월 15일 진좌제를 실시했다. 그리고 이 조선신궁의 제신결정은 1918년 총독부에서 비밀리에 이루어지고 있었다.

조선신사의 제신을 정하는 문제는 "신중하게 심의를 반복하여" 총독부[하세가와長谷川好道 총독]와 내무성·궁내성 사이에 협의[총독부가 안을 구비하여 내무성에 조회, 내무대신은 신사조사회에 자문], 결정하였다.[125] 1918년 3월 30일자 내비內祕 제 145호에 의하면, 하세가와 총독이 미즈노 내무대신에게 '조선신사의 제신에 관한 건'을 문의했다. 여기에는 "금번 예산결정을 거친 조선신사 건설의 의儀는 대정 7년도(1918)

● 경성신사의 토리이鳥居

124 조선총독부, 『朝鮮における施設一班』, 1925, 제 6절 '神社及神祠', p.12.
125 『海外神社史』, p.425.

부터 착수할 예정으로 그 사격社格은 관폐대사로 결정되었고, 이로서 일선인日鮮人 숭경의 일대 중심점을 만들어 동화 상 지대한 관계를 만들어내야 하기 때문에", 그 "제신의 의義는 단순히 일본인뿐만 아니라 조선인의 숭경 상 여러 방면으로부터 더욱더 신중하게 결정하지 않으면 안된다고 생각"하여, "총독부에서는 반복심의의 결과 아마테라스 오오가미와 메이지 천황 2주柱의 신神을 봉사하는 것이 더욱 적당하다고 생각하고 있으나 일부 유식자들 사이에는 이 두 신 외에 스사노오노미코도素盞鳴尊를 합사해야 한다는 설"도 주장되어 내무성 신사조사위원회의 자문을 급히 기다린다고 하였다.[126] 이에 내무대신은 신사조사회의 자문을 구해 1918년 7월 4일자로 "아마테라스 신과 메이지 천황 2좌座로서 매우 적당하다"고 회답하였다.[127] 회답을 얻은 총독부는 "제신결정에서 자신을 갖고 진행"해 나갔다.[128]

1918년 11월 28일자 하세가와 총독이 하라 타카시原敬 수상에게 비밀리에 제출한 '조선신사창립에 관한 건'(內祕 제 424號)에는 의뢰서와 함께, 예정지의 지도 및 '조선신사의 제신 및 사격전정社格詮定의 이유서'가 첨부되었다. 먼저 의뢰서에는 조선신사의 창립에 대해 다음과 같은 내용을 담고 있었다.

> "병합倂合 이래 백규진창百揆振暢하여 황화솔토皇化率土에 널리 민풍습속民風習俗 또한 해마다 융합동화融合同化의 정도를 진행시킴에 이르렀고, 그러함에도 아직 조선 전토의 민중 일반에게 존숭해야만 하는 신사가 없이 민심의 귀일歸一을 도모하여 충

---

126 『海外神社史』, pp.425-426.
127 『海外神社史』, p.426.
128 『海外神社史』, p.426.

군애국의 념念을 깊이 하도록 하는 점에 있어서 유감인 바 없지 않으나, 이로써 이제 국풍이식國風移植의 대본大本으로서 내선인內鮮人 공히 존숭해야만 하는 신기神祇를 권청勸請하고, 반도주인半島住人으로 하여 영원히 보본반시報本反始의 성誠을 이를 수 있도록 함은 조선통치상 매우 긴요한 일이라고 생각하고, 따라서 이에 황통皇統의 시조인 아마테라스오오가미天照皇大神와 홍덕위업鴻德偉業 전고미증유前古未曾有로 조선의 민중에 대해 또한 견줄 수 없는 인혜仁惠를 베풀어 준 메이지明治 천황 두 신二神을 봉사하기에 이르렀음."[129]

● 1918년 춘천에 세워졌던 강원신사. 1936년 道供進社로 지정, 1941년 国幣小社에 열격되었고 제신은 天照大神, 明治天皇, 国魂大神, 素盞鳴大神이었다.

129 『海外神社史』, p.426.

의뢰서와 함께 제출된 제신결정의 이유서는 먼저 '고래 조선에 연고있는 신으로서' 스사노오 신素盞鳴尊과 진구왕후神功皇后, 또 인신人臣의 열列에서는 도요토미 히데요시豊臣秀吉 등이 있으나 한국인과의 관계 등을 들어 적절하지 않음을 지적한 후, 아마테라스 신과 메이지 천황 2주로 결정한 제신결정의 이유를 다음과 같이 지적하였다.

"아마테라스오오가미는 우리(註. 일본)의 국조國祖로서 황종皇宗에 계시어 내지인內地人이 선조祖先 이래 숭경하여 멈추지 않을 뿐만 아니라, 조선인이 오늘 그리고 필경 우리의 황조皇祖 아마테라스오오가미의 능위稜威에서 나온 것이라면 조선인도 역시 이를 숭경하지 않으면 안 되는 이유이다. 또 메이지 천황의 성덕홍은聖

● 강원신사의 본전이 위치했던 자리(本殿跡地).

德鴻恩은 조선 전토에 적시어 어느 한 사람 은파恩波에 젖지 않은 이 없음을 이제 다시 자세하게 말할 필요도 없으며 … ”[130]

소위 ‘국가의 종사宗祀’로서 천황의 신사를 한국에 적용하려는 총독부의 의도, 곧 황민화 정책의 구상이 나타나고 있었다. 이유서에 의하면, 진구황후神功皇后와 도요토미 히데요시 등은 과거 한국에 군대를 진격시켜 무용武勇을 보였지만 덕德을 펴고 은혜를 베푼 행적이 전해지고 있지 않기 때문에, 이들을 한국 민중에게 숭배하도록 하는 것은 어렵다고 하였다.

그리고 매우 신중히 생각해 본다면, 아마테라스 신은 일본국의 시조이며 황종皇宗일 뿐만 아니라 ‘조선인이 오늘 그리고 필경 우리의 황조 아마테라스 신의 능위’에 의한 것이기 때문에 한국민족이 이를 숭경하지 않을 이유가 없다고 완전히 논리를 비약시켜 나갔다. 또한 메이지 천황의 성덕홍은에 젖지 않은 한국인은 한국 전역에 한 사람도 없다고 주장하여 메이지 천황을 제신으로 해야 한다고 주장했다. 결국 한국 민중을 배려하는 듯한 내세운 전략적 제신결정 과정을 보여준 것이다. 이러한 제신결정에 따라 조선신사 설립계획은 1919년 7월 확정, 고시되었다.[131]

---

130 手塚道男, 「朝鮮神宮鎮座祭前後の記」, 『海外神社史』 上卷, 1953, pp.427-428에 所收. 手塚道男는 조선신궁의 초대 禰宜이다.

131 여기에서 두 가지 사실을 주목할 필요가 있는데 우선 1919년 7월 조선신사를 경성부 남산에 창립하고 이를 관폐대사로 하는 것이 原敬 총리대신의 이름으로 告示되었다는 사실이다. 곧 조선신사의 창립이 3·1운동이 일어난 4개월 뒤인 점을 충분히 주목하지 않으면 안된다. 그리고 조선신사 제신결정에서는 신공황후에 대해 식민지 한국인의 반발을 염려하고 있으나 부여신궁의 창건문제가 나타날 시기가 되면 그러한 염려조차 없어지고 있다. 이와 같은 식민지주의자의 논리로 종교문제를 해석하는 방향도 점차 독단성이 강해지고 있음을 알 수 있다.

(2) 조선신사 신궁개칭 과정

조선신사의 사호社號는 1919년 7월 18일 내각고시 제 12호로 신사의 위치와 제신 및 사격이 결정되었다. 그러나 1925년이 되면서 사호를 개칭해야 한다는 주장이 나타났다. 신사계에서는 조선신사에 대해 그 제신을 볼 때 사호는 당연히 신궁으로 해야 하며, 궁사는 칙임勅任 대우해야 한다고 하면서 "특히 신영토에서 최초의 창립이기 때문에 이 점 신사계의 장래를 알 수 있는 것으로 중대시하는 경향이 있다"고 적었다.[132] 이에 총독부는 궁내성, 척식국拓殖局, 내무성 등에 의견을 조회한 결과 이의가 없어 신궁개칭을 결정하게 된다.

내무성에서는 미야지宮地 고증과장考證課長, 사가미佐上 신사국장은 다른 견해를 내지 않았고, 유아사湯淺 내무차관이 신사조사회와의 의논을 거쳐 결정하는 것이 좋겠다고 하였다. 이에 미야지 고증과장이 기안起案하고 연락교섭은 이시구로石黑 지방과장이 맡았다. 미야지 고증과장의 의견서(1925.4.1.) 일부를 보면 다음과 같다. 특히 여기에는 삿뽀로, 대만, 사할린 신사와 제신이 다른 이유도 제시함으로써 조선신궁에 대한 일본정부의 입장을 보여주었다.[133]

> "생각컨대 조선은 고래 내지內地와 극히 긴밀한 관계를 갖고 있어 역사적, 지리적 및 사회적으로 보면 대만, 사할린과는 스스로 모양을 달리 하여 경중輕重의 역사적 차이가 당연한 것이다. 이에 본사本社(조선신궁-필자 주)는 조선 전토의 총진수總鎭守로서 창립되어, 그 성격이 매우 중요할 뿐만 아니라 제신祭神은 우리

---

132 『海外神社史』, p.437.

133 札幌, 대만, 화태신사의 제신은 개척삼신을 祭神으로 하고 있으며, 사호에 있어서는 대만신사의 경우만이 태평양 전쟁 말기 일본의 패전색이 보이는 1944년에 대만총독부도 천조대신을 대만신사의 제신으로서 合祀하여 대만신궁으로 승격시키고 있다.

의 신기神祇 중 최고로 현저한 아마테라스오오가미와 메이지 천황의 2주柱를 봉사奉仕하는 것으로 하여, 그 점에 의해서도 국토개척의 신神을 봉사奉祀하는 삿뽀로신사, 대만신사, 사할린 신사와 같이 논할 바가 못된다."[134]

이러한 의견서에 따라 신사조사회는 신속하게 승인을 의결하고, 그 결과를 총독부에 회답했고, 1925년 4월 2일자로 조선총독은 내각총리대신[加藤高明]에게 청의請議를 제출하고, 6월 27일 내각고시 제 6호로 조선신사의 사호를 조선신궁으로 개칭하였다. 총독부가 제출한 개칭의 이유서는 미야지 고증과장의 의견서를 참고하여 다음과 같이 적었다. 우선 고래로부터 신사의 사호는 아마테라스 신 및 대대代代의 천황을 봉사하는 것은 신궁, 황족을 봉사하는 것은 궁宮, 그

● **대전시 대흥동에 세워졌던 대전신사**. 1917년 6월 창립되었고 1936년에 도공진사道供進社로 지정되었으며, 제신은 天照大神, 明治天皇, 昭憲皇太后였다.

134 小笠原省三編, 『海外神社史(上)』, 海外神社史編纂會, 1953, p.438.

외는 신사라 함을 지적한 다음, "또 조선인은 고래 전례격식典例格式을 존숭하기 때문에 사호의 여하가 조선인에게 주는 감상에 대해서도 깊은 주의를 요해야만 하는 상황이며, 신궁의 명칭은 재선在鮮 내지인에게도 무한한 기쁨을 줌과 동시에 더욱 숭경의 념念을 환기하여 신영토 개발에 용맹 정진하도록 함은 의심치 않으므로"라고 그 이유를 제시하였던 것이다.[135]

● 대전신사

135 『海外神社史』, p.439. 그와 함께 조선신궁 궁사도 勅任대우하기로 하고, 궁사선임에 들어가 당시 신사국장(佐上信一)이 15명을 추천하고 당시 日光東照宮 궁사였던 高松四郎을 선정하고 있다.

### (3) 조선신궁 제신논쟁의 발단

그러나 조선신궁 진좌제가 행해지기 직전인 1925년 봄부터 오가사와라小笠原省三를 중심으로 한 신도가들은 제신에 '조선의 시조인 단군檀君'을 봉재奉齊해야만 한다고 주장하면서 제신논쟁이 시작된다. 제신논쟁을 처음 제기한 오가사와라는 1925년 7월 『신도평론』에 '조선신궁을 중심으로 한 내선융화內鮮融和의 일고찰'이란 논문을 발표하였다.[136] 그는 1923년 관동대지진으로 희생당한 한국인을 위해 위령제를 지내고, 조선신궁과 한국과의 관계를 논하면서 총독부의 조선신사 건설에 대하여 제신, 건축양식,[137] 제식祭式[138]에 대해 불만을 토로하고 시정할 것을 주장했다. 제신과 관련하여 그가 주장한 내용은 두 가지로, 하나는 아마테라스 신은 절대신이기 때문에 일본 민족이 신앙하는 이세伊勢신궁 이외에서는 봉재해서는 안 된다는 것이고, 또 하나는 단군봉재 주장이었다.[139]

아울러 그는 '참된眞 내선융화책'이라는 절에서 '조선을 일본화하는 정책'에는 '중대한 착오'가 있다고 주장하였다. "소위 동화는 조선을 현재의 일본 그 자체에 동화시키려 하면 실패한다. 현대 일본은

---

136 小笠原은 "당시 『神道評論』(1922년 가을 창간)을 발행하고 '赤化防止團'이라 稱하는 防共運動에 挺身하는 단체의 간부인 관계로, 조선의 신사문제와 조선인의 사상동향에 대하여 깊은 관심을 갖고 있기 때문에, 이 조선신궁 제신문제도 역시 등한시할 수 없는 것이었다"라고 당시 자신의 입장을 적고 있다(『海外神社史』, p.58).

137 식민지 한국 고유의 양식이 아니라는 불만, 곧 '메이지신궁의 양식에 조선양식을 가미한 新樣式'을 주장한다(『해외신사사』, p.66).

138 식민지 한국 고유의 전통음악 등을 고려하지 않았다는 불만, 곧 '內鮮兩地의 장점을 채택한 신양식'을 주장한다(『해외신사사』, p.66).

139 그러나 단군봉재의 경우 진정한 의도는 상당히 의심스럽다. 왜냐하면 그는 "단군은 조선국토의 창조의 신"으로서 조선인 사이에 숭경되고 있을 뿐만 아니라 "우리 素佐之男命의 異名同神"이기 때문이라고 주장하고 있는 것(『海外神社史』, p.65)을 본다면 그의 주장에 깔린 저의를 파악하는 것은 어렵지 않다.

● **대구시 달성산에 세워졌던 대구신사**. 1916년 4월 22일 창립, 1937년 5월 15일 国幣小社에 열격되었고 제신은 天照大神, 素盞鳴尊, 国魂大神이었다.

● **대구신사의 神門**

결코 '참된 일본'이 아니다"[140]라는 내용이었다. 때문에 그는 융화정책을 펴지 않으면 안 된다고 주장하였다. 그는 "신사를 단순한 윤리적 시설로만 단정하는 것"은 오류이며, "신사에서 종교성을 빼어버리면 무엇이 남는가"라고 하였다.[141] "조선신궁에 조선국토의 신을 봉재하는 것은 내선동조內鮮同祖의 사상에 환원還元하고, 조선인에게 참된 조상숭배를 일깨우는 것임을 잊어서는 안 된다"[142]라고 주장했다. 이는 조선신궁 제신논쟁의 발단이 되었다. 그리고 일본 내지의 신도가들로 하여금 소위 '해외신사운동'의 계기를 마련함과 동시에, 최초의 '조직적인 운동'으로 이후 신도가들이 일본의 식민지 침략에서 그 역할을 결정짓는 계기가 되었다.

1925년 8월 26일 『보지신문報知新聞』은 '조선신궁 진좌제를 기다리는 하나의 소동인가'라는 기사를 게재하여 제신논쟁의 소식을 알려주었다. 그 일부분을 보면 "신체神體를 아마테라스 신과 메이지 천황 두 신神을 이봉移奉하는 것에 대해 조선인 측은 조선을 건국한 단군 및 중흥의 공로자 등을 합사合祀하지 않으면 이상하지 않은가 라는 이유로 조선내와 경성 거주 조선인이 서로 응하여 반대하고, 한편으로 내지인 사이에도 일본의 신학神學상 요배소遙拜所는 가능하지만 신체神體를 다른 곳(조선신궁-필자 주)에 옮기는 것은 절대로 불가하다고 주장하는 사람들도 있고, 신직神職 연합회 중에도 동일한 의견이 많아, 이 즈음부터 내무성 및 조선총독부를 향해 반대운동을 개시하였다"고 하였다. 이 기사는 한국에 신사를 만들어 아마테라스 신과 메이지 천황을 제신으로 하는 것에 대해 한국인과 일본인 및 신직

140 『海外神社史』, p.67.
141 『海外神社史』, p.76.
142 『海外神社史』, p.77.

계에서 반대 견해들이 나타나면서 총독부의 정책을 반대하는 운동이 전개되었음을 알려주었다. 그리고 1925년 5월에는 마쯔노오 대사松尾大社 궁사인 데츠까 미찌오手塚道男도 닛코도쇼궁日光東照宮 궁사宮司 타카마쓰 시로우高松四郎(후의 초대 조선신궁 궁사)와 함께 경성에 도착하여 조선신궁 진좌식의 기본방침을 결정하면서, 당시 큰 문제가 제신문제와 경성신사 문제였음을 회고하였다.[143]

### 2) 제신논쟁의 전개

오가사와라小笠原省三가 주재했던 『신도평론』 제 4권 제 6호(1925.8.) 특집호에는 '조선신궁과 내선융화책의 연구'가 실렸다. 또 여기에는 1925년 8월 10일 현창일본사顯彰日本社가 인쇄한 오가사와라의 팜플렛 "조선신궁을 중심으로 한 내선융화의 일고찰" 전문全文[144]도 있고, "조선신궁 진좌제를 1년 연기하라"는 글도 게재되었다. 이러한 일본 내지의 움직임에 조선총독부는 대책을 세워 조사하면서 민간 정보를 수집하기 시작했다. 이때 주무과主務課 지방과장의 '단군 봉사奉祀에 대한 반대의견서'가 총독에게 비밀문서로 제출되었다.[145]

제신논쟁의 전개를 살펴보면, 가장 핵심적인 문제는 이마이즈미 사다스케今泉定助, 아시쯔 코지로葦津耕次郎, 가모 모모키賀茂百樹, 히다카게유키肥田景之, 오가사와라 등 신도가神道家들이 조선신궁에 '조선

143 『海外神社史』, p.424. 手塚道男, 「朝鮮神宮御鎮座前後の記」, 『海外神社史』, pp.423-424에는 조선신궁 건설을 전후한 신직계와 총독부간 논쟁을 벌였던 자료를 제시하면서, 그 과정을 설명하고 있다. 그리고 경성신사 문제는 이미 民社인 경성신사가 있는 도시에, 더구나 인접하여(경성신사는 용산) 官社인 조선신궁을 창립하는 데 대한 경성신사 주임신직 및 氏子總代의 波亂을 말한다. 그러나 조선신궁은 "통치상의 문제" 뿐만 아니라 "정신적 중심기반"으로서 "끊임없이 내지인들이 요구"에 의해 설립되는 것임을 들어 경성신사 문제는 조정을 하고 있다(『海外神社史』, p.424).

144 「朝鮮神宮を中心としたる内鮮融和の一考察」(論說), 『海外神社史』, pp.58-68.

145 『海外神社史』, p.428.

국토와 관계 깊은 신神, 즉 조선의 시조인 단군을 봉제奉祭해야만 한다'고 주장한 것이었다. 그리고 도우야마 미츠루頭山滿, 후쿠모토 니치난福本日南 등 재야 유지자有志者들도 이를 지지했다.[146]

특히 아시쯔는 이미 강점 직후부터 이를 강력하게 주장했었다. 그는 한국의 초대 통감이었던 이토 히로부미伊藤博文가 부임하기 전에 시모노세키下關에 방문하여 한일 양 민족의 융화를 계획하는 근본의 도道로서 '조선 2천만 민족의 조신祖神을 제사하는' 신사를 건립해야만 함을 역설했던 것이다.[147] 1925년 8월 26일에 아시쯔는 '조선신궁에 관한 의견서'를 제출하였다.[148] 이에 따르면, '일한병합의 완성은 양 민족의 정신을 일치시키는 것을 근간으로 하지 않으면 안 된다,' '한국 당초의 신사[국가적 신사]에 황조皇祖 및 메이지 천황을 봉제하고, 한국 건국의 신神을 무시함은 인륜의 상도常道를 무시하는 부도덕한 것이며, 인정을 무시하여 인륜을 베풀지 않는 행위이다. … 이는 곧 일한 양 민족 융합의 근본이 되어야만 하는 조선신궁이 반대로 일한 양 민족 쟁리반목爭離反目의 화근이 된다'고 하였다.[149] 또한 "양 민족의 도덕의 근저는 공히 효도에 있으며, 한국은 평면적[역성혁명易姓革命을 반복하기 위해, 부모처자父母妻子 이산離散시킴을 누누하게 하여, 따라서 조상을 잊게 된다]이며, 일본은 입체적[경신숭조敬神崇祖]이다[천양무궁天壤無窮한 만세일계萬世一系를 위해 선조를 기억하는 념念이 강하다]. 한국 역대 건국의 위인을 추원봉제追遠奉祭시킴은 한민족의 효도를 입

---

146 神社新報政教研究室編, 『近代神社神道史(增補)』, 神社新報社, 1986, p.170.
147 神社新報政教研究室編, 『近代神社神道史(增補)』, 神社新報社, 1986, p.170.
148 葦津耕次郎, 「朝鮮神宮に關する意見書」(1925.8), 『海外神社史』, p.58.
149 전후 신도가들의 입장에서 소위 해외신사의 활동을 기록하고 있는 『근대신도신사사』에는 葦津耕次郎의 '의견서'를 분석하여 '솔직한 표현'이라 지적하고 있다(神社新報政教研究室編, 『近代神社神道史(增補)』, 神社新報社, 1986, p.171).

체적으로 향상시키는, 바로 일한 양 민족의 도덕을 일치시키는 바이다" 등의 의견을 제시하였다.

그러나 나카노 교도쿠中濃教篤는 아시즈의 주장은 저돌적인 제신론자 보다도 더욱 교묘한 '황민화'론에 선 것임을 주목해야 한다고 지적했다.[150] 이는 '의견서'의 부기付記를 살펴보면 명확히 드러나기 때문이다. 곧 부기에는 "황조皇祖는 모든 신神을 현현顯現하고, 모든 신은 황조에 귀일歸一함이 우리 신도神道임과 동시에 우리 국체國體이다. 즉 황조는 절대 유일신으로, 대립적인 신이 아니다. 황조를 대립적 신으로 봉재奉齋함은 황조의 위령威靈을 더럽혀 받드는 것이 된다"고 했다. 이야말로 신도가들이 "대동아의 맹주 일본"을 신도적으로 표현한 것이다. 더욱이 아시즈는 "단군 봉사奉祀의 민사民社를 새롭게 내지인이 만들고, 내선 양지兩地의 장점을 채택한 사전제식社殿祭式을 만들어 제사하고, 여기에 황실이 제사료祭祀料를 공진供進하는 형태"를 제시하였다. 결국 철저하게 천황을 중심으로 한 논리였던 것이다.

이들 단군 봉제론자들은 진좌제 직전인 9월 9일 동경에서 제신연구회祭神研究會를 개최, 조선신궁 초대궁사 예정자인 타카마츠 시로의 의견을 청취했다. 또 단군 제신론을 염두에 두어 제신 명名을 '시조 및 건국유공자를 합한 국혼신國魂神'으로 의견을 모아 내각 총리대신에게 건의하였다.[151] 이는 "정치적 문제로 큰 파문을 일으켜, 내지 경시청을 시작으로 특고과特高課의 활동도 이루어졌다."[152] 곧 제신문제 자체도 중요했지만, 이 문제를 강력하게 제기한 오가사와라가 1920년대에 사회주의 운동에 조직적으로 대항했던 적화방지단의 간사장

---

150 中濃教篤, 『天皇制國家と植民地傳道』, 國書刊行會, 1976, p.285.
151 手塚, 「東京に於ての祭神研究會」, 『海外神社史』, pp.436-437.
152 『海外神社史』, p.428.

이라는 신분이었음도 무시할 수 없었기 때문이었다.

1925년 9월 22일 조선군사령부의 '조선신궁의 단군합사에 대한 감상의 건'(朝司 제 1654호)이 군, 경 및 한국의 각 군부대에 발송되었다. 이에 의하면 "조선신궁의 제신문제에 관하여 적화방지단 간부 오가사와라 등이 조선 국토창조의 위인 단군을 메이지 천황과 동렬同列에 병사倂祀하고, 그 외 일한합병의 노력자를 말사末社에 봉사하여, 이로서 내선융화의 신으로 하지 않으면 안 된다는 논의가 8월 29일 이후 경성일보에 수일 연속 게재되었지만, 경성에서는 아직 특이한 반향이 없이 지극히 냉정하게 지나가고 있다"[153]고 보고하였다. 결국 보고서는 오가사와라가 "조선의 실정을 알지 못하고 평지파란을 일으킨"[154] 것이라 하면서, 경성의 일본인과 한국인 측의 이야기들을 채록하여 싣고 있었다.

이러한 각종 정보들과 함께, 총독부 내무국 지방과地方課 과장 이시구로 히데히코石黑英彦[155]가 사이토 총독에게 조선신궁 단군합사에 대한 반대의견서를 제출함으로써 제신논쟁은 일단락되었다.[156] 의견서에는 "필경 조선인 관계를 제사하기 위해서는 마땅히 자신들의 방법이 있다. 서서히 신기神祇의 도道를 가르쳐야 하며 봉사奉祀하는 것은

---

153 『海外神社史』, pp.429-430.

154 『海外神社史』, p.430.

155 石黑英彦는 신도가이며 식민지 한국에서 근무한 후 대만의 문교국장, 奈良, 岩手양縣지사를 거쳐 북해도청장관, 문부차관, 후에는 大政翼贊會 錬成局長이 된다. 특히 그는 筧克彦 문하의 神道家이다. 筧克彦은 조선신궁 초대 宮司 高松四郎로부터의 조선신궁 제신논쟁에 관한 질문에 대해 '단군에 한정시키지 않고, 오히려 〈朝鮮地靈神〉을 相殿에 配祠하는 것이 可하며… 國魂이라 적지 않고 地靈의 文字를 사용하여 동일한 〈クニタマ〉로 읽는 것이 좋다'고 답하고 있다. 이러한 회답은 高松보다는 石黑에게 '직접 전보 및 편지로 알리어졌다'고 한다(『海外神社史』, p.436). 따라서 石黑은 어디까지나 관료로서 총독부의 입장을 이야기하고 있다고 볼 수 있다.

156 石黑英彦, 「檀君合祀に關する反對意見」, 『海外神社史』, pp.432-436.

급하지 않다. 마땅히 시기를 기다려 나아가야 한다. 조금이라도 무리함이 없는 것이 긴요하다"[157]고 하면서 5가지의 반대의견을 제시하였다. 그 중 첫째는 '조선인에게 신 및 신사의 관념 없음'이라는 항목이었다. 한국인에게 '신 및 신사의 관념'이 없기 때문에 '서서히 신기神祇의 도道를 가르치는' 것이 우선되어야만 한다고 지적하였다. 이것이 총독부가 단군봉제를 반대한 주요한 이유였다. 그러나 단군 봉재론자들과 반대론자 특히 총독부의 주장을 면밀하게 살펴보면, 오히려 '신 관념이 없다'는 첫째 요인보다는 그 외 다른 요인이 더욱 중요하게 받아들여졌다.

의견서에 제시된 둘째의 반대 요인은 '조선에는 합사하기에 적당한 신이 없다'는 주장이었다. 이를 바탕으로 단군과 이성계설의 부적절함을 지적하고, 특히 단군에 대해서는 그 존재를 인정하지 않으려는

● **평양신사의 토리이鳥居와 본전**. 1916년 5월 4일 창립, 1937년 5월 15일 国幣小社에 열격되었고 제신은 天照大神, 国魂大神이었다.

157 『海外神社史』, p.432.

노력이 역력히 나타났다. 이 '역사적 사실' 문제가 당시 논쟁의 핵심으로 등장한 것이다. 결국 한국인의 뿌리를 부정함으로써 동조동근 사상 주입을 통한 동화정책의 의도를 드러냈다.[158] 이는 당시 일제의 동화정책의 본질과 신도가들의 의향을 알 수 있는 구절이 된다.

이는 셋째 반대 의견에도 이어졌다. '제 3. 금일 일본 내지에서 단군합사를 주장하는 것에 대한 반박'이다. 곧 연구조사가 이루어지지 않은 "전설적 존재"를 "실재 명백한 아마테라스 신 및 메이지 천황"과 합사함은 불가하며, 경성제대에서 연구가 이루어지고 있으며, 조선인 사이에도 의견 일치가 이루어지지 않는다는 지적, 곧 단군은 "남방南方 조선인들 사이에는 일종의 편견"이 있고,[159] "북쪽 조선인들 사이에 전해지는 전설"일 뿐이라고 지적하였다. 단군은 "남쪽 조선인들에게는 일종의 반감"마저 있다는 지역 분열적 전략과, 또 단군교나 대종교 등 일종의 종교 유사단체에서나 인정하는 하등의 권위도 없는 존재라는 민족 열등론적 입장을 내비치기도 하였다. 특히 이에 대해서는 봉재론자奉齋論者와 반대론자 모두가 인정함으로써 별 무리없이 논쟁이 종결되는 인상을 갖게 된다. 이는 봉재론과 반대론 모두 궁극적으로 한국인의 황민화를 목표로 하였음을 보여주는 것이다. 그리고 기독교에 대한 예민한 의식의 반영도 보여졌다.[160]

넷째의 반대 의견인 '현상現狀에 대해 무엇이 부족한가'에서는 "신도의 정신을 명료케 하여 조선인을 유도하고, 한편으로 섭사攝社 또는 독립신사를 창립하여 내선 모든 신神을 제사하도록 함으로써 봉사奉祀의 의의를 드러내는 것이 가능하다고 믿는다"고 하였다. 이는

---

158 『海外神社史』, pp.434-435.

159 『海外神社史』, p.434.

160 『海外神社史』, p.433.

곧 "황국의 중심인 지고의 신을 중심으로 하고, 이 밑에 섭사 등을 두어 지고의 신에 융화귀일融和歸一시키는 것"[161]을 주장하였다. 조선신궁의 역할 및 이후 황민화 정책의 의도를 분명하게 드러낸 것이다. 마지막은 '아마테라스 신은 지고의 신이다'라고 하여 일본의 다른 신들의 합사도 부정했다.

### 3) 조선신궁에 대한 저항

조선신궁은 이처럼 신도가들과 총독부간의 대립 및 의견절충, 그리고 총독부의 신중한 대응에 의해 궁극적으로 황민화를 구상하면서 설립되기에 이른다. "총독부로서는 신중한 연구조사"[162]를 하여 9월 14일자 내각고시 제 9호로 진좌제 10월 15일, 10월 17일 예제일을 정하였다. 1925년 10월 15일 "엄중한 경계하"[163]에 진좌식이 이루어졌다. 그러나 총독부 및 신도가들의 소위 보호주의적 논쟁[164]과는 별개로 당시 한국인들은 조선신궁에 대해 저항하고 있었다.[165]

우선 저항은 신사의 종교성을 지적하면서 총독부에 몇 가지 요망서를 제출하는 것으로부터 시작되었다. 1925년 7월 경성기독교연합

---

161 『海外神社史』, p.435. 그리고 이러한 총독부의 잠정적 약속의 결과로 식민지 한국에서는, 그 후 1道 1國幣小社 봉재의 기본 구상하에, 국폐소사에는 반드시 단군 등 국혼대신을 봉재하려는 內規를 정해 두고 있고, 국폐소사는 물론 그외 道府의 供進神社에도 이 국혼대신을 追祀하는 신사가 있었다(『海外神社史』, p.7).

162 『海外神社史』, p.440.

163 『海外神社史』, p.78.

164 여기서 보호주의적 논쟁이라 한 것은 제신논쟁에 있어 두 대립입장 모두가 '식민지 한국인을 위해서'라는 의미를 저마다 내걸고 있기 때문이다.

165 식민지 한국에서의 황민화 정책을 다룰 때 1930년대 신사참배에 대한 저항문제가 주로 다루어지고 있으나, 진좌제 전후의 최초의 저항운동도 매우 중요하다. 그리고 이러한 저항은 10월 15일 진좌제 전의 일이지만 대다수가 靈代 奉迎 불참가에 관한 것으로, 1930년대 강제참배를 통한 황민화 정책에 대한 저항과는 달리 일본신의 침투에 대한 저항이다.

회는 총독부에 다음과 같은 '신사와 종교문제 개진서' 소위 요망서要望書를 제출하였다.[166]

"신사와 종교의 관계는 오랫동안 논의되어, 정부가 일찍부터 양자를 구별하여 그 혼효混淆를 피하려고 시도했던 일을 우리들이 생각하고 있는 바이지만, 신사에 부수한 의식전례儀式典例 기타 공적 취급방법이 종교적 색채가 농후함으로써 종교와의 구별이 명확하지 않을 뿐만 아니라, 사실 종교적 신앙의 대상으로서 진지하게 이를 예배禮拜하고 있는 것 또한 적지 않으므로, 이에 대해 학교직원 및 생도의 강제적 참배문제가 종교상의 물의를 야기하였던 일은 우리들로서는 유감으로 생각하는 바이다. 특히 역사와 관습을 달리하는 민족과 융화공영을 이루어내지 않으면 안 되는 조선에 있어서는, 이 관념이 명확하지 않기 때문에 종종 불측不測한 희생자를 내는 것은 통치상 우려해야만 하는 것으로 알고 우리들은 오랫동안 이 문제에 유의하여 당국의 마땅한 시설을 얻을 것을 희망하는 바이다."[167]

그리고 개진서開陳書에는 조선총독부가 신사사무소의 소관을 학무국 종교과에서 분리하여 내무국 지방과로 옮긴 것이 신사는 종교가 아니라는 당국의 견해를 실현시키는 하나의 조치라고 인정하겠으며, 이와 동시에 4가지의 바램을 개진하겠다고 했다. 곧 (1)지방관리, 경

166 京城기독교연합회, 「신사와 종교문제 開陳書」, 『해외신사사』, pp445-446. 특히 최근 일본의 靖國神社 국영화 문제를 둘러싼 논쟁이, 당시처럼 '神社는 종교가 아니다'라는 논리를 포함하고 있는 점을 볼 때, 당시 식민지 한국에서 조선신궁 비종교론의 모순이 지적되고 있었다는 점을 주목할 필요가 있다.

167 『해외신사사』, pp445-446.

찰관리, 관공립학교 직원 및 신직 등을 대상으로 당국의 견해를 철저하게 공지하여 사무취급상 착오 없도록 주의시키고, (2)일반 민중에게 당국의 신사에 대한 견해를 주지시킬 수 있는 적당한 방법을 강구하며, (3)신사의 의식전례 및 공적 취급방법이 종교적 색채가 농후한 것을 개선하고, (4)신사에 대한 취급이 종교적 색채를 갖는 한 학교 직원 및 생도에 대해 참배를 강제하지 말 것을 요구한 것이다.

그러나 1930년대 이후 식민지 지배에서 조선신궁의 위치를 본다면, 신사에서 종교적 색채를 분리하는 것이 불가능하였던 총독부는 강제참배를 강제하여 나갔다. 일본 내지에서조차 통하지 않아 수많은 저항을 받고 있었던 '신사 비종교론'을 한국민족에게 이해시켜 황민화 구상을 실현한다는 것은 무리한 일이었으며, 결국 강력한 참배

● **조선신궁 참배모습**. 1930년대 일제가 조선을 대륙침략의 병참기지로 삼으면서 강력하게 추진하여 천황제 이데올로기를 주입시키는 기반이 되었다.

강제를 통한 황민화 실현 외에는 길이 없음이 명료해졌던 것이다.[168]

조선신궁에 대한 한국인들의 저항은 직접적인 형태로도 점차 나타나고 있었다. 1925년 9월 28일자로 경성 본정本町 경찰서장은 경무국장에게 조선신궁 제례祭禮에 '일부 학생의 불령不逞계획에 관한 건'의 정보를 보고하였다. 이에 의하면 "오는 10월 17일, 조선신궁 진좌제 시행에 관해 조선인들 사이에는 종종 풍설風說을 세워 불평을 퍼뜨리는 자가 있고, 경성부내의 고보와 전문학교高普專門學校의 일부 조선인 학생은, 조선에는 고래부터 조선인이 숭배하는 신이 있다고 하고, 당일 반대시위운동을 획책하고 있다는 풍설이 있다. 이러한 불령운동에 대해서는 각 학교 공히 경계하고 있음에도 계속하여 상당한 주의를 요하는 것이라고 사료, 계속 내사 중"이라 하였다.[169] 여기에서 학교 및 학생들이 '조선인이 숭배하는 신'을 들어 저항하고 있다는 보고는 제신논쟁을 의식한 보고로 보인다. 그러나 실제 저항에 참가한 학교는 대개 기독교계 학교임을 볼 때 이 보고가 추정에 의해 이루어진 것으로 보이고, 학생 뿐만 아니라 일반인들도 조선신궁에 대한 저항에 참가하였음을 알 수 있다.

그리고 조선신궁 진좌제가 다가오면서 저항의 움직임은 더욱 활발해지고 있었다. 1925년 10월 10일 영대靈代가 동경에서 조선신궁으로 옮겨졌으며, 이 때에도 특고과特高課로부터 통보된 정보에는 염려할 만한 사항도 있어, 경성역부터 조선신궁까지 엄중 경계가 이루어지고 있었다.[170] 이러한 조선신궁에 대한 저항은 '영대 봉영奉迎 불참

168 이러한 강제참배에 대한 저항 사례는 中濃教篤,『天皇制國家と植民地傳道』, 國書刊行會, 1976, pp.259-265에 다수 수록되어 있으며, 한석희(1988) 및 기타 다수의 연구들이 있다.

169『海外神社史』, pp.431-432.

170『海外神社史』, p.443. 영대의 本體는 鏡이며, 그리고 함께 옮겨진 寶劍은 宮內省이 奉納한 寶刀이다.

가'였다. 조선신궁 진좌제 2일 전인 1925년 10월 13일자 경성 서대문 경찰서장이 경무국장에게 보낸 '기독교계 학교의 영대 봉영 불참가에 관한 건'의 정보보고를 보면, 신사참배의 강요에 대해 외국인 선교사 및 기독교 교도들의 저항이 본격적으로 나타났음을 알 수 있다. "본일 조선신궁 영대 봉영을 위해 부내府內 각 학교는 다양한 봉영준비를 하고, 기독교 경영의 학교도 당국의 시달示達에 의해 종교적 견해를 떠나 정신적 수호신을 숭배하지 않음에도 단지 경의를 표하는 의미에 있어서 참열參列하는 것을 결정하고, 여러 봉영 장소의 할당을 받고 참열 학생 선발이 끝났음에도 불구하고, 어제 12일에 이르러 선교사 간에 수호신을 숭경하는 것은 기독교의 정신에 위배된다고 하여 불참가를 주장하여, 어제 저녁 7시경 관내管內 정동貞洞 이화학당梨花學堂에서 베카 비링구스, 쿤스미스 아펜젤라 등 기밀회의를 개최하여 협의한 결과 좌기左記 학교생도는, 본일 영대 봉영식에 참가시키지 않기로 결정하였다고 한다. (左記) 연희전문학교, 세브란스 의학전문학교, 배재고등보통학교, 경신학교, 이화학교, 정신여학교, 배화학교"[171]라고 움직임을 보고하였다.

이어 14일자로 다시 그 상세한 보고가 서대문경찰서장으로부터 경무국장에게 보고되고 있다. "12일 밤 이화학당에서 회합한 선교사는 감리장로교회에 속한 자 14명이며, 세브란스의전 선교사 오-엔스는 극력 불참가를 주장하고, 우리들 교도는 천주교당 성공회당에 안치된 십자가에 대해서 조차 예배를 하지 않는데도, 신령神靈이라 칭하는 거울·칼(鏡劍)에 대해 합장예배하는 것은 참을 수 없으며, 기독교의 교지에 위배되는 것이라고 하고, 이는 온건파가 주장한 참가설을

171 『해외신사사』, p.445.

압도하고 있다는 이야기들이 들어오고 있다."[172] 이 정보가 어디까지 진실인가는 의문이지만, 조선신궁 진좌제를 전후해 외국 선교사 및 기독교계 학교가 신사참배를 거부하고 있는 모습이 보인다.

이상의 자료들은 조선신궁 설립을 둘러싼 당시 한국인들의 입장을 보여준다. 곧 당시 기독교인 및 기독교계 학교들은 진좌제, 특히 봉영대에 대해 저항감을 보이고 이를 행동으로 실천하고 있었다. 그러나 이는 민족적 저항이라기 보다는 하나의 종교적 입장에서 나타난 저항으로 볼 수 있다. 더욱이 신사와 종교문제에 대해서 경성기독교연합회가 제출한 '신사와 종교문제 개진서'는 이러한 종교적 입장의 저항을 뒷바침하고 있었다. 그러면 일반 한국인들은 어떠한 입장에 있었는가. 이에 대한 직접적인 기록은 찾기가 어려우나 위의 자료에서도 지적하고 있듯이 각종 풍설과 불평이 나오고 있었음은 감지된

● 신궁·신사에서 진행되었던 입대 병사들을 위한 入營奉告祭의 모습

172 『해외신사사』, p.445.

다. 그리고 처음 조선신궁 진좌의 당시, 점차 한국 민중도 와서 보고 갔지만 거의가 구경으로 온 사람들이었다는 지적[173]에서는 당시 한국 민중들이 신도가와 총독부간의 논쟁과는 별 관계가 없이 조선신궁에 대한 냉랭한 태도를 보여준 것으로 추정 가능하다.

더욱이 조선신궁 설립 이후 "신궁대마神宮大麻를 각 가정에서 봉사奉祀하도록 했다. 이를 관료의 행정기구를 동원하여 행했기 때문에 그 많은 수가 보고되었지만, 민중이 진실로 그 신성神性 및 봉사양식奉祀樣式을 자각하고 이해한 것은 두렵게도 1할 정도이지 않을까. 혹은 통속에 넣어버리거나, 혹은 압핀으로 벽에 붙여두거나, 다수는 이것을 방치해 버렸다"고 하였다. 1944년 가을, 국민총력연맹에서 충남의 농촌 실태를 조사했을 때, 농가에서는 '왜노倭奴의 귀신' '일본귀신'으로 취급하여, 자신들이 제사하는 신과는 별도로 취급하는 모습이 다수 보였다고 기록한 내용도 있다.[174] 곧 신도가와 총독부가 의도하였던 바가 전혀 이루어지지 않고 있을 뿐만 아니라 오히려 저항감을 갖고 있었던 것이다. 따라서 황민화 정책구상으로 신사 이용은 한국 민중의 끊임없는 저항으로 참배강요의 길을 통하지 않을 수 없게 된다.

173 『日本人の海外活動に關する歷史的調査』, p.61.

174 『日本人の海外活動に關する歷史的調査』, p.63. 신궁대마라 함은 천조대신을 제신으로 하는 경우에 대마를 拜受하여 그것을 神體로 하는 것을 말한다. 伊勢신궁에서 받는다. 그러나 메이지천황의 경우는 메이지신궁에는 대마가 없기 때문에, 신사봉재의 일을 神前에 奉告하는 형식을 취하고 있었다.

#### 4) 제신논쟁에 나타난 총독부와 신도가의 황민화 구상

이처럼 조선신궁의 제신을 둘러싸고 신도가들과 총독부 사이에 논쟁이 전개되었고 그것은 앞서 지적한 것처럼 표면적으로는 1925년 10월 15일 진좌식으로 일단락된 모습을 보였다. 그러나 이후에도 제신논쟁은 계속되었고 이는 1930년대 황민화 정책 시행 및 일제의 중국 침략에 따라 새로운 신사를 건설할 때마다 끊임없이 등장한 문제였다. 그러면 제신 결정을 중심으로 신도가와 총독부가 논쟁한 의견대립은 어떤 의미를 지니는가. 그리고 이후 황민화 정책을 수행하면서 조선신궁은 어떤 역할을 담당하고 있는가를 살펴보기로 하겠다.

(1) 제신논쟁과 신도가의 황민화 구상

『근대 신사신도사』는 조선신궁에 '국혼신國魂神' 배사配祀를 주장한 아시즈, 오가사와라 등의 입장을 긍정적으로 평가하고, '조선신궁 제신문제를 매우 중대하게 생각하여 이를 바로잡으려고 고심한 선인先人의 노력의 역사를 결코 잊어서는 안 된다. 그것은 지극히 귀중한 신도인의 역사기록이다'라고 지적하였다.[175] 그리고 『해외 신사사』의 '서문'을 쓰고 있는 당시 국학원대학 학장인 이시가와 이와키치石川岩吉는 일본민족의 특색을 "집에는 신붕神棚(가미다나)이 있고, 부락에는 신사가 있는 것"이라 하고 "실로 국운의 흥륭을 보여주는 것임에도 침략의 수단으로 보여지는 것은 심히 유감"[176]이라고 주장했다. 그러면 제신논쟁에서 보여진 신도가들의 입장은 어떤 것이었는가.

이를 위해 앞서 제신논쟁의 전개과정에서 이루어졌던 신도가들의

---

175 神社新報政教研究室編, 『近代神社神道史(增補)』, 神社新報社, 1986(초판은 1976), p.173.

176 『海外神社史』, p.1.

논의를 다시 한번 살펴볼 필요가 있다. 그들은 조선신궁 제신문제를 의논하기 위해 1925년 9월 9일 야스쿠니靖國신사의 사무소에서 제신연구회를 열었고, 여기에 타카마츠高松四郎, 이마이즈미今泉定助, 아시쯔葦津, 오가사와라小笠原省三 등이 출석했다.

조선신궁 초대 궁사인 타카마츠는 "조선의 시조를 제사해야만 한다는 의議에는 동감이지만, 그 시조를 단군으로 해야만 하는가 아닌가는 역사가들도 의문을 품고 있다고 들어서, 단군으로 단정함은 일고를 요한다. 오히려 시조 외에 건국유공자도 병사併祀함이 지당하다고 생각하는 까닭에, 감히 인명을 거론하지 않고 시조 및 건국유공자를 나란히 국혼신이라는 명칭으로서 배사配祀하는 것이 좋겠다"고 의견을 개진했다. 이에 따라 가케이 가츠히코筧克彦의 '조선지령신朝鮮地靈神'의 '지령地靈'을 '쿠니다마'クニタマ로 읽는 것이 어떨까 하는 의견을 참고하여, '국혼신'[=쿠니다마 신神]으로 하는 안을 총리대신에게 건의하였다.

결국 이 '국혼신'이 1934년 경성신사에서 제사 지내지고, 중일전쟁이 개시된 후에는 중국에 설립된 신사에도 봉제되었다. 그러나 건의에서 나타난 국혼신 봉재 및 역사가의 연구결과 부재를 빙자한 단군시조에 대한 부인은 그들의 견강부회식의 역사관[177]일 뿐만 아니라 신도가들이 소위 해외신사 운동의 논리를 정당화하기 위해 사용한

---

177 예를 들면 "일본이 그 국책으로서 해외에 신사를 奉齋한 것은, 神功皇后의 新羅征討 때에 분명히 보여지고 있다"(『海外神社史』, p.3.)는 역사관, 그리고 1930년대 부여신궁을 계획하면서 이러한 견강부회식 역사관은 신도가들 사이에 더욱 확대되고 있다. 이러한 역사관의 확산에 대해 잠깐 생각해 보면 한국강점은 신도가들로 하여금 자신들의 종교의 우월성을 입증할 수 있는 좋은 기회로 인식하고 있었던 것으로도 추정할 수 있다. 이는 일본의 신직회가 왜 대만보다 식민지 한국에 큰 관심을 갖고 있었는가의 이유로도 볼 수 있다. 자신들의 종교(신사)의 한계성을 극복할 수 있는 기회를 과거로부터 밀접한 역사적 관련을 맺어온 한국을 강점함으로써 찾으려고 노력하고 있었다.

수단이었다. 곧 일본이 '침략 및 동화정책의 수단'이라는 의미를 피하기 위해 종종 사용했던 것이었다.

제신논쟁에서 신도가들의 사고의 근저에 일관되어 잠재되어 있던 것은 일본의 아마테라스 신 등과 어깨를 나란히 하는 신은 열등한 한국민족에게는 없다는 한국인 멸시관이었다. 이는 치바 마사지千葉正士, 나카노 교도쿠中濃教篤 등이 일본의 식민지 신사정책을 비판하는 주요 내용이다. 치바는 조선신궁의 제신합사 주장도, 이에 대한 반대론도 모두 '아마테라스 신 등의 지배적 지위'를 전제로 하는 논의라는 점에서는 동일하다고 비판하였다.[178] 나카노 또한 합사론이 '일단의 교묘한 황민화론'이며 아마테라스 신의 우위를 설명하는 점에서 '한국인 멸시관'이 보여진다고 평가하였다.[179]

---

178 「東亞支配イデオロギ-としての神社政策」.

179 『天皇制國家と植民地傳道』, 國書刊行會, 1976. p.286. 그러나 赤澤史郎는 千葉 및 中濃의 견해는 오로지 제신의 상하관계에만 착안한 주장인 점에서 결함이 있다고 주장하고 있다(赤澤史郎, 『近代日本の思想動員と宗教統制』, 校倉書房, 1985, pp.210-211). 赤澤史郎는 오히려 합사론자에게는 '뒤떨어진' 식민지 한국인에 대한 멸시감정이 약했다고 지적하고 있다. 당시 많은 일본인이 갖고 있는 식민지 한국인에 대한 蔑視觀은 '문명화'된 일본과 '뒤떨어진' 식민지 한국과의 對比라 하는 관념에 기초해 있었다(鶴見俊輔, 『戰時期日本の精神史』, 岩波書店, 1982). 그러나 小笠原에 의하면, 문명화된 오늘의 일본은 '결코 眞의 일본의 모습은 아니다'라고 하며, 그것은 '淺薄低級'한 형태의 '歐美의 惡模倣'에 지나지 않는다고 지적하고 있었다. 따라서 그러한 내지일본을 식민지 한국에 연장하는 것, 그러한 일본에 식민지 한국을 '同化'시키는 것에 小笠原은 반대하고 있다. 일본의 자랑은 유일의 萬世一系의 천황이 있다는 것뿐, 그 외 모두는 일본도 식민지 한국도 '一長一短'에 지나지 않는다고 하는 것이 그의 생각이었으며, 그러한 것은 식민지 한국을 여행하면서 본 '內地人의 橫暴'를 분노하고, 역으로 경성의 裏面街에 살고 있는 식민지 한국인 서민의 마늘 냄새에 '그리워하는' 감정을 느끼고 있었다(小笠原省三, 『朝鮮神宮を拜して內鮮兩民族の將來に及ぶ』, 顯彰日本社, 1926). 또 역시 식민지 한국의 제신합사에 찬성한 今泉定助는 후에 '迷信'으로서 조선총독부에 의해 '撲滅'되고 있었던 식민지 한국의 巫女를 옹호하여, '이 巫女의 사상이라 하는 것이 역시 조선민족의 신앙이며 민족의 신앙이라 하는 것은 박멸가능한 것이 아니다'라고 적고 있다(今泉定助, 「朝鮮の巫女に就いて」, 『皇國時報』, 526號, 1934年 5月). 赤澤史郎는 이러한 小笠原 및 今泉이 민간신도의 흐름을 계승하여 강력한 반문명론적인 견해를 가진 사람들로, 식민지 한국인의 생활 및 사상에 포함된 가치에 솔직한 눈을 열고

그러면 신도의 입장에서 조선신궁은 어떤 의미를 갖고 있는가. 소위 '신도정신'[180]에 의하면 새로운 국토에는 그 토지의 신령을 봉제하는 것이며, 이러한 '국혼신앙' 사상은 천손강림天孫降臨 신화에서 확인 가능하다고 보았다. 곧 천손天孫에 정복된 이즈모出雲가 천손의 통치에 복종하고, 이즈모에 해당 지역의 신인 오오쿠니누시노가미大國主命를 제사하여 그 지방이 평정되는 논리처럼, 일본 신화 중에 이미 분명하게 명시되었다는 내용이다.[181]

아오노 마사아키靑野正明는 이러한 신도정신에 의한 해외 신사운동의 논리를 국혼신과 관련시켜 좀 더 직접적으로 지적하였다.[182] 소위 국토양도 신화를 보면, 천손天孫이 고천원高天原(다카마노하라)에서 일본열도[葦原中國. 地上]에 강림하고, 그때 그 지역을 개척한 오오쿠니누시노가미大國主命는 국토를 천손에게 양도하였다. 오오쿠니누시 신大國主命과 같은 그 토지·국토의 신령을 국혼신이라 한다. 해외 신사운

---

보고 있었다고 평가하고 있었으며, 그래서 이 약한 경멸감정이 조선의 제신합사론을 지지하고 있었다고 말하고 있다(赤澤史郎, 『近代日本の思想動員と宗教統制』, 校倉書房, 1985, pp.206-207).

180 神社新報政教研究室編, 『近代神社神道史(增補)』, 神社新報社, 1986, pp.171-172.

181 이러한 사상은 북해도의 札幌신사 창건시 개척삼신 봉제, 1900년 처음으로 식민지 대만에 대만신사 창건시, 1910년 樺太신사 창건시, 개척삼신이 새로운 국토의 신사의 제신으로서 정해지면서 계속 이어지고 있었으나 조선신궁 창건에 있어서는 皇祖천조대신을 신영토에 제사케 함으로써 전례를 깨고 있다고 지적하고 있다. 神社新報政教研究室에 따르면 이러한 전례를 깨는 국가의 행동은 '유럽제국이 아시아 식민정책에 있어 기독교를 수반하였던 것'과 같으며, '일본인의 사상은 아니며', 그것은 한국병합을 추진한 日韓의 유지자들의 理想이 '유럽적 제국주의와 유사한 것이 되는 것과 무관계하지 않으며' '일본의 천황을 元首로 받드는 조선민족의 자치의 정치가 목표'였다고 터무니없는 평가를 하고 있다. 여기에 신도인의 힘이 결국 정부의 결정에 굴복한 것이며, '신도사상이 변질'(p.173)된 것이라고 불평하고 있다. 그러나 앞서도 지적하였지만, 이러한 신도인들의 불평은 신도신앙의 정착을 통한 황민화 구상의 실패에서 나온 것임을 유의하여야 한다.

182 靑野正明, 「朝鮮總督府の神社政策-1930年代を中心に-」, 『朝鮮學報』 第 160輯, 1996, pp.93-94.

동의 논리에는 이러한 국가양도 신화가 토대를 이루고, 새로운 영토의 개척과 국혼신 신앙이 이와 연결된 것이다.

따라서 일부 신도가, 특히 오가사와라의 주장은 국토양도의 신화에서 천손과 오오쿠니누시 신의 관계를 메이지 천황과 단군이라 하는 관계로 바꾸었고, 한국이라 하는 새로운 국토(영토)를 개척한 것으로 보았을 뿐이다. 그리고 신기神祇제도에서 볼 때, 신기는 천신天神과 지신地神을 가리키기 때문에, 지신(국토의 신=오오쿠니누시 신=국혼신=한국의 토착신)이 천신天神(天孫)에게 영토를 양도하고 자신은 그 지역에서 봉제奉祭됨을 의미했던 것이다.[183]

이러한 소위 신도정신과 제신논쟁에서 나타난 신도가들의 주장을 연결하여 생각해 본다면, 신도가들의 조선신궁 제신합사 주장이 어떤 의미를 지니는가를 파악하는 것은 어렵지 않다. 결국 그들은 강점 이후 총독부가 내걸었던 동화정책에 근본적으로 맥락을 같이 하면서 물리적인 강점만이 아닌 정신면에 이르기까지 더욱 더 철저한 황민화를 구상했던 것이다.

● 조선신궁 참배 행렬

183 青野正明, p.106. 따라서 青野正明은 여기서 식민지 한국의 토착신을 제신으로 인정했던 점에 주목할 필요가 있다고 지적하고 있다.

## 5) 조선신궁과 황민화 정책의 전개

(1) 총독부의 황민화 정책 전개

신사는 국가의 종사이며, 종교가 아니라고 일본정부의 견해[184]로 국가신도 시대가 이루어졌으며, 이러한 "국가신도는 세계의 종교사에서도 희귀한 특이한 성격과 구조를 가진 국가종교로 국민에 대한 정신적 지배의 강화에 유효한 무기였다."[185] 조선총독부가 신사의 성격을 분명하게 드러낸 것은 1925년 조선신궁 진좌제 때 각 도지사에게 생도 아동의 신사참배에 대해 발포한 통첩通牒이었다. "신사는 우리 황실의 선조 및 국가에 공로가 있는 국민의 선조를 봉사奉祀하고, 국민으로 하여 숭경의 성誠을 다하고 영원히 그 덕업을 경앙敬仰하도록 하기 위한 국가 공공의 시설로서 추호도 종교적 의의를 갖는 것이 아니다. 고로 국법 상 신사와 종교는 완전히 그 관념이 다른 것임으로, 신사에 참배하여 경신숭조의 정신을 북돋우는 것은 우리 국체 관념을 강고하게 하는 바이므로, 학교에서도 그 교직원 및 생도 아동으로 하여금 신사에 참배하게 함은 당연한 것이다."[186] 이는 국가신도의 입장을 강조하여, 신사는 메이지 시대 이래 이어져온 국가의 시설, 곧 '국가공공의 시설'임을 언명함으로써 신사숭경을 주장한 것이다.

조선신궁이 설립된 이후 조선신궁에 대한 참배상황은 다음과 같다.[187]

---

184 메이지정부 4년(1871) 5월 14일 '신사의 儀는 국가의 宗祀로 一人一家의 私有에 있는 것은 아니다'라는 太政官布告 제 234호의 發布에 의해, '신사는 국가의 종사'라는 公的 성격이 정식으로 규정되었다. 이후 일본정부는 신사를 일반종교로부터 분리한 '國教'로서의 특권적 지위를 확보하게 된다.

185 村上重良, 「天皇制と國家神道」, 丸山照雄, 『天皇制と日本宗教』, 亞紀書房, 1985, p.156.

186 『日本人の海外活動に關する歷史的調査』, p.59.

187 『海外神社史』, p.119. 이 자료는 小笠原省三이 '해외에 있어 신사문제의 참고자료'로 照回한 결과 조선신궁으로부터 보고받은 자료로, 참배자 조사는 1926년 2월부터

| 연도 | 참배상황(명) | | | | 100인 당 배례자拜禮者 비율 | |
|---|---|---|---|---|---|---|
| | 총수 | 1일 평균 | 배례자 | 비배례자 | 단체 | 개인 |
| 1926 | 170,215 | 510 | 28,502 | 141,713 | 16.7 | 3.5 |
| 1927 | 115,595 | 317 | 26,197 | 89,398 | 22.7 | 5.1 |
| 1928 | 116,075 | 318 | 35,996 | 80,079 | 31.0 | 7.3 |
| 1929 | 198,694 | 544 | 66,248 | 132,446 | 33.3 | 5.0 |
| 1개년 평균 | 150,145 | 439 | 39,236 | 110,909 | 25.9 | 5.2 |

표를 보면 조선신궁에 대한 냉담한 반응을 엿볼 수 있다. 참배상황 역시 큰 증가를 보이지 않지만, 참배자들 중 비배례자非拜禮者의 경우가 1개년 평균 73.9%였고, 100인에 대한 배례자의 비율도 개인의 경우는 5.2명일 뿐이었다. 이러한 상황은 참배자 다수가 "사전社殿 등 관람을 목적으로 하였으며, 우연히 일본인이 경건한 태도로 배례하는 것을 목격하고는 탈모 혹은 새전賽錢을 봉奉하여 배례한다"[188]는 보고로 미루어 보아도 냉담함을 잘 알 수 있다. 1930년의 경우도 전체 참배자수(386,807명)의 대다수인 83%가 일본 내지인이 점하고 있었다.[189]

일본은 1931년 9월 18일 만주사변을 일으키고, 군부는 이를 계기로 일본국내 파쇼화[國內改造]의 실행을 서둘러 테러와 쿠테타 등의 수단으로 정치의 실권을 장악한다. 다음해인 1932년에는 정당내각政黨內閣 시대가 종지부를 찍고 군부에 동조적인 관료그룹이 등장하였다. 1933년은 국제연맹을 탈퇴하여 국제적으로 고립되었고, 1930년 이후의 쇼와 공황昭和恐慌과 농촌공황은 국내외의 긴장감을 고조

---

시작하고 있으며, 개인배례자의 비율은 개인참배자 총수에 대한 비율이다.

188 『海外神社史』, p.119.

189 한석희, 『日本の朝鮮支配と宗教政策』, p.178.

시켰다.

일본은 이러한 긴장사태를 극복하기 위해 군軍의 강력한 요청을 근거로 전국적인 총력전 체제를 만들어, 일본 전 국민을 '비상시非常時'의 상태로 조직화해 나갔다. 총력전 체제는 전쟁수행을 지원하는 군수자원의 확보, 군수산업의 자급과 함께 일원적인 전쟁 지도체제의 확립을 절대적인 요건으로 하고 있었다. 이 지도체제에 협력시키기 위해서는 정신주의의 고취와 언론·사상의 통제가 필요했다. 그를 위해 소위 사회운동이 엄격하게 취체되었고, 1935년 소위 '국체명징國體明徵' 운동이 군부와 우익의 주도로 격렬한 세력으로 성행하였다. 이 운동은 천황을 종가宗家로 하는 일대 가족국가一大家族國家 만들기였으며, 만세일계의 천황에게 '절대순종' '몰아귀일沒我歸一' 할 것, 각자의 몫을 지키면서 화和를 실현할 것이 일본국민의 해야 할 자세 등으로 강조되었다.[190] 이 천황을 정점으로 한 국체 이데올로기는 국체명징운동으로 국민의식의 지배적 위치를 차지하면서, 이후 파쇼화 과정의 기반으로 사용되었다.

이와 함께 한국도 이러한 총력전 체제로 재편하도록 요구되었다. 그 체제준비의 일환으로 일본이 일으킨 전쟁에의 인적·물적 동원체제는 물론, 민족, 언어, 종교, 풍속 등 모든 것이 일본과는 다른 식민지들은 정신의식면의 개조도 요구되었다. 이에 따라 한국에서는 '심전개발운동心田開發運動'이 시행되었다. 이 운동은 황실존숭, 국체명징, 경신숭조敬神崇祖-소위 황실·국체·신기神祇(神社) 삼위일체-라는 국민정신의 함양을 강조하고, 그 구체적 방법으로 신사 중심의 황민

190 1937년 5월 문부성은 일반국민을 향한 '국체'에 관한 '공식견해'를 표명한 『國體の本義』라는 저작을 간행하였다. 이 저작은 '대일본국체', '國史에 있어서 국체의 顯現'의 2部로 되어, 서양으로부터의 민주주의·자유주의의 기초로서 개인주의를 배격하고 있다.

화 정책을 전개시켜 나갔다.[191]

따라서 1930년대에 들어서면서 총독부는 조선신궁을 통한 황민화 정책을 본격적으로 추진하기 시작하여 신사참배를 강요하기에 이른다. 신사 강제참배 문제가 본격적으로 나타나기 시작한 것은 1932년 경이었다. 만주사변 전몰장병 위령제가 1932년 9월 평양 서기산瑞氣山에서 행해졌고, 여기에 각 학교 생도의 참배가 강요되었지만 기독교계 학교는 참배를 거부하여 문제가 된 것이다.[192] 또한 『시정 25년사』에 의하면, 1932년 농가갱생계획의 수행과 함께 심전개발, 국민정신작흥운동이 이루어지면서 신사창립도 활발해졌다. 그 결과 관공서, 학교 등에도 신붕을 설치했고, 신궁대마 봉재는 점차 증가했으며, 1932년 말에는 신사 51, 신사神祠 198개였지만 1935년에는 신사 52, 신사神祠 262개로 증가하였다.[193]

---

191 1937년 3월 30일 文部省이 발행한 『국체의 본의』에는 황실, 국체, 신기 삼자에 대해 다음과 같이 적고 있다. "大日本帝國은 萬世一系의 天皇皇祖의 神勅을 받들어 永遠히 이를 統治하시고 있다. 이는, 우리의 萬古不易의 國體이다"(文部省, 『國體の本義』, 1937, p.9). 그리고 神祇·神社에 대해 다음과 같이 적고 있다. "우리나라의 神社는, 古來祭祀의 精神 및 그 儀式의 중심이 되어 왔다. 神社는 惟神의 道의 表現이며, 神에 奉齊하고, 報本反始의 精誠을 드리는 곳이다. … 神社存立의 根本義는, 日本書紀의 皇孫降臨의 條에 있어 天神籬 및 天盤境에 관한 神勅에 있다. (中略) 그래서 神社는 國民의 鄕土生活의 중심이 된다. 더욱이 國家의 祝祭日에는 國民은 日章旗를 揭揚하여, 國民的 敬虔의 마음을 하나로 한다. 이로써 모든 神社奉齊는, 究極에 있어서, 天皇이 皇祖皇宗에 奉仕하시는 바에 歸一하는 것이며, 여기에 우리 國의 敬神의 根本이 存在한다"(『國體の本義』, pp.104-105). 이러한 천황·國體·神祇(神社) 3者의 결합 논리는 만주사변 이후 시국의 긴장에 부응하여 하나의 사회풍조로 되고 있으며, 황실과 神祇와의 관계를 표면에 내세우면서, 영토확장의 이데올로기도 창출하고 있다.

192 한석희, 『日本の朝鮮支配と宗教政策』. 그리고 일본내지에서도 1932년 4월 上智대학생의 靖國신사 참배거부 문제가 발생하고 있으나, 참배강요의 개시는 식민지 한국과 거의 동시로 보인다(平山洋, 「朝鮮總督府の宗教政策」, p.501).

193 조선총독부, 『施政二十五年史』, 1935, p.890.

### (2) 신사계의 제신논쟁 이후 동향과 황민화 정책

신사계는 제신논쟁에서 패배했으나 이후 자신들의 주장을 더욱 강화시킬 방안을 모색해 나갔다. 1930년대, 특히 만주사변 이후 신사계는 하나의 조직적인 운동을 전개하기 시작하였다.

당시 국학원 대학 교수 호리에 히데오堀江秀雄는 "조선통치의 최고기관인 총독부에 대해, 신도에 의한 교화의 대방침을 세우는 것으로부터 출발하지 않으면 안된다"[194]고 강조하고, 오가사와라는 "조선신궁은 전全 조선의 진수신鎭守神이어야만 하는데, 지금은 총독부 관리의 참배소 및 제사봉사소祭祀奉仕所가 되었다. 이는 조선신궁은 조선의 신사로서의 조건을 구비하지 못하였기 때문이다"[195] 라고 하며 노골적인 불만을 드러내었다. 이는 조선신궁의 제신문제에 대한 불만이며, 만주사변 이후 만주신궁 건설에 대한 일본정부의 각성과 신도인의 자세를 다시 한번 촉구하고 있는 것이다. 곧 '조선신궁의 실패를 만주신궁에 다시 하지 않도록' 당국 및 신도인의 노력할 것을 바라고 있었다.

이를 위해 오가사와라는 '조선학생강습회'를 개설하여 "일본특유의 정신적 요소를 조선학생에게 알려주고, 이로서 '참된(眞) 일본'을 현창선명顯彰宣明"하는 "특수교육"[196]을 실시해 나갔고, 1933년 12월 '동아민족문화협회'를 결성하여 "신사정신을 통한" "국가 및 민족의 결합"을 주도하고 있었다.[197] 그리고 만주사변 이후 해외신사 연구의 필요로 황전강구소皇典講究所를 중심으로 각 관청의 대표자들이 참가

194 堀江秀雄, 「神道の滿夢進出」, 『皇國時報』, 1932.2.; 『海外神社史』 p.108.

195 小笠原省三, 「滿洲の神社に就いて」, 『皇國時報』, 1932.11. 『海外神社史』 pp.135-136.

196 『海外神社史』, p.83.

197 『海外神社史』, p142.

한 '해외 신사문제 연구회'[후에 '해외신사협회'로 개칭]를 설립하여[198] 해외신사 봉재奉齋의 일을 다루기 시작하였다. 이후 소위 해외신사운동의 추진은 육·해군성, 척무성拓務省, 조선총독부, 흥아원興亞院, 남양청南洋廳 등이 신사문제에 관심을 갖기에 이르렀고, 특히 외무성과 대동아성省은 그 사무 책임자를 임명하고 경비를 예산에 계상計上하는 등 본격적으로 해외신사문제를 취급하기에 이른다.[199]

이러한 해외신사의 문제 중 제신, 곧 '국혼신'[200] 문제는 중요한 위치를 점하는 것이었다. 국혼신 봉재는 북해도北海道, 대만, 사할린 등의 관폐대사에서 성공적으로 이루어졌으나, 1925년 조선신궁의 제신 결정에서 이 전례가 파괴되었다. 이후 관동關東신궁, 남양신사 등이 모두 조선신궁의 예를 따르게 되었다. 그러나 신사계는 포기하지 않고 조선총독부 등 관계 관청을 통하여 한국과 중국의 신사에 국혼신을 봉재하도록 요청하고 있었다. 그 결과, 1929년이 되면서 한국의 경성신사에 국혼신이 합사되었고, 계속해서 국폐소사에는 반드시 국혼신을 봉재하도록 하는 내규가 정해졌던 것이다.[201]

---

198 『海外神社史』, p.179.

199 『海外神社史』, 'はしがき', p.3.

200 국혼신의 의미는 두 가지로, 하나는 "국토의 신령" 또 하나는 "국토의 개발경영에 공적이 있는 신들"이다(座田司, 「海外神社の御祭神に就いて」, 1939년 소책자. 『海外神社史』, p.215).

201 座田司, 「海外神社の御祭神に就いて」, 1939년 소책자. 『海外神社史』, p.219. 그러나 조선신궁 제신논쟁에 패배한 후 만주사변 이후 '만주국' 각지에 설립되는 신사에 국혼신 봉제를 다시 주장하여 제신논쟁이 다시 일어나지만, 이는 조선신궁 제신논쟁과 같은 것이 되고 있다. 곧 만주국에 건설된 신사의 제신은 1936년 말까지 건설된 36社중 35社가 천조대신이나 메이지천황 한쪽 또는 양쪽을 제신으로 하는 신사였다(岡田包義, 「滿洲の神社」, 『神社協會雜誌』 36年 10號, 1937.). 이때 문제 제기자는 小笠原省三과 角南隆(내무성, 神社局 技師)이며, 그들은 만주국의 신사의 제신에 만주의 국혼신을 봉사를 요구하고 있다(角南隆, 「滿洲國に奉齊すべき神社に就いて」, 『皇國時報』, 538號, 1934年 9月). 이러한 만주의 국혼신 봉제론은 宮地直一, 植木直一郎, 堀江秀雄 등 신도학자, 吉田茂元 神社局長, 田村 외무성 理事官 등 광범위한 지지자를 획득하고 있다.

뿐만 아니라 1930년대 이러한 신도계의 정신적 침입은 끊임없는 소위 '국혼신 연구'라는 미명으로 한국사회의 저변에까지 도달하고 있었다. 1931년 한국의 촌락제사에 주목한 다음의 보고를 살펴보면, 한국토착의 촌락제사를 신사에 결부시키려는 제안까지 하고 있음을 알게 된다.

> "이것은 우리(註. 일본)의 고신도古神道에서 우지가미氏神와 우부스나가미産土神와의 교잡交雜되지 않은 상고의 상태가 조선에는 그대로 행해지고 있는 것이다. (중략) 나는 이러한 단조로운 고풍미속을 우리 신들에 끌어당겨, 씨氏의 묘廟 및 영목靈木의 소재所在를 조사하여 신사와 결부, 혹은 말사末社 등으로도 생각해 보고 싶다."[202]

이는 신도인들이 식민지 침략에 얼마나 적극적으로 활동하였는가를 보여주는 하나의 자료이기도 하다. 조선신궁은 '일본의 신사'를 한국에 설립한 것이 아니라 '식민지 한국의 신궁'이 되어야 한다는 신도인들의 논리는 철저한 황민화를 구상한 것이었다. 이는 당시 신도인의 제신논쟁을 대표했던 오가사와라가 '힘으로 다른 민족을 굴복·추종시키려는 것은 결코 〈신의 뜻〉(惟神)이 아니다'는 지적에서도 분명히 드러났다.

(3) 최남선과 총독부의 신사중심 황민화 정책의 전개

1935년이 되면 신사 행정을 둘러싼 총독부와 신도가들 사이의 대

---

**202** 賀茂百樹, 「滿鮮の神社について所感を述ぶ」, 『皇國時報』, 1931年 7月, 『海外神社史』, pp.484-488에 所收. 賀茂百樹는 靖國神社 宮司이다.

립이 해소되면서, 신사가 점차 통치정책의 무대 전면에 등장하였다. 아오노 마사아키는 이 역할을 담당한 인물이 최남선崔南善이라고 지적했다.[203]

최남선은 단군봉제, 곧 국혼신 봉제론을 지지했다. 그는 1934년 3월 경성방송국에서 '신神 그대로의 옛날을 생각한다'라는 주제로 강연하면서, 한국과 일본의 고신도古神道는 동일한 틀을 지녔음을 주장했다.[204] 그래서 "일선 관계의 장래를 생각하면 그 항구불변한 일체 결성"[205]을 해야 한다는 생각으로 "소위 화학적 결합이라는 형태의 본질적 융화의 계획이 아니면 안 된다고 생각한다"(p.5)고 강조하였다. 이를 위해 "제 1순위로 조선이 신도 위에 새롭게 건설되어 정사政事[206]를 모토로"(p.18) "조선 문제의 해결을 위해서는 조선을 신국화神國化하는 것 하나가 그 근본의根本義이며, 또 국가백년의 대계로서 일선융화를 진면목으로 고려한다면, 모름지기 일본국체의 연원이자 동양사상의 정수이며 더욱이 일선 양 민족의 정신적 통일원리인 신神의 도道 밑에 조선 및 조선민족을 두어야만 하는 것이다"(p.19)라고 주장

203 青野正明, 「朝鮮總督府の神社政策-1930年代を中心に-」, 『朝鮮學報』 第 160輯, 1996, p.96. 최남선은 3·1운동의 중심인물로 체포된다. 그 후 문화정치하 1921년 총독부의 회유정책에 의해 가출옥되고, 이후 '民族改良主義' 선전을 행하고 민족주의 우파를 끌어안는 역할을 담당하고 있다. 1935년 7월 조선사편수회 위원과 同會 촉탁을 겸임하여 年수당 2,160엔의 特遇를 받고 있다. 1936년 中樞院 參議가 되고 1939년 만주국 建國大學 교수를 역임한다. 단군봉제 지지를 계기로 단군신화를 연구하였지만, 결국 반민족주의적 史學으로 전락하고 말았다(池明觀, 「申采浩史學と崔南善史學」, 東京女子大學比較文化研究所, 『紀要』 48, 1987 평가 참조). 그리고 당시 신도인측 제신논쟁의 주역이었던 小笠原省三은 최남선에 대하여 '나의 오랜 友人이며, 일본의 종교, 일본의 신도에 대해서 깊은 연구를 하였다'고 평가하고 있다(『海外神社史』, 「はしがき」, p.4).

204 青野正明, 「朝鮮總督府の神社政策-1930年代を中心に-」, 『朝鮮學報』 第 160輯, 1996, p.97.

205 최남선 『朝鮮と神道』, 1934, 12. 中央朝鮮協會, p.4. 이 자료는 최남선이 동경을 방문하여 강연한 내용이다.

206 원어는 '마쯔리고토まつりごと'로 이는 고대 제정일치 시대의 祭事를 뜻한다.

했던 것이다.

그리고 1935년 1월, 우가키 가즈시로宇垣一成 총독[207]은 한 모임의 훈시訓示에서 '심전개발'에 대한 방침을 처음으로 공표하였다. 그 훈시에 의하면, 우가키는 정신생활대책의 도입 필요성을 통감하고 있었다. 이 모임에서 최남선(조선사편수회 위원 겸 촉탁)은 다음과 같이 강연했다.

> "일본 고래의 신神들과, 또 다른 계통에 속한 신이라도, 혹은 처음에 일본의 권력에 대해 반항의 태도를 가진 자라도, 일단 각오를 새롭게 하여 일본의 국가와 일체一體 관계를 가진다면, 그 국민도 또 그들의 신도 일본국의 그것으로서 하등의 거리감이 없으며, 오히려 그 입장과 위세가 전보다도 높아져 빛나게 되는 것은 역사상 많은 실례를 통해 볼 수 있다. (중략) 일본에 섭취攝取되면, 사람뿐만 아니라 신神도 안심하게 되기 때문에 신국神國인 일본에 고마움이 있는 것이다. (중략) 그것은 과거에 매장되어 죽은 사실이 아니라, 잘 조사해 보면 현재도 양 민족의 생활원리에 깊이 스며들어 있고, 또 강하게 살아 움직이는 것을 알 수 있다. 예를 들어, 일본의 고신도와 조선의 현재 민속, 민간신앙의 내용을 비교검토하면 양자의 유사관계가 근본적으로 존재함을 분명하게 알게 된다."[208]

---

207 宇垣총독은 제 6대 총독으로 부임하면서 '內鮮融和'를 제창하고, "日韓倂合의 宏謨는, 內鮮一體의 實을 擧하여, 東洋의 平和를 永遠히 確保하는 데 있다. … 一視同仁의 聖旨를 奉體하고, 至誠報效治化의 普及, 康德의 增進에 努力하고, 특히 內鮮의 融和輯睦에 關해서는 最意를 기울이면서, 알맞게 衆庶의 業을 激勵하여 生을 즐겁게 하여, 한결같이 皇室을 尊重하고 皇澤에 젖을 수 있도록 하는 것"이라 하고 있다(第12回 中樞院 회의에서의 總督訓示. 소화 7년 3월 3일. 朝鮮總督府官房文書課編纂, 『論告·訓示·演說總攬』, 1941, p.14).

208 崔南善, 「日本の信仰文化と朝鮮」, 『文教の朝鮮』, 1935.3. 青野正明, 「朝鮮總督府の

한국을 '일본국가와 일체 관계를 만드는' 것은 '사람들만이 아니라, 신도 안정케 된다'는 내용이었다. 아오노 마사아키는 여기서 '사람만이 아닌 신도 안정된다'는 강조와, '조선의 현재민속, 민간신앙'이 '일본의 고신도'와 '유사관계'에 있다는 사실을 강조한 점에 주목했다. 곧 "이는 조선신궁의 제신논쟁 이후 총독부의 입장을 비판하는 내용이며, 오히려 신사를 정책적으로 이용할 것을 주장하고 있다는 점이다. 조선사편수회 위원 겸 촉탁인 조선인 학자의 이와 같은 주장은 정책결정에 큰 영향력을 미칠 수 있었고, 이 직후 총독부는 신사·신사神祠제도 확립을 단행하였다"[209]고 지적한 것이다.

결국 총독부는 조선신궁을 둘러싸고 의견대립을 보였지만 1935년을 전후에는 신사 및 신사神祠제도를 확립하였다. 이러한 신사·신사神祠제도 확립에 큰 지도력을 발휘한 사람은 정무총감 이마이다 키요노리今井田清德였다. 1935년 10월 14일 '심전개발 운동의 철저를 목적'으로 하여 '전 조선' 씨자총대연합회氏子總代連合會가 각 단체 대표 250명이 출석하여 개최된다. 거기에서 이마이다가 정무총감으로서 보고사를 하였다. 이마이다는 '총독부는 목하 신사제도의 확립, 사무

---

神社政策-1930年代を中心に-」,『朝鮮學報』第 160輯, 1996, p.97.

209 青野正明,「朝鮮總督府の神社政策-1930年代を中心に-」,『朝鮮學報』第 160輯, 1996, p.98. 물론 1935년을 전후한 이러한 신사정책의 방향전환에 대해서는 최남선의 주장에 따른 채용을 절대적인 것으로 보기는 어렵다. 이러한 종교정책의 전환은 이 시기 宇垣 총독의 식민정책과 당시 일본내의 상황과 관련하여 종교정책을 살피는 것도 중요할 것이다. 1930년 소화공황, 1931년 만주사변, 1932년 농촌진흥운동 개시, 1935년 1월 宇垣 총독 '심전개발' 방침 공표, 2월 일본의 국체명징 운동(천황기관설 배격운동) 개시, 1936년 1월 15일 조선총독부 주최로 '심전개발위원회'를 개최하여 국체관념의 명징, 경신숭조의 함양을 목적으로 하는 심전개발운동 본격적으로 개시 등의 사회상황도 8월 '개정신사규칙' 공포, 1面1神祠 설치라는 정책과 관련을 맺고 있다. 青野正明도 제신논쟁의 경위는 어떤 의미에서는 정책도입의 계기에 불과하며, 총독부로 하여금 神社·神祠제도 확립을 단행하기 까지의 근본적인 요인을 당시의 농촌현실과, 농촌진흥운동, 심전개발을 통한 수탈체계의 '합리화'에서 구명하고 있기도 하다(青野正明, 1996, pp.98-103).

社務의 정비 등에 관해 예의 고구考究 중'이라고 강조하였다.[210] 그는 조선신궁 10주년 봉찬회奉贊會 회장으로 일하며[211] 총독부내에서 신사·신사神祠제도 확립을 강력하게 추진하는 역할을 맡고 있었다.[212]

이마이다 정무총감은 신사제도의 확립을 위한 조사연구를 마치고 경성신사와 용두산 신사를 국폐소사에 열격했고, 관국폐사 이외의 신사들도 내지 일본과 같이 도부읍면道府邑面에서 공진供進하는 제도를 확립했다. 더욱이 국폐사에 대해 1도道 1사社 건립이라는 방침을 정하고, 가급적 빠른 시일내에 이를 실현하여 1도道 숭경의 중심을 확립하고 신기를 중심으로 한 내선일여內鮮一如의 구현에 힘쓰겠다고 강조하였다.[213]

그리고 한국의 고유신앙이 신사신앙과 결부된다는 논리에 초점을 두고, 신도가神道家인 경무국 보안과 과장은 '조선에 있어서 신사참배 행사의 장래'라는 항목에서 다음과 같이 지적하였다. "학자들의 연구에 따르면 일본과 조선은 이 일[신사신앙]에 관해 완전히 동근일체同根一體로 옛 풍속古俗이 공통성을 지닌다는 것이 증명되었기 때문에, 이 경신숭조의 도道는 조선에서도 역시 유신惟神의 아름다운 결과를 맺을 것이라 믿어 의심치 않는다."[214] 곧 총독부에 의한 '신사참배 행사'가 거론되고 한국의 마을신앙을 신사신앙과 결부시켜 '유신惟神의 아름다운 결과를 맺을' 것을 의도하고 있음을 엿보게 된다.[215]

---

210 '彙報', 『朝鮮』, 246, 1935年 11月.

211 今井田清德傳記編纂會編, 『今井田清德』, 1943年, p.483,594.

212 青野正明, 「朝鮮總督府の神社政策-1930年代を中心に-」, 『朝鮮學報』 第 160輯, 1996, p.102.

213 「朝鮮神社制度の改正に就て」, 1936. 8. 1.(朝鮮總督府, 『朝鮮施政に關する諭告·訓示竝に演述集』, 1937).

214 上內彥作, 「神社參拜に就て」, 『文教の朝鮮』, 1935년 12월.

215 青野正明, 「朝鮮總督府の神社政策-1930年代を中心に-」, p.103.

이에 따라 조선총독부는 1936년 신사제도를 개정하여, 일본 내지와 같이 부읍면에 의한 신찬폐백료 공진제도神饌幣帛料供進制度를 확립하고, 점차 공공적 성격을 분명히 해 나갔다. 그 해 8월 경성신사, 용두산신사, 1937년 5월 대구와 평양의 두 신사, 1941년 10월 광주와 강원신사 등이 국폐소사에 열격되었다. 1939년 6월에는 내선일체의 강화를 위해 부여신궁 창립이 결정되었고,[216] 1939년 3월 일본 내지에서 지방 초혼사地方招魂社 제도가 확립되고 있을 때, 한국에도 경성과 나남羅南에 호국신사 창립이 결정되어 1943년 가을에는 경성호국신사가 진좌제를 거행하였다. 이와 동시에 한국인에 대한 신도의 선전공작이 다양한 형태로 추진되어 1939년 5월에는 경성에 신도연구회神道研究會가 결성되었다.[217]

우가키 총독시대에는 심전개발운동을 진행하여 신사숭경이 강조되었고, 더욱이 미나미南 총독[218]은 황민화 정책의 중요사항으로 신

---

216 부여신궁은 충청남도 부여군 부여면 扶蘇山에 신궁을 건설하려는 것으로 이미 조선 全土의 總鎭守인 조선신궁이 있는 것을, 그것을 더욱 강화하려는 원망을 담고 있는 것이다. 곧 "더욱이 1面1祠의 계획을 진보시켜 內鮮은 신사제사에 의해서도 渾然一體를 이루고 있지만, … 그 취지를 일층 강화시키는 것이다"(『海外神社史』, p.196). 그를 위해 1938년 12월 8일 내무성에서 부여신궁 창립심사위원회가 개최되어. '부여에 있어서 신궁창립에 관한 건'을 발표하였다. 여기에는 식민지 한국 민족을 어떻게 '황민화' 할까, 거기에 신사가 어떤 역할을 져야 하는가가 잘 나타나 있다('夫餘ニ於ケル神社創立ニ關スル件', 『海外神社史』, pp.196-197). 그리고 부여를 선택한 이유를 '百濟의 舊都' 그리고 제신(應神天皇, 齊明天皇, 天智天皇, 神功皇后)들과 '緣由 깊은' 곳임을 지적하고 있다.

217 이 연구회는 "惟神의 大道를 研究實修宣揚하고, 敬神崇祖의 念을 作興하여 忠君愛國의 思想을 涵養하는 것"을 목적으로, 學務局長을 지낸 적이 있는 李軫鎬, 中樞院 參議 高義駿 등을 시작으로, 약 100명의 식민지 한국인이 모여 있었으며, 사업으로서 (1)神社參拜를 勵行 (2)神棚奉齊를 奬勵 (3)府邑面 1社의 神祠創立과 함께 固有 鄕土神 祭祀를 改良同化嚴修 (4)강연회 및 강습회 개최 (5)神道에 관한 도서를 간행 (6)諸宗教에 대한 習合教理를 調査研究하여 이를 刷新同化를 期한다고 하고 있었다(『海外神社史』, p.210).

218 南次郞 總督은 황민화 정책의 실행자로 알려져 있다. '內鮮一體'를 진행하여 '國體明徵, 鮮滿一如, 教學振作, 農工併進, 庶政刷新'의 5대항목을 제창하고, 황민화 정책을

사참배를 강조하게 된다. 태평양 전쟁이 발발하자 다수의 국민적 집회들이 신사 앞 광장에서 거행되는 경우가 많았으며, 특히 학교들은 조선신궁에서 매년 4월 2일 권학제勸學祭의 날로 정하여 소학교나 보통학교 신입생이 신 앞神前에 맹세를 하고, 신궁은 신인神印을 찍은 『수신修身』 책을 생도에게 나눠주었다. 학교들은 종종 신사에 참배하여 신역神域을 청소하고, 또 휴가 중에도 일참日參을 행하도록 하였다. 부여신궁의 조영공사에는 국민총력연맹이 적극 참여했고, 학교단체뿐만 아니라 각 사회단체들이 봉사奉仕를 맡고 있었다.[219]

---

위해 國旗揭揚·東方遙拜·신사참배의 勸行, 皇國臣民誓詞 제정, 육군특별지원병 제도, 제 3차 조선교육령과 한국어 사용금지, 創氏改名, 강제연행 등 일련의 정책을 끊임없이 시행하고 있다. 이러한 南총독의 황민화 정책에 대해서는 宮田節子, 『朝鮮民衆と'皇民化'政策』, 未來社, 1985 를 참고하라.

219 『日本人の海外活動に關する歷史的調査』, p.60.

扶餘聖地에 內鮮一體의 精神的支柱

瑞氣어린扶蘇山에
世紀의神都를建設
二千萬의새로운感激

●**부여신궁 건립기사**. (매일신보 1941. 1. 4.)

●**부여 부소산 중턱에 조영하려던 부여신궁 준공도**. 1940년 地鎭祭(기공식)을 행했고 신전 건축용 목재(삼나무, 전나무)를 일본에서 들여왔다. 官幣大社로 제신은 應神天皇, 齋明天皇, 天智天皇, 神功皇后이다. 일제는 부여에 신궁 조영 뿐만 아니라 神都를 건설하여 聖地로 만들려 했다.

## 5 국가와 종교

지금까지 조선신궁의 제신논쟁을 중심으로 일제의 한국 강점 후 그 설립과정과 설립 이후 신사정책과 종교정책 그리고 황민화 정책을 연결시켜 광범위하게 살펴보았다. 이를 통해 조선신궁의 건립 및 제신논쟁이 어떻게 한국민족을 황민화하는 도구로서 중시되었던가를 밝혀보고자 하였다. 일본의 식민지 지배는 일본 내지의 경제, 정치 등의 요구에 끊임없이 대응하면서 식민지 민중으로 하여금 식민정책에 소위 '협력'할 것을 강요하고 있었다. 이는 각종 강제적인 치안유지적 성격의 법규들 뿐 아니라, 특히 교육과 종교정책을 통해 이루어졌다. 한국에는 총독부 통치가 시작되면서부터 우선 한국 전역에서 숭경의 중심이 될 신사설립을 계획하고, 1912년부터 그 예산을 계상하여, 경성 남산에 신역神域을 정해 1918년에 기공起工하였다. 그리고 3·1운동 직후인 1919년 7월 제신을 정하고, 사격을 발표하여 1925년 준공을 알리고, 10월 진좌제를 행하여 신사를 중심으로 한 황민화를 구상하고 있었다.

이러한 조선신궁 설립계획과 동시에, 강점 이후 총독부의 각종 법규 제정도 중요한 사안이었다. 총독부는 특히 종교정책을 통하여 제반 종교를 통제하면서 한국 민중의 황민화를 주도면밀하게 진척시킬 계획을 진행시켰다. 〈신사사원규칙〉과 〈신사神祠에 관한 규칙〉 등은 이러한 성격을 띤 규정들이며 이를 통해 한국에서 신사神社·신사神祠는 모두 관공립적 색채를 갖게 되었다. 그리고 〈사찰령〉과 〈포교규칙〉 등을 통하여 불교와 기독교를 통제했다. 더욱이 3·1운동 직후에는 〈포교규칙〉을 개정하여 기독교에 대한 통제를 강화하고 조선신사 설립을 서둘렀다. 그 결과 1925년 조선신궁이 설립되었고, 설립을 전후하여 신도가들과 총독부 사이에 제신논쟁이 전개되었다.

그러나 제신논쟁에서 국혼신 봉제를 주장하는 신도가 측이나 반대하는 총독부 측 모두 한국의 식민지 정책이라는 틀 내에서 기본적으로 논의되는 것임에 유의하지 않으면 안 된다. 그 모두가 궁극적으로는 황민화에 토대를 두고 있으며, 단지 그 과정에 대한 논란에 지나지 않음은 그 후 경과를 보면 잘 알 수 있다. 제신 합사론은 내선융화內鮮融和를 기도한 정치적 의도에 기초한 것이며, 오히려 이러한 신도가들의 주장은 우지가미氏神신앙에 동화시키려는 의도를 띤 더욱 교묘한 황민화 구상이었던 것이다.

그리고 또 하나 중요한 것은 이러한 조선신궁 제신논쟁의 식민지 지배의 의의로서 제신문제 그 자체는 한국인과 아무런 관련이 없다는 한계성이다. 한국인에게 신사신앙은 그 제신祭神 여하에 따른 것이 아니기 때문이다. 결국 신사라 하는 한국의 문화적 전통과는 이질의 종교적 시설이 한국인에게 있어서 무엇을 의미하는 것인가 하는 대전제를 빼어버리고, 제신만을 논하는 것은 의미가 없는 것이다.

결국 황민화 구상이라는 대전제를 통해서만 제신논쟁을 제대로 이해할 수 있을 것이다. 신사가 한국에 진출한 것 그 자체가 그대로 '황민화' 정책이라는 것, 따라서 일제의 격화된 강제참배 등 탄압행위에 대한 저항감은 해방 직후 한국인에 의한 신사파괴로 나타난 것이다. 한국인에 의한 신사파괴의 대다수는 8월 15일과 16일에 행해졌다. 1919년 3·1 민족독립운동 시 학교 및 경찰에 대한 공격이 신사에 대한 공격보다 컸던 것과 비교하면, 조선신궁 설립 이후 황민화 정책의 중심에 선 신사의 존재양식이 한국인들에게 어떠한 영향을 주었는가를 추정하기는 어렵지 않다. 더욱이 미군정美軍政도 일본인이 퇴각할 때, 군인·신관神官·창기娼妓는 집단적으로 날을 정해 퇴각하도록 했던 것을 본다면, 신사가 군인·창기와 함께 일본의 제국주의 침략의 중요 담당자로 역할을 해 왔음을 단적으로 알 수 있다.

일본은 패전 직후 '취급주의' 혹은 '극비' 자료로 『일본인의 해외활동에 관한 역사적 조사』를 펴내면서, 패전 이전 식민지에서 일본의 각종 정책을 평가하고 한국에서의 신사정책을 반성하면서 일본 신사 재건의 기초로 삼지 않으면 안 된다고 지적하였다.[220] 그러나 일본은 최근 야스쿠니신사 문제에서 보듯이 결코 자신들의 견해를 바꾼 것이 아니었다. 특히 신도인들의 주장은 국가와 종교와의 관계를 보여주는 적나라한 예로 볼 수 있는 것이다.

---

220 『日本人の海外活動に關する歷史的調査』, p.64.

## 보천교 연도별 주요 사건

1907년 증산 강일순은 고판례 처소를 首婦所, 차경석의 집을 布政所라 칭함

1911년 고판례 선도교(일명 태을교) 창립

1914년 5월 헌병대보조원 申成學, 張成元 천원헌병대에 고발(조선독립, 황제등극 사상). 차경석 구금된 지 9일 만에 석방

1915년 교도 김송환이 차경석을 전주헌병대에 고발(「차경석이 오래지 않아 조선을 독립시키고 스스로 황제가 된다고 칭하여 농촌의 우민을 유인하고 금전을 사기하고 음모를 도모한다」는 명목). 실증이 없어 검거 않음.

1916년 11월 24방주제 조직
11월 18일 차경석 가출하여 비밀포교("조선독립, 井田法을 두어 평등하게 토지분배한다"는 소문).

1917년 4월 24일 차경석 "국권회복 표방" 사유로 갑종 요시찰인 편입.
6월 신도 김경범의 아들이 천원분견소에 고발(부친의 금전 사기 혐의).

1918년 9월 19일 국권회복이란 이름으로 차경석 및 경상북도 영일군 출신 김연일 등 서로 도모하여 제주도 법정사에 교도 약 30명을 모아놓고 연설.
10월 제주도 교민 문인택이 교금 10여만 원을 면화 포대속에 넣어 나오다 목포의 일본경찰에게 발각되어 검거. 고판례와 차윤칠 등 방주 18인이 체포됨. 교주 처소가 수색당하고 뒤이어 전국적인 검거 선풍이 일어남.

1919년 6월(음) 박희백 등 2인 '태을교인의 독립운동'(경성 복심법원).
6월 20일 교주의 동생 차윤칠 목포경찰서에서 형독으로 사망. 피신지 강원도에서 60방주 제도로 개편하고 10월 함양군 大皇山에

서 60방주 제도 고천제.
1919년~1923년 수백만 교인 몰려듦.

1920년 4월(음) 태을교인 趙俊浩 사건('강원도의 태을교도 독립단원 검거의 건').

8월 경성에서 체포된 이상호가 수감 중 藤本 고등과장에게 회유되어 교주와 상의, 본교의 4대 강령(일심, 상생, 해원, 후천선경) 천명하고 '보천교'로 등록. 겨울, 경북 청송군 경찰서 소위 제령7호 위반혐의로 교도 3천여 명 검거.

12월(음) '훔치교의 일부인 허무맹랑한 선도교' 이치홍 사건(경성복심법원). 다수의 '태을교도 국권회복운동'.

1921년 1월 64방주 12임 조직으로 전국 지방관청에서 교인검거 선풍.

1월 강원도 고성 徐錫柱 사건('김홍규 등 10인 판결문'; '계혈로 맹세한 태을교도의 공소').

1월 그믐 경부터 각 지방관청에서 보천교 교인에 대한 검거선풍이 일어남. 경북 안동재판소에서는 보천교에 대한 처벌 특별법 만들어짐.

봄 전주에 모인 10만 원 압수하고 이를 상해임시정부에 보내려는 군자금으로 인정하고 대검거 실시, 강원도 일대 및 삼남지방에 수천 명 신도 검거됨.

2월 10일 채선묵, 김홍규 황해도 부임차 평양역에 내리다가 체포, 김홍규 42일간 구금.

5월 김문하 사건 및 태을교도 국권회복운동("江原道における太乙教徒獨立團員檢擧の件").

7월 김영두의 교금 도취관계로 경기도경이 수색하여 4만여 원을 발견. 김영두 등 경성에 태을교 간판 붙이고, 무고하여 이상호 체포됨.

8월 김홍규가 김영두 도금사건으로 검거됨.

8월 이상호 경성에서 체포되어 구금, 10월에 석방.

9월 경기도 경찰부 藤本 고등과장 일행 교주 방문.
10월 이상호, 교주를 만나 경찰부와 상의한 내용을 전하고, 교단 공개를 논함.
9월 24일 함양 황석산 고천제("國號曰時 敎名曰普化").

1922년 2월 서울 동대문 밖 창신동에 보천교 진정원 간판을 내걺. 성전건립 시작.
7월 20일 장례식(1921년 11월 17일, 차월곡 모친 사망)에 수십만 교인 모임.
11월 동지 치성제 거행시 경무국 간부 등 50여명 교주 체포 시도.
차월곡, 최팔용과 장덕수 통해 세계 약소민족회의(고려공산당 김규식, 여운형, 나용균, 장덕진 파견결의) 참가여비 1만 원 지원.

1923년 1월 주요 도시에 진정원 건설 교령 내림.
8월 15일 보천교 敎憲 제정.
11월 蔡京大(채규일 동생) 객망리에 三聖敎 설립.
11월 여방주제 조직.
12월 24일 오오모토와 제휴. 오오모토 간부 보천교 본소 방문 (1925년 7월 22일 재차 방문).
12월 만주지역 의열단에 가입 활동하는 姜逸이 태을교 대표로, 裵同知(본명 裵致文, 裵浩告)가 보천교 대표로 북경 국민대표회에 참가('의열단원 검거의 건' 1923.12.26.)

1924년 기산조합 자치단체 결성. '갑자년 천자등극설' 유포됨. 김좌진 장군 군자금(2만 원 혹은 5만 원) 지원하여 무장대의 편성. 일만팔천근의 大鐘 주조를 위해 교인 1인당 수저 1개씩 헌납운동.
1월 육임 중 우수자 宣化師 임명.
4월 상해임정 보천교에 독립운동자금 모집하려 요원 파견.
6~8월 이상호, 이정립 시대일보사 운영관계(교금 수만 원 소모하고 실패)로 보천교 이탈, 보천교 혁신운동 전개. 배교자 속출. 내부분열 시작.

9월 19일 총정원장 문정삼과 임경호를 일본에 보내 보천교의 취지를 요로에 전해 일본정부의 이해를 촉구함. 신임 下岡 조선정무총감, 가등고명 내각총리를 방문, 천장절(일왕 탄생일) 축하. 정무총감의 권유로 「시국대동단」을 조직하여 시국강연회 실시.

1924~25년 전국적 강연회 실시, 각 언론과 사회단체의 보천교 박멸운동 이어짐.

1925년 1월 16일 성전신축공사 시작(8월, 경찰제지로 중단되기도 함).

1~3월 전국에서 보천교를 친일파라 지명하여 각지 강연장에서는 희욕, 간판파기, 교도구타가 행해지고 유혈 충돌 발생.

4월 차경석 상경하여 총독부 三矢 경무국장과 下岡 총감 면담, 이로써 체포령은 해제됨.

5월 24일 보천교의 간부(김형욱·최종호·김승민) 일본 수일 체재, 오오모토교 왕인삼랑과 만남.

12월 조만식(정의부) 독립운동 자금 사건.

1926년 1월 60방주제 폐지 후 남북양선제 도입.

3월 齋藤 조선총독 남선 시찰 중 대흥리 본소에 들러 차교주와 대화를 나눈 뒤 신축 중인 성전을 살펴봄.

10월 문정삼 배교하여 임치상 등과 경성 보천교 진정원에 증산교 간판을 걸어 토지·가옥을 처분.

1927년 1월 혁신파(이상호 파) 십여 명 비밀리에 보천교 본부 급습, 이달호 등과 유혈충돌.

4월 율전 정읍경찰서장이 교주에게 일언을 청함.

6월 3일 방주제 부활.

6월 4일 28선화사 임명.

1928년 이상호 등 전 탈교한 林敬鎬와 용화동에 東華敎 창립. 경무국장 아사요시淺利 본소 방문.

1월 4일 頌呪수련 금하고 유교에 따른 正坐修心法(무진설법) 선포.

1929년 경제적 공황기에 곡식 금하고 솔피, 초근목피로 연명하는 辟穀 시행(수많은 사상자 속출). 기사 등극설 유포됨.
1월 3일 치성시 차경석의 처 이씨 부인 개안으로 시아버지가 옥황상제 신위에 있음을 보았다고 함(4대 교리 폐기, 1934년 5월 새로운 교리 발표).
2월 총리원장 민영성·권중기 등 배교.
3월 10일경 주재소 수석순사부장 순사 10여명 대동하여 수호사에 와서 경비선을 가설하고 경찰관 출장소라는 간판을 걸고 교중의 주식을 먹으며 주야로 감시.
3월 15일 신축성전 내 삼광영 봉안식을 거행하려 했으나 정읍경찰서 불허.
6월 4일 차경석 정읍검사국에 출정(일주일간 메이지 사진 걸어놓고 동도지로 만든 활을 쏜다는 일본천황에게 불경죄와 내란죄, 교주등극 후에 벼슬을 준다는 사기취재, 옥새 곤룡포 면류관 용상 등 황실용 물품을 비치하고 매일 아침에 조견례를 받는다는 고발).
9월 정읍경찰서 경관 20여명 교단 수색.

1930년 2월 정읍경찰서 신건축 성전사용의 불허를 전함.
5월 정읍경찰서 등 23명이 성전 내외, 교주처소 등 수색.
5월 대흥리 앞 帝靈峰에서 哀哭祭(보천교 망함을 통곡하는 고천제) 지냄.
6월 문정삼, 배교자 등으로 보천교혁신단을 결성하여 교주토죄문을 인쇄산포, 교도들과 유혈충돌.
9월 김중선의 선도교 사건('선도교도의 불온계획 검거의 건').
11월 김언수 삼성교에 轉教. 강상백 제주도에 돌아가 水山教 창교.

1931년 한병수, 자칭 태을진인이라 하고 경성에 人天教 별립. 조재승 등 서백일과 함께 구례군 대덕산에 금산사미륵불교포교소 설립.
4월 己産조합장 서상근 금산면 청도리에 신단 설치. 설영태 등 일본 천리교와 제휴할 목적으로 교주인장을 위조하여 금전계약, 교도유인 함.
윤5월 정읍경찰서 조선총독부령 단발령의 「유고문」을 가지고 와서 각 교도에게 교단명의로 발송.

1933년 박인택 등 부안군 산내면 지서리에 元君教 별립

1934년 1월 이영호에게 명하여 『보천교연혁사』 편찬.
5월 새로운 교리 발표(교리-仁義. 4대教綱-敬天, 明德, 正倫, 愛人. 主義-相生. 목적-大同).
10월 6일 '유사종교 삼산교 사건'(정읍에서 조선의 독립을 목적으로 하는 유사종교 삼산교 결사하여 교도획득 및 목적 성취를 위한 기원제 집행)

1936년 윤3월 10일 교주 차경석 사망, 총독부 경무국 보안과 경부 등 경관 50여명이 출동하여 장례를 경계. 전주경찰부 지휘로 교중 회의를 정지시키고, 각 지역의 교도들의 운집을 「보천교에 대한 존폐문제가 결정되기 전」이라는 이유로 돌려보냄. 총독부 경찰부는 「보천교 교무집행은 일체금지, 정리소 교약소 간판을 철폐, 성의금 취급자 엄벌」 공문 발송.
4월 30일 '심전개발정책' 실시.
6월 경찰서장이 보천교의 해산과 십일전 건물의 포기, 교인의 삭발 세 가지 조건을 제시하고 따르지 않는 자를 엄벌한다고 위협하고, 신건축 경매를 행함.

# 참고문헌

## ≪단행본≫

### 국문 자료


강위조. 『일제통치하 한국의 종교와 정치』. 대한기독교서회. 1977.

국가보훈처. 『大韓民國臨時政府關聯 要視察人名簿』. 국가보훈처. 1996.

국회도서관. 『한국민족운동사료(三一運動篇 其二)』. 국회도서관, 1978.

김성건 외. 『21세기 종교사회학』. 다산출판사. 2001.

김재영. 『보천교와 한국의 신종교』. 신아. 2010.

김홍철. 『증산교사상 연구』. 원광대 출판국. 2000.

독립운동사편찬위원회. 『독립운동사-문화투쟁사-』 8. 서울: 독립운동사편찬위원회. 1976.

박영재. 『이른 아침 잠깐 앉은 힘으로 온 하루를 보내네』. 운주사. 2001.

박 환. 『김좌진 평전』. 선인. 2010.

보천교. 『보광』 1-4. 경성:보광사. 1923.

보천교. 『보천교 교전』. 보천교중앙총정원. 1981.

보천교. 『도훈』. 보천교. 1986.

보천교 중앙총정원. 『보천교연혁사』 상·하. 보천교 중앙총정원. 1948.

성주현. 『식민지 시기 종교와 민족운동』. 선인. 2013.

에밀 뒤르켐. 노치준·민혜숙 역. 『종교생활의 원초적 형태』. 민영사. 1992.

안경전. 『증산도의 진리』. 상생출판. 2015.

오강남. 『종교 이제는 깨달음이다』. 북성재. 2011.

윤선자. 『한국근대사와 종교』. 서울: 국학자료원. 2002.

윤이흠 외. 『일제의 한국민족종교말살책』. 서울: 고려 한림원. 1997.

이상호. 『대순전경』. 경성: 동화교회도장. 1929.

이상호. 『증산천사공사기』. 증산교본부. 1926.

이정립. 『증산교사』, 전라북도: 증산교본부. 1977.

조경달. 『민중과 유토피아』. 허영란 옮김. 역사비평사. 2009.

조규태. 『천도교의 민족운동 연구』. 선인. 2006.

증산도 도전편찬위원회 지음. 『증산도 도전』. 대원출판. 2003.

## 일문 자료

姜德相. 梶村秀樹 共編. 『現代史資料』 25. みすず書房. 1977.
姜東鎭. 『日本の朝鮮支配政策史硏究』. 東京: 東京大學出版會. 1978.
開闢社. 『開闢』. 1920. 6-1926. 8.
慶北警察部. 『高等警察要史』. 慶北警察部. 1934.
慶尙北道 警察部. 『暴徒史編輯資料·高等警察要史』. 1934.
京城地方法院檢事局高等警察課, 『大正十三年管內狀況』. 1924.
高橋浜吉. 『朝鮮教育史考』. 國書刊行會. 1927.
瓜生中, 渋谷申博. 『日本宗教のすべて』. 日本文藝社. 1997.
金正明. 『朝鮮獨立運動(第1卷 分冊, 民族主義運動)』. 東京. 1967.
吉川文太郞. 『朝鮮の宗教』. 朝鮮印刷. 1921.
綠旗聯盟. 『綠旗』.
大本七十年史編纂會 編. 『大本七十年史』 上. 宗教法人大本. 1964.
大藏省管理局. 『(極祕)朝鮮統治の性格と實績. 日本人の海外活動に關する歷史的調査』 通卷 第 11冊. 東京: 大藏省管理局. 1947.
大藏省管理局. 『(取扱注意)朝鮮統治の最高方針. 日本人の海外活動に關する歷史的調査』 通卷 第 3冊. 東京: 大藏省管理局. 1947.
大村英昭, 西山茂. 『現代人の宗教』. 有斐閣. 1990.
朴慶植 編. 『在日朝鮮人關係資料集成』(2). 三一書房. 1975-76.
飯沼二郞·韓晳曦. 『日本帝國主義下の朝鮮傳道』. 日本基督教團出版局. 1985.
思想硏究資料. 『最近に於ける類似宗教に就て』. 思想硏究資料特輯 96號. 1942.
森岡淸美. 『近代の集落神社と國家統制』. 吉川弘文館. 1987.
小笠原省三. 『海外神社史(上)』. 海外神社史編纂會. 1953.
小野祖教. 『神道の基礎知識と基礎問題』. 神社新報社. 1980.
神祇院編. 『神社本義』. 內閣印刷局. 1944.
神社新報政教硏究室編. 『近代神社神道史(增補)』. 神社新報社. 1986.
日本國立公文書館. 『朝鮮人要視察人略名簿』. 1945.
日本外務省. 『要視察外國人擧動關係雜纂-韓國人ノ部-』 1-10(國史編纂委員會.

『要視察韓國人擧動』 1,2,3, 2001).
全國神職會. 『全國神職會會報』 143-254. 東京: 全國神職會. 1910.9-1920.12.
全羅北道. 『普天教一般』. 全羅北道. 1926.
井上順孝. 『新宗教の解說』. 東京:ちくま學藝文庫. 1996.
井上順孝·中牧弘允·孝本貢·西山茂·対馬路人 編. 『新宗教事典』. 弘文堂, 1990.
朝鮮思想通信社. 『朝鮮思想通信』. 1928. 7. 28.
朝鮮總督府 警務局. 『諺文新聞差押記事輯錄』. 1932.
朝鮮總督府 警務局. 『第73回 帝國議會說明資料』. 1937.
朝鮮總督府 高等檢查局. 『思想月報』. 高等檢查局 思想部. 1932.
朝鮮總督府 大邱地法安東支廳. 『統計ニ關スル記錄(大邱地方法院蔚珍支廳)(1921-1922年)』. 1921.
朝鮮總督府 裁判所 大邱地檢金泉支廳. 『例規ニ關スル記錄(1920-1923年)』. 1923.
朝鮮總督府 學務局 社會教育課. 『朝鮮ニ於ケル宗教及享祀一覽』. 1939.
朝鮮總督府. 『官報』. 京城:朝鮮總督府.
朝鮮總督府. 『齋藤實文書』 9. 高麗書林(영인본). 1990.
朝鮮總督府. 『朝鮮の保護及併合』. 京城: 朝鮮總督府. 1932.
朝鮮總督府. 『朝鮮の統治と基督教』. 京城: 朝鮮總督府. 1923.
朝鮮總督府. 『朝鮮總督府施政年報』. 京城: 朝鮮總督府. 1911.
朝鮮總督府. 『朝鮮彙報』. 京城: 朝鮮總督府.
朝鮮總督府. 『朝鮮の宗教及信仰』. 1935.
朝鮮總督府. 『最近に於ける朝鮮治安狀況』. 朝鮮總督府警務局. 1933, 1938.
朝鮮總督府. 『朝鮮出版警察月報』 第106號. 1937. 6.
中濃教篤. 『天皇制國家と植民地傳道』. 國書刊行會. 1976.
中村元, 福永光司, 田村芳朗, 今野達編. 『岩波佛教辭典』. 岩波書店. 1989.
青柳南冥. 『朝鮮宗教史』. 京城: 朝鮮研究會. 1911.
村山智順. 『朝鮮の類似宗教』. 京城: 朝鮮總督府. 1935; 최길성 외. 『조선의 유사 종교』. 계명대출판부. 1991.
村山智順. 『조선의 무격』. 민속원. 2014.
村山智順. 『朝鮮の鬼神』. 朝鮮總督府中樞院. 1933.
村山智順. 『朝鮮の占卜と豫言』. 朝鮮總督府. 1933.

村上重良. 『天皇制國家と宗教』. 東京: 日本評論社. 1986.
村上重良. 『天皇の祭祀』. 岩波新書. 1977.
村上重良. 『天皇制國家と宗教』. 東京: 日本評論社. 1986.
村上重良. 『日本宗教事典』. 講談社. 1996.
坪江汕二. 『朝鮮社會思想運動沿革略史』. 嚴南堂書店. 1966.
平安南道. 『洋村及外人事情一覽』. 1924. 6.
下中邦彦 編. 『世界大百科事典』. 東京: 平凡社. 1972.
韓晳曦. 『日本の朝鮮支配と宗教政策』. 東京: 未來社.(金承台 역. 일제의 종교침략사. 기독교문사. 1990). 1988.
Roberts, Stephen H. History of French Colonial Policy 1870~1925. Vol. Ⅰ. London:Frank Case & Co. Ltd. 1963.

## ≪논문 등≫

### 국문 자료

「전조선 類似宗教에 不日中에 大鉄槌」. 《조선일보》. 1936. 6. 10.
권태억. 「1910년대 일제의 조선동화론과 동화정책」. 『한국문화』 44. 2008.
김대호. 「1910-1920년대 조선총독부의 조선신궁 건립과 운영」. 서울대 석사논문. 2003.
김백영. 「식민지 도시계획을 둘러싼 식민권력의 균열과 갈등-1920년대 '대경성 계획'을 중심으로-」. 2005.
김백영. 「식민지 동화주의의 공간정치-조선신궁의 건설과 활용을 중심으로-」. 『인천학 연구』 11. 2009.
김승태. 「1930년대 일제의 기독교계 학교에 대한 신사참배 강요와 폐교전말」. 『한국근현대사 연구』 14. 2000.
김승태. 「일본 신도의 침투와 1910·1920년대의 신사문제」. 『한국사론』 16. 1987.
김승태. 「일본 신도의 침투와 신사정책」. 한국기독교 역사연구소. 『한국기독교연구회소식』. 1986.
김익한. 「1910년 전후 산현, 이등계의 대한정책 기조와 종교정책」. 『한국사연구』 114, 2001.

김재영, 「보천교 천자등극설 연구」. 『한국종교사연구』 9집, 2001.
김재영. 「풍수와 땅 이름으로 본 정읍의 종교적 상징성 -보천교를 중심으로-」. 『신종교연구』 2. 2000.
김재영. 「형평사와 보천교」. 『신종교연구』 21. 2009.
김정인, 「1920년대 전반기 보천교의 부침과 민족운동」. 한국민족운동사학회. 『일제강점기의 민족운동과 종교』. 서울:국학자료원. 2002.
김철수, 「일제하 식민권력의 종교정책과 보천교의 운명」. 『선도문화』 20권. 2016.
김철수, 「1910-1925년 식민권력의 형성과 민족종교의 성쇠-『보천교일반』(1926)을 중심으로-」. 『종교연구』 74-2. 2014.
김철수. 「일제식민지시대 치안관계 법규의 형성과 적용에 관한 연구」. 『한국사회학』 29집 봄호. 1995.
김철수. 「조선신궁 설립을 둘러싼 논쟁의 검토」. 『순천향 인문과학논총』 27. 2010.
노길명, 「초기 증산종단의 민족의식과 민족운동」. 증산종단연합회. 『일제하 증산종단의 민족운동』. 순민사. 1997.
류성민, 「일제강점기의 한국종교와 민족주의-일제의 식민지 종교정책에 대한 한국 종교들의 대응을 중심으로-」. 『한국종교』 24. 1999.
박수철. 「명치초 민중저항의 특질과 '국가신도'」. 『민주주의와 인권』 8-2. 2005.
박승길. 「일제하 민족운동과 종교」. 『원불교사상과 종교문화』 51. 2012.
方基中, 「1920·30年代 朝鮮物産奬勵會 硏究」. 『國史館論叢』 第67輯. 1996.
비봉선인. 「정읍의 차천자를 방문하고」. 『개벽』 10-38. 1923.
손정목. 「조선총독부의 신사보급·신사참배 강요정책 연구」. 한국사연구회. 『한국사연구』 58. 1987.
안유림. 「일제의 기독교 통제정책과 〈포교규칙〉」. 『한국기독교와 역사』 29호. 2008.
안후상, 「보천교와 물산장려운동」. 한국민족운동사연구회. 『한국민족운동사 연구』 19. 서울:한국민족운동사연구회. 1998.
안후상, 「보천교운동 연구」. 성균관대 석사논문. 1992.

안후상, 「식민지시기 보천교의 '공개'와 공개 배경」. 『신종교연구』 26. 2012.
안후상, 「일제하 보천교운동」(상·하). 『南民』 4. 서해문집. 1992.
안후상. 「차월곡 출생에 관한 소고」. 『신종교연구』 2. 2000.
안후상. 「식민지시기 보천교의 '공개'와 공개 배경.」 『신종교연구』 26. 2012.
이강오. 「보천교」. 『전북대 논문집』 8집. 1966.
이현희. 「일본의 문화침략정책과 그 실체-특히 교육, 종교분야를 중심으로」. 『정신문화연구』 여름. 1985.
장석만. 「개항기 한국사회의 종교개념 형성에 관한 연구」. 서울대학교 박사논문. 1992.
장석만. 「일제시대 종교개념의 편성」. 『종교와 식민지 근대』. 책과함께. 2013.
장 신. 「일제하의 요시찰과 『倭政時代人物史料』」. 『역사문제연구』 제11호. 역사문제연구소. 2003.
장 신. 「일제하 日鮮同祖論의 대중적 확산과 素戔嗚尊 신화」. 『역사문제연구』 21호. 2009.
青野正明. 「조선총독부의 신사정책과 유사종교」. 『종교와 식민지 근대』. 책과함께. 2013.
최경숙. 「일제의 종교정책과 기독교」. 『비교문화연구』 14. 2003.
홍범초. 「보천교 초기교단의 포교에 관한 연구」. 『한국종교』 10. 1985.
황선명. 「잃어버린 코뮨: 보천교 성립의 역사적 성격」. 『신종교연구』 2. 2000.

### 일문 자료

桂島宣弘. 「宗教概念と國家神道論-'帝國=植民地'を射程に入れて」. 磯前順一·尹海東 編著. 『植民地朝鮮と宗教-帝國史·國家神道·固有信仰』. 三元社. 2013; 윤해동, 이소마에준이치 엮음. 『종교와 식민지근대』. 책과함께. 2013.
金哲秀, 野村博. 「朝鮮總督府の宗教政策」. 佛教大學社會學部. 『社會學部論集』 31. 京都: 佛教大學. 1998.
南山太郎. 「祕密結社の解剖(一)」. 『朝鮮公論』 112号. 1922.

大藏省管理局.「(極祕)朝鮮統治の性格と實績」.『日本人の海外活動に關する歷史的調査』通卷 第 11冊. 1947.
度邊彰.「朝鮮における宗教」.『朝鮮』. 1920. 1.
山口公一.「植民地期朝鮮における神社政策と朝鮮社会」. 一橋大学 博士論文. 2006.
三木治夫.「普天教に就いて」.『綠旗』1-8. 1937.
平康警察署.「仙道教ノ不穩計劃ニ關スル件」(平康警察署 報告書).
陸軍省.「大正11年不逞鮮人狀況報告」(密第8號其40). 1922.
藏田雅彦.「日本統治下朝鮮における燈臺社の活動と彈壓事件」.『國際文化論集』1. 109-121. 1990.
藏田雅彦.「日本統治下朝鮮における神社參拜問題と聖潔教會彈壓事件」.『キリスト教論集』26. 1990.
藏田雅彦.「天皇制國家の朝鮮植民地支配と文化·宗教政策」.『朝鮮史硏究會論文集』29. 1991.
長田彰文.「日本の朝鮮統治における皇民化政策と在朝米国人宣教師への圧力·追放-靖国神社参拜問題を中心に-」.『上智史学』54. 2009.
趙景達.「植民地朝鮮における新興宗教の展開と民衆(上·下)-普天教の抗日と親日」.『思想』921-922. 2001.
朝鮮軍參謀部.「太乙教に就いて」.((祕) 朝特報第11號; 陸軍省.'密第8號其40'). 1922. 3. 27.
朝鮮思想通信社.「普天教」.『朝鮮思想通信』991. 1929.
朝鮮思想通信社.「東京錫取調」.『朝鮮思想通信』1000. 1929.
朝鮮通信社.「普天教大檢擧：主腦部殆んど一網打盡」.『朝鮮通信』1305. 1930.
中濃教篤.「朝鮮の'皇民化'政策と宗教」.『世界』327. 1973.
中島三千男.「海外(植民地)神社について」. アジアに對する日本の戰爭責任を問う民衆法廷準備會編.『宗教の戰爭責任-神社の海外進出と佛教の植民地布教』. 樹花舍. 1996.
千葉正士.「東亞支配イデオロギ-としての神社政策」.『仁井田陞博士追悼論文集Ⅲ 日本法とアジア』. 勁草書房. 1970.

青野正明.「朝鮮總督府の神社政策-1930年代を中心に-」.『朝鮮學報』160. 1996.
青野正明,「植民地期朝鮮における'類似宗教'概念」.『國際文化論集』43. 桃山學院大學, 2010.
村藏田雅彦.「近代天皇制國家の宗教政策とキリスト教-日本統治下朝鮮を中心にして-」.『國際文化論集』2. 1990.
阪本是丸.「法と新宗教」. 井上順孝·孝本貢·対馬路人·中牧弘允·西山茂 編.『新宗教事典』. 弘文堂. 1990.
平山洋.「朝鮮總督府の宗教政策」. 源了圓他編.『國家と宗教-日本思想史論集』. 思門閣出版. 1992.
黑田俊雄,「日本宗教史上の'神道'」.『黑田俊雄著作集』4卷. 法藏館. 1995.

Mark R. Peattie. The Japanese colonial empire 1895~1945. Ed. by Peter Duus. The Cambridge History of Japan. vol. 6. The Twentieth Century. Cambridge U.P. 1988.

## 찾아보기

## ㅅ

●『녹기綠旗』(1권 8호, 1937)에 실린 「서쪽에서 바라본 보천교 본부 십일전」. 십일전이라 이름 붙인 것은 十은 陰의 마지막 數이며 一은 陽의 시작 數로, 十一로서 음양의 순환을 나타낸다.

# 보천교관련
# 주요자료

본 자료는 원문대로 우右에서 좌左로 배열하여
496쪽부터 역순으로 읽을 수 있도록 하였다.

各地の教徒間に脫教をたゝきつけるもの續々と出で、又布教所の建物を國防獻金にする者もあり、幹部は此の動向に狼狽して取締緩和を陳情して居ると云ふ事です。

朝鮮人側の新聞「朝鮮日報」は此の彈壓を讃して、彼等の存在を寄生蟲や黴菌より一層劣惡なりとして、更に徹底的に邪教淫祠を膺懲撲滅せよと論じて居ります。又「中央日報」では迷信的宗教の廣く行はるゝ社會の不安定を說いて、當局の權力的彈壓を肯定すると共に一方、須く科學的精神を培養し大衆に正しい批判の眼を與ふべきを力說して居ります。

眞に正しい論說と思はれます。

類似宗教が朝鮮に姿を現はしたのは明治十二年とされて居ますが三十年頃から隆盛となり、三十九年には教徒の數十萬を越え、大正八年の事件以後急增して大正十二年には六十二萬を算する程になりましたが、最近は減少して十七萬二千と云ふ數になつて居ります。宗派の數は總數六十七、その內天道教に次いで第二位の勢力を持つて居た普天教に對する今次の彈壓は朝鮮に於ける類似宗教の今後の運命を物語つて居ります。

總督府の努力による農村振興運動、教育の普及の進められるにつれて、朝鮮の人達が段々理智的に目覺めて來ます。そして當局の取締と相待ち、朝鮮の人々は漸次邪教から解放されて、正しい生活原理を求めようとして居ります。

邪信より目覺めた者に正しい信仰を與へる事、これが心田開發の旗幟の下に進む私達の重大なる使命であらねばなりません。

本稿は朝鮮總督府發行、村山智順氏述「朝鮮の類似宗教」に負ふ所が最も多い。玆に厚く感謝の意を表します。

## 新刊紹介

### 京城府史　第二卷

曩に京城府に於いて「京城府史」編纂の事業に着手し、昭和九年にその第一卷が刊行され、太古より明治三十八年に至る迄の府史が著はされたが、今その第二卷が發行さるゝに至つた。本書は統監府設置より大正三年に至る迄の歷史を全卷を六編に分つて敍して居る。

第一編は「統監府設置後の京城」第二編は「韓國併合と其の直後の京城」府史第一卷より引き續いて目まぐるしい李朝末期の政界を京城を中心に眺め、且併合前後の諸施設、制度の進展等、朝鮮の最近世史を見んとする者の最も興味ある所である。

第三編には「漢城府の沿革と京城府の創始時代」を收め、李朝初期よりの行政機構の變遷を敍し、府史としての根幹と云ふべきもの第四編は「日本人の居住と其の發展」として明治十三年京城に日本公使館が置かれてから以來大正三年居留民團廢止に至る迄、京城府發展の原動力をなす內地人の活動を記し、第五編は「龍山の沿革と日本人の居住」第六編は「餘錄」として「京城を中心とする往時の交通と通信」「京城の災害」「京城及び附近の藥水」の興味ある三篇を收めて居る。

菊版背皮クロース總頁千百二十一頁、第一卷より三百餘頁多きをなし、その益々充實せる內容は眞に編纂者の勞を多とすべきである

本書は京城に關する史的文獻のあらゆるものが涉獵されたと見らるべく、考證を忘れず、重要史料は逸せず、而も繁瑣を避け、簡明興趣多い筆致は、各所に插入された寫眞と共に、此の書に對する親しみをまさしめる。京城に關心を持つ者の、一讀すべき書である。

因みに本書は昭和十一年三月京城府發行非賣品である。（森田）

に断髪をやめてちよん髷を保存する事に定めて居りました。此の事は後に陋習打破の時運に促されて各自の任意と云ふ事になりましたが、頑迷な徒輩はこれを墨守して断髪をこばみ、随分と農村振興運動の妨害をして居ります。

### 教徒

次に普天教の現勢力に就いて考へて見ます。昭和九年八月に總督府から各道の警察部を通じて調査したものによりますと、布教所の數は百七十ヶ所、教徒は一萬六千四百七十四名となつて居ります。その最も盛んであつた時は昭和三年で、その頃三萬六千に近い教徒を持つて居りました。地域的には慶北最も多く、江原、全北これに次ぎ、全南、慶南、平北と云ふ順になつて居ります。

又調査の統計には、農民が全體の九十八パーセント、無産が九十九パーセント、無學蒙昧が七十九パーセントを示して居ります。此の様な教は無智蒙昧な無産農民階級を對象としなければ發展性は考へられないのでありますが、それだけ又その結果は悲惨なものです忠北の丹陽である部落が全部入教し、獻金調達の爲に各自の持つて居る田畑を爭つて賣却したので裕福だつた部落も二、三戸を除く外全部小作農に轉落してしまつたと云ふ話、慶南蔚山地方で教徒百十九戸よりの獻金總額一萬五千圓に達し、一戸で五千圓以上支出した者もありと云ひ、轉落し行く農民階級に残酷な搾取を各處に展開して居ります。

本部本殿内の本尊・本尊の館には日，月，星
笠岩山等の山，流水林野等が書かれて居る。

又その本部のある井邑へも將來の高官を希望して移住する者多くこれ等の移住者や出入する教徒を顧客とする商人が居を構へ、段々戸口を増し四百戸を算する程になつて居ります。これは鷄龍山麓に鄭氏出でて王者になると云ふ信仰があり、移住者がぞく／＼來つて一部落を形成するに至つたのと、その軌を一にするものであります

### 普天教の今後

此の普天教が今度彈壓される前にも、度々當局から取締や調査をうけて居ります。これを一々あげると大變ですから差控へますが、その多くは「朝鮮獨立」や「普天教を信じなければ朝鮮民族たり得ない」とか「教主が登極即位式を擧行する」などの流言を放つた事でひつかゝつて居ります。此の四月教主車京石が死亡して以來、未だ教主定まらずにゴタ／＼して居る時、布教、收金、集會一切を禁じた今度の彈壓は、全く致命的なものと云ふ事が出來ませう。

元君よ、願の通り我が意の如く成就せしめ給へと云ふのでありますこれは姜一淳の唱へて居た所のものを繼承したのであります。

## 御利益

普天教の教は以上の如くでありますが、類似宗教の特徴として、それから尤もな神秘論と色々な御利益が出て參ります。

車京石の生れた所――全北井邑郡笠岩面大興里――その土地に對しても面白い解釋が附け加へられて居ます。井邑の井は水の源、水は萬物を生育するもの、だから井邑の地方から萬物を生育する王者が出現する、笠岩郡の笠は冠であるから、此の土地から王者が出る大興里は即ち、大王の興起を意味すると云ふのであります。そこでその準備として輪奐の美を極めた王宮類似の本部を造營致しましたこの建物は湖南線に乗られる方は裡里の先井邑を過ぎると直ぐ車窓の右側に絢爛たる宮殿紛ひの建物を見る事が出來ます。新聞では此の建物を數十萬圓と迄評價して居ますが、今後如何に處理されるかが注目されて居ます。

西方より見たる普天教本部十一殿

十一殿と名附くるは十は陰の終數，一は陽の始數，十一を以つて陰陽の循環を意味し，天地の生成造化即ち太極の聖殿たることを表示したものである。

此の建物の面白いのはそれが全部北向に建てられて居る事です。これは本誌五月號の村山智順氏の「新興宗教に就いて」の中にも說かれて居ますが、現在及び將來は今迄とは時の運が違ふ、だから今迄の建物は南向であるが、これからの世界を支配するものはその反對の北向であらねばならぬと云ふのであります。



以上の王者が興る準備として大きな建物を作ると共に一方教徒に對しては、特にその誠を盡して米やお金を納め、よく教を守る者は王者出でた時に道知事や郡守になれるなどと言つたのであります。

又此の教に入れば生涯衣食住に困難せず、悪病に罹る事もなく、又不治の疾患も全治して健康を保つ事が出來る、信仰があつければ神の力を我がものとして飛行自在、暗中でも物を見る事が出來るし、戰亂の時にはその兵禍を免れ、死んでからその靈は天國に上る事が出來ると說きます。これ等の功德が皆、本部に納める誠米金の額によるのですから、搾取的宗教として典型的なものです。

又、普天教徒は他と區別する爲

死身の神力を持つて居る筈なのにその教祖が凡人と同じ最後を遂げた事は、全く解決出來ない大きな疑惑であつたのです。

　此の教祖の死に疑惑を懐いたのは決して彼だけではなく、多くの弟子等も、今更の樣に教祖の說く所と現實の相違に氣付いたのでした。今迄の信仰は教祖から欺かれた迷信であつたとして、俄に熱情は冷却し、教祖の埋葬に參加した者は僅か十數名と云ふ有樣でした

　然し生前人一倍愛顧を受けて居た車京石は教祖に對する追慕の情を捨てる事も出來ず、教祖の遺物を禮拜しつゝ悶々の懊惱に耽つて居りました。教祖が居れば何でも尋ねる事が出來たが、今はその教祖が居ない、彼はどうしてもその問題を自分だけで解決せねばなりませんでした。彼は思索を練る爲に近くの金山寺の靜寂な一室を借りて十四日間思索に精進したが得る所なく、その後も妻子親戚の嘲笑悲嘆の中にあつて、一心に思索を續けて居りました。

　かくして九月に入つて遂に何物かを感得し、一切の疑惑が豁然として開け、大悟を得るに至りました。此の開悟を聞いた人々は四方から集まつて、玆に京石を中心とする教團が出來上つたのであります。此の教團は最初仙道教と云つて居りましたが、大正十年に普化教と名附け、翌年に普天教と改稱して布教を開始したのであります。

教主車京石

## 教義と宗教形式

　普天教の教義の根本として居る所は、仁義と敬天であります。仁義とはあらゆる人類のふみ行ふべき道であつて、仁は一切のものを生むもの、義はすべてのものを慈しみ育てるもの、人生の安心立命の基準は此の仁義にある、此の仁義の源は天であり、此の天の働きを身に體して我等や萬物に働きかけるのが上帝である、我等は上帝を禮拜して天の心を心として働く時、上帝と同じものとなる事が出來ると云ふのであります。

　又、姜一淳は此の上帝の再生として此の世に現はれたが、天から命ぜられた事をなし終へて上天したのであつて、普通人の死とはその意味を異にすると說いて居ります。

　一般教徒は此の上帝を尊崇し、その上帝を通じて敬天の誠を盡すのであります。此の敬天の本尊は普通白紙に左の如く書いた神位であります。

「玉皇上帝下鑑之位」
「九天下鑑之位」
「七星聖君下鑑之位」

　祭祀の時には、この神位を壁に貼り、冷水一椀を供へ、瞑目して呪文を低い聲で讀み願ひ事成就を祈ります。その呪文の代表的なのは

吽哆吽哆太乙天上元君吽哩哆（フンチフンチタイウルチヨンサンウオンクンフムニチ）
啰都來吽哩喊哩娑婆啊（アトライフムニハムニサバア）

と云ひます。この意味は太乙天上

【カット説明】

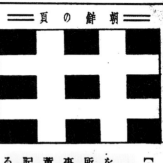

普天教教旗。井字で、此の井は水源を意味する、水が萬物を生成滋育する所から此の教の德化が普く衆生に及ぶ事を表象したものであります。教旗は黄地にこの井字を赤く染め出したもの記念日などに教徒は各戸に之を揭揚する事にして居ます。

# 普天教に就いて

三木治夫

去る六月十日、朝鮮内の各新聞は一齊に數段拔の大活字の見出しで、普天教に對する當局の大彈壓を報道致しました。そして又、その後、普天教に關する種々の斷片的ニュースが傳へられて居ります内地で大本教が彈壓され、天理教や生長の家等のゴタ〳〵が傳へられる時、朝鮮に於ける類似宗教の大物である普天教の彈壓は、内地に於ける問題と同様なセンセイションを起して居ります。私は今回は此の普天教に就いてその大體を紹介する事に致します。

## 教祖車京石

普天教の教祖、車京石は、車京錫とも云ひます。彼は明治十三年に全北井邑に生れ、今年四月に五十七歳で歿して居ります。

車京石を語る爲には、その師姜一淳から始めねばなりません。姜一淳も矢張、井邑の人、車京石より九歳の年長であります。日清戰爭の導火線となつた東學黨の亂が此の地方に起つた時、井邑の住民の多くとれに馳せ參じたにも拘らず、姜一淳はこの亂の必ず敗滅する事を察して加はりませんでした

然し亂後人心安定を失ひ、危惧不安の滿ち〳〵て居る時、彼は心秘かにその救濟の大道を考へて居りました。そして多くの漢籍教書を讀み、又八道各地を巡遊して修行を積み、遂に大悟の域に達しました。彼の起した宗教は名を太乙(タイオツ)教(一名吽哆(フンチ)教)と呼びます。その説く所、靈肉一致、共存共榮、上帝の恩惠により一切の病怨を除いて此の地上に天國を建設すると云ふのであります。その手段としては一種の呪文を誦し、姜一淳自ら上帝の再生と稱して種々の奇蹟を行つて居りました。病人の治る者、豫言の適中に驚く者、近郊に彼の名聲は高まり、その教勢は漸次擴大されて居ました。

車京石が姜一淳を知つたのは、明治四十年、二十八歳の時であります。井邑に近い金堤郡院坪の酒幕で會ひ直ちにその門に入り、幾くもなく高弟の一人となりました

彼は姜一淳を全く神人と信じ家の者が狂人と許する程、熱心にその所説、人格に傾倒して居りました

所が明治四十二年六月、教祖姜一淳の死は車京石にとつて實に重大な轉機となりました。車京石にとつて教祖は全智全能の神人であり、天地の權力を意の如くなし不

『녹기綠旗』에 실린 三木治夫의 「보천교에 대해서」(1937)라는 자료이다. 『녹기』는 녹기연맹이 발간하는 정기 간행물이다. 원래 역사적으로 녹기綠旗는 중국 청나라 때 청나라 군대의 근간인 팔기八旗의 수가 적어 이를 보충하기 위해 조직한 한인漢人으로 편성된 상비군常備軍 혹은 그 군기軍旗를 뜻한다.

일제강점기 때 만들어진 녹기연맹은 민간차원에서 식민지 지배에 도움을 준 친일단체이다. 녹기연맹은 경성제국대학 교수들의 주도로 경성제대 안의 극우파 일본학생을 중심으로 조직된 경성천업天業청년단의 후신으로 가장 강력했던 황도주의 사상단체였다. 본래 일본인만 가입할 수 있었으나 중일전쟁 이후에는 친일 조선인 회원도 가입되었다. 기관지 『녹기綠旗』는 철저하게 일본제국주의 입장을 대변한 잡지였다. 「보천교에 대해서」라는 자료 역시 부정적인 내용들로 구성되어 있다. 하지만 보천교 관련 3개의 사진자료 및 내용 중 "그 다수는 '조선독립' 및 '보천교를 믿지 않으면 조선민족이 아니다'라든가 '교주가 등극 즉위식을 거행한다' 등의 유언流言이"(녹기연맹은) 유포되고 있었다는 기록들은 당시 보천교의 상황을 파악하는데 도움을 준다.

之を以て見ましても現代に於ては生きることが最も重大な生活問題であり、しかもこの生活上に濃厚に不安、恐怖が行き亘つてゐると云ふ事が分り、又我々の生活は理智的に合理的に滿足せられ得ると云ふ近世以後の科學萬能の確信がぐらついて來たことが知れるのであります。

かういふ點から考へて見ますに近時叢出しました新興宗教は一部の者にとつては、たとへそれが一時的なものであり、且つ實敎に對する權敎であるにしましても非常な力となり、慰安となつて居るのであります。又かうした宗教の生れたことは、我々の力では解決出來ないと信ぜられる程の大きな不安が社會に濃厚になつて來てゐると云ふ事を我々に反省させて與れるのであります。卽ち我々が一般文化の開發進展に依つて社會生活を完全に進めて行かうとする時、前に擧げました樣な新しい宗教の續出すると云ふ事は、社會の何處にか弱點があるんだと云ふ事を、又滿されない惱み、醫されない傷に苦しんで居る者が澤山にあるんだと云ふ事を我々に示して與れるものであります。依つて新興宗教なるものは社會生活に於ける一種のバロメーターとして全然これを看過するわけには行かぬものと思はれるのであります。

× × × × × ×



○ —益軒十訓—

知者は心明らかに、事理の是非を知る故に、凡そ孝弟忠信などの人道の行ふべき事を專らつとめて、目に見えぬ鬼神の事に迷はず、祭るまじき淫祀をまつり諂ふは云ふに足らず、祭るべき正神なりとも、唯敬ひたふとぶべし。近づきけがして、諂ひもとむ可からず。近づきなるるは、神をけがして敬はざるなり。たとへば主君貴人などに、此方より馴々しく親しみ近づきて、祿をこひ、財を賜はらんことを望むが如し。無禮と云ひつべし。

神は非禮をうけず、無禮にして近づき祈るとも、利生あるべからず。神もし靈あらば、かへりて咎あるべし。又祈るべき道理なくて我が利欲を以て、諂ひ求めて、福を祈るとも、神は正直公明にて、私なければ、かゝるひが〳〵しき祈をうけ、賽錢奉財などにめでて私を行ひ、利生あるべからず。此の理甚だ明らかにして、さとり易し。然れども、愚者は此の理を知らずして、神に近づき、けがし諂ひて、さいはひを祈るは、迷の甚しきなり。人道の行ふべき事を務め、神を敬ひて、近づき諂はざるは、是知者のまどはざるなり。

神にいのるは、誠に正理なり。君父などのために、祈るべき理ありて、誠と敬をつくして、天にいのり、正神にいのるは、其さいはひあり。又わが過をあらため、罪を悔いて、神のとがめを詫事するも、是亦いのる理あり。かやうの、いのるべき理なくして、如何にいのるとも、さいはひを得がたし。其のためし、古今甚だ多し。其の理を知るべし。

し生活の展開を來さんとする點天道教の神觀などと全く共通した見方に立つてゐるのであります。

扨て以上を通じて考へさせられます事はかく新興宗教の叢出は一體何を暗示してゐるのであらうかと言ふ事であります。そこで私かに考へまするにこれは少くも次の二つの理由からではないかと思ふのであります。即ち一には從來の既成宗教が最早信頼するに足りないものと見なされた事、も一つは科學に依つて我々の生活は何處迄も展開されると速斷した信仰がぐらついて來た事、即ち從來の宗教及び科學萬能觀に對する疑惑と危懼とであります。

人には元來自己の現在生活に滿足出來ず、更に上のものを求め望むといふ欲求があるものであります。今迄すがつて來たものに滿足が出來ず更に他のものに頼つて行きたいと言ふ意識は一人としてないものはありません。之を廣い意味の宗教意識と致しますれば、この意識は或は如意の生活に醉つてゐる場合には明確に働き出さないかも知れませんが、不如意の生活に呻吟いたしますと、から言ふ何かに頼りたいと言ふ宗教意識が動き出して來るものであります。現代の世相は一般にさうした何かにすがりたいと言ふ意識が人々の間に高まつて來て居る樣に見受けられるのでありますが、この意識の高調に應じて所謂新興宗教なるものが多く現れて來たものではないかと思はれます。この意識の高調に應へんが爲には、何も新興宗教を待つまでもなく、從來の既成宗教でもいゝではないかと言ふ事になりますが、之は先程述べました如く、既に疑惑視されて居るものですから、信頼の對象となり得なくなつてゐるのであります。その上從來既成宗教の多くは人生の死の問題、彼の世の問題を取扱つて來ましたが、現在の社會は現實に生きて行くことが重大問題であり、この生活に對する不安、焦燥を現實生活の最大苦痛として夫れを除き去りたいと焦つてゐるのであります。然るに既成宗教は之等現實の生活苦乃至疾病等と云ふが如き切實の問題には手を出さぬのであります。

生きることに重點を置く一般大衆にとつて生活苦の第一は疾病であります。然るに少數の金持だけは醫者に思ふ樣にかゝれますが、一般の大衆層に於ては立派な醫者にかゝりまた澤山の金を使つて自分の生命を保護することが出來ないのであります。

此の疾病は經濟に貧しき一般民衆にとつては非常に大きな苦痛なのでありますので、一般民衆の要望は何とかして金を使はずに病氣を治す方法は無いものかと云ふことに存するのであります。處が既成宗教は之に與らない。之に反して新興宗教は盛に信仰に依つて疾病の治療を吹聽するものでありますから、民衆が陸續として新興宗教の門に向ふのもまた無理からぬ事でありませう。又現在の醫學は中々進んでは參りましたが、如何なる病氣に對しても絕對的に治癒し得ると云ふ確信を與ふるまでに至つて居りません。然るに新興宗教は如何なる病氣でも之を引き受け、如何なる難病でも全治し得ると斷言いたします。それですから無產者は勿論の事、金持迄も之に押しかけて行くと云ふ有樣なのであります。

と言ふ行き方であります。之は普天教ではあまり明らかではありませんが、天道教に於ては極めて明確にされて居りまして、今迄の宗教は壁に向つて信仰の對象を立てゝゐたが、我々はさうではない、自分の内に信頼すべき神を求め之を信仰すると言ふのでありまして全く向我的なものであります。神壇・佛壇は自分の心中に設けよ、これを外に設けて何としようと言ふのでありまして、之は宗教の本尊論から見て興味のある事であります。

このやうに朝鮮に於ける新興宗教の特色を眺めた後、近來頓に現れ來つた內地の新興宗教に眼を轉じ、之等內鮮兩者を比較して見ます時、其處に非常に多くの共通點あるを認めるのであります。私は最近近畿その他に於ける二三の新興宗教を見て來ました。勿論ホンの短時日の事でありましたら極く其の皮相を窺つて參つたに過ぎないのでありますが、夫でも兩者に於て非常に良く似通つた點を持つてゐると言ふ事を見出して興味深きものを覺えたのであります。

私の見て參りましたものは內地新興宗教中近來著しき活躍を示して居ると言ふ天理教・大本教・ひとのみち教・生長の家などでありましたが、之等には等しく相互にまた朝鮮の新興宗教に共通した特色が幾つも見られるのであります。就中時運觀及び地上天國觀念が極めて濃厚に表はれて居ることは最も大きな類似點でありませう。例へば大本教が世の立替は彌勒出世の時運に應じて間もなく到來すると言ひますことは、普天教と全く符を合した如くであります。これは釋尊の教說中に彌勒佛は將來この世界に救世主として出られると言ふ信仰をそのまゝとり入れたからであらうと思ふのでありますが、此の兩者の間には何等關係があつた筈はないのにも不拘、その共通點があまりに著しいのには驚かざるを得なかつたのであります。

天理教に於ても同樣、古の時勢と今の時勢とは相違すると言ふ事を說いて居り、又地上天國說も力強く約束して居るのであります。その地上天國の現れる時は奈良丹波市三島の神殿の眞中が地上天國の中心となつて世界萬國の人々が此處に集つて、樂しい宴を享樂するのだと言ひ、地上天國觀念を非常に力強く表現してゐる天道教とよく似て居るのであります。併し其の天國を造る過程は幾分その趣を異にするのでありますが、之はそれ等宗教の宗教人の環境に制約されるからでありまして、前活動者は宗教的にその過程を踏まんとし、後者は東學の亂以後主として政治的に行かうとするに至つたのであります。

それから朝鮮新興宗教の特色たる、自己の內に神を認めると言ふことは、天理教の教主大本教の教主が天神であり、或は天神の表現であると言ふのと共通するのでありますが、この觀念のもつと明確に表はされて居るのは生長の家に於て說く唯心觀でありまして、生長の家では自分の中に神を認め、自分の體に神を認め得る時は體が神の體となり心が神の心となるから、既に人間ではなく從つて病氣等は問題にならぬと言ふのであります。病氣を治すことが新興宗教の本職か否かは別問題として、兎に角自己の內に神を求め安心立命と言ふ事であります。即ち現在及び將來の世界は今迄の世界とは時の運が相違するから宗教も古のものでは最早間に合はない、從つて新しいものを立て之に依つて安心立命しなければならないと言ふ思想であります。ですから天道教では時運を先天時代と後天時代とに分け、現今は後天の時期であるから、今後の人間は後天の宗教でなければ救はれぬとなし、普天教の如きは今と古とは萬事に相反すると言ふところからその建物等にも非常に變つたものを造つて居るのであります。

一例を擧げますれば全羅北道井邑にあります其の本部の建物の如きは從來のあらゆる建物が南向きに建てられたのに對して時運相應の意圖から、わざ〳〵北向に建てゝあるのでありまして、常識から判斷して一種滑稽の感がする程時運と云ふ觀念が旺に働き、後天時代に於ては先天時代のものでは駄目だと信じ切つてゐるやうであります。更に極端なものになりましては、今や將に後天時代に入つたからこそ女は頭を斷つて變性男子を氣どり、男は長いずる〳〵するものを穿いて變性女子を粧ふと言ふ、男女の性情外貌に全く倒逆的變化を來たしたのだ等と言つてこの時運觀を强調させるのであります。

次にその特色に數ふべき點は、我々が生活をしてゐるこの現實の地上に極樂世界を造り上げようと言ふ事でありまして、これ亦何れの新興宗教にも共通して居るのであります。從來の既成宗教では天國極樂を說くにしても、其は現實の世には存しない形而上的なものと考へられてゐたのですが、此等新興宗教の天國觀に於ては之と反對に、現實の生活に天國生活を實現せんとする思想信仰を持つてゐるのでありまして、この教を信ずる者は時運に應じてやがて我々の理想とする新しい世界、王國が生れる時には日頃あこがれて居た生活欲を滿すことが出來る、大臣・宰相・富貴・榮達思ひのまゝなるべしと言ふ所謂地上天國の極樂生活に甘醉せんことを期するのであります。

之等は餘談でありますが、之等の新興宗教は一時異常の伸展を示しました處が、間もなく衰運に向ひ今やその氣息奄々たる有様であります。これ蓋しこの極樂信仰をあまりに現實的なものと組合した爲ではないでせうか。つまりあまりに現實的な利益で釣つてゐたと言ふ處に之等新興宗教の衰亡を迅速ならしめたのではないかと思はれます。誰でも手に握る事の出來る物を約束すると言ふ事は宗教としては相當考へなければならぬ事と思はれます。不渡手形の亂發にも似た結果を生むに至るからであります。兎に角この物質的極樂生活を希ふ地上天國觀念がその思想に入つてゐると言ふ事が看過すべからざる新興宗教の大きな特色であります。

次に認むべき特色の一つは、神様を外に置かぬと言ふ事であります。即ち自分の内に神を見出すと言ふ事であります。從來の宗教は大體に於て自己以外に於ける神を認め、之を信仰の對象としておがむと言ふ方式でありましたが、新興宗教に於ては自分の信仰せんとする神を自分の内に作る、自分と言ふものに神を認めて之にたよるの紊れた所に於ては何の効果もない。併し此の誤解を除かなければ自由な信仰は得らるべくもない。其處で東學の教徒は此の疑ひを晴らす爲の運動を起し、地方官憲相手では埒が開かないと見るや、國都京城に上り王城の前に於てデモを敢行したのであります。このデモは可なり頑强なもので、どうにも鎭まらず、到頭王の慰撫に依つて漸く落着いたのでありますが、その後何等の沙汰も無く、又何等施される所もなかつたのであります。是に於てか教徒は再びその運動に熱し終に暴動化せんとする氣勢頓に著しかつたのであります。時たま〳〵南鮮の一角に於て地方官の暴政に憤慨して立てる革命兒全琫準なる者が義の爲に戰ふと稱して一揆を起しまするや、彼も等しく東學の一方の旗頭でありましたので、他の教徒も亦力に訴へて宿望を達せんとし風を望んで各地に續々と蜂起したのであります。これが所謂東學黨の亂であり、この亂が日清戰爭の誘因となつたのであります。

其後東學は一時影をひそめてゐましたが、日露戰役の前後に至り教徒間には、此の際我々の目的を達成しなければといふ機運が濃厚となり、民間の黨派を作つて當時の世の中を全く改造し、東學の所期の目的を達せんとする政治的運動に努め一進會の活躍となりましたが、戰後は再び宗教活動に歸り、名を天道教と改め、やがて幹部間の意見不一致から天道・侍天・上帝等の分派を見るに至つたのであります。

この東學は儒・佛・道の三教を一つに纒めると言ふ處が基本であつたのでありますが、この三教だけに限らず古くから存在する朝鮮の民間信仰をも皆統一して一つの宗教體系に織り込んで行つた處に非常に興味を感ずるのであります。

と申しまするは此の東學は、その教理が可なり進んだものであつて、決して幼稚なものではなく、民間に行はれるものとしては幽玄高遠に過ぎる傾きがあります。從つて一般民衆には一寸近づき難いといふ嫌ひがあつたゝめ、民衆に解り易く、はいつて來易い樣にといふところから、在來の民間信仰を多分に取り入れて來たのであります。から言ふ意味に於て東學は古來朝鮮のあらゆる宗教信仰を纒めたものであるとも考へられるのであります。

この東學以外に新興宗教として活躍したものに、姜一淳といふ者の創めた普天教なるものがあります。之は以前は太乙教或は吽哆教と言はれてゐましたが、夫が改まつて普天教となつたのであります。此の教はその教理或は宗教體系の點に於て東學と同日に語り得ないものでありますが、しかしその唯一絶對神を認め、在來のあらゆる信仰を採用するところなど、五十歩百歩兩者殆んど區別がない樣であります。之等の外にも色々な新興宗教が生れて來ましたがみな右兩者と大同小異であり、且つ時間の都合上精しく述べてゐる餘裕がありませんからその說明は省く事と致します。

さて之等新宗教の特色とでも申しますか、卽ちどう言ふ所が從來のものと異つてゐるかと言ひますに、新興宗教の何れのものにも共通な點でありますが、それは先づ時運と言ふ事に重きを置いてゐるであります。かくの如く儒學以外は悉く排斥してあますことなき傳統的爲政當局に、キリスト教も亦異端として彈壓せられたのも當然でありませう。西學にはそのバックに力强き外國の偉力が控へて居ると信ぜられて居ました。從つてかう言ふ政府の方針の下にあつてキリスト教の信仰を全うせんとした人々は、何とかして外國の力で今の政府の力を殺ぐか、或は此の政府を倒して自由に之を信仰し得る政府の下に生きたいと考へ出した。此の希望が、外國の宣教師を介して外國の武力を借り朝鮮革命を斷行せんと具體化しましたので、政府はます／＼之を危險視して彈壓に彈壓を加へ、虐殺に虐殺をつゞけたのであります。

此の時に當り、かくの如く國家民生を危うする西學に對抗して、卽ち西學の魅力を奪ひしかも何等か民衆に新生の活力を與へ得るものはないものかと考へ出した人が現れました。元々キリスト教の魅力は信仰であるから、此の信仰に代るべき信仰を以てし、民心を之に安んぜしめ、且外國の武力壓迫を囘避せんが爲めには、此處に新しき一宗教體系を作つて之を民間に弘通するに如かずと考へました。この魁をなした者こそ慶州の人崔濟愚であり、この人に依つて立てられたのが實に東學であります。崔濟愚の試みは東洋に現れた文化を綜合統一して新しい宗教體系を作らんとしたのであります。然らば彼の眼をつけた東洋の文化とは何かと言ふに、勿論佛教・道教・儒教がそれでありまして、彼は之等を綜合統一して生れる可き宗教體系こそ西學に對抗し得るものであると考へたのであります。

此の三教統一の考はずつと古い時代の朝鮮に溯つても見出し得ますが、實際の運動としては此の崔濟愚に依つて初めて行はれたのであります。また此の三教統合の機運は内地にもあらはれたことがありますが、それもやはりキリスト教の勢力に對抗せんとして作り出されたもので、動機は同一であつたのであります。

それでありますから東學の名は西學に對して相對的に名づけられたものであり、同時に東洋文化の綜合統一といふ意味に於てその名が生れたのであります。

此の東學は名は東學でありましても、その宗教的對象たる唯一絶對の神は之を天主と名付け、崔濟愚の說明に依れば『天主は宇宙間の絶對權威者で、その教が西洋に於てはキリスト教として現れ、東洋に於ては東學として現れたものであつて、その本體は全く同一なものである』と言つてゐるのであります。處がこの唯一絶對神を天主と立てた事が、卽ち天主なる語が官憲の忌諱に觸れて、結局此の教は名は東學でも、その名にかくれて天主教を弘めるものではないかと言ふ疑を受くるに至り、崔濟愚は到頭大邱に於て死刑に處せられたのであります。

其後崔濟愚の高弟崔時亨と言ふ者がその遺志を繼いで布教に努力しましたが中々思ふ樣になりませんでした。當時の政治は如何と言ふに、中央、地方共に紊亂その極に達し、その狀況は文字通り誅求の暴政だつたのであります。そこで東學は西學とは違ふ、決して西學を布教するものではないと聲を大きくして見た處で、かうした政治

동학과 보천교를 중심으로 한국 민족종교들의 특징(기존 종교와의 상이점, 신관, 이상세계 등)이 다루어졌다.

# 新興宗教に就いて

村山智順

凡そ宗教はその現はれた土地、時代の人々に生活上の恐怖不安の觀念が強くなつた時、其の人の傳承し且つ保持する處の文化が、この恐怖不安を充分に解消し得る力なしと思はれた時、この不安を解脫するが爲のものとして多く現れるのであります。かく生活上不安の觀念が大きくなつた時、新しき宗教が生れると言ふ事は古くも今日も同じだらうと思はれます。

さて朝鮮の新興宗教は過去凡そ四分の三世紀以來多數に發生しまして、一時盛だつた時には七十位數へられました。處が今ではそれが著しく衰微して名目だけは六十數個となつてゐますが、實際に活動してゐるものはほんの五つか六つに過ぎないのであります。

この新興宗教の中で最も著名なものは、御承知の通り近世の朝鮮に一大革新を效しました日清・日露の兩役が行はれましたが、前者卽ち日清戰爭の主要な動機となつた東學黨、この東學黨の結成指導の根本思想たる東學が最初のものであり且つ最も代表的なものであると思はれます。

東學と言ふ名は一寸聞きましたところ宗教と少々異るものゝ樣でありますが、東學とは元々西學に對するものでありまして、當時キリスト教が朝鮮に入り力强い勢力を張つてゐて此の信仰を西學と言つたものでありますから、このキリスト教に對抗する新しい宗教の意味で東學と言つたのであります。當時朝鮮に於ける西學卽ちキリスト教の信仰は相當强烈なものであり、幾多の殉教者さへ出した程でありました。

然るに時の政府は儒學の薰陶を受けた者ばかりであつて、儒學は唯一の人間の踏むべき道であるとなし、その他のものは一切異端として嚴重に取締つてゐたのであります。新羅、高麗と長い間信ぜられてゐた佛教も、李朝に入つて徹底的に壓迫害が加へられ、あの大きな藝術を生んだ佛教が民衆の間から去つて只山林の中に侘しき寺院の殘骸のみを殘すに至つたのも、實にこの絕對的崇儒の思想から

八

日鮮融和團體であつた。一時は教徒三十萬、支所四十餘所を算した程であつたが、文斗燮と云ふ者がこの團體を乗取り、臨派青林又は鐵牌青林と云つて、教祖が再臨して世界の開闢が行はれる等のでたらめで愚民を惑はしたので彈壓を喰つた。その爲に金相髙の青林教も漸次勢力を失ひ、昨年侍天教と合同式を行つたのである。內鮮融和團體だから非難するには當らないけれども、西小門町に居た頃の青林教本部から察すると、朝鮮人特有の暗鬪が盛んであつた。その教理も非科學的なものであり、誠米誠金と云ふ名で幹部は愚民を随分搾取したものだ。

## 五、行衛不明の正道教・仙道教

仙道教徒が検擧されてゐるが、これも京城にその教徒があるさうだが、筆者は始聞に屬する。兎も角大したものぢやあるまい。

侍天教徒李某と云ふ男が侍天教に叛旗を立てゝ「發世教」と云ふものを開いたが、當局の注意で「正道教」と云ふ名前と換へたけれどもこれも有名無實である。たゞ京城に本部があるかの如く振舞つて田舍を廻りながら、愚かな農民をだましてゐると云はれてゐる。その宣傳文には京城鍾路六丁目一六八番地に本部があるかの如く書かれある。地方警察は發見次第檢束して貰ひたい。

## 六、巫、盲占者の出張祈禱

人が死んだら、死んだ部屋を淨める爲に巫を呼ぶ。病氣の時、夫婦の仲が悪い時も巫の集會所へ行つて賴むか、又は盲占者を呼んでお經を讀む。今でも時々變な聲が朝鮮人の家から聞えるのだ。無智な女達がその顧客だ。中樞院邊りに納つてゐる老人の中にも、こんな迷信をその女房連中が好きなんだから、猛烈に彈壓せよとは云はないのだから驚く。

## 七、世界一の占業者

東京も人相見だの、手相見だの、變怪な奴が路上で跋扈するのだから、京城に人相見が多いとて當り前だらう。併し餘りにも多過ぎるのだ。東京ではよく手相見が、似顔描きの如くサクラを使ふが、朝鮮の占者はサクラは使はないが、一流になると助手が多い。西大門の或占者は門前市を爲す盛況であり、或る盲の女占は占業で數十萬の金を作り、若き燕を何人も持つてゐると云ふ話である。

世界到る處に占業者は居るのだが、ロンドンではやはり十九世紀末に此種の占業者（フオーチマン・テラー）が盛んに活躍したものである。併し今日では心靈學者（これも最近は沈默してゐる）位が變なことを言ひ出す位なものである。朝鮮に盛んなのは、朝鮮人の生活相を最もよく現はしてゐる。何か偶然な運でも待たなければ生きられないのが彼等の生活なのかも知れない。生活が苦しいのだ。

## 八、紅卍教

これは滿洲から起つたものだが、尹德榮の親戚か誰かが朝鮮本部を作つてゐるらしい。が餘り勢力はないらしい。萬教統一だと云ひながら心靈術をチャンポンにした代物だ。こんなものを信ずる御仁もいらつしゃるのだから世は樣々である。信者は大抵朝鮮人だが二三百名もあらうか。

## 九、朝鮮人に喰ひ込む天理教

天理教は邪教ではないと云つて置かう。併しその朝鮮人の信者は邪教的なことを云ふ。或る朝鮮人の天理教婆さんが、私の處へ來て、これを信ずれば天國に行くが、これを信じないと地獄へ行く、そして天罰が當る。これは決して嘘ではない。我が教祖は女であつたから、私にも教理がよく判ると、やかましく云ふので怒鳴つてやつたことがある。

邪教的な處が、朝鮮人の心理に喰ひ込んで行くらしい。信仰上の內鮮一如で面白いとは思ふ。生長の家の讀者も朝鮮人には相當ゐる。

ぬだけだ。だから一日も早くこの朝鮮から巫がなくなつてもいゝ時期なのだ。必然性のある事實だ。爲政者よ、眞に朝鮮人の幸福を望むならば斷然彈壓せよ。

次の間に行くと盲占者が太鼓を打ちながらあやしげなお經を唱へる。これは四十過ぎの女が空閨に堪へ兼ねて夫婦仲が旨く行くやうにと云ふ願なのだ。これは一回十圓だが、最高二百圓だと云ふ。

此處に集まるものには、無智な朝鮮人だけではなく、東都に留學して歸つて、女學校の先生をしてゐると云ふ女までが來るのだからたまらない。嗚呼！　愚かなる人々よ！　これでよいか。

## 二、「佛法研究會」の正體

佛教イーコル淫蕩とでも云ふべきまでに墮落した朝鮮佛教のことだ。佛教の名に於てインチキを働くのがあるのは當り前だ。

東小門外の駱駝山の北麓にある新築の大きな家が「佛法研究會京城支部」だ。修養院と云ふ門標は副題の積りらしい。この團體はひどい搾取團體で、一千圓を出すと極樂世界一等級、三千圓を出すと極樂世界特等級に行けると云ふ噂だ。或る新聞記者が行つて質問したら、一回目四千圓、二回目八千圓、三回目一萬六千圓出して貰ひますと正直に告白したんだから驚くのだ。この教主は全北益山で開かれる總會の爲に只今不在だと云つて誰にも面會しないが、會員は生佛の如く拜んでゐるとか云ふ話だ。無智な中流以上の人達から金を捲き上げては、育英部、功益部を設けて貧乏な會員の子孫を教育し、そして會員の救濟を爲すと云ふ。今まで四千圓を出したのが五人居るとか。一般會員は入會金五圓、年會費三圓だ。

どんな馬鹿がこの會員になつてゐるかと云ふと、徐大圓と云ふ男は入會して財產をすつかり蕩盡してしまひ、妹まで教主に捧げた。京城支部會員百餘名中男子は二人だけだ。これから暑くなると數十名の女が教主を取りかこんで煽風機の如くあふいでやると云ふ。

この佛法研究會の特色は士農工商間自由自在であり、佛像の代りに一圓像（木牌に圓を描いたもの）を拜み、結婚は自由、お經はないと云ふことだ。その讃美歌の一節には「物欲充滿せるこの世の危機に、救世主なる我等が宗師誕生されぬ」とある。とんだ救世主もあつたものだ。このイデオロギーは村山氏の類似宗教研究に詳しい。

## 三、闢聖教總本部

支那の關羽の精神を宣揚する闢聖教總本部は市内蓮建町にある。教主は金龍植で、元亨利貞と忠義大道、勇敢がその邪教精神だとか。教徒は二千名、毎月四回集合して、關羽の像を拜むのである。大抵女だ。女と邪教とは世界何處へ行つても仲がよい。ナチスが勢力を得るためには、ヒットラー先生占星術を利用したのだ。則ち有名な占星家にヒットラー獨逸を救はんと豫言させたのだ。而も無智なドイツ婦人はそれを本當にしたと云ふ。

開宗した動機は今までの迷信の弊害を除去する爲だと云ふのだ。戰爭は平和の爲だ。この迷信は迷信撲滅の目的で作られたと云ふのだから全く驚く。これがこの二十世紀の世に存在するのだからあきれるばかりだ。人類は永遠に進歩せずか。それとも朝鮮人のみ文明と逆行せりと後世の史家が書くだらうか。

## 四、やつと沒落した青林教

青林教と云ふものは一時大いに勢力があつたが、普天教と共に沒落してしまつた。これも完全に姿を消したのはやつと去年のことである。青林教とは、天道教の始祖崔濟愚の弟子韓昨(號青林)が剏教したもので、一時中斷したが大正九年金相高と云ふ人が、當局の諒解を得て再び發教したものであるが、これは

# 京城市内の朝鮮人の類似宗教と迷信を探る

本誌記者

電車の中などで時々大鼓を持つた子供を連れてゐる朝鮮人の盲人に逢ふとがある。それは朝鮮人の迷信に依つて喰つて行く者の一人だ。占者である。朝鮮でなくては見られない圖だ。迷信とは宗教を漫畫にしたものだとジイドは云つてゐるが、上品な言葉遣ひで云ふならば、民間信仰と云ふ不快な存在が、朝鮮人の眞の宗教的情操を枯らしめたのである。人間の生命を抑壓したあの儒教的理性の爲に朝鮮人はその感情生活を臺無しにしたのである。儒教的道徳と生とが反撥したので、その吐け口が、シャーマニズムの流れを汲み、且つ日本神道とも同源だと云ふ（崔南善氏の説だ）巫の存在となつてゐる。無智な大衆は相變らずこの巫覡（男女）を神の如く拜んでゐる。普通學校では迷信の悪いこと位は敎へるが、それすら民度と云ふ名に於て不足して居り、義務教育はこゝ二十年は實施しないらしい。それでは大學に理工學部や農學部を増設しても何にもならないであらう。民衆は益々暗愚となり、白々教の悲劇は永遠に繰返されることゝなるだらう。必要なのは普通學校である。

次に擧げる事實に依つて如何に迷信（否魔信だ、この時代に於ては）がその毒牙を哀れな朝鮮民衆に向けて毒汁を注いでゐるかを見られたい。

× × ×

## 一、紫霞門の巫會

朝鮮人は何時も足袋を履いてゐるので、餘程肉的なものを抑へるかと思つたらさうでなくて、夏の朝鮮の女は上部はまるで裸體だ。抑壓された生活に對する鬱憤をあんな大膽な薄着で晴らすらしい。

孝子町電車終點から十五分位歩くと、此處に不思議なエロと迷信のカクテルである巫の新禱場がある。此處には京城の朝鮮人のブルジョア・マダム、妾等が毎日集まつて來る。毎日太鼓や笛、鐃鈸等の音が喧ましく聞える。堂廳（巫が踊るホールだ）が五つもあつて何れも滿員の盛況だ。崔承喜が着た樣なあんな巫の衣裳を着て氣狂ひの樣に踊るのだ。願ふとが叶ふやうに――旦那樣が金をもつと呉れます樣にだ――そんな蟲のいゝ願ひを神に乞ふ爲に踊るのだ。新羅時代から今日迄相も變らず巫は踊る。もう學者も充分に調べ盡した筈だ。朝鮮人文士だけが巫達の歌ふ緣起が分ら

《조선일보》에 1936년 6월 11일자 발행예정이었던 「보천교류는 모두 소탕 방침」(다나까 경무국장 이야기) 기사가 총독부에 의해 전날 삭제 처분되었다.

新聞紙削除差押記事ノ一覽表（六月分）

一、内地人發行ノ部

| 題號 | 發行年月日 | 處分年月日 | 處分種別 | 記事 |
|---|---|---|---|---|
| 朝鮮每日新聞 | 一一、六、一一 | 一一、六、一五 | 譴訂 | 川越大使御暇乞言上ノ記事中川越大使ハノ次ニ（實）ノ一字脫落セルヲ譴訂ス |
| 同盟通信 | 〃 二〇 | 〃 二〇 | 〃 | 永野海相語務ノ記事中一枚目五行ヲ伏見軍令部總長宮殿下如ク譴訂ス |
| 帝國通信 | 〃 二六 | 〃 二六 | 削除 | 林[illegible]全部ヲ[illegible]戰ノ準備[illegible]記事ハ昭和十一年六月十八日附ヲ以テ削除セシム |
| 仝 | 〃 三〇 | 〃 三〇 | 譴訂 | 陸士御卒業ノ三笠宮崇仁親王殿下ヲ習志野騎兵隊ヘ配屬スル記事中閑院宮春仁王殿下ト譴訂ス |

二、朝鮮人發行ノ部

| 題號 | 發行年月日 | 處分年月日 | 處分種別 | 記事 |
|---|---|---|---|---|
| 朝鮮日報 | 一一、六、六 | 一一、六、五 | 注意 | 巡査ト理髮師 |
| 〃 | 〃 一一 | 〃 一〇 | 削除 | 普天教類ハ皆掃蕩方針「田中警務局長話」 |

바하야 弱히後變節이없느니냐」

나「이후에 敎團을어떻게 [illegible]하가실心算이십니까」

車「그야어떠케말할수있나 그러나 자정은 없게 다 할제며」

나「그러케 [illegible]를論하고 正道를말하는 普天敎에서 「무량대광」하는 呪文을외이는일은 웬일입니까」

車氏「뭐! 몰라서물나? 普天敎의呪文은?」

[illegible]이 簡易하다。通聞이 매우 簡하였다。나도 參是 秘密을 얻기가 쉽어서 다시 이론한말로물었다。

나「普天敎에서가게 그런方便으로 외이게하는것입니까?」

車氏「그렇지 四書三經의 [illegible]은 [illegible]좋아하니까 어떠고 지좋나? 새 외이한말이라야 세상은 믿느니」

나「그는 그렇다고 왜 훈장당신이나 호풍환우나하는 邪된 소리가 세상에 돌아다니는것은 웬일입니까?」

車氏「敎가 邪된것이아니야 世上이 邪되여……」

그는 이렇게 대답하면서 그의 [illegible]證으로 그의 [illegible]堂의 儀式때의 이야기를한다。

儀式때에 사나운 나귀(驢)한마리가 있었는데 어째사나왔든지 굿에들써우지를않고 아모나와마음을 먹지아니했던것을 그날은 사람을[illegible]할까바서 굿에들써우고 아모도 한사람은 없이 그어미 방나귀뒤를 따러보냈더니 人皆謂之 車天子가왔으니까 말이[illegible]해지고 車天子는 道甲會에서 뵈이지를 않는다는것이라고 했다는것이다。나는 그만해두고 이말은 처음發說한사람이 敎徒들이든가 아니든가까지는 推究치아니하였었다。何如間 當局의 干파할에는 感服할만하였었다。

最後로 人間的으로보아서 말할것같으면 꺽이나 자리가젊던 人間이며 떡이나 溫和한얼굴과 厚德한몸집을 가지고 있었다。

女色에對한 風聞도있었으나 나보기에는 虛僞인것같았으며 食事때마다 飯酒數杯는 기우렸다。그러나 酒量은 없는모양이었다。

이외에도 十一殿建築後에 黃瓦問題로 當局과 詰辯한것이며 敎堂家屋稅을 내지않겠다하야 그「車子媳의세간」을 差押까지當해가면서도 屈하지않고 抗拒하든事件도 그의性格의 一面을 보이는것이다。

左右間 巨物이 잔뭐이나 井邑大興里의 今後動態가 자못궁금하다。저옥이 亡頭蛇의行進을 聯想케한다。(終)



★새벽(曉)=재박(宣川)

大槪 以上과같거니와 끝으로 나의 車京錫 會見記를 적어보고 이글을 끝막기로하련다。

처음 그를對할때의印象은 渾厚한長者로보이었다。農家의富翁으로보일만큼 儉素한衣服을입었었다。平素부터 土産을愛用(自作自給主義)하는 精神을鼓吹한다느니만큼 그도 亦是 實踐躬行을 하는듯싶었다。

寒暄을마춘後에 通姓名을하고서 아래와같은 對話가있었다。

車「故鄕이 어디시오?」

나「全州올시다」

「그러면 姓氏가 柳氏이시니 全州에 貴族이많이 사시는데 뉘집안과가까우시오?」

「네 많이삽지오。 그렇지만 우리집안은 고만해서 집안에 別로 出入하시는이가 적었고 舊韓國當時에 내從堂叔한분이 郡守를다닌이가있는데 柳○○라는이가 그이입니다」

「오! 그래 그럼 그양반과나와는 如兄若弟하게 지냈고 또 柳車가 往昔에呼兄呼弟하는사이니까 자네는 내조카나 다름없으니 말을나추네 허물말게……허허그려무렴」

그는 대번에 叔姪의禮로써 나를 對하겠다하고 말을 나추었었다。 나는 別로 反抗하려고도않고 그대로 聽從하였었었다。

그리고는 뒤를이어 나의 佛門에든 動機를묻고 또 全州의 이야기를 펴놓으며 今昔之論을 吐하는데 全州의 일에는 매우 익숙하였었다。 더욱이 내堂叔이 經巡하던 來歷과 우리집안의 譜學까지 꽤仔細히말하였다。

나는 그러한 이야기를 듣는때에는 別스러운興味를 느낄수없어 話題를 돌리어 그의 過去를 묻기始作하였었다。 그리하야 먼저적은바와같은 輪廓을 들었었다。 그리고 나는 다시 天子號에對한 質問을하였었다。

나「들으니 늘 天子車某라고하니 그어떠한 出處입니까?」

車氏「허허 男兒가 天下에 뜻을두고 出世함에 한개의 蒼生도 남김없이 濟度함이 옳거늘 그까짓天子가 다 무엔가 나는 모를말이야 間或 新聞紙上에 그같이떠들지마는 한사람의 新聞記者도 나를訪問하고 나의 참된所懷를 듣고간사람이 없이 자기들 마음대로 떠드는것은 도리어 웃어버리고 말일이지」

나「그렇다면 甲子年登極說도 虛誕한 無稽之說이구먼이오?」

車「그야 더군다나」

나「그러나 間巷間에서는 甲子年登極說을 믿던이들은 이제는 全部退職했다는데 信徒層에 이로말매아마 動搖가 많을걸이오」

車氏「한때에 自發的으로 믿지않고 남의바람에 믿던信徒들은 물러갔겠지마는 참다운信徒는 지금도 전날에

모양이다 그러나 이것이 事實如何에 車京錫의 出發한 本志이 있든지 아니었든지 或은 車京錫의 親說인지 또는 幹部의 所說인지는 아직도未詳하다。

이되고보니 정말甲子年登極을 確信하던 一派는 따라서 信心으로없어지고因令五拜이되어 좀이지게까지되었었다。

風聞하기에 車天子는 遁甲藏身之術이있고 呼風喚雨之術이있어 우정(郵便)까지라에『四七八 정정장 구름속에 往來한다』는말도 이消息을 傳하는 讀者으로서 정정장이라는말은 井邑에게전 風스럽을어떻어 呼風喚雨를하시며 往來自在한다는 說話이라는말까지 있었다。

井字紋을 軌頭에 사었으니 그는 井字가 井邑이라는 井字라느니보담은 鐵節의轍迹가 井字의篆話인지라 敎主의姓이 車이란을 井字上을 往來往來한다는 表象이라는말도있었다。

또 鄭氏王은 井氏王의誤傳이오 鷄龍山은 〇〇山(車氏의鷄龍을謝한다)의鷄龍이라하야 大興里의 案山名을 鷄龍하야 井邑까지附會한 風說도있었다。

何如하거나 天命되이 實動할곳이나 動員이되고보니 봉할일이 없을것같고 못할말이없엇던것이었던

## 三

하늘로登極한 車天子

★사진(寫)=기재산(川實)

141

行列字는 輪字이며 避身할때에는 柳車가 同宗인關係로 柳某라고 行世한적도있었다한다。

普天敎의敎理는 支那哲學의 本源이되어있는 周易을本幹으로하야 無極, 太極, 陰陽, 五行, 八卦等의 理論을 敷演하는半面에 佛敎 眞言宗의 密旨를加하였고 仙家의 養生을參酌하는同時에 星宿崇拜의 精神도 輸入하여있어 말하자면 混合敎의 形態이었다。

本尊으로 모시어놓기는 天圓地方을表象한 正方形의九層壇에 圓形을올려놓은것을 두었으며 背後에는 大興里를 그린山水畵面에 星宿이 照應하는것을 걸어놓았다。

그리고 日常에 敎徒들에게 說法을하기는 儒學을中心으로하고 通靈術의捷徑이라하야 따로 眞言一句를 외우게하니 「吽哆吽哆太乙天上元君吽哩哆㖿到來吽哩喊哩娑婆訶」가그것이다。後天機數의 北方一六水氣를 應하야 젊은 반도시 北向이며 地動說을否認하고 天動說을主唱하였다。甲子年登極云云과 天子說은 京歸自身은 絶對로否認하였으나 꿈으로풀말이나 何如間 多分히 佛敎의 密敎思想을 輸入한關係로 一般敎徒로서는 이敎의 究竟義를 體得키어렵게되어있다。不文經典說과 無有定理式理論은 普通宗敎學에 知識이不足한 大衆民間으로해서는 정말 理解한다할수없도록 되어있다。

그러면 布敎의方式은 어떠하든고하면 볼수있는대로 民衆한 舊式 儒學者?들을 中心으로해왔다, 圖讖을崇信하고 鄭氏王을夢想하며 그리는中에 幾分의 政治的野望을 가지고 時勢를慨嘆하는 悲憤慷慨之士들을獲得하려고 草創時代에는 地下運動의過程을 밟어왔었다한다。地方에있어서 巨儒라고믿든 그네들의 入敎投資를본 愚夫愚婦들은 趨勢雷同하야 相呼投身함은 何時代에든지있는일이나 말치아니하여도 想像키足할것이아니랴。

이러하야 普天敎는 政治運動하던 日進會의 遺習을가진 餘黨들이 擡頭하야 一大幽靈團體를 組織한後에 어리뻥뻥한 密敎的精神으로 敎徒들을 降服받아놓으니 넋이빠진 그이들에게 何暇에 批判할能이 있어질것이랴。一時에 敎徒들은 級數的으로增加되어 全朝鮮이 震動하는同時에 돈은 부르는대로 聚合이되고보니 이야말로 못할일이 없을것같은氣勢가 敎團幹部들의 夢想가온데에는 떠돌았든것이었다。

이러하야 一方에 ××日報와握手를한다 他方에 時局大同團을 組織하야 數百萬圓의 運動費를들이어 日本內地의政客들을 交際한다하야 아쉬운대로 ××××의精神下에서라도 朝鮮의 自治를 꿈꾸며 그의首席으로 車敎主를 君臨케할 心算이였으니 甲子年登極說도 이로쫓차發生됐던것이리라。

그러자 ××日報關係는 李○○等이 돈을먹고 들어눕고 時局大同團運動도 運動員들이 돈을집어먹고 잡바지는통에 오도가 失敗에歸하자 甲子年登極도 한때의 꿈

바와 같은바를 綜合하야 이五個의 삼된 斷片을 그러
모아온바이다。
저쯤으로 부터 六年前 辛未秋九月下旬에 나는 井邑
大興里 普天敎本部를訪問한일이 있었다. 그때하야 여
러한紹介로 車京錫을 만나본일이있었다. 한갓 만나보았
을뿐아니라 三日間을滯留하면서 寢食을같이하야 談話한일
이 있었다. 이때하야 어느程度까지는 그와 및 普天敎
를 多少理解한바가 있게되었었다。
나와 같이하야 같은바와 느낀바를 率直하게 말하라면
그는 罪責도 一般周誌들이 誤解하는바와같은 그러한 天
地開闢의 神人도아니며 同時에 世間에서 打罵할만한 그
러한 惡人도 아니었다. 오직 그에게 罪過이있었다면 그
밑에 부리는 人物들을 너무 過信한데에서며 觀察한것이
였으며 또 同時에 時代의 趨勢와 朝鮮의 將來를 達觀하
지못하였음에 있을것이다. 其間을 敷衍하였다云云하나 數
議한그者도 可憎은하며나와 그러한評議에 속은 民衆의
愚昧도 또한 可憐함바아니다. 남에게 속은다는것은 結
局 속인者뿐아니라 속은者도 未嘗不 責任이 없다할
수없을것이다 보라 現代의 名士로 自稱하다는 ××日
報某氏도 그를利用하여다가 失敗하였으며 ××日報의 某
氏도 그를利用하여다가 스스로속고 敗北하지아니하였나
虛慾으로말미암아 心鏡이 가리어진 人間인지라 남을속
이고 利用하야다가 欺瞞 속게되는적들이야 한갓 속인
者만을 可憎타하랴. 속은者도 또한 責任이 없다못할것
이다。

그러한속 結局 그러한人物을 그같이 만들고 그같이
惑하고 그같이 속이며다가 속은것은 朝鮮의愚昧가낳은
一大悲劇이 아니할수없을것이다。

## 二

氏의 自白한바에 依하면 氏의 出生地는 亦是 井邑
大興里이며 일직이 農業을 經營하다가 閭巷에서 耕讀
만하는것이 大丈夫의 平生事가아니라하야 한때는 日進
會에 投身하야 義兵으로더부러 相從도하였더니 日進會
도 亦是 뜻에 맞지를아니하야 다시 姜甑山을 마르게
되며 그에게 道를받고 慶尙道咸陽郡白雲山에가서 神明
祈禱도하였고 或은 金剛山 智異山等 名山을遍歷도하면
서 積行을하였다는것이다。

그런後에 姜甑山이 下世함에 이르러 第二世敎主가되
자 敎徒들을 指導할새 그때 時節이時節인지라 若干의
政治的色彩를띄었던만큼 當局의 誤解를받게되어 얼마동
안은 避身을하고 四方을 彷浪하였다한다. 그러자 얼마
後에 當局의誤解가 풀리게되며 다시금 正面으로나서서
布敎에 注力을해오던터이라한다。

本名은 輪洪이오 字가 景石이라는것이다. 京錫이라고
쓰는것은 그야말로 쩌낼리스트들의 同音取字한것이다

1936.6

일부 판독이 어렵지만 전문을 실었다. 뒤쪽의 「정읍의 차천자를 방문하고」의 자료와 함께 보천교 교주의 인물됨, 당시 보천교 본소의 상황을 알 수 있는 주요 자료 중 하나이다.

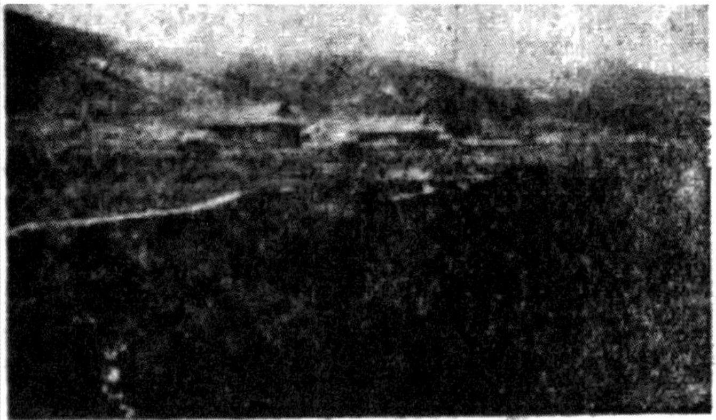

普天敎本所全景

# 世稱·車天子 車京錫同宿記

柳春燮

## 一

한때 世間에 處하야 數十萬 大衆의 敬仰과 또數十萬大衆의 罵倒를 한몸으로받아가며 다시말하면 世間 是非의的이 되어왔던 俗稱 天子 車京錫은 지난四月三十日에 六十二歲를一期로 이娑婆의 因緣을 끊게되었다。

내 일직이 그의 生과死에 對하야서는 即面하지 못하였는지라 무어라 말할수는없으나 그 出世가 奇異하고 그處世가 怪常하야 我等人間의 常軌를 걷지아니한 것만은 的實한지라 자못 世間의 毁譽가 不一할것은 當然한 일일것이다。

何如間 大衆을 動員한 點으로 보아서나 巨財를 消費한點으로보아서 그것이 正이거나 不正이거나는 姑舍하고 巨物은 確實히 巨物이던그도 이제는 옛사람이되었다。

이제 붓을들어서 볼수있는데까지는 나의본바와 느낀

（４）　朝鮮通信　昭和五年七月二十九日

大正十五年五月三日（第三種郵便物認可）　第一三一三號　一九六

丞相に背かれた
甲子登極說の

# 大時國天子

落陽に其影長き車京錫

車京錫――といはへば諸氏は直ちに普天敎を聯想するであらう。車京錫自身やその信徒に依れば彼れは榮光に燦く大時國皇帝だといふ。兎に角、彼れの存在は一個の不可思議であり法律もこれを默過してをるが、一時しかく沸騰したりし世間の輿論もこれを如何とも爲し得ず、依然として大時局の繁榮は續けられてゐるやうである。然るに、最近に至りて嘗つては車京錫心服の諸臣たりし蔡奎一、文正三、李達濠等が反車運動の烽火を揚ぐるに至り、大時國は井邑に於いて今や方に紛亂の渦中に陷り果て、遂にその內部より分解作用が始まるに至つた。

×

これと對抗して車京錫を擁護し大時國を料理する現在要職にある人等は誰々であらうか？內務大臣格の李炳喆、總理大臣格の金正坤、謀士格の袁若濟等にして、彼等は現在鷄龍山中に端坐し、大時局の威嚴を無視する蔡等の反逆の群を一擧に破碎し反車運動を徹底的に膺懲すべく腕を撫してをるさうであるが、双方の闘爭が如何に展開さるゝだらうか？――は我々の興味を惹かるゝところである。

×

今、大時國の叛亂の導火線を探聞するところに依れば、前記反車運動の巨頭蔡奎一は、現在は一片の襤褸を纒ふ貧窮者ではあるが、夙に車京錫陛下に在ること七年、自己の財產八萬五千圓、他人の財產九萬五千圓、合計十八萬圓の巨額を車京錫に調達したのであり、のみならず現在普天敎の總財產三百萬圓は悉く蔡の手を以て積立てたといはれる歷代總理中の敏腕家である文正三も亦總理大臣格にして在職三年間に數萬圓の家產を全部提供し、また前記李達濠は內務大臣格にして三年間勤務せし大時國內にても赫々たる人物(?)である。

×

嘗つて車京錫は彼等に甲子の年に登極して東洋の王たるべきを約束し、彼等及び農民より登極せば高官大爵に任命することを交換條件として多數の金品を徵發し、中央政府並に大臣、地方官に至るまで任命し臣下の禮を以て之れに對したさうである。

×

かくて濟州島を始め、全鮮各地より數十萬の愚昧な信徒より徵收せる巨萬の金を散じて、井邑に王宮を凌駕するほどの皇極殿と稱する堂々たる大宮殿を造營し、その內部には龍床を裝飾し、車京錫當人はこゝに起臥して恰も王公然と振舞つたさうである。而して車京錫は大正十年九月慶北咸陽郡皇石山上に於いて甲子年登極の成功の爲めに、多數の普天敎徒を率いて天祭を擧行したが、その祝文には堂々と大時國皇帝車京錫と署名し、体には袞龍袍を纒ひ、頭には翼蟬冠を頂き、文武百官を統率した盛大なりし有樣は、實に往昔の王者を彷彿たらしむるものありしといふ。これ何うして現代の怪事でなからうか。【朝日】

農繁期には
## 不良少年、少女が減る

大邱警察署管內にては從來農閑期に入ると不良少年の數激增しその處置に困難を感じてゐたが昨今の農繁期に入りてより俄に減少し大邱署で管理する少年保護所の收容者數も普通は五十名より百名位なるも昨今は十名に過ぎない。これにつき同署では「附近農村で生活難のために農閑期には子女を都市で乞食させ農繁期になると更に農業に從事せしむべく連れて歸る關係らしい」といふてをる。【每申】

자료 39

「보천교普天教 습격襲擊」―『조선통신朝鮮通信』

1298호, 1930. 7. 11

1930년 7월 보천교 총정원장이었던 문정삼 일파는 보천교 개혁단을 조직하여 정읍 내외에 경고문, 선전문 등을 배포하고 보천교 개혁단이라 적힌 붉은 깃발을 자동차 앞에 걸고 보천교 본소를 습격하여 3천명이 일시에 대소동이 일어났다는 내용이다.



## 普天教を襲擊

改革團赤旗を押立てて 三千餘名本部に乘込む

井邑郡普天敎々主車京錫に對する非難の聲は一般の能く知る所であるが去る七日元普天敎總正院長たりし文正三一派は普天敎改革團を組織し井邑內外に警告文、宣傳文等を配布すると共に同郡笠岩面普天敎本部の襲擊を爲すべく普天敎改革團と書ける赤旗を自動車等の前に掛けて同本部に向つた所急報に接した同地警察署長以下二十餘名の警官は現場に急行し嚴重警戒すると共に同本部では各門を閉鎖して萬一に備へたので血を流すまでには至らなかつたが同日參加の群衆は約三千名に達し一時は大騷動であつた。【朝日】

### 京城實踐女生盟休す

京城壽松洞實踐女學校二三四學年生全部は十日朝××被告人李相壽校長を排斥する外數ケ條の條件を提出すると共に盟休を斷行したが、この裏面には種々複雜な事情があつて容易に解決され難い模樣であり學校當局では職員會を開き各學父兄に對し來る十二日まで登校せしめよといふ通知書を發付した。【朝日】

### 宜寧の地稅免ぜらる

慶南宜寧郡一帶は初春より降り續く長雨や洪水の爲め農作物の被害は七八割に達したので同郡十三面中被害の最も甚しい正谷芝正、富林、洛西四面の地稅及雜種稅金中より四千三百二十三圓四十一錢を免除した。【朝日】

●固城少年同盟紀念會禁止 慶南固城少年同盟では慶南少年聯盟第二回創立紀念式を擧行すべく熱心準備中の所同地警察に禁止せしめられたので懇談會でも開催せむとしたがこれ亦禁止を受けた。然るに紀念日たる八日に統營、馬山等より來れる十五名及び各地方よりの少年等を呼出して注意せしめると共に宿所も一ヶの旅館に二地方の合宿は絶對に禁止した【朝日】

## 京城普成高普

遂に臨時休業を宣す

盟休中の京城普成高普にては十日午前より開かれた同校職員會では長時間討議の結果左記三項を決定した【朝日】

一、十日より八月末日迄臨時休校のこと
二、盟休生中五學年五名、四學年十四名三學年六名、二學年二名一學年二名を退學せしめること
三、八月二十五日まで盟休生は保證人の捺印ある盟休不參加書を送るか九月一日保證人と共に登校のこと

等にして若し之に應せざる場合は斷乎たる處置に出づる由

### 尙州女普複式敎授

學父兄等反對して陳情

慶北尙州女子公普校は屢年の旱災で例年より入學率の減少せるは事實なるも現在の生徒數が規程上より見て不足があるとて去る七日五六學年を合併し複式敎授を爲すやう道當局より通知が來たので一般學父兄は兒童敎育上非常に支障を來しはすまいかと數日前學父兄會を開き委員數名をして道當局に陳情すべく議決した。【中外】

●汝海津碇泊敷地却下さる 咸南端川郡汝海津港居住數百の漁民は同地附近に漁船の碇泊地を設くべく海岸國有地萬餘坪の貸付願を提出した所最近當局より退却されたので是は漁民の死活問題であるだけ更に許可願を提出し目的貫徹に努むる由【朝日】

### 元山樓氏校漸次惡化

元山樓氏女子高普の四學年生盟休事件は八日には三學年生一同も盟休を斷行し九日には二學年生全部も盟休を爲すと共に學校當局に對し不法退學を爲さしめた徐仁子の復校を要求し事態は漸次惡化して徃くので同校同窓會及び學父兄會では善後策講究の爲め急ぎ會議を開く由【朝日】

大正十五年五月三日（第三種郵便物認可）　第一二九八號

보천교 교도가 날로 감소하여 자체보강조차 곤란하므로 선전수단으로 강증산 장례 거행준비로 6천원의 거액을 내어 관을 만들려 했지만 교도들은 경계적 태도를 지니고 있다는 내용이다.

（5） 朝鮮通信 昭和五年六月三日

笛を吹けども

## 教徒踊らす

昔を今に、普天教の大宣傳も遂に無効？

愚昧な農民を弄絡し巧妙なる手段を以て一身の榮華を極めてをる所謂普天教主車京錫は漸次そのトリックの暴露しゆくに伴れ日に教徒は分離し自体保障さへも困難となりつゝあるが彼は以前の××を再建すべく倍舊の宣傳を始め第一教祖姜甑山の葬禮擧行の準備として先づ六千圓の巨額で棺を作る等と宣傳してをるが教祖の葬禮を口實に又或る搾取の魔手を擴げるか知れぬとて破滅の途を急げる教徒等も今日では大に不平を說へ警戒的態度をとつて動かないと。【朝日】

## 一存で組合を解散

した評議員と組合員の憤慨

咸南定平郡殖林組合は大正八年創立されたものであるが昭和四年に至りて林野の讓與を受けたため組合の存在が不必要となり過日組合長及び評議員等は總會も召集せず同組合を解散することに決定し且つ同組合の殘金の處分も組合長個人の私案で郡守の認可を得て勝手に處分して了つたので最近これを聞き知つた組合員等は我々を無視した行動だと大ひに憤慨し對策講究中である。【朝日】

## 親子諸共に私刑を加へた日本人

忠南牙山郡排芳面公須里李某長女千蘭(9)が去る三十日同里近澤正春の桑園に立入りて桑實と桑葉を少々許り摘み取つたとて前記近澤は直ちに倉庫に約五時間ほど監禁し私刑を加へたとのことであるが子供はこの拷問に堪へず實は父が桑葉を摘んで來いと言つたからと語るや今度は親の李成七を引張つて來て亂打し生命危篤の狀態にまで至らしめたと。【朝日】

## 當にならぬ水を當に

して來た農民の狼狽

江原道鐵原郡東松面五德里の洑は同郡中央水利組合の中間貯水池にしてそれの水を貰つて五德里一帶及び二坪里一部は從來灌漑に利用して來た所去る二十七日より同水組は同池を畓に變更し始めたために前記兩里一帶には少しも水が流れて來ずために田植を中止せねばならぬことになり住民等は大に驚きて十數名を代表に選定し同組合に陳情を爲さしめた所水組では二三日中に考へて見やうとのみ何等それに確答を與へず曖昧な態度をとりて應ずる氣色なきも從來の例を當にしてゐた兩里一帶の千餘戶の農家は死活問題だと大騷ぎをしてゐる。【朝日】

## 暴利貸と農民

京畿道廣州郡內各里には最近高利貸金業者が日に增加してをるが各里の所謂有產者等は農民に農業資金を融通することを標榜して組合を組織し利息は一圓に付、月十二錢といふ驚くべき高利で貸付てをる。然るに貧農等は農繁期に際し農資なき爲め止むを得ず淚を呑んでこれを借入れるのであると。【朝日】

## 杜撰な税金と

負擔過重に苦しむ面民

全南務安郡外邑面一帶の貧農階級は昨年の旱害によつて饑餓に瀕し草根木皮で僅に命を支へゐる慘憺たる者のみなるが同面事務所では斯かる事實を何等顧慮する所なく例年よりも高い戶別割の納入告知書を發付したので滯納處分を受けたもの夥しく實に悲慘な情況であるが最近も同面當局では戶稅一圓につき九十錢七厘の戶別割を徵收したのは計算違ひだつたと八十錢に下げ五錢乃至三十錢以上を返したこともあり一般面民等は面の處置につき大に非難してをる【朝日】

大正十五年五月三日（第三種郵便物認可） 第一二六五號 一三

# 伏魔殿を尋ねて（8）

## 普天教の正體

崔　容　煥

### 『開眼』が迷信條件　『去病』が第二信條

斯く荒唐無稽なることが彼等迷信の第一條件たることは勿論、教を信ずれば一心相生、去病解寃すると云ふことが既に迷信に魔醉された彼等の第二の信條となるのである。笠岩山、方丈山の間に蘆嶺と云ふ峙のあるのを奇貨として、恰かも鄭道令の鷄龍山を信せしむるが如く、蘆下十里不見所は所謂百萬が生きるべき永住地であり、平沙落雁は「三災不入之地」の避難所と云ふ「名堂地」の説を喧傳し、然らずとも良く欺かれる淳朴なる人民を二重三重に欺きつゝあると云ふことである。

### 全羅道の乞人は　普天教徒の前身

家屋や田地を賣り、又は家財道具まで賣つて折角此處までやつて來てから一年も經たない中に旅費も持たずに涙を零しつゝ歸へる者もその數少くないが、搾取に搾取を餘儀なくされてどうすることも出來ず、全家族が路頭に徨ひながら乞食の身となりこの地を呪ひつゝ離れ去る者もその數千萬を以て數へられない兎角郡當局の語る所によると全羅道の乞人はその大部分が普天教の教徒であるさうだから『名堂』といはれたこの地は、遂に怨府の城となり乞人の所畜地となつた譯である。

### 車京石の部下は　職業的の走狗輩

車天子の華麗宏傑なる家とは餘り對照にもならない教徒等の家を一巡して修好院に戻つた。これは初めから予の身元を隱して所謂外交を司つてなると云ふ修好司長を誘ひ問題の車京石と面會せむが爲めであつた。初め面會を求めてから所謂方主とか司長とか云ふ重要幹部等の間に頻繁なる議論があつた模樣である。これはいふまでもなく職業的に車京石の奴隷となり走狗となつて働く彼等であるから、動もすれば車天子の目に外れることを恐れるからである。

### 車の面會拒絶で　予の計劃も水泡

しかし幹部等の間に記者に車天子を面會させようか？させまいか？と云ふ不統一な議論も多少纏まり予の要求した面會だけは出來さうに見へてをつた。予は獨りで思へらく、若し車と面會するに至れば短刀直入的に

「一體汝の名前は何んと云ふのか」

「私は車京石と申す者だ」

「車京石ならば汝は人間ではない。愚かな民衆を欺した魔術師の惡魔であり社會の公道を亂した大賊である。憫怜でない群を妖奸なる迷信で誘ひ入れて血を吸ふ吸血鬼である！世間の耳目は既に汝の空しき夢想を透視しつゝあるではないか？今尚ほ何を夢見るのだ？全然反省はしないのか？恕すべからざる汝の罪惡は多大である。前非を悔ひて自決するだけの勇氣は持たぬか？」

斯く叱責して彼を降參せしめ亦罪惡の大多なるとを指摘して社會的に恕すべからざることを宣言して置く心算であつた。

### 黄金で口止めの　卑劣な外交手段

しかし幹部等の相談の結果、面會の必要を認めないと云ふ理由の下に拒絶されたので予の計劃も遂に失敗となつて終つた。誰に使つた手段であるか？修好司長は旅費といふ名目で一金二十圓也を予の前に差し出した。予は記者生活五六年に斯る金錢を予に與れた人もなく、受取らむとしたこともなかつた。餘りに突飛な大時國普天教の交際手段には、言語道斷にして何んとも云へないので、一笑を以て拒絶し、自動車で恐ろしき魔窟を脱出した。

◇總督府の巡視長が衛生課金庫から三十圓を窃取したとか

◇猫に、鰹節の留守番をさせたやうなもの

◇この前は總務課の囑託が墜落自殺し、今度は又斯る事態を惹き起す。總べて尋常ならざる兆候なり【中外】

## 伏魔殿を尋ねて（7）

## 普天教の正體

崔容煥

### 期米相場と同樣に 時に依り暴騰暴落

これも一種期米相場の如く時に依り騰落し、一般教徒の人氣如何に依り暴騰暴落が生じて其相場も頗る變動するさうである。一時〇〇局長が車天子を訪問し〇〇總監が車天子と面會する等車天子王國の外交が振つた當時等は、信者以外のものまでも普天教徒たることを希望し、教徒となつては、方主の地位までもから得て須らく車天子の顔でも一度仰ぎ視ることが更にない光榮なりとし、家を賣飛ばしたり田地を賣却したりして、有象無象の輩が集まり、八任になるやら、六任になるやら、方主になるやら——云つた風に値段の高低は兎に角、何か一席を占めむと競爭する者が多い爲めに、それこそ六十方主の一席を占めるには、芝居を演じても巧妙に演ずるか？然らざれば金では少くとも十數萬圓の巨額を出さねば得られなかつたさうである。

### 田地と代へた肩書 今日では弊履同樣

斯如く十五任―八任―十二任―六任―方主―等の手を經て納める巨萬の金錢は結局魔術師車京石の私腹を肥すのみであつた。一時腹太つた車天子の黃金に飾られたる生活こそは實に贅を極めたものである。斯る不義な榮華と罪惡の豪奢を極めたその蔭に唯憐れむべきものは欺かれつつある數十萬の教徒のみである田地を賣り數千數萬の金を投げ出して買入れた六任、八任は飢へた腹を充すに何んの役にも立たず、破れた衣服の代用にもならない。殊に最近に至つては一時高價であつた、東方主、西方主、水方主等の地位も買手がない爲めに空席となり、實に不景氣な狀態である。折角入れた資本を還すに方法なく、今では一厘の價値もない弊履の如き觀を呈してをる。

### 小作地も全然なき 餓死線上の教徒達

尙方主とか——六任とか云ふ免れ難い前科者の身分が、普天教徒と云へば限りなく嫌はれる地元民（非教徒）に「彼の見すぼらしい風を見よ！大時國車天子王國の方主！六任奴め！」と散々に嘲笑蔑視され、當該地方の地主からも嫌はるる教徒等は、小作地さへも得られず、乞人となつて流離せざれば、無爲徒食し、飢へたり、食つたりする職業的教徒等である。一時普天教新廳舍工事の進行される當時には、普天教徒で組織された己產組合に加入し、勞働でもして命を繫いだのであるが、今年の三月その工事が竣工落成されるや最近に至つては仕事さへもなくなつたので、各教徒の生活は一層慘澹たる狀態に陷り、彼等の家庭には道具一つもないさうだ。

### 日月星辰を信じ 玉皇上帝に拜謁

彼等は何んの爲めに斯く信じ斯く欺かれるのだらう？修好司韓某の案内で彼等の信奉する三光靈の祭壇を見物すべく車天子の本所を尋ねて往つた。大門、中門を經て小門に入り祭壇の下に至ると、所謂昊天金闕なる看板が揭げられてある。その下に天地の十層塔と日月の九層塔、星辰の七層塔が並置されてをる。その兩側に

三尺輕琴萬國和朝
千仭萬劒田海蕩裂

なる看板が揭げられてある。その意味を聞いて見ると、昔或る教徒の中に開眼した信者が、天の上に在はす玉皇上帝に拜謁せし際、そこ揭げられた看板の文句をそのまゝ記憶して此處にもその通り書いて揭げたものであるさうだ。

# 伏魔殿を尋ねて（6）

## 普天教の正體

崔 容 煥

### 互に欺き欺かれる車天子配下の職員

六十方主――その魔術師の下には、方主一人が各々六任といふものゝ六名づつを持ち、その六任といふ六名の下には、十二任といふ十二名、十二任の下には八任といふ八名、八任の下には十五任といふ十名を置き、而してその十五任は更に若干宛の教徒を持つてをる。これは男教徒に於てばかりでなく、陰陽平等であるといふ車天子王國では、女子の教徒にも男子と同樣の組織になつてをる。而してこの外にも

火……角亢氐房心尾箕
木……斗牛女虛危室壁
水……奎婁胃昴畢觜參
金……井鬼柳星張翼軫

等の『二十八宿宣化師』といふ組織体が無制限になつてをる。而して結局方主は車天子に欺かれ六任は方主に欺かれ……斯の如く順次に欺き且つ欺かれつゝあるのである。

### 方主以下の地位も結局はみな金次第

元來化物の如きその組織內容をこれ以上知る必要もないが、車天子といふ魔術師の下に六十方主、その下の六任……十二位……八任……十五任……等の斯る組織は結局欺かれつゝもそれを知らずに欺かれる愚かな教徒等の財産を奪ふに最も有利なる機關になると云ふことである。それは賣官賣職の餘風が此處にも吹いて來たのか？所屬教徒の實際有無に拘らず、各任に配置された教徒の數に該當する所謂義金（即ち普天教徒さなれば必ず一年に春秋一圓宛普天教本部に納める金）さへ納むれば何にでも任命すると云ふことである。而して最初から愚昧極まりなき者等である故に、その迷信に誘はれて普天教に入敎した教徒等は、八任、六任も一種官爵の如く思つて十五任は八任を八任は十二任を十二任は更に六任を、六任は又方主を慾望し、八任たらむとするものは毎年二圓宛納め得るだけの數人十五名を求める。若し求め得ない場合の愚かにして充分欺かれるべき者は自分の財産を賣つて十五名の義金合計三十圓を代納してまで八任となるのである。斯の如く十五名を率ゐてをる八任が、更に八任十二名を率ゐる十二任たらむことを欲すれば、八任の十二倍の手數と財產を費さなければならぬと云ふことである。大魔術師車京錫を頭領とする大時國普天教當局に教籍さへ置けば誰を問はず全財産を蕩盡し、終ひに憐れな乞人となつてしまふ直接原因は、專ら車天子の下に奇怪極まる制度となつてをる方主……六任……十二任……八任……十五任等の教職を金を出して買ふに在ると云ふことで、各任の等級に隨ひ一定せざる其價格は果して如何？最下級に屬する十五任を單位として、それを教徒一名と看做し、每年義金二圓平均にするとしても、十五任なるものの十五名を率ゐねばならぬ八任は三十圓、十五任百二十名を率ゐねばならぬ十二任は二百四十圓、十五任一千四百四十名を率ゐねばならぬ六任は二千八百八十圓、十五任八千六百四十名を率ゐねばならぬ方主は一萬七千二百八十圓、これが掛値のない標準價格と云ふべきである。この外にも所謂地位に隨ひ、生活狀態に隨ひ、誠意あらむ限り普天教に納める所謂誠金をそれに添加するとすれば、その價格は定價以上に騰貴すること勿論である。

◇京城府協議會では、前府尹に對する特別賞與金七千圓支出を討議した

◇新堂里土地問題等の失態は考へずに、功勞（？）のみ云爲するのも奇怪なこと【朝日】

## 伏魔殿を尋ねて（5）

# 普天教の正體

崔　容　煥

答『別な方法は何もない。併し生きた人が、マサカ死ぬることはないでせう』

問『しかし何か稼ぎがあるから生きられるのではないか？』

答『あることはあります。時々と一段聲を高めて質せば日稼ぎでもあればそれで食つて往きます、しかし働き場が何時もあるのではないですから……』

## 寓居する斗屋さへ彼等の所有でない

問『そして主に喰ふものは？』

答『粟飯も食ひ……』と云つて語尾を濁しながらニッコリと笑ふ

問『粟飯も食ひ？又米飯も食ひそれから芋か』

答『米飯は金がないから喰はれぬ、手當り次第何でも喰つてゆく』

問『この家は皆君達のものか』

答『イヽエ大部分が皆本所（本所とは車京錫の家を指す）の家です』

問『本所のを借りてをるのか』

答『さうです。一つの家に二、三家族が住んでをります』

問『時にアノ大きくて立派な家は皆どんな家かね？』

答『それは坊主や六任の如き本所職員の住んでる家さ』

問『普天教はナゼ信ずる？』

答『ナゼかつて？好いと云ふから信ずるのです』

問『好いと云ふのは、何が好いと云ふのか？』

答『好いから好いのです』

問『普天教を信ずるには随分金が要るだらう？』

答『勿論要るさ、春秋二季に納める義金なるものがあり、何時でも自分の誠意に依り納める誠金があるから……』

とて一つの誇りの如く語る

問『君が普天教に納めた金はどれ位のものかね？』

答『それは知らぬ。どれ位になるか？』

問『自分の出した金を自分で知らぬのか？』

答『義金の如きものは春秋二季に随分納めてをる』

問『それは何んの爲めに、納めるか？』

答『教人だから出すのです』

歎かれるのも罪の如く思はるれば唯痛嘆するのみである。

## 迷信直系相續者六十方主魔術師

街路や横町等に火部事務所とか南或は夏部の事務所入口とか又は小暑方公室とか云ふ見たこともなく、聞いたこともない看板が方々に掛けられてあつた。その中から出入りする愚かで而も知つた振りをするチョンマゲ連中の往來が絶へないが、聞ふまでもなく大時國天子の本所を中心とする六十方主等の分事務室たることを想像させるのであつた。この六十方主は黃に屬する十人自分の神位と自ら任ずる教主車京石を首班として組織された、車天子陛下の重要幹部等である。先づその組織された体系を見れば

| 四正・四數 | 八領・八數 | 二十四胞主 | 二十四運主 |
| --- | --- | --- | --- |
| 木・東・春 | 艮、卯 | 寅、乙、甲、辰 | 立春、雨水、驚蟄、春分、淸明、穀雨 |
| 火・南・夏 | 巽、午 | 巳、丁、丙、未 | 立夏、小滿、芒種、夏至、小暑、大暑 |
| 金・西・秋 | 坤、酉 | 申、辛、庚、戌 | 立秋、處暑、白露、秋分、寒露、霜降 |
| 水・北・冬 | 乾、子 | 亥、癸、壬、丑 | 立冬、小雪、大雪、冬至、小寒、大寒 |

等の四教正を筆頭として——八教領と二十四胞主二十四運主等の六十方主が各々奇怪なる名稱を帶びてをる。これこそ普天教内では車天子直系の迷信を相續した六十方主の大魔術師とも云ふべきである。

大正十五年五月三日（第三種郵便物認可）　第二〇二五號

大正十五年五月三日（第三種郵便物認可）　第一〇二四號

# 伏魔殿を尋ねて（4）

## 普天教の正體

崔容煥

普天教自身は三光靈を奉安する祭壇の聖塔であると云つてをるが、世間の人はその反對に車天子の登極すべき龍床であると云つてをる。見方に依り解釋も違ふからその何れも信じ難い。

## 天子宮模倣の黄瓦

### 羅列せる六十坊主

而して十一殿なる字意に就いて普天教徒は「十」は無極であり、「一」は太極で十一殿は無極太極を意味するものであると解釋する反面に、世間では「十一」は「土」の字で金木水火土の中に教主車京石を「土」に譬へてあるから、この家は車京石自分の登極すべき家であることを意味せるものであると云つてをる。而して屋根に黄瓦を用ひたのも支那で天子宮には必ず黄瓦を用ひて來たからそれを倣つたものであるさうだ。所謂聖塔の左右には男女の六十坊主が羅列して祭を行ふやうになつてをる。その廳内に黄崗石で敷いた廣い座席は滿朝の百官が左右に列立すべき勤政殿の如くにも見へた。殊に不思議なのはこの十一殿やその傍の車天子の寓居すべき家即ち綠瓦葺の井華堂や三光門、普化門等が皆その位置を南方笠岩山に背いて所謂午坐子向になつてをることである。その理由を問ひたる所、これからはその運數が飜覆して太乙の運數になつたので昔とは坐向を反對にしたさうである。故に、十一殿なる字意も車天子の空しき夢の象徴たることを推知することが出來るのである。

## 内政院長も車女で

### 徹底せるモンロ主義

十一殿の後面に永生門、正和堂の後面に大和門の兩南門があり順和門に入つて研眞院、三進所その隣に大輿門なる東門があるこの反對方向に平成門なる西門があるが十一殿の西方を境界とせる一側は所謂内政院を中心として泰和軒、修整司、東樂齋等の普天教女教徒等の女王國である。内政院長が車天子の妹であるさうだから女王も車氏の家門たることは云ふまでもなく、女教徒等も男子等と同樣に六十坊主以下各職員がある。云はば男女同樣に迷信に飜弄されつゝあると云へるであらう。

## 欺かれた長髪群

### 夢遊病者の怪態

更に歩を變へて迷信の市街に進めた。市街は整頓されないまゝ不潔であり、新道路を左右に此方の山の下から彼方の山まで所謂普天教に屬してをる事務所を除いては四五百戸の牛小舍の如き家が恰も漂浪民の家の如く列んでをる。その中から出入りする人々は皆普天教徒で、就中婦女等は云ふまでもなく男子等もチョンマゲにあらざれば編髪せる者等で全部長髪群であつた。殊に蒼白色を呈してをるその顏面は營養不足の爲めか？恰も夢遊病者の如くであつて實に見るにも憐れな感じがした。

## 意識さへ曖昧な

### 普天教徒の生活

彼等の境遇が餘りにも憐れむべく同情に堪へないので

問「貴下等が此處へ來てをるのは何が爲めであるか？」

答「何が爲めとは？」と云つてニッコリと笑ふのみ…………

問「然らば何の目的もなく來てをるといふのか？」

答…………

唯曖昧なことを云ふのみであつた

問「然らば生活は如何にして支へる積りか？」

答「どうやらして、生きて往くさ」

問「何か農業でもしてゐるのか？」

答「農業ですか？してをりませぬ」

問「さうすると何を食つて生きをるか」

答「どうしたつて餓死はしないでせう」

と或る信念の下に何等かの自信でもある如く云つてをる。

問「すると生活する上に何か別の方法でもあるといふのか？」

## 伏魔殿を尋ねて（8）

### 普天教の正體

崔 容 煥

#### 動靜閣の鐘音に
#### 吽哩喊哩娑婆吽

何時の間にか、動靜閣の鐘の音がガン〳〵として響いて來るや・四方の家から呪文を讀む聲が廣い野原に鳴く蛙の聲の如く一時に湧き出るのであつた。その呪文は

吽哆吽哆太乙天上元君、吽哩吽哪都來、吽哩喊哩娑婆呵、

である。その解釋は聞く必要もないが、勿論化物の聲の如くである。しかし朝と晝と晩に——時に隨ひ七十二度づゝ響き渡るこの鐘の音に依り、その呪文を讀み又讀んで千回萬回誦讀すれば、所謂開眼となり天上に在はす玉皇上帝に逢へると云ふとであるが、これは何んといふ荒唐無稽の說であるか？迷信の荒唐なること實に言語道斷にして、「開眼は愚か、閉眼の盲目になるな」と斯く警告するの勇氣さへもなくなるのであつた。

#### 東鶴寺の鐘の音
#### 今は何處に？

七十二回打つ鐘は夜の更けゆくのも知らず、そのまゝ響く。その昔鷄龍山東鶴寺から響き渡るガンーガンと鳴る鐘の音が百濟の末路の爲めには之を弔ひ。新羅の隆盛の爲には之を頌した。李朝の〇〇の爲めには之を呼んだと云ふが、數十萬教徒等の匙を集めて鑄造したこの青銅の底から響き出る哀れなこの鐘の音は何を意味するのだらう？車天子の債務の爲めに執行を受けたとを訴へるのか？迷信に欺かれて糊口策を失ひたる數十萬教徒等の暗澹たる末路を泣くのか？然らざれば車天子王國の最後終局の滅亡を弔ふのだらう。終焉の鐘の音の餘韻が廣く空間に波及する時、その消へ去る音が一層愁然たる觀があつた。

#### 教徒の膏血にて
#### 大廈高樓を築く

迷信の巷——大興里（或は接芝里とも稱す）に於て異鄕旅人の寂しき一晩を明し、其翌朝は大時國普天教の問題の新廳舍を見物することにした。之こそ四五年間數十萬教徒の血と汗にて建てた五六百間の宏壯なる巨厦で今年の三月百餘萬圓を投じて工事を始め、此程竣工するに及び奉安式を擧行するとか、車天子が登極をするとか、云つて世間に種々な風說を撒いた解き難い一つの謎の如き問題中の宮殿である。警察の禁止で未だ使用することも出來ずにそのまま空いてをる巨閣は最近に至つては一般の見せ物となつてをるのだ。その位置は修好院事務所の隣で現在車京石が使つてをる所謂本所から僅か數十步を隔てをる正面である。前に普天教の教理を熱心に說明して與れた韓某の案內で先づ正門になつてをる二階樓閣の五色玲瓏たる普化門に這入れば左側に總領院と修整司、八正軒等の所屬建物のある前に、普化門の第二門となつてをる三光門がこれ赤五色玲瓏たる色を帶びてをる。この三光門は天地日月星宿の三光靈を崇拜する所にその名の本義があるさうだ。

#### 玉欄に龍鳳丹青
#### 塵だらけの『聖塔』

その後部に一百八十間の宏壯なる黃瓦の大殿閣がある。之が即ち世間の疑惑を買ふ所謂十一殿である。京城の勤政殿の如きは七棟五間であるが、これは九棟七間の二階でなり、間口七間に奥行五間である。普通は一間が八尺であるが、この一間は十六尺であるさうだ。二階までこの一棟の總間數は一百八十六間である。內外に玉欄珠簾、龍鳳丹青が輝煌燦爛たらざるものなく此中を入り巍々たる南方の中央に高塔があるが之が車天子の登極說を喧傳する張本である。

大正十五年五月三日（第三種郵便物認可）　第一〇二三號

# 伏魔殿を尋ねて（2）

## 普天教の正體

崔　容　煥

### 蓬萊山を廻れば　黄甍の高樓巨閣

井邑から長城に通ずる一等道路に依り南に一里位往けば右方の西に瀛洲山、飛龍山が連なり、東南に蓬萊山、方丈山が圍繞して互に連なる廣い谷の中に五六百戸の盤の甲の如き家屋が並んでをる。これが即ち迷信に誘拐されて集まつた憐れむべき敎徒等の部落たることは問ふまでもなく、西方の笠岩山の下にこれとは比較にもならない黄甍、青甍の高樓巨閣數百間が櫛比として並んでをる。これが即ち今年三月以來車天子の登極說を宣傳した迷信の伏魔殿であるのだ。

### 外交機關修好司と　差押へられた巨鐘

問題の張本人車京石（世間では車京錫と稱してをるが幹部等の語る所によれば錫にあらずして朝鮮語で異字同音の「石」の字であるさうだ）を面接すべき第一の手段として所謂修好司長（修好は外交の意味で修好司長は即ち外交を司る人）なる李炳喆を訪ねて往つた。新築した車天子の大闕正門――普化門に向つて間近く左側に修好院事務所があり、其隣に所謂動靜閣と云ふ京城鐘路の四街路にある鐘閣の如きものがある。而してその中に吊られてあるものが愚な數十萬敎徒等の匙を集めて鑄造した青銅の巨鐘である。これが即ち問題の强制執行を受けた鐘であるさうだ。又修好院事務室に入つて見れば勸める椅子にも皆封印が貼り付けられてあつた。之を見る私自身さへ變な氣分に打たれたのである。

### 奇怪な各種の肩書　蠢動する長髮の群

先づ修好司長に逢うて車天子との面會を賴んだ處、天子の面會は翌日に延ばすのだつた。チヨンマゲにて冠や網巾を冠り、布のツルマキを着た連中が頻りに出入してをるが、皆何かの肩書を有する職員であるやうに見へた。奇怪極まるその中の部署には地方を管轄する總領院があり中央の事務を掌る總正院といふものがある。その下に布正・經理、修好、司度、典文・典儀等の六司長があるが現在の幹部は

▲布正司長金正坤▲經理司長哀若淳▲修好司長李炳喆▲司度司長金洪奎▲典文司長金基鏞▲典儀司長李中昌

等である。彼等の大部分は曾つて斷髮もしたことのある所謂開化した人々であつたさうだが、如何なる動機で車天子門下の長髮群に身を投じたか？その心理を聞きたいのである。

### 先天は殺他後我生　後天は相克中相生

宿を市場の大昌旅館に定め、夕食を濟ましてから再び修好院を尋ねた處、晝間から馴染である韓某（これ亦普天敎徒）は愚者でなければどうしても信せられない――心相生、去病解寃とか、先天殺他後我生、後天相克中相生即ち他人生後我生――とか何とかの所謂普天敎の宗旨及敎理なるものを熱心に說明して吳れる。彼も一時は改革黨の頭目として鄕里黄海道安岳郡を數十年前に離れて以來、長い間異鄕に漂流しことで、その眞心を測り難いが最近この普天敎に入敎したとの兎に角彼の語る所によると、普天敎徒を各道別に見れば慶尙南北道が一番多くその次が黄海道平安南北道であるさうだ。然るに敎主車天子の履歷をよく知つてをる普天敎の本據地全羅北道にその敎徒が一番少いと云ふことは抑も何を物語る事だらう？

◇歸任途中の山梨總督、下關で進退如何は元來が自由であるが、若し政府の態度が生意氣であれば、斷然留任をするとの意を漏した

◇滯京指令の苦き經驗もあるだらうから斯る言說は暫く隱忍し、釜山上陸後にした方が安全である筈【中外】

大正十五年五月三日（第三種郵便物認可）　第一〇二二號

# 伏魔殿を尋ねて（1）

## 普天教の正體

崔容煥

### 百鬼の亂舞する 別天地の迷信窟

朝鮮に於て迷信打破の烽火を擧げ警鐘を鳴してから既に久しうなるのである。しかし百鬼妖魔の亂舞は依然として展開されてをる。渓の鍵は尙堅く閉されてをるのみである。

太陽は既に中天に昇つてをるにも不拘サタンの惡戯は陰凶なる所に未だ甘い迷信に醉ふて當なき譫語に恐しき惡夢を結んでをる者——其數千萬を以て數へられない。これ豈歎息すべきことでなからうかと云ふのが二日の夜湖南線列車に身を寄せて迷信の伏魔殿を尋ねて往く余の頗き感想であつた

### 井邑の普天教徒 檢擧は全然誤傳

愚者にあらずしては解かむとしても解かれない迷宮の魔窟——普天教を先に探訪することにして未明の曉に井邑驛に下りた。所轄井邑署で普天教幹部四十餘名を檢事局に送つたと云ふ噂が餘り高いので、先づ井邑警察署を訪ふた處、同署平湯高等係主任は曰く

斯樣な噂はあるさうです、しかしこの前普天教に對する債權者の執行事件があつて或は教徒の暴動でもありはすまいかと慮つて自分以下四五名の正私服警官隊が執達吏の後に附いて普天教本部に出張したことはあつたが或はそれが誤傳されたかも知れませぬ。しかし斯樣な事實は全然事實無根の虛傳であります。故に我々としては事實無根の斯かる噂が或は普大教徒の間に或る醜雜なる關係と感情から出たのではないかと思はれまして目下噂の出所を調べ中でありますーーと語る

### 愚民の膏で成る 車賤子の妖魔殿

數十萬の愚かな教徒の血と汗を搾り出した不義の黃金がこの世稱車賤子（譯註、車天子の天と賤の異字同音による皮肉）の巨大なる妖魔殿の基礎を支持して〇〇〇〇局長を引張り出し〇〇〇〇總監に面會する等一時車天子「王國」の外交は斯くも立派に振つてをつたのである。故に妖怪なる凶計に落されないでは濟まない愚な教徒は勿論、黃金を背景とするその前には甘い唾を吞んで頭を下げた者もその數少くはないと云ふ。警察官となり署長になつても車天子王國の所屬地たる井邑署長を希望し、巡查部長でもなれば井邑ではその天下に屬してをる笠岩面警察官駐在所の主任たらむことを志望したとさへいはるることも井邑に足を入れてから始めて聞いたことではなかつた。

### 井邑の乞人群は 曾て「大時國忠臣」

警察の云ふとを聽けば最近に至つては普天教頭領車京錫が債務の爲め屢々强制執行を受けたとのことであり、尙ほ井邑郡守白完基氏の語る所によれば車京錫に全財產を蕩盡してしまつた普天教徒の數多の乞人群に由り郡行政上に少からざる困難を感じてをると云ふ——是等の話から見て、一時不義に依つた黃金の勢力も今日に至つては外憂內患で喘ぎつゝある最後の終局に近づいてをるとを知るとが出來た。

自働車時間に間に合はなかつた爲め自働自轉車で本社（東亞日報）井邑支局長の案內に依り普天教の本據を置いてをる笠岩面大興里に馳け出した。【東亞日報より】

---

◇主義者の美人變裝隊が、國境を窺つてをるさうだ

◇助平刑事隊の、いろ眼が見もの【朝日】

大正十五年五月三日（第三種郵便物認可）　第一〇二一號

『조선사상통신』에 실린 최용환의 「복마전을 찾아서. 보천교의 정체」 이라는 총 8회에 걸친 연재 글이다. 글 속에 포함된 주요 소제목들을 살펴보면 대부분이 보천교에 대해 부정적 내용임을 알 수 있다.(아래는 소제목 일부)

- 백귀가 난무하는 별천지의 미신 소굴
- 어리석은 민중의 고름으로 이룬 차천자車賤子의 요마전
- 정읍의 걸인집단은 「대시국 충신」
- 외교기관 수호사와 차압된 큰 종
- 기괴한 각종의 肩書, 蠢動하는 장발의 무리들
- 선천은 殺世後我生, 후천은 相克中 相生
- 천자궁궐 모방한 황색 기와, 나열시킨 60방주
- 의식마저 曖昧한 보천교도의 생활
- 미신 직계 상속자 60방주 마술사
- 서로 속고 속이는 차천자 밑의 직원들
- 소작지도 전혀 없는 餓死線上의 교도들
- 일월성신을 믿고, 옥황상제에 배알
- '開眼'은 미신 조건, '去病'은 제2 신조
- 전라도의 걸인은 보천교도의 前身
- 차경석의 부하는 직업적 走狗輩

昭和四年七月二十六日　朝鮮思想通信　（5）

## 普天教の宮闕地に 近來餓死者續出す
### 埋めもせぬ死骸が烏の餌食

普天教の所謂大時國の新宮闕の地たる全北井邑郡接芝里に集り來れる教徒は四百餘戶、五千に餘る男女あり彼等は慶尙、平安黃海道人にて其の內四千餘名は食ふものも衣るものもない貧困なる者等許りで何れも瀕死の境に陷り餓死者續出し數日前にも一軒の家から三人も餓死した事實があり、これから後も引續き現はるるものと見られてをる。又附近の共同墓地には名も分らず緣者もない屍體が地中に埋めもせずにそのまま叢の中に打ち棄てられ此處彼處に散らばり烏やガチ（鵲）が啄いて食つてをるさうであるが、それでもまだ生きてをる貧民等は名も知らぬ草をむしり食つて命を延ばしてをる者、酒の糟を嘗めて餘命を保つてをる者等慘澹たる有樣は筆舌に盡し難い。彼等は鄕里に於いて全財產を賣拂つて何かいいことでもあるまいかと集つて來てをるもので歸るべき家も財產もない者等であるが、日に〳〵に衰へて行く體を淚と歎息と共に其の日を辛うじて暮すのみである（東亞…原文直譯）

## 一村の死活問題
### 一日本人の出願から

慶南南海郡東面尙州里は南海郡の南端に當り天然的防波堤ありて漁港に好適せる爲め三百九十戶の部落民はこれが爲めに生計に自由なく暮して來たが昭和二年三月昌原郡鎭海の日本人猪飼喜兵衛は同防波堤の土砂が陶土に適するとて六萬三千七十五坪の土砂採取の出願を爲したので村落民は大事な護岸の土砂を取られては大變と騷ぎ立て總督府鑛務課より入江屬出張調査し本來良質にあらざるより許可せられざるべしと語りたることあり最近道より又も調査に來りたる爲め村落民は生死問題なりとて住民大會を開き總督府始め各方面に陳情書を提出した【中外】

## 呂の起訴は免れまい
### 留置後の彼の態度

朝鮮××運動の領袖呂運亨は各紙所報の通り京畿道警察部西一號の獨房に留置、引續き取調を受けてをるが京城に着くと共に一應檢事局の取調を受けた後警察部に引渡されたる點から見て或は其の儘釋放さるゝ如く世上に取沙汰されてをるが、右は取調の必要から警察部に移管されただけで犯罪の成立は免れまいと見られてをる。即ち制令違反の如き時效に掛つてをる一面に於て彼れ自身各種運動に直接行動を取らざりしも彼の指揮又は敎唆を受けて晩近朝鮮內に潛入したるもの多數あり到底起訴は免れぬさうである。尙ほ呂の態度につき係員の語る所によれば全くその例を見ざる程沈着冷靜な態度で事實の訊問に對し何一つ隱す所なく正々堂々と陳述する爲め彼の配下にして曾て檢擧された者等と對質させる等の要なく、且留置場に南京虫がをり困つてをる樣子なので氣毒がり他の部屋と取換へる樣に取計らむとした所、誰か此の部屋に來ても毒虫に螫されることは同じだから……と厚意を謝するのみで之に應じなかつたさうで係員も流石は親分だけあると感心してゐた

大正十五年五月三日（第三種郵便物認可）　第一〇一二號

1929년 7월 11일 아침, 보천교 교주 차경석이 부하 3명을 데리고 전북 정읍 검사국에 출두하여 오후 3시까지 조사를 받았으며, 사건의 내용은 극비였으나 아마 등극 준비에 관한 것으로 추측한다는 내용이다.



# 車京錫取調

前後、五時間に及ぶ
三百の青年之を痛罵

既報の如く全北井邑檢事分局から召喚を受けた普天教主車京錫は十一日の朝三名の部下と共に貸切自働車にて久振りに伏魔殿を出で午前十時頃檢事分局に出頭、午後三時まで約五時間に亘り極く秘密裡に嚴重なる取調を受けた。事件の内容は絶對秘密に附されてをるが所謂登極準備に關する事件であるとは疑ひの餘地もなく、車京錫が檢事分局に召喚されたとの噂を聽いた井邑各社會團体員並にその他の青年三百餘名は裁判所の門前に蝟集して車を嘲笑し或は痛罵する等一時大混雜を呈し事態頗る不穩であつたが警官の鎭撫によりとなきを得た。車京錫は取調を終ると共に斯る群衆の中を辛うじて突破し自働車にて逃げ歸つたが、今後この事件が如何に擴大され如何に展開さるべきやにつき一般は非常な興味を以て觀てゐる【朝日】

# 水組設置に反對

黄海道信川郡地主達が

黄海道信川郡信川面、龍門面、南部面、温泉面を網羅し以て目下信川水利組合創立中であるが同組合地域は古來より水利便利にして土地肥沃なる爲めに別に水利組合の必要なしとし先日より反對期成會を組織し關係地主の該解を得たる後、三百六十餘名の連署を以て總督府、道、郡等の關係當局に陳情書を提出することとなつた【中外】

# 無責任な巡査

子供溺死の報に接しつゝ
酒を飲んで現場に行かぬ

去る三日京畿道振成郡北面高峴里一八六朴勳喜の長男鎭喜（7）が附近の貯水池に溺死したので直ちに屍体を引揚げ親戚の者をして所轄駐在所に屆出でしめたるに朝鮮人及日本人巡査二名は隣家の酒幕にて酒を飲みつゝ明日行くからそのまゝ埋葬せよと言ひ棄てて顧みなかつたので止むを得ず共同墓地に埋葬した所翌四日聽取書を作つて歸つたが當日屆出でと共に驅け着け人工呼吸でも講じて呉れたならば或は一命は助かつたかも知れぬと一般は該巡査等の不親切な態度を非難してゐる【中外】

# 日本人の女に

毆打されて死亡

慶南統營郡欲知島東港里朴達壽の妻金且傳（26）は去六月十八日隣りの黑田某方に水汲に行き當時來合せた吉國シキといふ日本人の女と口論しシキに毆打されてその後三日目に姙娠三ケ月の流産をなし二十九日午前七時遂に死亡したので加害者シキは傷害致死として去十日釜山地方法院檢事局に送致された【東亞】

# 人民が自力で

十七萬圓の築堤計劃

咸南北青郡南大川沿岸坪山面龍田里山城堤防は關係住民七百餘戸の死活問題なるが昨年の大水災に南大川が厚昌面唐隅里より新水路を作り山城堤防を直通するに至りたるを以て坪山面一帶の平野は水國化したるを以て住民有志は四ケ年繼續事業として幅十四間延長一千七百間總工費十七萬圓を要する堤防修築を企劃し關係住民毎日人夫三百名づつ義務出役することとなり十七萬圓中三萬五千餘圓の地方費補助を願ひ出たが人民側が主体となり而も自力を以て河川修理の大工事を始むる如きは珍らしいことであつて、道當局でも喜んで補助するであらうといはれてをる【東亞】

大正十五年五月三日（第三種郵便物認可）　第一〇〇〇號

# 普天教

## 教主車京錫差押處分を受く

全北井邑郡金岩面大興里普天教主車京錫は自ら天子と稱し己巳の年己巳の月己巳の日には登極するとて「大時國眞正之寶」なる玉璽を作り京城支部を初め全鮮各地に特派員を多數派遣し前記の所謂玉璽なるものを利用し各地の愚民を甘言を以て惑はし登極後には政丞（大臣）以下各局長に任命してやるとて數十萬圓の金錢を騙取し莊嚴なる屋殿を建築し全鮮五十餘萬の信徒を愚弄してをるが二十餘年に亘る諸般の秘密も漸次暴露し所謂玉璽及大臣名簿、政綱其他秘密事件書類まで發見さるるや今春以來慶南居昌郡居昌面下洞金秉佑より寫眞十一萬枚代金廿萬圓の違約金二萬圓の請求訴訟を初め井邑郡命岩面大興里孫載淳より家屋立退請求訴訟事件や前同教主要幹部たる蔡奎一より八萬五千圓を詐取せる事件等種々の事件さらげ出されてゐたが今回又復京畿道高陽郡倉前里朴仁元より同教本部建物に使用せる煉瓦代金一萬圓の請求訴訟を受け六月廿八日所謂車天子の日用品等家産六十餘点は遂に差押處分を受けた【每申・中外】

（尙車京錫一派四十名が內亂罪を以て告訴されたる旨二日附朝鮮日報に掲載しあるも警務局にてはその事實なき旨否認した）

## 博覽會を機會に

### 高麗北産宣傳員派遣

最近高麗共産黨にては朝鮮博覽會を機會に××主義を宣傳すべく其の先發隊として金一善、成一三、朴某等三名を朝鮮內に派遣したとの情報が當局に入つたので水陸兩方面より警戒中であると【東亞】

## 博川の繭共販不平多し

### 秤量の不注意と不誠實

平北博川郡農會にては去る廿五日より春繭共販を開始したが廿六日は市日に當り繭も多量に集り場の內外は混雜したが東面長新洞金時俊なる老人は繭二斗三升二貫二百匁のものに對し九百十匁傳票が發せられたが字を讀めず而も婦者と來てたるので後刻に至つてそれと判明。事務所に交渉した所忙しいとて相手にして與れず又嘉南面深澄洞安士根妻某は三斗三升のものが一貫六百八十匁と記錄されたので大に歎き二ケ月間の苦勞も無駄になつた此の上はもう代金は受取らないと泣き出した所係員はそれではと一貫匁を書添へて遣つた事實があり兎角秤量係が養蠶家を輕視して種々不注意なことをすると怨聲が頗る高い【朝日】

## 二回目の檢擧生

### 大部分は釋放乎

新義州高普校第二次檢擧事件は去る二十四日より新義州法院本島檢事が每日刑務所に出張して取調べたので今は殆んど終了したさうで數日中に運命が定まる譯であるが今回の事件は深い根據がある譯ではなく一時的感情から起つたらしいので大部分の學生は恐らく不起訴となつて釋放されるだらうといはれてをり學校當局の處分問題もそれに依つて決定するであらう【朝日】

## 申采浩等の裁判に

### 諸團体より特派員派遣

東方無政府主義聯盟申采浩、李弼鉉等の公判は來る十日大連地方裁判所で開會されるので傍聽の爲め諸團体から代表者を遣派するさうである

●面書記面民を毆打　去る六月十七日江原道橫城郡屯內面書記張昌薰は所謂正條植奬勵監視の爲め出張中同面禾洞里金學載なる者が自己の指示に從はざることより口論となり遂に金を毆打して負傷せしめたが一般は斯る面書記の不都合に對し非難の聲が高い【中外】

| 題號 | 新聞紙類並使用文字 | 發行年月日第　號 | 處分年月日及要領 | 發行地 | 發行人 |
|---|---|---|---|---|---|
| 東亞日報 | 新聞諺文 | 三、一〇、一〇 二九二〇 | 三、一〇、一〇 差押 | 京城 | 金錫中 |

記事要旨

淺利警務局長ガ東天子ヲ訪問
井邑東天子宮ニ行ツテ遇フ
会見内容絶對秘密

南道各地ヲ廻ツテ居タ警務局長淺利氏ハ去ル七日午后ニ時ニ二三人ノ從者ヲ連レテ問題ノ普天教々主通稱東天子ヲ井邑郡笠岩面大興里車天子ノ大闕ニ秘密裏ニ訪問シタガ会見ハ約三十分デアツタト言ヒ東天子ハ最高幹部即臣下格デアル人物五十餘名ヲ立タセテ衣冠ヲ整ヘタ後軍隊式ニ二列縱隊ニ陣ヲ作リ敬禮ヲスル等、山海ノ珍味ヲ準備シテ歡待シタト言フガ

◎주요 내용 P. 326 원문

淺利 경무국장이 東[車의 오기-역자 주]天子를 방문(1928. 10. 10)

정읍 차천자 宮에 가서 만남
회견 내용은 절대 비밀
南道 각지를 순회하고 있는 경무국장 淺利는 지난 7일 오후 3시에 수행원을 데리고 문제의 보천교 교주 통칭 차천자를 정읍군 입암면 대흥리 차천자의 대궐에 비밀리에 방문했다. 회견은 약 30분 했다고 전하며 차천자는 최고 간부 즉 臣下格인 인물 50여 명을 세워 의관을 정비한 후 군대식으로 2열 종대로 陣을 만들어 예의를 표하고 산해진미를 준비하여 환대하였다고 전한다.

◎보충 설명

총독부 경무국장이 10월 7일 오후 3시에 23인을 대동하고 보천교 본소를 방문하여 30분 정도 차경석을 만나 회견했으나 그 내용은 절대 비밀이라는 기사가 삭제되었다.

1920년대 들어 보천교는 다수의 신도들을 확보하고 활동이 활발해지면서 보천교의 대사회적인 영향력이 확대되면서 식민권력은 주의를 기울이지 않을 수 없었고 보천교를 와해할 공작을 진행하게 되었다. 그러한 공작은 회유와 무력적 탄압의 양면으로 이루어졌다. 보천교 신도에 대해 대대적인 검거를 실시하는가 하면, 한편으로는 친일을 유도하고, 언론을 이용해 혹세무민하는 사교라는 점을 퍼뜨렸다.

1926년 사이토 마코도(齋藤實 1919.8.13.-1927.12.10., 1929.8.17-1931.6.17. 2회 역임) 조선총독이 보천교 본소를 방문했고, 1928년에는 아사리 사부로우(淺利三郎 1926.9.28.-1929.11.8. 역임) 경무국장이 보천교 본소에 와서 비밀리에 차경석과 면담하였다. 이러한 총독부 관리들과 보천교 교주의 비밀스런 접촉은 항간에 많은 소문을 낳았다. 그동안 반신반의했던 보천교의 위상이 해소된 측면도 있었지만, 親日집단과 반민족적 집단이라는 멍에도 짊어질 수밖에 없었다. 결과적으로 보면 식민권력의 보천교 곧 민족종교 통제전략이 성공을 거두었던 것이다.

| 題號 | 種類並使用文字 | 發行年月日 第 號 | 處分年月日及要領 | 發行地 | 發行人 |
|---|---|---|---|---|---|
| 東光新聞 | 新聞、諺文 | 三、一〇、九 | 三、一〇、九 差押 | 全州 | 松波千海 |

記事要旨

朝鮮總督府警務局長大時国天子訪問劇

一時世上ノ耳目ヲ驚カセタ普天教ノ消息モ大時国天子ヲ夢想スル車京錫ノ登極説モ近頃ニ至ッテハ一向聞カレナイ、此ノ時ニ十月七日午後三時朝鮮總督府警務局長正五位勲三等浅利三郎閣下ハ井邑郡笠岩面大興里ニ空高ク聳ヘタ大時国宮殿ノ車天子ヲ訪レタ天子ト警務局長トノ會見劇ハ果シテ如何ナル舞臺ヲ演出シタデアラウカ（中略）

午後三時半頃局長ノ一行ガ到着スルヤ左右ニ大時国宰相等ガ陪従シツゝ中央ニ腹ヲ突出シテ出テ来ル者ガ車天子デアッタ

「遠イ所ヲ御疲レデ、御座イマセウ、狭イ所ヲ御出下サイマシテ恐レ

삭제된 기사는 조선총독부 경무국장이 정읍 보천교 본소를 방문하여 차경석을 만났다는 내용이다.

◎주요 내용 P. 328 원문

조선총독부 경무국장 大時國天子 訪問劇(1928. 10. 9)

"10월 7일 오후 3시 조선총독부 경무국장 淺利三郎 각하는 정읍군 입암면 대흥리에 하늘 높이 솟은 大時國 궁전의 차천자를 방문하였고, 천자와 경무국장과의 會見劇은 과연 여하한 무대를 가졌는가(중략)"

1928. 7. 28

경무국에서 사상 불온자, 총독정치에 찬성하지 않는자, 그러한 행동을 하는 자를 요시찰인으로 정해 갑·을 두 종류로 분류해 감시해 왔으나 금번에 갑·을 종류를 폐지하면서 전국적인 명부를 작성중인데 약 3천 명에 달하며 1919년보다 2천 명이 증가했다는 내용이다.

（6）　朝鮮思想通信　昭和三年七月二十八日

大正十五年五月三日（第三種郵便物認可）　第七一七號

## 全鮮要視察人三千名

### 大正八年より二千名の增加

警務局の眼から見て思想不穩であるか又は總督政治に不贊成の意思を有するか又は斯る行動を取る人物は從來要視察人と云ひ甲、乙の兩種に分類し常にその行動を監視して來たが今回甲乙の種類を廢止して全部要視察人に改定し全鮮的名簿を作成中であるさうだが現在當局の要視察人と認むる人物は全鮮を通じて全部三千餘名に達し萬歲騷擾當時は（大正八年）約千名內外に過ぎなかつたがその後漸次增加したもので、この名簿は從來各道別にしたものを今回之を統一して全鮮的にすると共に寫眞まで添付し完成の上各道に配置するさうだ而して從來は政治要視察人と思想要視察人の二つに分けるが原則であつたが朝鮮人の行動は政治運動と思想運動の差異を確然分類することが難しいからとて民族運動者も思想要視察人の名簿に編入することになつたと（東亞）

## 京城汲水夫の大會

### 水價引上對策講究

去二十五日京城水商組合では臨時總會を開き共用水道を七月から百メートルに對し七十錢に引上げしたのは共用水道を汲んで賣つてをる給水夫三百餘名に取つて重大なる影響があるから從前の通り百三十メートルに對し七十錢づゝ納めるやう水道課に交涉の件を決議したさうだが給水夫等は大部分咸鏡の者で僅の收入を以てその子弟の敎育費に充てる爲め奮鬪する者等である

●**碧潼普校生盟休**　平北碧潼公立普通學校六年生一同は去十六日校長及學父兄會に陳情書を提出すると共に盟休宣言の廣告を邑內各所に貼付けて盟休を斷行したが理由は六年級擔任敎員の排斥であると（東亞）

●**慶北に不穩朝鮮人潛入說**　來る八月十四日は天道敎の地日紀念日に相當するを以て此紀念式の擧行を機會として在滿朝鮮人約五十餘名が朝鮮各地に潛入し某種の不穩行動を計劃する陰謀があると云ふ情報に接した道警察部では豫め警戒中であると共に天道敎宗理院所在地の大邱、尙州、慶州、永川、高靈、星州各地にも嚴重なる警戒網を張つて未然の防止に努めつゝあると

●**反動集團撲滅決議**　咸興青年同盟少年部では去二十五日緊急常務委員會を開き反動集團徹底撲滅の件を左の如く決議した

朝鮮の運動が方に統一に赴きつゝある今日、咸興には宗敎も否認し新幹會まで否認すると云ふ幾個の反動分子の策動に依り創立途中流會となつた所謂咸興自由少年會なる不良集團は大膽にも虛無なる文句を羅列した咸興青年同盟及我が少年部中傷の宣傳紙を撒布したが我々はその無根の宣傳を一笑に附した處その背後に策動する不良分子等の行動が餘りに憎く、反動擊の毒牙に掛り不良思想に染まらむとする少年同志等の前途實に戰慄に値ひするを以て我々は反動分子の撲滅に努力すると共に幼い同志の救濟に全力を注ぐむことを決議す

●**料理屋に行つて敎員免職**　黃海道安岳私立安新普通學校の生徒等は盟休を斷行し事件は漸次擴大しつゝあるが學校理事會では敎員四名が支那料理屋に往つて飮酒をした處これは敎員としてあるまじき非行であるとて前記四名を免職處分に附したので生徒等は被免敎員に同情し理事會の處置餘りに嚴酷であると憤慨し盟休を斷行するに至つたものであるが敎員等が料理屋に往つたのは夏期休學で各自歸鄕するので惜別會を開いたのであると（中外）

●**淸州勞働組合發起**　淸州勞働階級の有志等は去二十四日勞働組合を發起し目下創立準備中であると（中外）

(5) 朝鮮思想通信 昭和二年二月十五日

大正十五年五月三日（第三種郵便物認可）第二二五五號

# 普天教內訌 詳報

全北井邑郡笠岩面普天敎本部に於ては去十一日新舊派の衝突を來たし互に棍棒で毆り合ひ石を投ずるなどの騷ありたるが新舊派共多數の重輕傷者を出し一大殺風景を演じたが所轄警察署では武裝警官十名及公醫を派遣し漸く鎭壓したが其原因は去十一日普天敎改革派二十餘名京城より來り宣傳ビラを撒き示威行列をしながら普天敎の本部に入らむとするや本部側では堅く表門を閉ぢ防禦したので斯くの如き騷ぎを演ずるに至つたのであるが、今新舊派の主張を聞けば左の如くである。

## 命ある限り闘はん

### 改革派 林敬鎬氏談

重傷を負ひ旅館にて治療中の改革派林敬鎬氏は血だらけの体を人に助けられて起き上り、ぶる〳〵慄へながら『余は今より五年前に普天敎の總領院長となつて敎理を宣傳せんが爲め全鮮七十餘個所に於て宣傳講演を爲し又正敎部一百餘個所、眞正院九個所を設置したが一般は普天敎主車京錫を非難すると共に我々の講演までも否認する爲め大正十四年十一月十一日遂に總領院長を辭し文正三、李濟濠、林致三と共に左の如き普天敎の改革案を作成し

一、普天敎主車京錫は敎王の資格なし

一、普天敎の財産を整理して有益なる事業に使ふべし

右交渉の爲め本部に來た所門を閉ぢて入れなかつた爲め遂に斯の如き不祥事が起つたのである が生命の續く限り闘ふ積りである』と語つた。

## 唐辛の粉を撒きながら亂闘した

### 舊派 某氏談

而して舊派側に於ては『曾て當局より改革派の來ることや又彼等が數十名の柔道に堪能なる者を伴れて來るとのことまで聞いてをつた。しかし我々は或る程度までは好意に解決せんとしたが彼等は何等の諒解なしに本部に闖入せんとするのでこれを防止するや豫ねて持合せの棍棒を以て手當り次第亂打し又携帶せる唐辛の粉をばら撒くが如き最も憎むべき行動を敢行するので仕方なくこれに對抗し制止したのであるが今後我々は益々强硬な方策を取る積りである』と。（井邑…中外）

## 事實を報道したさて記者監禁さる

平北熙川郡朝日支局記者某氏は數日前突然熙川署に拘引されたが其の理由は或事件に就き新聞紙にありのままを報道した爲である。之に就いて一般は同警察署の無理な處置を非難すると共に關西記者團では積極的に抗議せんが爲め安州東亞日報支局記者金秉杰氏を特派調査中である（安州…朝日）

## 水曜俱樂部設立

囊に京城で發起した朝鮮人社交團体設立發起委員は去る十日京城明月館に會合協議の結果會名を水曜俱樂部とし綱領及幹事其他を決定したが綱領の一條を見るに『本俱樂部は朝鮮內に於ける實業、政治、宗敎、法曹、敎育、藝術、操觚、醫學、体育其他各方面の男女中樞人士の思想知識交換、人格理解、情義敦睦を圖ると共に世界に對する人間的、文化的友誼を開拓、增進させるを目的とす』とある（中外）

▲京城大學豫科入學者の身分を警察が調査し、專門學校の學生監を警察署に召喚して高等係員が社會科學に關する訓示をするやうな時に當り、朝鮮で博士の學位を授與する場合文部大臣よりすべきであるか總督よりすべきであるかと目下審議中であるさうな。警務局長が其の審議に加はらないのは眞に遺憾。（中外短評）

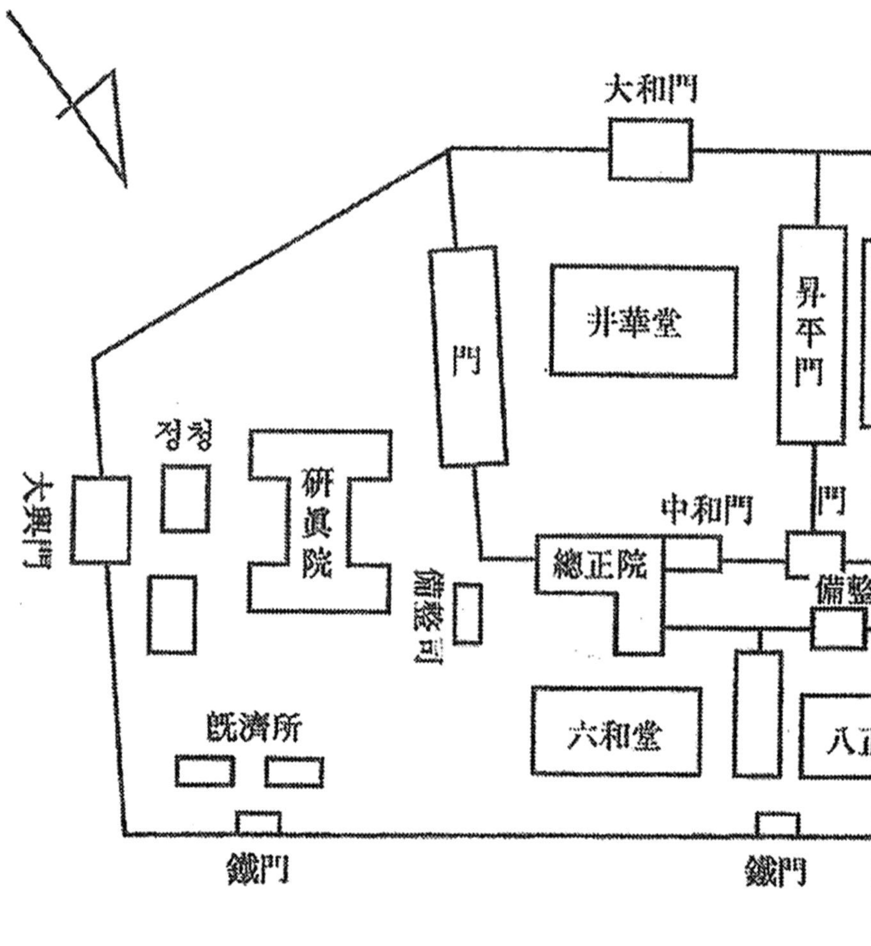
大和門
升華堂
昇平門
門
정청
大興門
研眞院
備整司
中和門
門
總正院
備整
六和堂
八
旣濟所
鐵門
鐵門

김재영이 그린 '보천교 본소의 평면도'이다(자료 : 김재영, 『보천교와 한국의 신종교』, 신아, 2010, 165쪽). 앞의 『보천교일반』의 보천교 신축도와 비교하기 좋은 자료이다.

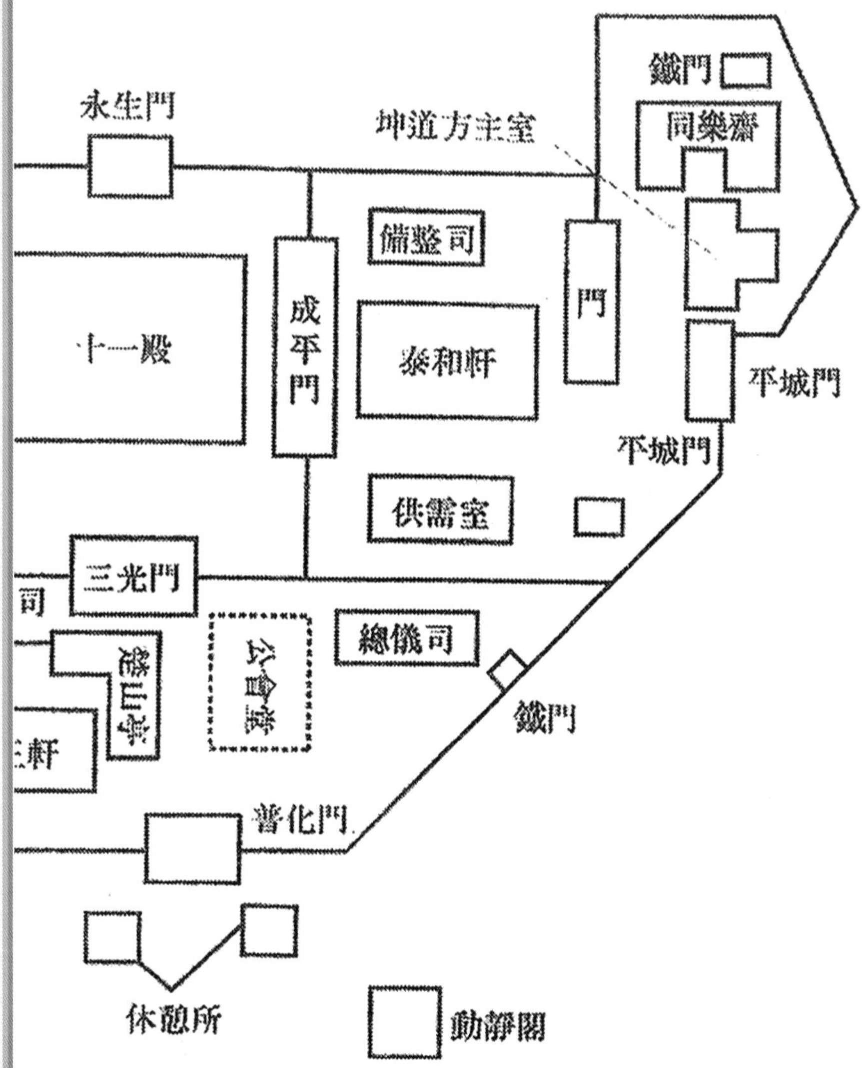

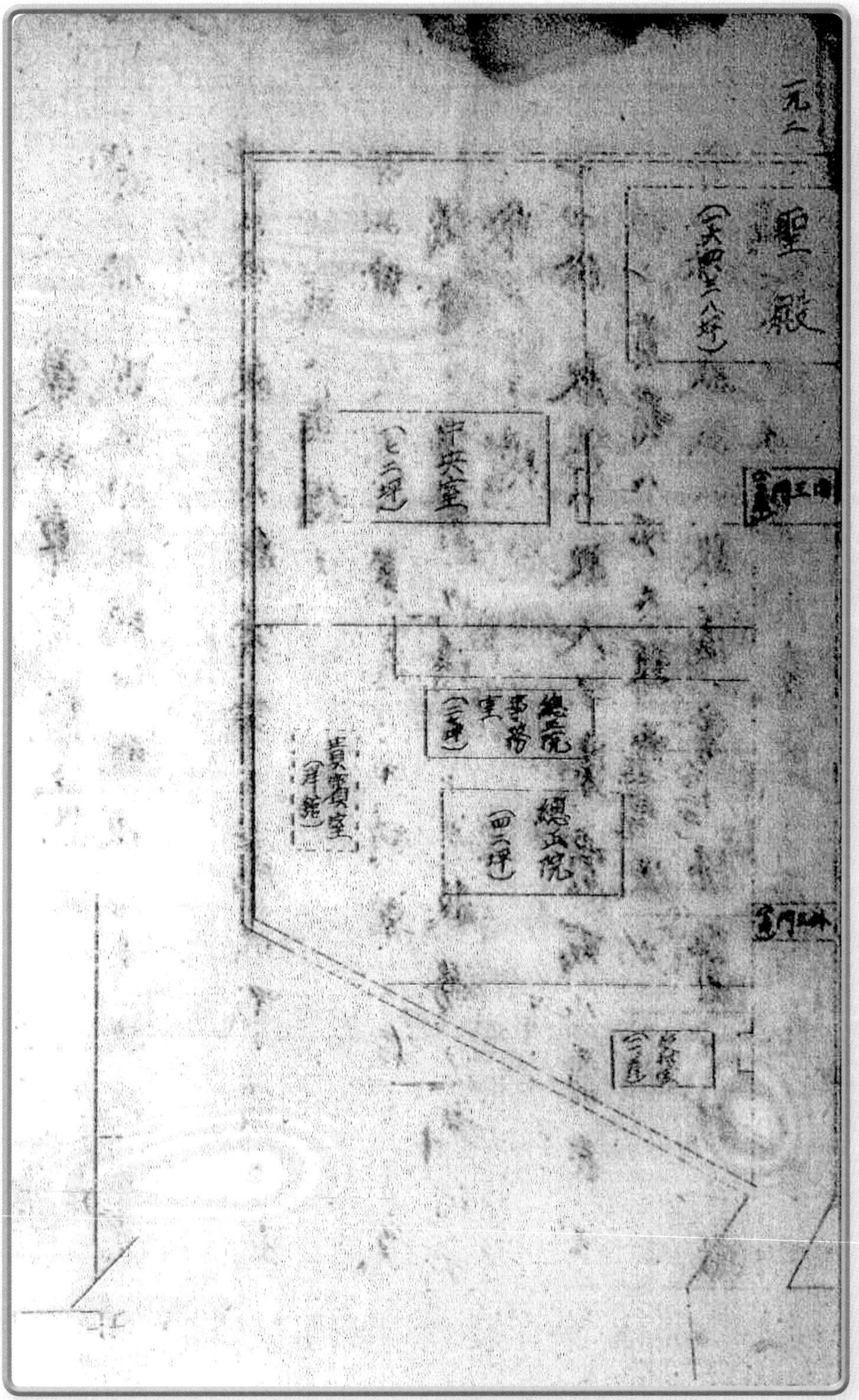
聖殿
中央室

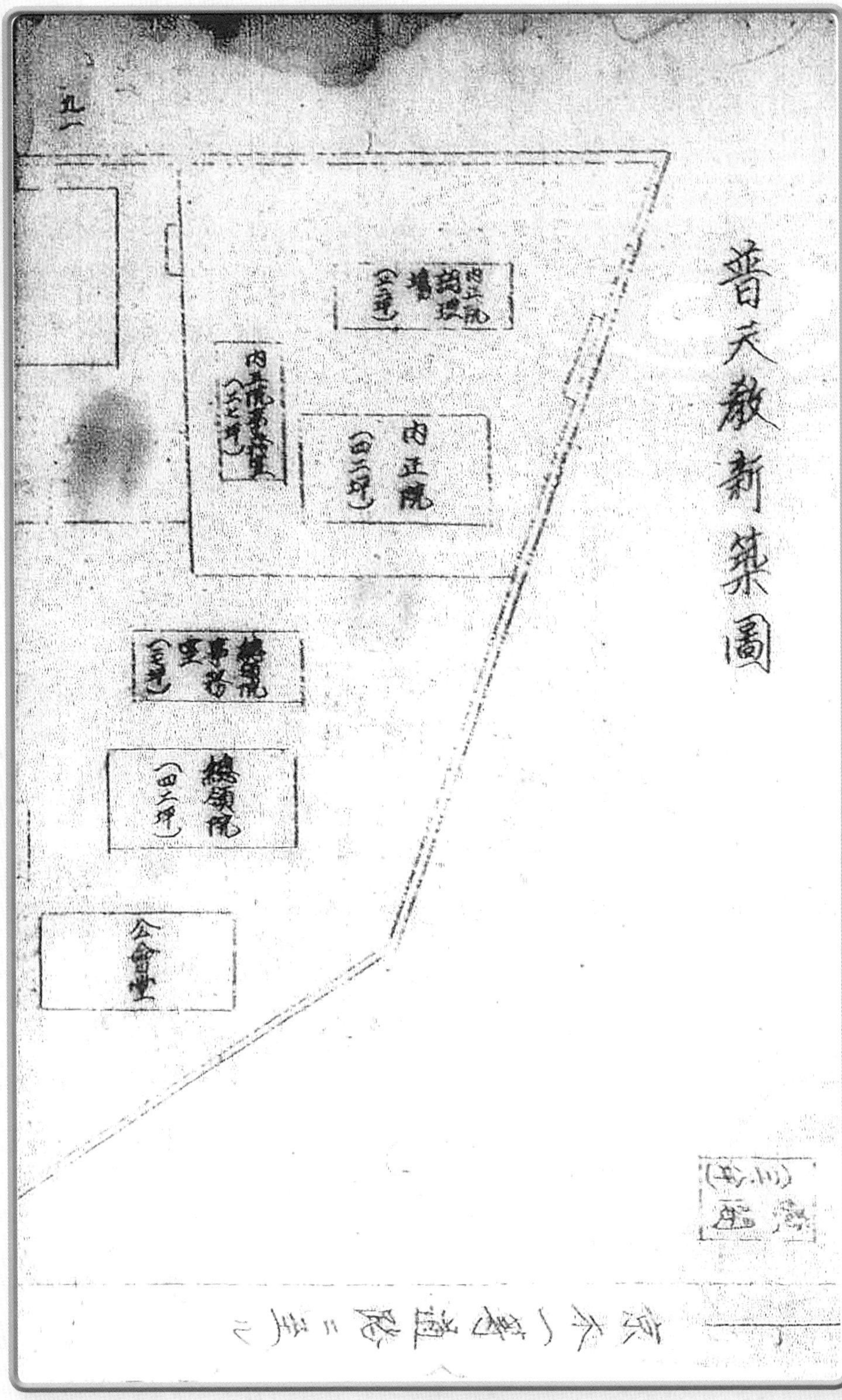
普天敎新築圖
內正院
(四二坪)
總領院
(四二坪)
公會堂

於テ之レカ功労ヲ認メサル為内心不平アルモ尚良ク之ヲ抑ヘ外部ニ現ハサヽルヲ御寛ト称シ居ルカ如シ

(二十五) 普天教々旗

普天教旗ノ旗章ハ左図ノ如ニシテ一見何物ヲ現ハスモノナルカ判断シ難キモ教徒ノ言ヲ綜合スルトキハ因公回令同含居合國凸ノ意味ナリト謂フ

又一方普天教ノ紋章トシテ「卌」ヲ赤又ハ白ニテ用フルコトアリ

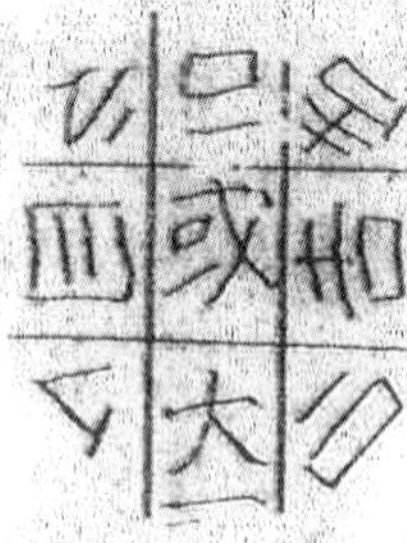

シテ旦夕ニ適シレル普天敵ノ危機ヲ脱出セムト焦慮シ別項記載ノ如ク目下南北両派ニ分離シ献金ノ徴収ニ全力ヲ致シ居ルヲ以テ現在表面ニ於テハ各方並現存セサルコトトナリ居レリ

大正十四年正月内鮮融和ノ美名下ニ組織シタル時局大同團ハ成績不結果ニ終リ各地青年團及新聞紙等ヨリ猛烈ナル批難攻擊ヲ受ケタルヤ普天教ノ運命此所ニ一轉歸ヲ劃シ衰微ノ兆顯著ナルモノアルニ至リ遂ニ八百萬円ト稱スル危大ナル豫算ヲ計上シテ着手シタル聖殿新築工事モ全年十月以降全ク中止ノ止ムナキ狀況ニ立至リタルヲ以テ之レカ教勢挽回ノ爲（主トシテ義金致誠金ヲ得ル爲）大正十五年二月十五日（陰正月三日）車教主ハ幹部ノ苦肉ノ獻策ヲ容レ舊方主全部ヲ一齊ニ解職シ爾後成績優良（納金多キ者）ナル者ヲ簡擢シテ方主ニ任命スヘシト好餌ヲ與ヘテ互ニ納金ヲ競ハシメ売

前述ノ如ク内部組織ヲ定メ鋭意布教ニ努メタル結果ハ時教徒大百萬ト號セラレ潜勢力莫ニ侮ルヘカラサルモノアリテ之カ取締操縦ノ如何ハ朝鮮ノ治安維持上ニモ又重大ノ関係ヲ有スルカ如キ情勢ヲ呈シ此ノ間ニ處スル警察官苦心勤勞亦鮮少ナラサルモノアリタルカ爾來ハ彼等カ入教ノ手段トシテ用ヒタル口實ハ一向ニ實現セサルノミナラス當局ノ取締ハ倍々周密嚴重トナリ又一般ノ自覺知識ノ向上世態ノ變遷等ニ係リ普天教ニ對スル信徒乃至世人ノ疑問不信等漸ク加ハリタル爲教金ノ徵收成績面白カラス教徒ハ漸次減退並ニ教勢亦著シク衰微ノ兆アルノ時ニ方リ大

二、女方主制度

大正十二年十二月二十三日冬至致誠祭ニ於テ教主妻朴姓女ハ重要幹部ト協議ノ結果東西南北ヲ女方主重要幹部トシ其ノ配下ニ各大人ノ方主ヲ置キ他ハ一般男方主制ニ準シ（大位十二位八位等）差當リ左表ノ如キ制度ヲ設ケタルカ將來大十方位制完成ノ豫定ナリ

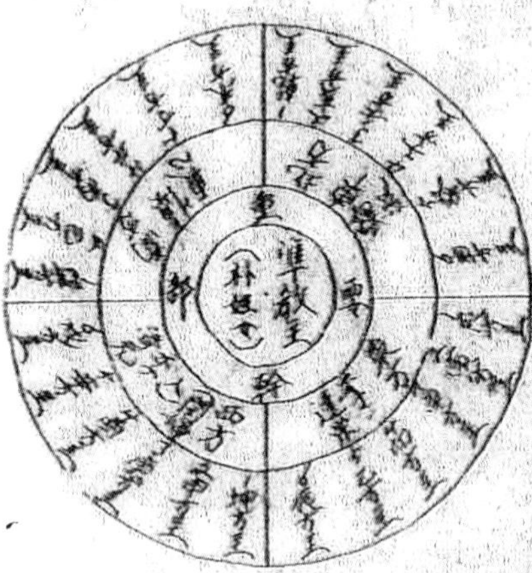

壹

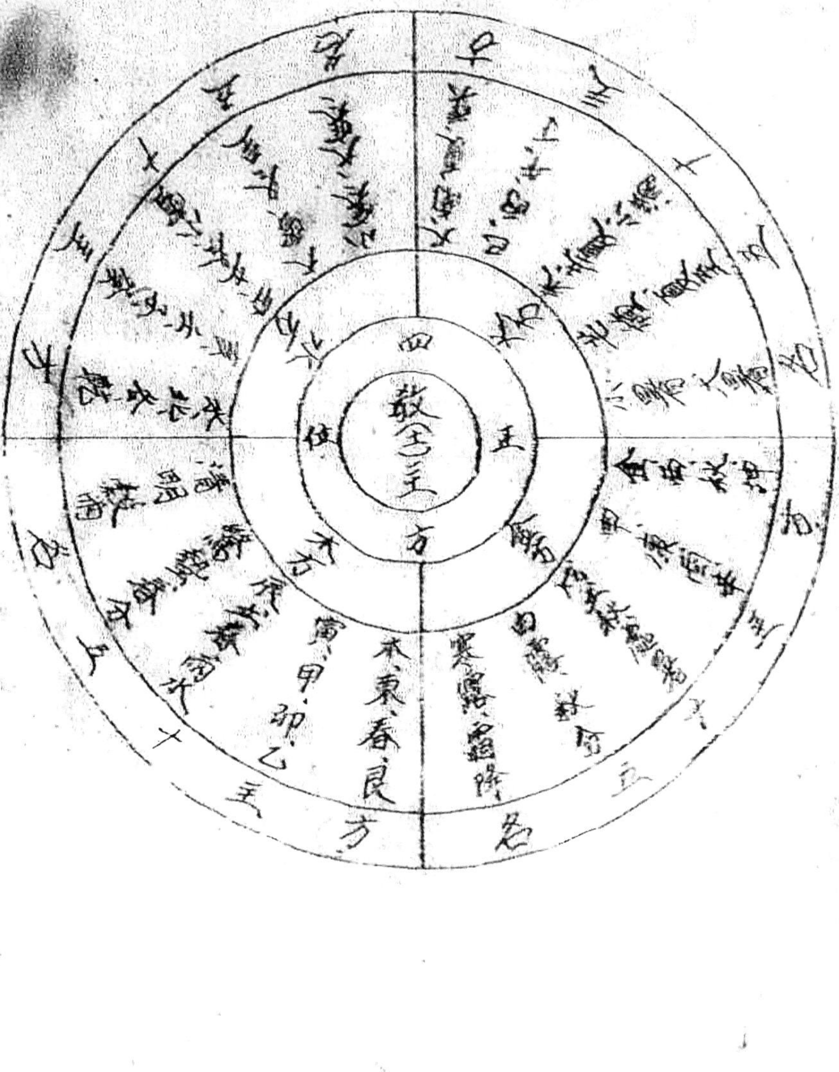

集シタル者ヲ以テ之ニ充テ右四十人ノ信徒中更ニ十五位ナルモノ十五人ヲ置キ專ラ信徒ノ募集ニ當ラシム

今之ヲ圖示スレハ次ノ如シ

教主
一人

四正方位

六位
六〇人

十二位
五三二〇人

八位
四三、五六〇人

八位以上ノ役員總數
四八、六〇一人

# 普天教ノ内部組織

内部ノ組織ニ関シテハ別ニ添附セル諸規程ニ依リ明カナリト雖特ニ方主制ニ就キ摘録セムトス

一、六十方位制度

大正八年車京錫ハ教徒ヲ統轄シ且布教手段トシテ六十方位制ヲ創設シ大正九年末ニ至リ之レカ組織ヲ完成スルニ至レリ即チ教主ノ直下ニ方主六十名ヲ置キ方主各一人ノ下ニ六任ナルモノ六人ヲ置キ更ニ六任各一人ノ下ニ十二任ナルモノ十二人ヲ設ケ十二任各一人ノ下ニ八任ナルモノ八人ヲ置クノ組織トナセリ而シテ八任タルニハ四十人ノ信徒ヲ募

『보천교일반普天敎一般』은 1919년 3 · 1운동으로 일제의 식민지 한국 지배정책(특히 종교정책)의 변화가 필요한 시점에서 전라북도(경찰국)에 의해 1926년 6월에 대외비 자료로 작성된 보고서이다. 따라서 여기에는 교조 강증산, 교주 차경석, 훔치교 분파의 상황, 보천교의 敎義, 보천교의 제사 및 주문, 포교수단, 戒典, 罰典 및 適用戒典, 보천교의 내부조직(60방위 제도, 여방주 제도), 제사일, 성전건축 상황, 성전건축 종업원의 동맹파업, 敎鍾, 기산조합, 시국대동단, 보천교의 內訌(소위 제1차 혁신운동), 제2차 혁신운동 전말, 보천교도의 남북분열이라는 목차와 함께 보천교 신축도와 보천교 敎憲 등이 다루어졌다.
전체 230쪽에 걸쳐 당시 정읍에 본소를 두었던 보천교의 상황을 상세하게 조사 · 기록하였다. 일제강점기에 식민권력이 보천교나 무극대도교와 같은 민족종교에 대한 별도의 조사 자료가 있다는 점은 주목을 끌기에 충분하다. 그만큼 식민권력이 보천교를 어느 정도 비중 있게 다루고 있었는지를 보여주는 근거이기도 하다. 별책의 형태로 엮어 사용했다는 것은 그만큼 보천교가 식민권력의 시각에서는 위험스런 종교였음을 직감할 수 있다.
그리고 이 보고서에는 1917년 차경석이 '국권회복을 표방하여 갑종 요시찰인', '보천교의 60방주 제도'와 '여방주 제도'의 구성이 자세히 다루어지고 있고, 이러한 내부조직을 꾸려 포교에 노력한 결과 "일시 교도 600만"이라 불리워져 그 취체 조종의 여하가 치안유지상 중대한 관계에 있다고 기록하였다. 또한 보천교 교기敎旗(井)에 얽힌 이야기와 '보천교 신축도' 및 보천교의 각종 규정들이 첨부되어 교단 발행 자료들과 더불어 보천교 연구의 1차 자료로서의 큰 의미를 지니고 있다. 지금껏 신문자료(조선일보, 동아일보 등)나 교단자료(『보천교연혁사』『보광』『도훈』『증산천사공사기』 등)로는 접근하기 힘들었던 사실이나 식민권력의 태도를 확인할 수 있는 자료로서의 가치를 지닌다.
그러나 일제 식민권력의 입장에서 당시 민중들에게 큰 영향력을 행사할 수 있는 종교단체에 대한 조사와 감시를 위해 작성된 자료이기 때문에 부정적이고 왜곡된 기술이 많다. 이 부분에 대해서는 자료비판이 필요하다(참조. 김철수, 「1910-1925년 식민권력의 형성과 민족종교의 성쇠-『보천교일반』(1926)을 중심으로-」, 『종교연구』 74-2, 2014).

155

右程濃厚ナルモノトハ認メ難ク但タ最近金正坤等カ韓圭淑方ニ足繁ク往來シタル等ノ事實ヨリ見ルトキハ或ハ普天教財政ノ窮乏救濟ノ爲斯クノ如キ策ニ出テタルニアラスヤト疑ハルヽ節ナキニアラサルヲ以テ目下事實内査中ナルカ一部教徒ノ談ニヨレハ金正坤ハ何等圭淑等ト關係ナク只春培等ノ好策ニ乘セラレタルモノニ過キスト云々

以上

154

無ヲ探索ノ上明朝出發スヘシト作言シ同時ニ他ノ諜者ニ通報シ之レカ事實ヲ河崎警部補ニ内報シタルニ付河崎警部補ハ井邑署長ニ應援ヲ乞ヒタルヲ以テ所轄井邑警察署ニ於テハ警部補以下十二名ヲ派シ圭淑方ヲ包囲シ遂ニ一味ノ逮捕ヲ見ルニ至リタリ

四、普天教ト正義府トノ関係

前記事實及四囲ノ状況等ヨリ判スルニ普天教ト彼等不逞團員トノ関係ハ

捜査シタル上更ニ其ノ跡ヲ逐ヒ十一月十五日求道ノ井邑ニ来リ諜者四名ヲ本所附近ニ派シ被疑者ノ所在ヲ捜査セシムル為前記ノ如ク被疑者等ト特別ノ関係アル春培、仁培ノ二人ヲ韓圭淑方ニ赴カシメ春培ハ今回光州方面（公州ノヿ）ニ金策ノ途アリトテ圭淑、賛奎、晩植及同席ノ金正坤等ヲ説キ一味ノ同意ヲ得且ツ之レカ實行ニ當リ使用スヘキ（豫テ準備セシ）拳銃及實包アリヤト巧ニ武器ノ有ニ至リ四圍ノ形勢ヲ窺ヒ居タル中同志鄭相燁モ来合セタルヲ以テ共ニ咸陽ニ至リ同地ニ於テ相當ノ資金ヲ得タルモノヽ如シ（彼等ハ毫モ軍資金ノ強要ヲ為シタルコトナク又強要ハ我等ノ主義ニアラス武器ハ只假政府員ナルコトヲ證明スル為ノモノナリト稱シ居タリ）

(ケ)咸陽ニ滞在スルコト四五日ニシテ金仁培（本名ハ春培ト何等カ通謀スル所アリタルカ如シ）ハ一先京城ニ歸リ趙晩植、鄭贊

151

タリ

(3) 趙晩植ハ京城ニ於テ同シク一味タル金仁培（本名モ京畿道警察部密偵ナリト云フ）ヲ贊奎ニ紹介シ更ニ韓圭淑ト協議ノ上先ツ韓圭淑ノ本籍地タル慶南咸陽ニ於テ非違ヲ爲サムト企テ之レカ案内役ニハ鄭相燁ヲシテ當ラシムルコト、ナレ本年九月中李春培ハ京城ニ殘シ（春培ハ此間何等カノ計画アリタルカ如シ）鄭贊奎金仁培、趙晩植ノ三名ハ一應慶南晋州ヘ普天教本所ニ滞在潜伏中逮捕セラレタルモノナリ。

三、逮捕状況

本月五日頃ヨリ普天教本所附近ニ散髪セル容疑鮮人ノ徘徊シ居ル事實アリタルヲ以テ爾來所轄署ニ於テ其ノ行動監視内査中ノ處本月十六日京畿道警察部河崎警部補（河崎警部補ハ春培、仁培等ノ報告ニ依リ被疑者等カ晋州方面ニ侵入シリルヲ知リ仝地方ヲ

149

登鄭相燁ハ再ヒ晋州ニ引返シ（此ノ間晋州郡晋城面下村里普天教大寒方主金秀坤方ニ滞在シ相當資金ヲ得タルカ如シ）タルモ豫想ノ如キ資金ヲ得ルコト能ハサリシヲ以テ圭淑ヨリ旅費ヲ得一先ツ華天ヘ赴ルヘク十一月四日管下普天教本所圭淑方ヲ訪ネタルモノナリ

（ル）圭淑ハ生憎ク所持金ナカリシニ付教徒ヨリ納入スヘキ致誠金ヲ以テ右旅費ニ充當スヘシトノ事ナリシ為爾來為スコトモナク

負ニ武器ヲ携帯セシメ鮮内ニ侵入スル
時ハ多額ノ軍資金ヲ得ル見込確實ナリ
トノ甘言ヲ以テ贊奎ヲ誘惑シ正義府
委員ノ承認ヲ得同時ニ晩植ニ通報シ
同人ヲ安東縣ニ招致シ鄭贊奎ヨリ拳銃
二挺實包四十七發（前報三十四發ハ誤リ）
ヲ受取リ（拳銃ハ春培、贊奎ノ両名實
包ハ晩植携行シ鴨緑江鉄橋ヲ徒歩ニ
テ通過シタルモ當時取調ヲ受ケサリシト云
フ）三人連ニテ本年八月末頃鮮メニ侵入シ

1497

團ニ組シ居ルカ如キモ裏面巧ニ不逞團ヲ利用シ或條件ノ下ニ京畿道警察部ノ密偵ヲ為シ居レリト云フ）ヲ交渉員ニ推選シ圭淑ニ紹介スルト同時ニ旅費トシテ圭淑ヨリ金三百円ヲ調達交付セシメ本年六月頃右用務ノ為春培ヲ奉天ニ派遣シタリ

(2) 春培ハ奉天ニ於テ趙晩植ノ一味タル鄭贊奎ト會合シ（本會合ハ初對面ナリト云フモ眞偽明カナラス）仝人ニ對シ正義府

隆昌ニシテ悔リ難キモノアルヲ見究ニ之ヲ利用シテ事ヲ企テムトシ本年四月頃普天教本所ヲ訪ネ韓圭淑ト面接シ将来倍々普天教ノ隆昌ヲ期セムトセハ海外不逞團ト連絡ヲ採ルコト最モ緊要ナリト言葉巧ミニ説服シタル爲圭淑亦之ニ共鳴シ之レカ連絡者ノ交渉方ヲ趙晩植ニ依頼スル處アリ此所ニ於テ趙晩植ハ自己ノ知人タル一味李春培（本名ハ正義府某隊長ト別懇ノ間柄ナル關係上表面ハ不逞

145

ナリシモ大正元年頃ヨリ普天教ヲ盲信シ大正十三年三月本所附近ニ移居シ爾來各地ヲ轉々シ布教ニ努メ居リタルカ現在一般ノ信用ナキモ普天教幹部トシテ教徒間ニハ相當重キヲ爲セリ一見温順ヲ装フモ陰險ナリ

二、普天教ト海外不逞團及此等ニ對スル密偵トノ關係（本項主トシテ被疑者ノ言ナルカ故ニ直チニ信ヲ置キ難キモ御參考ノ為）

(1)獨立運動ノ為常ニ不逞團ト往來シ居タル右被疑者趙晥植ハ普天教ノ潛勢力

セラル、ヤ遂ニ家産ヲ放賣シ大正十年管下普天教本所々在地ニ移居南來教徒間ニ相當勢力ヲ有スル者ナルカ平素排日思想ヲ抱持スルノ疑アリテ注意中ノ者ナリ

(ケ)

本籍 慶尚北道高靈郡双洞面合加里

住所 全北井邑郡笠岩面接芝里

西方主

咸興眞正院長

金 正坤

當三十六年

本名ハ學識有リ元地方ニ於ケル有力者

143

本名ハ大正九年頃ヨリ普天教徒トナリ爾來各地ヲ轉々シ布教ニ努メ多クノ教徒ヲ入教セシメタル爲北方主部下六任ニ任用セラレタル者ナリ

(4)

本籍　慶尚南道咸陽郡西下面奉田里

住所　全羅北道井邑郡笠岩面接芝里

北方主　韓圭淑

當三十五年

本名ハ元相當資産ヲ有シタルカ大正六年三月頃ヨリ普天教ヲ盲信シ幹部ニ任用

1402

住所不定

無職　趙元順コト

趙晩植

當二十九年

本名ハ京城普成専門學校卒業後京城ニ於テ不逞運動者ト往來シ常ニ朝鮮獨立運動ニ參画シ來リタル者ナリ

(3) 本籍　全羅北道長水郡溪北面於田里

住所不定

普天教北方主
部下六任

鄭相燁

當三十二年

141

當三十九年
石ハ大正三年頃内地ニ渡航シ明治大學法
科校外生トシテ約三年間在學シ爾來
内地滯留約六年ニシテ一先歸鮮シタ
ル者ナルカ皈鮮後ハ専ラ朝鮮独立運
動ヲ志シ大正八年満州ニ走リ正義府（當
時ノ大韓統義府）ニ入リ金正寛（金昌煥？）
ノ配下トナリ軍資金ノ募集ニ従事シ來
リタル者ナリ

（2）本籍 京畿道京城府通洞一三三

1480

追而本件被疑者ニ對シテハ京畿道警察部ヨリ勾引狀執行方ノ囑託アサタルニ付所轄井邑警察署ニ於テハ十一月十七日身柄拘束ノ上京畿道警察部ニ送致候條申添候

記

一、被疑者本籍住所職業氏名年令其ノ他

(ハ) 本籍 平南平壤府壽町

住所 不定

無職 朴正洪コト 鄭贊奎

139

全北高秘第二一四一四號
大正十四年十一月二十日
全羅北道知事

普天敎徒等ノ時局標榜強盜ニ
關スル件

十一月十六日電報報告致置候首題ノ件
其ノ後ノ狀況左記ノ通ニ候条御參考迄
及報告候也

는 正義府 참의 金正觀과 상의한 결과 정의부 군인 6명을 파견하기로 내정하였고 특파원 사령장과 군자금 모집 영수증 등을 작성하여 준비가 되면 조만식에게 여비를 보내도록 통신하였"(이춘배 '自首調書')고, 정찬규도 "보천교와 제휴하여 단원을 무장시켜 선내로 잠입하면 서로가 호응하여 독립자금을 모집하는 것이 어떤가. 보천교는 선내에서 유력한 교이므로 반드시 좋은 성적을 올릴 수 있을 것이라고 하였다."(정찬규 신문조서) 결국 '보천교는 재외 독립운동을 후원할 것, 그 방법으로 만주에서 개척사업을 일으켜 생활이 곤란한 보천교도들을 이동시켜서 생산기관을 조직하고 그 이익금을 독립단에 제공할 것, 이를 위하여 소요되는 자본 약 30만원을 보천교는 지출할 것, 보천교는 군자금 모집에 협조하여 자산가 조사, 길 안내 등을 할 것'(정찬규 신문조서) 등의 협의가 이루어지고 정찬규는 '정의부 제4중대 임시특파원'이라는 肩書를 받고 국내로 들어와 활동하다가 체포된 것이다. 식민권력으로서는 3.1운동 이후 해외 독립운동단체로 연결되는 군자금은 매우 예민한 문제였고 때문에 보천교의 자금에 대해서도 주의를 기울이지 않을 수 없는 상황이었다.

본서 Ⅱ장 4절에서 다룬 일명 '조만식 사건'에 대한 보고이다.

◎주요 내용 P. 361 원문
보천교도 등의 시국표방 강도에 관한 건(1925. 11. 20)

◎보충 설명
일명 '趙晩植과 군자금 사건' 혹은 '권총단 사건'(안후상, "일제 강점기 보천교의 '권총단 사건' 연구", 정읍역사문화연구소, 『일제강점기 보천교의 민족운동』, 2017)이라고도 한다.
당시 보천교는 시국대동단의 설치로 심각한 민심의 이반을 경험하고 있었다. 차경석은 "시국대동단을 조직하고 각종 단체를 망라할 예정이었으나 결과는 세상의 비난을 받았다"고(조만식 신문조서) 하고, 또 "지금 각 사회에서 보천교를 공격하고 있으나 보천교의 진의를 모르고 성토하고 있다"(김정호 신문조서) 거나 "동교(보천교)는 수백만 원의 현금을 가지면서 재외 독립단으로부터 친일파라는 오해를 받고 있어 사정상 곤란한 처지"(정찬규 신문조서)임을 술회하였다. 그러면서 차경석은 조만식으로부터 만주 및 국내의 상황을 듣고, 이런 시국에 어떤 단체를 조직하는 것이 옳은 것이냐고 물었다. 이에 조만식은 국내에서 사업을 해도 어렵고, 보천교에서 만주에 생산기관을 조직하여 교도들을 이주시켜 민족 사업을 영위하는 것이 좋다고 대답하였다. 이러한 상황은 보천교로 하여금 독립운동 단체와의 연결, 지원을 서두르게 하고 있었다.
결국 이후에 韓圭淑, 金正昊, 趙晩埴, 이춘배와 제휴방법에 대해 상의하였다. 협의 결과, '보천교는 재외 독립단으로부터 친일파라는 비난을 받으므로 곤란하고 의사소통을 통하여 독립단에 원조를 하고 싶으며 원조방법으로서 개척사업을 영위하여 그 이익금을 독립단에 제공할 것과 개척사업 자금으로 약 30만 원 정도를 내려고 하는데 연락할 단체가 없어서 곧바로 신용하고 낼 수 없기 때문에, 독립단이 틀림없다면 자금을 제공하는 것으로 하였다.' 이는 "보천교가 종래 재외 독립단과 손잡을 생각이 있었으나 신용할 수 있는 연락자가 없으므로 민족사업에 물질적인 보조를 할 수 없게 되었지만 확실한 연락자가 있으면 시국대동단까지도 교주가 3만원을 냈으므로 그의 10배인 30만원을 낸다."(김정호 신문조서)는 진술조서나 "독립자금 모집에 도움을 주고, 그 단체의 손을 거쳐 보천교의 가르침을 해외에 선전하는 일을 협의하였다."(조만식 신문조서)는 내용과도 맥락을 같이 한다.
이러한 결정에 따라 "봉천으로 가서 鄭燦奎와 만나 앞에서 말한 것을 이야기한 바, 그

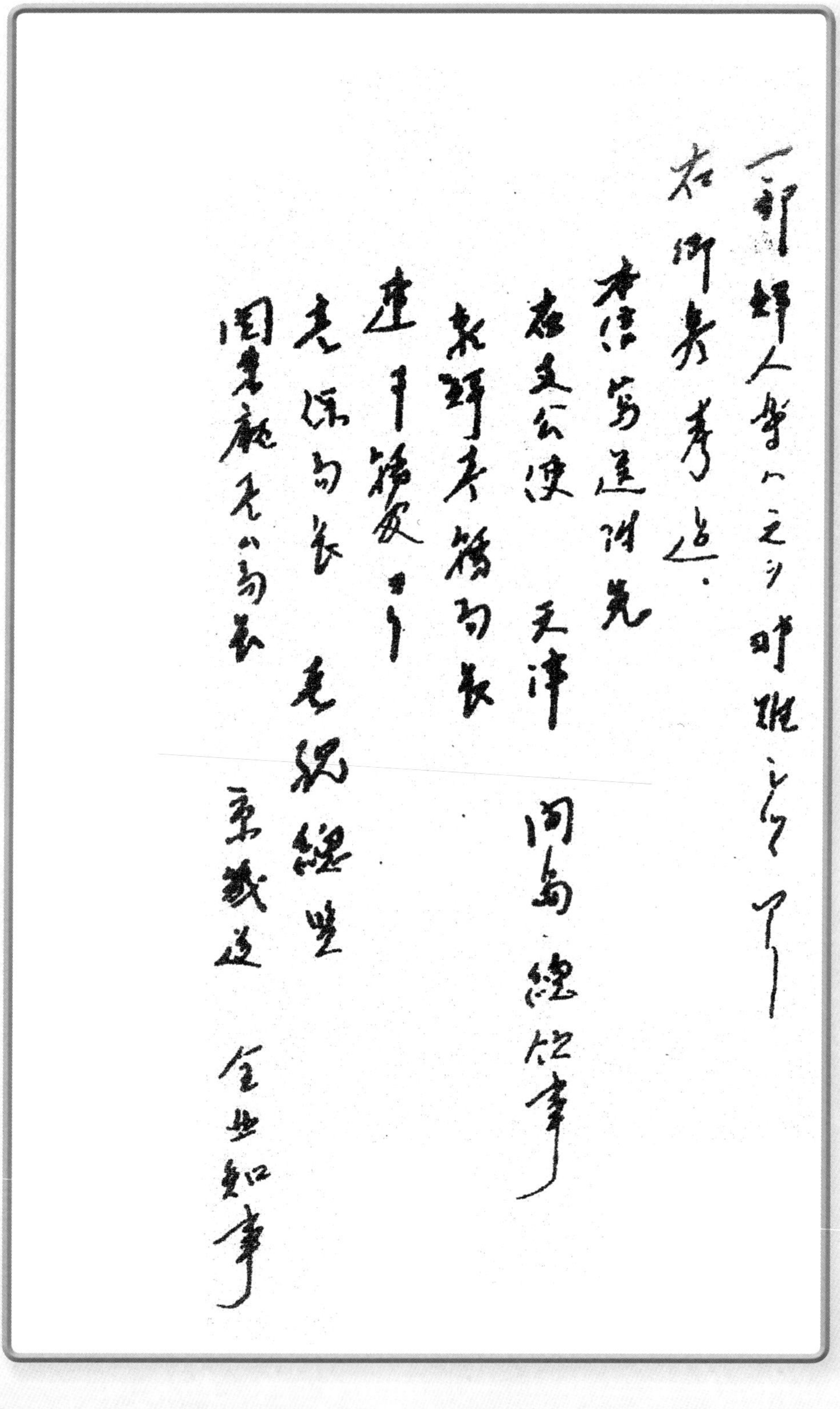

三、布哇ニ根據ヲ有スル同志會（李承晩派）ハ正義ニ基ク漸進的独立運動ヲ主張シ在米鮮人後援ノ下ニ李承晩ヲ党首トスル独立機関ヲ上海ニ置キ反對派ヲ驅逐スベク同會上海支部ノ會員ハ趙素昂、趙琬九以下三十名ニシテ趙琬九ハ在北京李天民、延秉昊、朴容泰等ト気脈ヲ通ジ時々独立運動ヲ開始セリト
以上ノ如ク彼等ノ運動ハ表面展開シ標榜シ其實自己ノ生活保持ヲ目的トスルモノニシテ愛國的精神ヲ没却セルモノナリトテ 當地在住學生及

手積極的独立ヲ遂行スヘク所謂内務総長李祐
卿ハ李桐龍ノ来滬ヲ待チ居レリ因ニ李桐龍ハ
本月末来滬スル由通知シ来レリト云フ

二、元假政府幹部タリシ李東寧李始栄、金
九等ハ現政府ニ反對シ之ニ對抗スヘク最近統一
會（一名一党ト称ス）ヲ組織セルカ彼等ハ朝鮮
全羅北道井邑ニ在ル「享지표」「ナンタ教」教主
車亨錫ハ叛賊数百万ト数百万ノ信徒ヲ有セル
モ近来総督府官憲ノ壓迫ニ堪ヘ兼ネ海外渡航
ヲ志望セルヲ以テ此際彼ヲ當地ニ招致シ彼ヲ党
首ニ推シ各地独立団ヲ統一セシムヘク画策中ナリト

機密
受第1452號
14.8.23

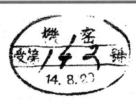

上海不逞鮮人ノ近況ニ關スル件

上海不逞鮮人ノ組織セル假政府ハ累年ノ臨時憲法ナルモノヲ改正シ併セ團體規ヲ選定セル件ニ付テハ七月八日附機密第一一七號ヲ以テ報告セシガ最近彼等ノ動靜ヲ窺知スルニ更ニ自派ノ主張ヲ固執スル爲メ支離滅裂ノ状態ニ在ルガ目下當地不逞團韓部ト目サルヽ連中ハ三派ニ别レ各々自黨勢力擴張運動ニ腐心シツヽアリ 其状況左ノ通リ

一 李相龍（東龍ト改稱ス）ヲ團體規ニ推セル現假政府ハ統義府ノ後援ノ下ニ既定方針ニ基

亞細亞局

第二課

機密第一三六號

大正十四年八月十四日

在上海

總領事 矢田七太郎

外務大臣男爵 幣原喜重郎殿

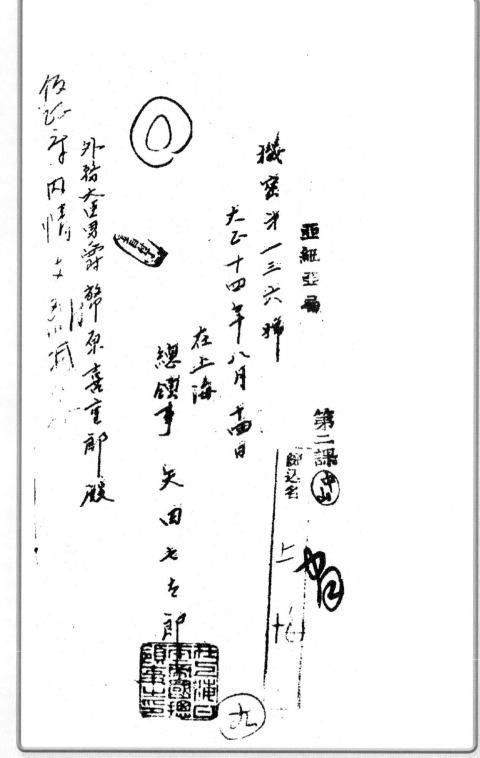

假政府內情ニ關スル件

◎주요 내용 P. 366 원문

상해 불령선인의 근황에 관한 건(1925. 8. 14)

"원래 假政府[역자 주-상해임시정부] 간부로서 李東寧, 李始榮, 金九 등은 현 정부[조선총독부의 정부-역자 주]에 반대하고 이에 대항하여 최근 統一會를 조직하여 저들은 ㅁㅁ 전라북도 정읍에 있는 '훔치교' 교주 차경석은 教財 수백만과 수백 만의 신도를 가져 근래 총독부 관헌의 압박 ㅁㅁ 해외 渡航을 志望함으로써 ㅁㅁ 각지 독립단을 통일시키려고 ㅁㅁ"

◎보충 설명

이동녕, 이시영, 김구 등 상해 불령선인들이 조직한 상해임시정부는 최근 統一會를 조직하면서 전북 정읍에 있는 '훔치교' 교주 차경석이 수 백만 교금과 수 백만의 신도를 갖고 있음을 주목하고 있다고 보고하였다.

보천교는 김좌진의 신민부 뿐만 아니라 남만주 지역에 조직된 정의부와도 연결되고 있었다. 이를 보여주는 문건이 '대정 8년(1919) 制令 제7호 위반 강도죄 사건'으로 알려진 '正義府 및 보천교의 군자금 모집계획에 관한 건'(祕 關機高授第 32743號)이라는 보고서이다. 경기도 경찰부의 도경부보 河崎武千代가 경기도 경찰부장에게 보낸 '수사보고서'(1925년 11월 16일자)에는 "1925년 11월 13일, 권총을 휴대한 不逞鮮人 일단이 보천교 간부와 제휴하여 조선독립군자금을 모집 중인 용의자에 대한 수사 명령을 받았다. 그러다 南鮮 방면에 출장 중 전라북도 정읍군 입암면 대흥리 173번지의 보천교 북방 방주 한규숙 집에 前記 용의자 일단이 숨어있음을 탐지"했음을 보고하였다. 여기서 불령선인은 정의부 요원들이었다.

정의부는 1924년 만주에서 조직되었던 독립운동단체였다. 1920년 청산리 전투 이후 여러 가지 制弱으로 만주와 연해주에서 독립운동단체들의 통합이 절실히 요구되었다. 이에 1922년 西路軍政署와 대한독립단 등의 단체가 통합되어 大韓統軍府가 결성되었고, 그 뒤 大韓統義府로 확대, 발전되었다. 그 뒤 대한통의부를 중심으로 통합운동이 재개되면서 1924년 7월 全滿統一議會籌備會가 소집되었다. 대한통의부·軍政署·匡正團·義友團·吉林住民會·노동친목회·변론자치회 등의 각 대표들이 吉林省 柳河縣에 모여 통합회의를 개최한 결과, 같은 해 11월 독립운동연합체인 정의부가 탄생되었다.

1925. 7. 29

보천교의 재정지원 철회로 시국대동단이 해체되었음을 보고하였다.

8

F. ~~100~~ 200

F 4220
27 AUG 1925

1925

JAPAN.

Registry Number } F 4220/1277/23.
FROM Sir C.Eliot, (Tokyo).
No. 384.
Dated 29th July 1925.
Received in Registry } 27th Aug.1925.
F: Japan.

Dissolution of the Jikyoku dai do dan.

Refers to Tokyo despatch No.99 of 13th March (F 1277/1277/23) and transmits copy Seoul despatch No.42 of 17th July forwarding extract from "Seoul Press" reporting dissolution of above association owing to withdrawal of financial support of Futen kyo. Report appears correct as Association's Seoul office has been closed.

Last Paper.

F2750

(Print.)

(How disposed of.)

14 W.O. 1 Sept

(Action completed) W.O.
(Index.) R/N/14

Next Paper.

F 5242.

(Minutes.)

? Copy to W.O. with ref.
G.A. Moss
28/8/25.

[illegible]
29/8

230

亞細亞局 第二課

普通 第九四號

大正十四年三月十三日

在安東
領事 西澤義徵

外務大臣男爵幣原喜重郎殿

正義府支部長會議ノ状況ニ関スル件

吉林ヨリ帰来セル普天教幹部金庄斗ノ当地警察官憲ニ洩シタル所ニ依レハ吉林省城下南街ニ本部ヲ置ク正義府ニ於テハ軍事、庶務、財務、外交、司法、警察、交通、実業、参謀ノ九部ヲ置キ之カ業務分掌中ナルモ従来ノ如キ方針ニテハ到底独立貫徹ナキヲ以テ最近ニ至リ実業及教育方面ニ意ヲ用ヒ先ツ実力ノ養成ヲ促シ條

길림에서 보천교 간부가 왔다는 보고

◎주요 내용 P. 371 원문

正義府 지부장 회의 개최ㅁㅁ에 관한 건(1925. 3. 13)

"길림에서 돌아 온 보천교 간부 金応斗의 當地 경찰관헌에게서 흘러나온 바에 의하면, 길림성 성 아래 남쪽 길에 본부를 둔 정의부에서 군사, 서무, 재무, 외교, 사법, 경찰, 교통, 實業, 참모 9부를 두고 이 사무를 장악하였다. 하지만 종래와 같은 방침으로는 도저히 독립ㅁㅁ이 의심스러워서 최근에 이르러 실업 및 교육 방면에 뜻을 두고 우선 실력의 양성을 촉진하여..."

教徒中ヨリ契約金等ヲ徴收シアリテ其額百萬圓以上ニ達シ且ツ該教徒ハ概ネ日本ニ好意ヲ有スルモノナリト

通報先

亜細亜局長　拓殖局長　朝鮮警務局長

在京關東長官　管下各警察官署長

十八日金應斗ハ翌十九日何レモ退去シタリト雖普天教幹部等ハ本陰暦正月早々教徒三百戸乃至五百戸ヲ額穆縣ニ移住セシメ度希望ヲ有シ第一次投資金十數萬圓ヲ準備シ一月二十六、八日頃再ヒ來吉ノ意嚮ヲ漏シ居タリ
東省實業會社ハ本事業ニ關シ出資其他何等關係ナキハ勿論總テ資本金ハ普天教革新會ヨリ出スモノナリト

四、普天教ニ就イテ

普天教革新會ハ鮮内地其ノ他ニ於テ約二百萬ノ教徒ヲ有スルノミナラス相當地方有力者之ニ關係スル宗教團体ニシテ本計画ハ移民ニ就イテハ

嚮ヲ窺フヘク一月十六日出奉二十三日飯吉セルモ其内情詳カナラス然レトモ本事業関係日支当事者ハ現下支那官憲ノ状態ヨリ推知スル時ハ認可ヲ受クルコト容易ナラサルノミナラス彼ノ不法圧迫ヲ蒙ルナキヲ憂慮シ居ルモノヽ如シ

三、普天教逆トニ益公トノ関係

神村鶴雲ハ来吉中ノ赤塚他金應斗、李承昊ト共ニ一月十六日頃支那側代表等ト小作関係ノ諸契約ヲ結フヘク会見シタルカ（金ハ資本主李ハ鮮人小作人表トシテ之李患臣ノ不在或ハ土地状況不案内ノ為メ遂ニ一ツトシテ纏マラス赤塚及李承昊ハ

二 土地契約成立ト其後ノ經過

日本側代表糾村鶴雲、赤塚彌太郎及支那側地主四百餘名ヲ總代表トシテ松毓並ニ李恵臣トノ間ニ昨年十一月中合辦契約成立シ日本側ヨリ金七十萬圓支那側ヨリ前記十萬晌地(見積價格七十萬圓)ヲ出資シ三益公商號名義ニテ事業ヲ起スコトヽナリシモ其契約書中ニ日支官憲ノ許可後效力發生スヘク協定シアルヲ以テ赤塚ハ在吉林帝國總領事館ノ認可ヲ受クヘク一月十三日深澤總領事代理ニ本計畫内容ヲ陳述シ了解ヲ求ムル外吉林支那軍事顧問林少佐ヲモ訪ヒ援助方ヲ申出テ一面支那側代表李恵臣ハ吉林官憲ノ認可ヲ得ルニ先チ奉天張作霖ノ意ク同年十一月頃ヨリ愈本計画漸次具体化スルニ至リ而シテ移民セシムヘキ吉林省額穆縣下ノ土地ハ元吉林實業煙店主任神村鶴雲(實業煙店ハ東省實業會社ト出資關係アルモノナリ)及藤吉三保等カ大正十一年頃ヨリ吉林居住満洲旗人且資産家タル伊紀書(松毓トモ云フ)並ニ李悳匡(李作舟トモ云フ)(吉林實業廳員タリシ)等トノ間ニ農業殊ニ水田事業ヲ計画シ居リシ老爺嶺以東張廣才嶺以西拉法河上流ヘ新站(拉法站トモ云フ)退搏站一帯ノ土地面積約十萬晌地(其内約三萬晌地ノ水田既耕地アリ)ナルカ故ニ今回之ニ赤壕ガ擾亂セル普天教徒ヲ移住セシムル由

右兩名ハ普天教革新會ヲ組織シ其ノ幹部トナリ吉林省額穆縣下ニ革新會教徒ヲ移住セシメ水田開墾ヲ計画セシムルモノニシテ其ノ近況左ノ如シ

記

一、移民計画ト日支人關係

普天教革新會幹部等ハ昨年來鮮内地ニ於ケル教徒ヲ満洲ニ移住發展セシメ以テ永久安住ノ地タラシメムト計画ヲ立テ奉天東省實業會社支配人赤塚彌太郎等ニ援助ヲ請ヒシカハ同支配人ハ我外務省方面ノ了解援助ヲ受クヘク上京シ又一面黒龍會員中村繁等ト協力運動ノ結果漸ク朝鮮總督府ノ了解ヲモ得タルモノヽ如

秘

機密受第200號
14. 2. 12

門 3
類 10
項 1
號

関機高收第三一四五號

大正十四年二月五日

関東廳警務局

亞細亞

宗教関係

大正十四年參月廿日記錄係接受

臨時報第六號

普天教革新會幹部ノ動靜ト教徒移民政策

住所　京城府諫洞三十六番地

普天教革新會顧問　金應斗

同　教主　李承昊

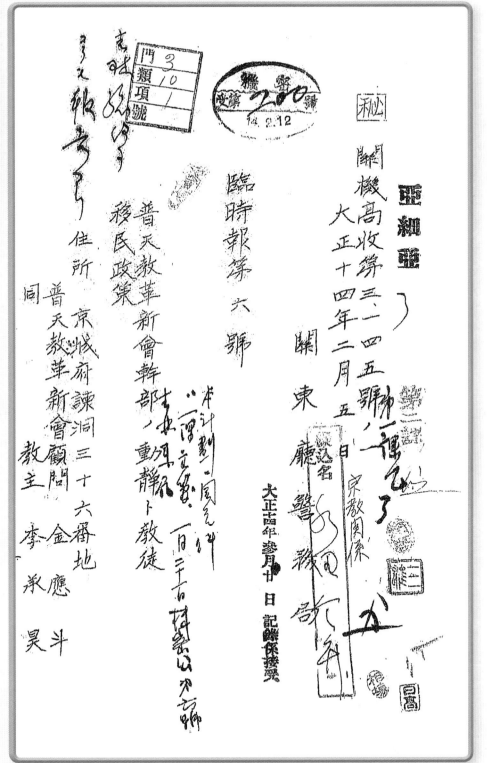

▶ 그러나 다른 시각도 있다. 곧 1晌은 소 한 마리가 하루에 경작할 수 있는 면적으로 약 6묘畝 정도로 보는 입장이다[묘는 주공周公이 처음으로 제정했고 한漢나라 전제제도田制制度에서도 나타났지만, 측정단위는 일관되지 않아 지역과 기능에 따라 333.3㎡에서 1,250㎡까지 큰 차이로 나타났으나 대개 666.5㎡, 약 200평 정도로 보았다]. 그리고 일제강점기에는 산지의 면적 단위에서 묘가 사용되었는데 이는 30평坪(99.174㎡)을 나타낸 것이다. 여기서 1晌은 180평 정도가 된다. 이처럼 아직까지 晌에 대한 정확한 면적은 밝히지 못하고 있긴 하지만 1晌은 180~375평 내에 있을 것으로 추정된다. 그렇다면 보천교가 계약한 10만 상지는 1,800만 평~3,750만 평의 범위에 있음을 알게 된다. 현재 행정도시인 세종시 면적이 2,200만평이고, 개성공단을 2,000만평(공단지역 850만평, 배후도시 1,150만평)으로 확대하겠다는 소식도 들린다. 1晌을 평균하여 300평 정도로 보면 계약 면적이 약 3,000만 평에 이르기 때문에, 그 규모가 어느 정도였는지 가히 짐작할 만하다. 위의 승려 백용성이 용정에 마련한 대각교당의 자리가 70餘 晌이라고 하는데, 이에 대해 불교계에서는 1晌을 400평으로 계산하여 28,000평 정도로 추정하고 있다(정광호, 「'백용성 스님의 선농불교'에 대한 논평」, 『大覺思想』 2, 大覺思想研究院, 1999, 101쪽). 또 한 가지 고려할 내용이 있다. 증산을 신앙하는 종교집단의 100여 호가 만주사변 직후인 1931년(혹은 1932년)에 요령성 강평현康平縣 요양와보로 집단적으로 이주한 사실이 있다. 그리고 다시 1939년에 길림성 유하현柳河縣 대전자촌大甸子村으로 옮겨갔고 여기서 조선으로부터 다시 40여 호가 와서 130여 호에 달하였다. 그러나 본 자료 혹은 본서의 내용에서 보듯이 이미 1920년대에 보천교는 정의부와 관련을 맺고 김좌진 장군에게 자금을 지원하는 등 만주지역에서 활동하고 있었다. 이러한 사실들을 보면 유하현에 들어온 집단이 이러한 보천교와 어떻게든 계보적 연관성이 있을 것으로 추정된다. 그 후 일제는 대전자촌에 교원의 신분으로 密探을 잠입시켜 이 집단을 통제하고 내막을 파악하면서 감시하다가, 1942년에는 수백 명의 군경들이 대전자촌을 포위하고 '태극기를 그리고 일본을 반대한다'는 죄명으로 28명의 교도들을 체포하였다. 광복 후에 교도들이 석방되었지만 70여 호밖에 남지 않았다가, 이들 역시 1945년 이후 중국 사회주의 정부의 탄압으로 모두 사라져 버렸다.

'조선 내에 200만 교도를 가진' 보천교 혁신회가 음력 정월(1925)에 1차로 교도 300호 내지 500호의 교도들을 만주의 길림성 액목현額穆縣 지역(현재의 길림성 교하현 지역)으로 이주시켜 농경지 개척을 계획하였다는 관동청 경무국의 비밀 보고서이다.

주지하다시피 당시 만주지역은 살길을 찾아 이역만리까지 이주한 동포들의 삶의 터전이었고, 특히 군중지반과 민족운동의 역량이 강하여 독립운동을 전개하기에 유리한 지역이었다. 곧 국내에 비해 일본군의 영향력이 크게 미치지 않아 독립군들이 보다 자유롭게 활동할 수 있는 지역으로 독립자금을 전달하기에도 용이했던 것이다. 여기에 종교집단들도 예외는 아니었다. 대종교가 1910년에 만주지역으로 근거지를 옮겨 독립운동의 거점을 확보하였고, 당시 천도교 연합회도 고려혁명당 조직에 참여하여 독립운동에 가세하고 있었는데 전북·익산 등지에 거주하던 오지영 등의 천도교인들이 1926년 3월 전북과 충남지역에 거주하는 교인 222명을 이끌고 길림성 화전현樺甸縣 화수림자樺樹林子에 집단 이주했다. 그리고 1919년 3·1 민족독립운동의 민족대표 33인으로 참여했던 승려 백용성(白龍城. 본명 白相奎 1864-1940)도 간도의 용정에 대각교당의 토지를 마련하여 불교 홍포와 독립자금 지원 등에 참여했고, 또 서간도의 핵심 독립운동조직인 서로군정서도 1921년 5월에는 본부를 길림성 액목현으로 이동하여 독립운동의 전략적 기지로 삼는 등 만주지역은 독립운동의 터전이었다.

이러한 시대적 상황에서 보천교 역시 길림성 액목현 지역을 영구 안주의 땅으로 만들어 이주하려는 계획을 실행하기 위해 100만 원 이상의 자금을 확보하여 봉천지역 실업가의 협조를 얻었다는 사실이다. 일제시대 1원이 순금 두 푼(750㎎), 1925년 급여 40원이 쌀 2가마에 해당하였다는 사실 등을 고려한다면 당시 1원은 현재 약 4만원(2017년 금 시세 참조) 정도로 볼 수 있어, 100만 원이라면 현재 시세로 400억 원 정도로 추정가능하다[1928년 청주에서는 토지(田) 300평이 상급 510원, 중급 330원, 하급 180원에 거래되었다]. 그리고 보천교는 이 자금으로 이곳에서 농업 특히 水田사업을 계획했고, 1924년 11월에는 면적 약 10만 향지晌地(그 중 3만 향지는 수전 경지)를 70만 원에 합변合辨계약(외국자본과의 공동경영)을 체결하였다. 향晌은 한 나절이므로 '한 나절 갈이 토지'로 추정 가능하다. 그런데 '하루갈이 토지'는 보통 경耕이라 하고 약 1,500평 정도로 본다. 이를 따른다면 晌은 耕의 4분의 1, 곧 375평 정도쯤 될 것이다. ▶

| | |
|---|---|
| 門 | |
| 類 | |
| 項 | |
| 號 | |

13.12.3

秘

亞細亞局

第三課

関機高收第三二七四三號ノ

大正十三年十一月二十六日

關東廳警務局

臨時報第四四七號

發送先

金佐鎮軍資金ヲ得

近年金佐鎮ハ資金不足ノ為部下ヲ解散シ全ク活動不能ノ狀態ナリシカ今春鮮内普天教々主車景錫ト連絡シ滿洲別動隊トシテ行動スル事トナリ去ル十月初旬教主代表某寧古塔ニ來リテ金二萬餘円ノ軍資金ヲ與ヘタルヲ以テ金ハ此ノ金ヲ以テ旧部下ヲ召集シ三岔口ニ根據ヲ置キ布敎ト武装隊ノ編成ヲ計畫シ同志ヲ率ヒテ東寧縣ニ入ラントセシカ崔振

민들은 일본군들로부터는 생명의 위협을, 경제적인 면에서는 생계의 곤란을 겪고 있었기 때문에 군자금 모금에 큰 부담을 느꼈던 것이다.
앞의 '김좌진 군자금 확보' 문건에는 "근년 김좌진은 자금이 부족하여 부하를 해산하고 활동불능 상태가 되어"라 하였다. '근년'은 1923-24년을 말한다. 북만주 지역 단체들은 1925년 3월 10일 寧安縣 寧安城에서 신민부를 조직하였다. 이때 김좌진은 대한독립군단의 대표로 참석한다. 김좌진의 신민부에서의 활동을 보면, 우선 그는 대한독립군단에서와 마찬가지로 군자금을 모금하는 데 큰 노력을 기울였다. 군자금은 무장투쟁을 하는 데 있어 필수적인 요건이다. 군자금이 없으면 무기를 구입할 수 없고 무기를 구입하지 못하면 당연히 군사작전도 할 수 없다. 상황이 이렇게 되자 김좌진은 국내에서 군자금을 모금코자 모연대를 조직하여 국내로 파견하였다. 그러나 이것 또한 일제의 감시로 순탄하게 이루어지지 못했다. 1920년대 이러한 김좌진 장군의 상황을 고려하면 앞의 기록 내용은 매우 일치하는 점이 많이 보이며 보천교의 차경석에게 만주 별동대 자금을 제공받은 일은 큰 무리가 없다. 그리고 이 자금으로 무장대와 포교를 계획하였다고 한다. 김좌진 장군의 정치지향의 키워드는 '대종교'였다. 그는 대종교에 바탕을 두고 독립운동을 전개하였다.
이 때 김좌진이 보천교로부터 받은 금액이 5만 원이다. 지금 시세로 본다면 20억 정도로 추정 가능하여(계산 방법은 〈자료 23〉 참조) 부하들을 재소집하여 무장대를 편성할 수 있는 금액이다.

◎주요 내용 P. 382 원문

김좌진 군자금을 얻다(1924. 11. 26)

"근년 김좌진은 자금 부족 때문에 부하를 해산하여 전혀 활동 불능 상태가 되었다. 이번 봄 조선 내 보천교 교주 車景錫과 연락하여 만주 별동대로서 행동하게 되었다. 지난 10월 초순 교주 대표 某가 寧古塔에 와서 김좌진에게 만여 엔의 군자금을 주었다. 이로써 김좌진은 이 돈으로 옛 부하를 소집해 三岔口에 근거를 두고 포교와 무장대의 편성을 계획해 동지를 인솔해 東寧縣에 들어가려 했다."

◎보충 설명

자금부족으로 활동불능의 상태에 있다가 보천교로부터 2만 여원의 군자금을 받아 무장대를 편성하였다는 내용의 보고이다.

북로군정서 총사령관으로서 김좌진 장군은 1920년 2월에 길림성 왕청현 十里坪에 士官鍊成所를 설치하여 독립군 지휘 간부들을 길러내며 명실 공히 만주지역에서 가장 강력한 무장독립운동단체를 양성하였다. 그리고 북로군정서의 무장투쟁을 성공적으로 이끌어내기 위해 군자금 모집, 무기 구입, 사관연성소 설치 등을 적극 추진하였다. 주지하다시피 김좌진은 1920년 10월 21일부터 26일까지 6일간 청산리 일대에서 벌어진 전투(홍범도, 이범석과 함께)에서 큰 승리를 거뒀다. 그러나 이후 패전을 설욕하기 위해 일본군이 계속 증파되었고, 일본군은 아무 죄도 없는 재만 한인들에게 패전의 분풀이를 하면서 한인부락을 초토화하는 작전을 감행함에 따라 김좌진 부대는 후일을 기약하면서 전략상 소련과 만주 국경지대인 密山으로 향한다. 무기와 식량의 보급, 앞으로의 행보 등이 큰 문제였다. 또다시 독립군은 흩어지게 된다.

김좌진 부대는 다시 북만주 지역으로 이동한다. 1922년 김좌진은 綏芬河(흑룡강성 목단강에 市)와 북만주 일대에서 대한독립군단을 재조직하여 총사령관으로 활동한다. 본부는 중 소 국경지대인 東寧縣에 두었다. 김좌진은 당시 총사령관으로서 군자금 모집, 독립군 징모 등에 상당히 고심하였다(박환, 『김좌진 평전』, 선인, 2010). 3·1운동 직후에는 대중적인 지지 속에서 군자금을 모집할 수 있었지만, 1920년 일본군의 만주출병 이후 부터는 상황이 크게 변했다. 일본군에 대한 두려움으로 재만 한인사회는 크게 위축되었기 때문이다. 이와 같이 김좌진은 군자금을 모으기 위해 많은 노력을 기울였는데, 이러한 노력에도 불구하고 군자금 모금활동은 주민들로부터 원성을 사게 된다. 당시 주

◎주요 내용 P. 386 원문

김좌진 일파의 행동
(1924. 11. 10)

"동녕부에 근거를 둔 김좌진은 9월 상순 태을교 본부(보천교) 교주 차경석으로부터 5만 엔을 받아 동녕부에서 옛 부하를 소집하여 무력행동에 나섰으며"

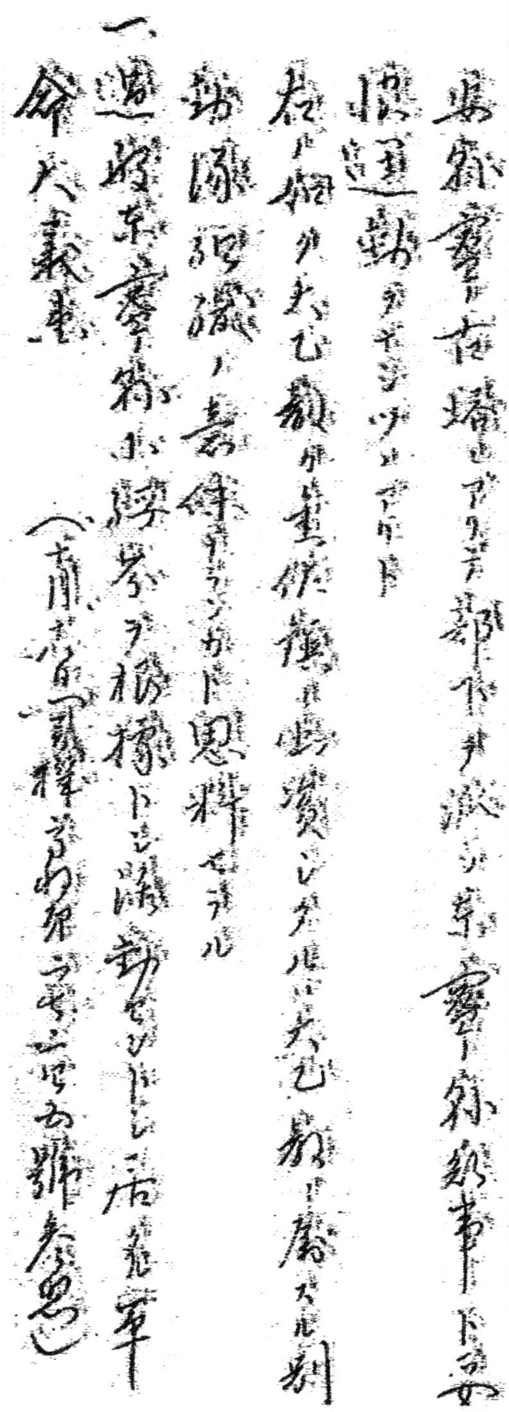

咸鏡憲兵隊長 殿

金佐鎮一派ノ行動

最近ノ情報ニ依ル金佐鎮一派ノ近況左ノ如シ

一、東寧縣ニ根據ヲ有スル金佐鎮一派ハ九月中旬天已叔
本部（寧古塔）殺害事業隔費安方費ヲ費シ受ケ
同縣ニ於テ活動ヲ開始シ同部下ヲ從來武裝行動ニ出サシメントシ
タル處逮捕セラレ東寧縣ニ於テ本還鮮人頭目崔根東ハ同縣
縣ノ爲捕ヘラレ安寧縣ニ於テ逮捕セラレタルヲ
以テ金佐鎮ハ同縣ヨリ僑入スル能ハス同下書ヲ有寧

동녕부에 근거를 둔 김좌진장군이 9월 상순 차경석으로부터 5만 원을 받아 무력행동에 나섰으며, 보천교에 속한 별동대 조직에 대한 추정도 보고되었다.

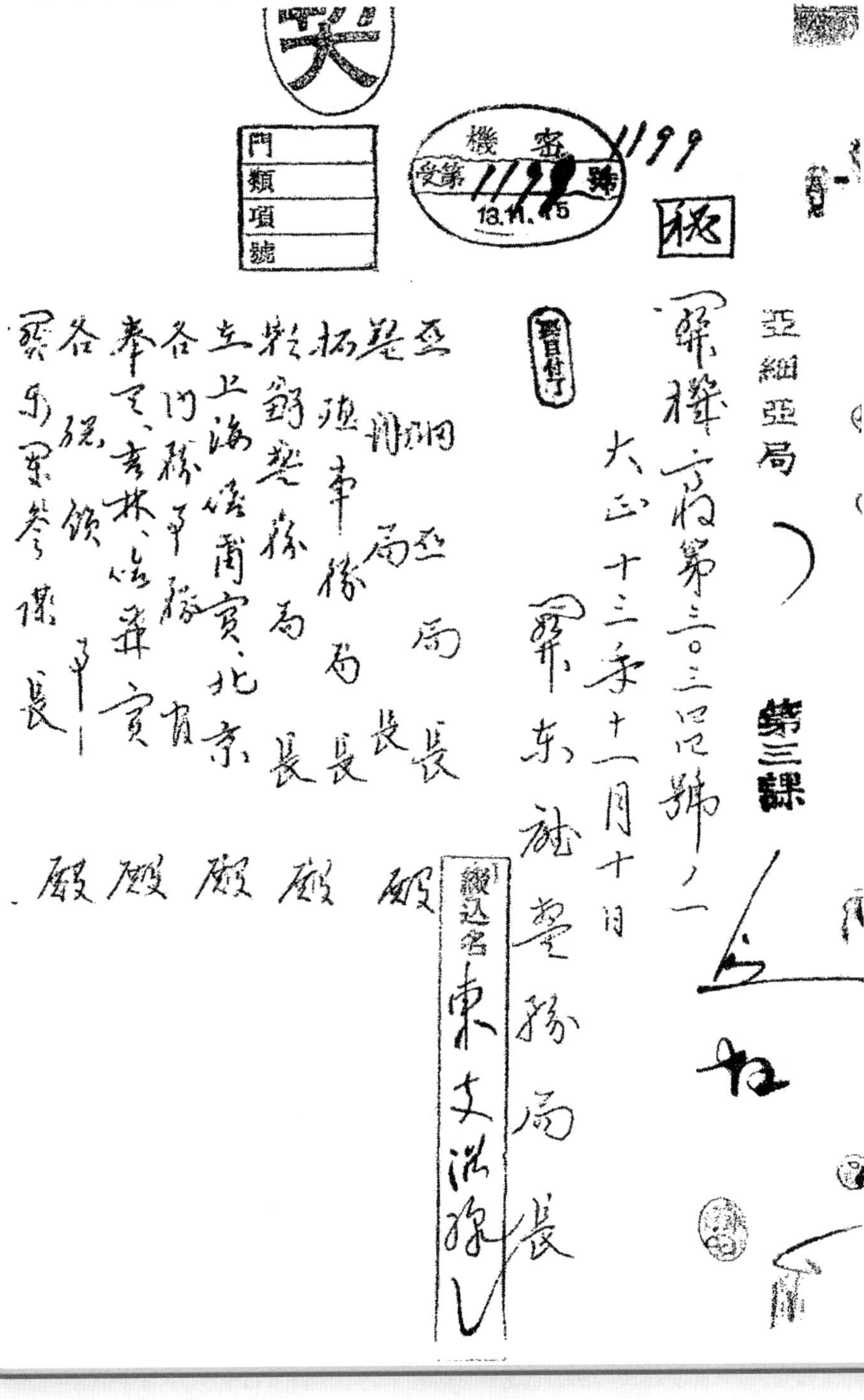

六、過去十六年間 敎人으로부터 田畓、家屋을 傾倒하야 收斂된 義金이 累千萬金이될것인데 敎會、民族、또는社會的公益事業에 提供함이 업고 奢侈、酒食、方主舍宅、中央奢侈等冗費濫用에 消盡無餘하고 社會的事業이라고는 다만時代日報를經營하다가 資金이엄서 京城眞正院及內正院合를典執코저한일이잇슬뿐이다

七、從天에는 모다道通이된다하고 敎育을否認하야 敎人의子女로하여곰 學校에就學함을禁止하고 新文化를排斥하야社會의 原始狀態에退化함을熱望한다

以上列擧한것은그梗槪에不過하고 細瑣한弊瘼은 一々히枚擧할수업다 그런데 이것은 敎中少數의奸凶이 中央部師의聰明을가리우고 敎令을矯發하야 敎衆을欺罔함에서 由生한結果이다

會호다 우리百萬大衆은 그橫暴한 專制、階級、迷信의桎梏下에서 良心이痲痺되고 自由가喪失되고 人類로의全權利、全名譽가 泥土갓치蹂躪될뿐아니라 社會進化의途程에서 慘然히 退嬰的原始的特殊部落民이되엿스며 그狠毒한 詐欺、掠奪의魔手下에서 所有의土地家屋을 모조리밧아바치고 飢餓、疾病에뭇니여 父母妻子가서로붓잡고 道路에彷徨하게되엿다 아──이것이 무상罪惡이며 엇던慘狀인가

우리百萬大衆은 過去幾多星霜에 敎運의隆昌을爲하야 또는 自身未來의福祉를爲하야 悲風慘雨에櫛浴하고 愁山苦海를跋涉하얏스나 모든希望과 모든勞苦는 水泡에도라가고 最後의所得은 飢餓와疾病과 世人嘲笑의材料뿐이다 天地가廣漠하나 우리의갈곳이 어대이며 우리가굴머죽은들 同情의눈물 을쌔하주리 누가잇스랴

普天敎가 이갓흔現狀대로存續하게되면 天師의大道가 永絶할뿐아니라 우리信衆의生命이 破滅될것이며社會의害毒이莫大할것이다 우리도感情과理性을가진人類이라 엇지屈辱盲從하야 慘禍를坐受하랴 이에良心의發露와 義血의躍動으로 奮然蹶起하야 革新의旗幟를들게되엿다

革新의目的이 엇지他意가잇스리오 從來의階級、專制、迷信、詐欺、愚昧等一切弊瘼을 打破하고 時代思潮에適應한 新制度新組織을 樹立하며 天師의 無量大道를 闡明하야 敎運으로하여곰 永遠無窮케함을期할뿐이다

아! 風霜苦樂을함께하는 百萬大衆이여 조곰도 躊躇치말고 革新의公道로降來하라

布敎十六年九月　日

京城府嘉會洞一七○番地

普天敎革新會

# 警告文

普天敎가 相生解怨의 敎義와 仙境建設의 理想으로써 敎門을세운지 어제二十一年이되엿스며 모든 傳統的道德、人爲的罪惡下에서 苦悶하든大衆이 날로歸依하야 발서百萬을超過하얏다 우리信衆은 새로운發願으로 幸혀나 太平福樂을누릴가하야 無量의心血을쏘드엿스며 無量의艱苦를맛보앗다

그러나 普天敎의眞精神은 雲雲에가리우고 虛僞幻影이 道場을封鎖하야 敎의運命이朝夕에달니엿슬뿐지어다 專制的敎法과 階級的制度는 封建時代의遺風을 踏襲한것이며 陰陽、五行、秘訣、符籙等迷信邪說은 佰鹿天公의魔法을 傳鉢한것이아닌가 그러고 新文化를咀呪하야 黔首를愚昧케함과 民衆의膏血을搾取하야 少數者의私腹을充肥함과 何等의主義主張이업시 다만命數를迷信하야 幸運의自致를妄想하는等 모든醜態、온갓惡行이 實로今日 普天敎의特徵이며 眞相이다 이제 그內部의弊瘼을 槪括的으로말하면

一、專制壓迫下에 言路가杜塞되고 人權이蹂躪될뿐아니라 戰慄、阿諛、譎詐의雰圍氣中에서 百弊俱生하야 敎憲은 一片空文이되고 敎議會는 無用의遊戲場으로化하얏다

二、方位制로因하야 階級과差別이 特甚하다 方主、六任、十二任、八任、十五任、普通敎徒의階級的名分이 嚴存하야 待遇差別이 主從關係와無異하며 上階級은 意氣揚々에作威作福하고 下階級은 牌酒奴隸로 惟命是從하야 相互의親愛가毫無하고 嫉妬、怨恨、恐怖의空氣가 充滿할뿐이다

三、根本敎義인一心、相生、去病、解怨의眞諦를度外視하고 荒唐無稽의迷信邪說로써 世上을眩惑케하고 良民을欺瞞하는것이 普天敎의歷史的布敎方法이다 그迷信邪說의 種類와例證은 너무繁多하야 枚擧키不遑할뿐아니라 自敎의醜惡을暴露함이 엇지躊躇할바가아니랴

四、道義로써 薰化치안코 功利로써誘惑하며 誠心修道하는信徒는 輕視하고 다만巨額의金錢을納付하는자에限하야 褒賞狀을授與함으로 道心이陵夷하야 神聖한敎會로하여금 詐欺團体의累名을밧게하얏다

五、敎會維持、公益事業에對한經費로 誠金義金을收納함은 當然할일이나 沈船破釜의詭辯을弄하야 信徒로하여금 傾家破產、不生產的遊民이되게함은 實로慘擧이다

將來ヲ注意シ置キタリ

右及報告候也

[illegible]司長、警務部長、旅團長、報告

大正

京鍾警高秘第一〇八九九號ノ二

大正十三年九月二十日

京城鍾路警察署長

京城地方法院檢事正殿

青天教革新會宣傳文印刷ニ關スル件

首題青天教革新會ニテハ今回ノ革新
ニ對スル動機其ノ趣旨ヲ一般教徒ニ宣傳
セシメム目的ヲ以テ別紙警告文ヲ印刷シ
一部ハ已ニ地方教徒間ニ配布シタルコトヲ
發見シタルヲ以テ青天教革新會ニ對シ
テハ速ニ出版手續ヲ爲スヘク警告シ[illegible]

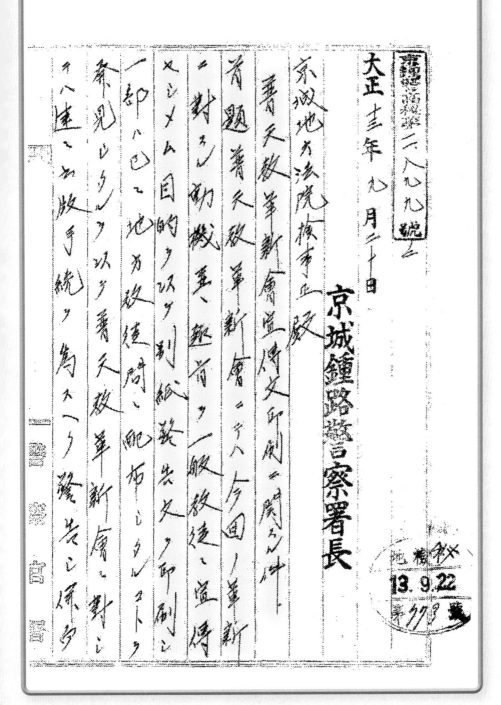

地檢秘 13. 9. 22 第773號

쇄하여 모든 信徒들에게 우편으로 배부하였다. 한편 정읍의 본소에서는 혁신파들의 출교를 결정하면서 보천교 내에서는 보·혁 갈등이 전면화 된다. 1925년에 이상호는 보천교 혁신안 및 만주 포교의 방안 등을 차경석에게 건의하였다가 거부당하자 1925년 12월에 보천교와 완전히 결별하였다. 그 뒤에 이상호는 이성영·임경호 등과 함께 東華敎를 창립하였다. 그리고 1926년에 간부 李達濠는 또 다른 간부 임경호, 문정삼, 채규일 등과 함께 보천교 경성진정원에 '甑山敎'라는 간판을 내걸고 '보천교 혁신'을 주장하였다. 1927년 1월에는 자동차 2대에 장정들을 태우고 정읍 대흥리에 와서 본소를 무력으로 접수하려다가 실패하였다. 이것이 보천교 2차 혁신운동이다.

이렇듯 보천교 혁신운동은 1924년과 1926년 두 차례에 걸쳐 일어난 사건이다. 시대일보 인수의 실패를 기회로 일부 간부들이 서울에서 보천교의 혁신을 주장한 일이지만, 결과적으로는 일제의 분열책이 성공을 거둔 것으로 볼 수 있다.

◎주요 내용 P. 391 원문

보천교 혁신회 선전문 인쇄에 관한 건(1924. 9. 20)

"보천교 혁신회에서는 금번 혁신회에 대한 動機 및 취지를 일반 교도에 선전함을 목적으로 별지의 警告文을 인쇄하고"

◎보충 설명

보천교는 1922년 잡지『보광』을 발행하고, 1924년《시대일보》를 인수·운영하는 등 세력이 확대되었으나 1924년 6월에 접어들어 일부 교단 간부들이 보천교 혁신운동을 일으켜 교단이 분파되면서 교세가 약화되기 시작하였다.

1921년 8월, 경기도 警察部에서 李祥昊를 체포하여 40여 일 동안 구속하여 취조한 뒤에 교단의 공개를 권고하고 석방하였다. 이상호는 차경석을 면회하고 경기도 경찰부의 권고를 전달하였고, 方主 수십 명을 모아 교단 公開問題를 토론했으나 의견이 분분하여 결정을 내리지 못하다 차경석이 교단공개를 명령하고 교단공개에 관한 全權을 이상호에게 위임하였다. 이상호는 1922년 2월에 東大門 밖 昌信洞에 수십 간 되는 집을 매수하여 교단사무소를 정하고 교단의 이름을 普天教, 사무소를 眞正院이라 일컫고 교단의 宗旨를 聲明하여 10여 년간의 비밀운동을 공개운동으로 전환케 하였다.

1924년 정월에 이상호는 시대일보 사장 崔南善을 만나 시대일보의 사정을 물은 뒤에 本所에 돌아와서 차경석에게 보고하여 승락을 얻었다. 그 후 다시 최남선을 만나 株式會社를 조직하여 시대일보를 경영할 것을 계약하고 우선 한 달 경영비 1만원과 판권대금 1만 2천원을 지불하고 판권명의 변경서류를 받은 뒤에 본소로 돌아왔다. 그러나 10여일 후 최남선이 판권을 회수할 것을 聲明하고 新聞紙上에 보천교를 비방하는 기사를 게재하였다. 이 때 京城眞正院에 와서 머무르던 庚方主 李達濠는 이상호가 처사를 잘못하여 분쟁이 일어나게 되었다고 비밀히 차경석에게 通知했고, 차경석과 방주들이 모두 이상호를 비난하게 되었다(『증산교사』).

사회적 파장이 거세지자 車京石은 신문사 인수를 포기하고, 李祥昊와 李成英 등을 파면하였다. 이에 이상호는 동생 이성영, 경성 진정원장 이종익, 고용환, 주익 등과 함께 보천교 경성 진정원과 보광사 인쇄소를 점거하고 '보천교 혁신회 公庭'이라는 간판을 걸고 이상호를 위원장으로 하여 1924년 9월 15일에 '보천교 혁신회'를 발의하였다. 이들을 '혁신파'라 한다. 이들은 차경석의 非行을 들어 聲討하고 方主制의 타파와 협의제의 기구창설, 신문화적 시설 등을 차경석에게 요구하면서 聲討文과 혁신회 선언서를 인

六日ニ至リ朝鮮總同盟幹部崔昌益ヨリ所轄鍾路警察署ニ記念講演會ヲ天道教堂内ニ於テ開催シ度旨屆出アリシモ此ノ種不良輩ノ策動ニ對シテハ豫テノ方針ニ依リ不許可處分ニ附シタルニ更ニ青年總同盟ノ會員ノミノ集會ニテ懇談會ヲ催シ度旨願出タルニ依リ特ニ條件ヲ附シ許容シタル處參會者僅々五十名位ナリシガ從テ任意解散シタリ尚慶尚南道晋州ニ於テモ同地勞動共濟會幹部等國際無産青年デー祝賀式ヲ擧行セルガ鮮内ニ於テハ右ノ外特記スヘキモノナカリシモ間島ニ在リテハ同地共産黨關係者等盛大ニ記念會ヲ開催セントシタルモ同地領事館ノ取締ニ依リ不振ノ裡ニ經過セリ以上三箇所ニ於ケル狀況左ノ如シ

機密
受第331號
13.9.16

朝鮮總督府警務局

大正十三年九月十二日 高警第三一四三號

國際無産青年會記念日ノ狀況ニ関スル件

在京城主義的團体ノ幹部ハ本年四月勞農及青年總同
盟組織以來當局ノ取締ノ嚴重トナリシヨリ運動意
ノ如クナラス何等カノ機會ニ於テ活動ヲ開始シ幹部
ハ面目ヲ維持スヘク焦慮シ當テハ當局ノ取締ヲ彈劾
セムトシ又諺文新聞時代日報カ普天教徒ニ名義ヲ変
更スルヤ其ノ間ニ從入シテ時代日報社員ヲ煽動シ經
營者中ニ割込ミ同紙ヲ主義宣傳ノ具ニ供セムトシタ
ルモ両者共ニ失敗ニ帰シタルヲ以テ九月七日ノ國際
無産青年會記念日ニハ講演會又ハ記念行列ヲ行ヒ
此ノ機會ニ於テ大ニ氣勢ヲ擧ケムトシ居タルカ本月

| | | | | |
|---|---|---|---|---|
| 木 | 金奎燮 | 慶北醴泉郡甘井邑美石里 | 本籍地 | |
| 秋 | 李炳燁 | 全南靈光郡大馬面早洞 | 不明 | |
| 處暑 | 李圭奎 | 仝 法聖面法聖里 | 井邑郡笠岩面接芝里 | |
| 白露 | 李義珉 | 慶南陝川郡治爐面河濱里 | 本籍地 | |
| 秋分 | 金福織 | 全北鎭安郡白雲面盤松里 | 仝 | |
| 寒露 | 林同英 | 平南价川郡吾新面楡洞里 | 井邑笠岩面接芝里 | |
| 相降 | 金平鍾 | 全南務安郡其佗面 | 本籍地 | 江原道參正院長 |
| 冬 | 田炳眞 | 慶南宜寧郡洛西面金大里 | 井邑笠岩面丹谷里 | 濟州島參正院長 |
| 雪 | [redacted]仁宗 | 全南濟州島濟州面三徒里 | 仝 接芝里 | |
| 穡 | 李錫夏 | 黃海道金川郡好賢面 | 仝 井邑面三山里 | |
| [redacted] | 韓相翊 | 京畿道江華郡西寺面北高里 | 仝 笠岩面接芝里 | 京畿參正院長 |
| 南 | 金憲植 | 江原道襄陽郡巽陽面詠雲 | 井邑笠岩面新綿里 | |

| | | | | |
|---|---|---|---|---|
| [illegible] | [illegible] 在留人 | 全南[illegible]郡[illegible]面[illegible]里 仝 | | 道立醫院長 |
| [illegible] | 姜元炳 | 仝濟州島新左面於道里 仝 | | |
| [illegible] | 金秀坤 | 慶南晋州郡晋城面下村里 | 本籍地 | |
| [illegible] | 李達相 | 慶北達城郡論工面三里里 | 仝 | |
| [illegible] | 金斗晟 | 咸南德源郡豊下面石泉里 | 井邑笠岩面接芝里 | |
| [illegible] | 趙東再 | 忠南舒川郡庇仁面碧岩里 | 本籍地 | |
| [illegible] | 金永斗 | 全南長城郡森溪面沙邏里 | 仝 | |
| [illegible] | 權重機 | 慶北高靈郡開津面九谷里 | 井邑郡井邑面長山里 | |
| [illegible] | 劉鵬錫 | 全北高敞郡雅山面中月里 | 井邑笠岩面丹谷里 | |
| [illegible] | 朴洪喆 | 全南光州郡河南面長登里 | 仝 接芝里 | |
| [illegible] | 申東薰 | 平南龍岡郡多美面蕃明里 | 井邑郡井邑面三山里 | |
| [illegible] | 李炳喆 | 慶北星州郡草田面高山里 | 本籍地 | |
| [illegible] | 申[illegible]大 | 忠北清州郡江外面深中里 | 大田春日町 | 大田醫院長 |

| | | |
|---|---|---|
| [illegible] | 姜琰永 全北高敞郡雅山面上甲里 | 井邑笠岩面接芝里 |
| [illegible] | 盧[illegible]悅 慶南陜川郡草溪面元堂里 | 仝 丹谷里 |
| 寅 | 金鐘奎 全南濟州島濟州面竜潭里 | 仝 下富里 |
| 卯 | 韓銳浩 仝 仝 新佐面咸德里 | 仝 接芝里 |
| 辰 | 申基燮 全北沃溝郡臨陂面永昌里 | 本 籍 地 |
| 午 | 金赫中 忠南舒川郡庇仁面九福里 | 井邑笠岩面接芝里 |
| 未 | 蔡奎喆 全北高敞郡石谷面江南里 | 仝 新[illegible]里 |
| 辛 | 朴東彌 平南龍岡郡吾新面松[illegible]里 | 仝 接芝里 |
| 酉 | 金玄桓 江原襄陽郡降峴面上福里 | 本 籍 地 |
| 亥 | [illegible]潡鎬 忠南青陽郡化城面水[illegible]里 | 本 所 |
| 乾 | [illegible]應奎 全南濟州島旧左面河源里 | 井邑笠岩面接芝里 |
| 艮 | 韓孝植 京畿道江華郡下道面朴山里 | 本 籍 地 |
| [illegible] | [illegible]故 [illegible] 京城府清水町 | 井邑笠岩面接芝里 |

| | | | | |
|---|---|---|---|---|
| | 晩元 | 忠南青陽郡定山面新德里 | 仝 | |
| [illegible] | 金炳火 | 慶北高灵郡雙洞面山州里 | 仝 | |
| 癸 | 李圭琢 | [illegible]南豊源郡豊下面円谷里 | 本籍地 | |
| 甲 | 金海守 | 慶北高灵郡双洞面九谷里 | 本籍地 | |
| 乙 | 李永浩 | 慶南陜川郡陜川面内谷里 | 井邑郡笠岩面接芝里 | |
| 丙 | 權昌識 | 慶北高灵郡開津町札谷里 | 仝 | |
| 丁 | 曺帰承 | 全南珍島郡古郡面五山里 | 仝 | |
| 戊 | 鄭鎮和 | 慶南陜川郡伽倻面伊川里 | 仝 | |
| 己 | 李英兆 | 仝 仝 陜川面内谷里 | 仝 | |
| 庚 | 閔泳晟 | 慶北達西郡達西面坪里 | 大邱府新町 | 慶北 眞正院長 |
| 辛 | 崔一文 | 全北金堤郡萬頃面大東里 | 本籍地 | |
| 壬 | 姜奇敦 | 全南濟州島旧右面帰德里 | 井邑郡笠岩面接芝里 | |
| 癸 | 車德 | 全北井邑郡笠岩面接芝里 | 仝 。 。 | [illegible] |

평안남도의 『양촌 및 외인 사정 일람洋村及外人事情一覽』(1924. 6)에 수록되어 있는 보천교 六十方主 명단.

第九 普天教六十方主名

| 方主名 | 姓名 | 本籍 | 住所 | 摘要 |
|---|---|---|---|---|
| 土 | 車輪洪(京趙) | 全北井邑郡笠岩面接芝里 | 本籍地(其所在不明) | 教主 |
| 金 | 蔡圭象 | 仝沃溝郡臨陂面永昌里 | 井邑郡笠岩面接芝里 | 四正方主 |
| 木 | 金洪奎 | 仝金堤郡萬頃面大東里 | 仝 | 仝 |
| 水 | 文正三 | 仝井邑郡笠岩面接芝里 | 仝 | 仝 |
| 火 | 蔡奎壹 | 全南務安郡一老面地堂里 | 仝 | 仝 |
| 東 | 鄭鍾祖 | 全北高敞郡星松面三水里 | 仝 | |
| 西 | [illegible]正坤 | 慶北高靈郡[illegible]洞面舍伽里 | 仝 | |
| 南 | 朴鍾河 | 全南珍島郡古群面五山里 | 仝郡内義新面校洞里 | |
| 北 | 韓圭淑 | 慶北咸陽郡西下面奉田里 | 仝笠岩面接芝里 | |
| | 李[illegible]濠 | 仝達城郡論工面三理里 | 仝 | 京城 眞正[illegible] |

々ニ宣言セシ目的ヲ決行セムト發言シ其ノ方法トシテ議シ隊伍ヲ整ヘタル後附近各面里長ニ「日本官吏ハ掃伐シ國權ヲ恢復スルヲ以テ直ニ壯丁ヲ率帯テ參加スヘシ若シ從ハサレハ軍律ニ照シ嚴罰ニ處スヘシ」トノ意味ノ檄文ヲ配布シ六日夜ヨリ濟州城内ニ向ツテ行動ヲ開始シ途中電線ヲ切斷シ又内地人醫師外鮮人二名ヲ負傷セシメ翌七日朝中文里ニ着シ同地警察官駐在所ヲ襲撃シ放火全燒セシメタル事實アリ而シテ其ノ際暴徒三十八名ハ檢擧セラレタルモ東京錫、金蓮日等ノ幹部ハ信徒ヨリ醵集セシ數萬円ヲ携ヘテ所在ヲ韜晦シ今尚行衛不明ニ屬ス

第十七 濟州島事件

車京錫ハ信徒募集ノ爲各地ヲ轉々シ居タルカ大正七年國権恢復ノ美名ノ下ニ慶尚北道迎日郡出身金蓮日等ト相謀リ同年九月十九日旧盂蘭盆會ニ際シ全羅南道濟州島法井寺ニ教徒約三十名ヲ召集シ倭奴ハ我カ朝鮮ヲ併合セシノミナラス併合後ハ官吏ハ勿論商民ニ至ルマテ我カ同胞ヲ虐待シ酷遇セリ實ニ倭奴ハ我カ朝鮮民族ノ仇敵ナリ近ク佛務皇帝出現シ國権ヲ恢復セラルヽヲ以テ教徒ハ先ツ第一ニ島内居住ノ内地人官吏ヲ殺戮シ然ル後商民ヲ驅逐セサルヘカラスト說キ越ヘテ十月四日夜ヨリ翌五日ニ亘リ金蓮日ハ其ノ配下ヲ島内各地ニ派シ更ニ信徒三[illegible]名ヲ[illegible]所ニ召集シ自ラ佛務皇帝ナリト稱シ

77

## 一、普天教ノ近況

仙道教ハ大正十一年ニ至リ從來ノ秘密布教主義ヲ捨テ、公然布教ヲ爲スト同時ニ名ヲ普天教ト改稱シ大正十三年（甲子）ニハ教主登極スヘシ教主登極ノ曉ニ於テハ夫々教徒ニ相當ノ官職ヲ與フヘシ等ト專ラ無稽ノ言ヲ弄シ愚民ノ入教勸誘ニ努メタル結果一時ハ教徒六百萬ト誇稱セラル、如キ盛況ヲ呈スルニ至リタリ然ルニ一方人智漸ク拓ケ又甲子年ニ至ルモ教主登極等ノコトハ更ニ實現セサルノミナラス特ニ教徒ノ利益トシテ白認スヘキモノナク併カモ此等無稽ノ言辭ヲ弄スル是ニ對シ警察取締等モ嚴重ヲ極

南方主（濟州島 愼貞心）

1 巽方主
2 巳方主
3 丙方主
4 午方主
5 丁方主
6 未方主

北方主（車輪德婦 車輪淑）

1 乾方主
2 亥方主
3 壬方主
4 子方主
5 癸方主
6 丑方主

[illegible]八女方主制度

大正十二年十二月二十三日冬至致誠祭ニ於テ敎主妻朴姓女ハ重要幹部ト協議ノ結果東西南北ヲ女方主重要幹部トシ其ノ配下ニ各六任方主、六任、十二任八任等ヲ置キ差當リ左記ノ如キ制度ヲ設ケタルカ將來六十方主制完成ノ豫定ナリ

記

準敎主 [illegible]

東方主 李達濠姉 李達英
1. 艮方主
2. 寅方主
3. 甲方主
4. 卯方主
5. 乙方主
6. 辰方主

西方主 （閔[illegible]）
1. 坤方主
2. 申方主
3. 庚方主
4. 酉方主
5. 辛方主
6. 戌方主

教主

方主

六任

初十二任

八任

即八任以上役員總數

一人

六〇人

三六〇人

五三二〇人

四二五六〇人

四八三〇一人

○

○

大節儀

小靈旻

小龍現

大譜斷

小毁復

大靈評

小推謀

大詢科

小鄉寧

大 6 7 8

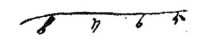

及二十四節候ニシテ合計六十一方位ナル
東京錫ナルヲ以テ之レヲ除外シ補
スルモノナリ

別表

六十方位制一覧表

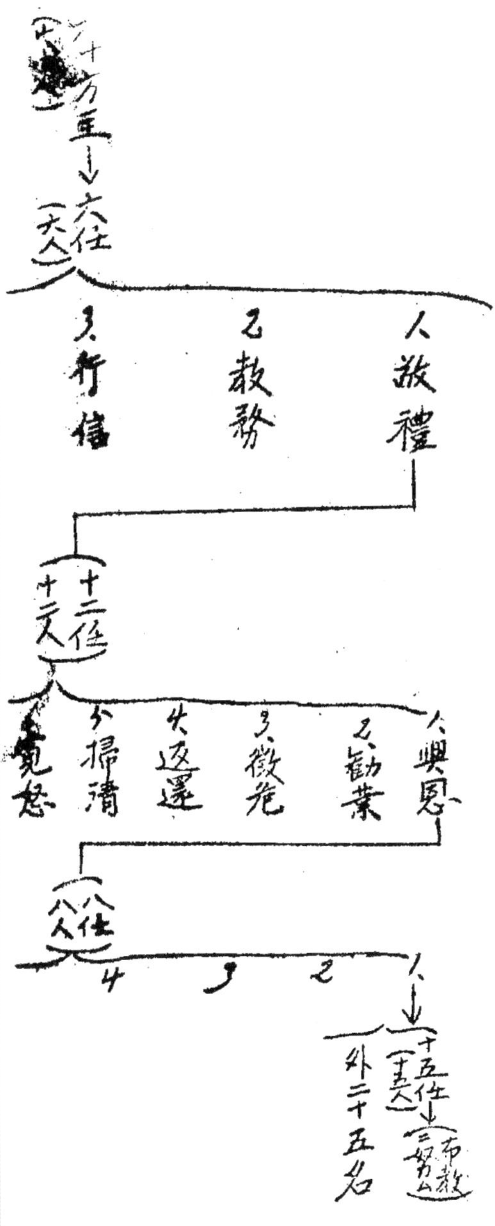

大正八年教徒ヲ統轄スル為且ツ布教手段トシテ
六十方位制ヲ創設シ大正九年末ニ至リ之レカ組
織ヲ完成スルニ至レリ即チ教主ノ直下ニ頭、
六十方位ナルモノ六十人ヲ置キ其ノ方主
各一人ノ下ニ六任ナルモノ六人ヲ置キ更ニ六任各
一人ノ下ニ十二任ナルモノ十二人ヲ設ケ十二任各一人
ノ下ニ八任ナルモノ八人ヲ置クノ組織トセリ而シテ
八任タルニハ四十人ノ信徒ヲ募集シタル者ヲ以テ之
ニ充テ右四十人中更ニ十五任ナルモノ十五人ヲ置キ
専ラ信徒ノ募集ニ當ラシム
八 六十方ト稱スルハ土、火、水、木、金、東、西、南、北、春
二十四方位、(壬、子、癸、丑、艮、寅、甲、卯
巽、巳、丙、午、丁、未、坤、申、庚、酉、辛、戌

## 六 教議會（議決機関）。

教議會

- 1、綱宣會
  - A 組織（方主、正理、正領、宣化師ヨリナル
  - B 議決事項
    - 1、毎年四回
    - 3、一切ノ教務ニ関スル事項
    - 2、臨事開催スルコトモアリ
    - 4、各役員ノ任免等
- 2、普評會
  - A 組織
    - 1、四正方主ノ公選シタル評事員四名
    - 2、六任中ヨリ公選セル評事員六十名
    - 3、十二任中ヨリ公選セル評事員六十名
    - 4、各員正院中ヨリ公選セル評事員十三名
    - 計 一三七名
  - B 議決事項
    - 1、毎年一回
    - 2、臨事開催スル事モアリ
    - 3、重要事件ニ付決議ス
    - 4、重要幹部ノ任免

## 第七 六十方位制（別表参照）

、暫(級)

教正

金方主 木方主 水方主 火方主

教領

東方主 西方主 南方主 北方主

春方主 夏方主 秋方主 冬方主

職位

方主 ↓ 六任 ↓ 十二任 ↓ 八任 ↓ 十五任 ↓ 正領

↓ 宣化師

## 正教部

1. 部長（一人）正教部ヲ代表シ部内事務ヲ管理ス
2. 部員（若干人）部長ノ指揮ニヨリ部務ニ從事ス
3. 宣布士（若干人）専ラ布教ニ努ム
4. 議正（若干人）重要事項ヲ協賛ス

正教部ハ毎四季末ニ會計ヲ決算シ毎六月十一月ニ教人名簿ヲ修正眞正院ニ報告スヘキモノナリ

教主
土方道
正京陽
四正方位

1. 金方（金、西、秋、坤申、庚、酉、辛戌、立秋、處暑、白露、秋分、寒露、霜降）
2. 木方（木、東、春、艮、寅、甲、卯、乙、辰、立春、雨水、驚蟄、春分、清明、穀雨）
3. 水方（水、北、冬、乾、亥、壬、子、癸、丑、立冬、小雪、大雪、冬至、小寒、大寒）
4. 火方（火、南、夏、巽、巳、丙、午、丁、未、立夏、小満、芒種、夏至、小暑、大暑、

4. 慈善ニ關スル事項 5. 其他宗教ニ關スル一切事項

修好司(司長)
1. 官廳及社會交際 2. 來賓應接
3. 其ノ他外務ニ關スル一切ノ事項

經理司(司長)
1. 金錢出納 2. 物品購入
3. 備品保管 4. 其ノ他經濟ニ關スル件

典儀司(司長)
1. 儀式ニ關スル件 2. 奉審勤行
3. 聖殿守護 4. 暴保管
5. 其ノ他儀式ニ關スル一切事項

衡平司(司長)
1. 殺人賣罪ニ關スル事項
2. 各司ノ成績監査
3. 其ノ他紀綱ニ關スル一切事項

眞正院ハ毎四季末會計ヲ決算シ中央本所ニ報告スヘキモノナリ

正院(長一名) 參正(若干名) 司書(一名)(眞正院司書兼任)

參正院ハ眞正院內ニアリ眞正院ノ豫算其ノ他樞要事[illegible]ヲ協贊ス

參正院長ハ毎年十一月上旬院會ヲ召集ス

# 總領院

- 7.幹事(一人)
  - 1.教人ノ應接
  - 2.人事ニ関スル件
  - 3.四正運臂ニ関スル件
  - 4.布教ニ関スル件
  - 5.教村施設ニ関スル件
- 1.總領(一人)
  - 教主ヲ補佐シ各眞正院ヲ統轄シ院務ヲ執行ス
- 2.司書(一人)
  - 1.文書ノ收發
  - 2.日誌編成
  - 3.圖書及印章保管
  - 4.通信
  - 5.教籍調製
- 3.經理(一人)
  - 1.金錢出納
  - 2.物品講入
  - 3.備品保管
  - 4.其他經濟ニ関スル事項
- 4.闡明(一人)
  - 1.輿論採納ニ関スル事項
  - 2.教人提出ノ意見書ノ受理
  - 3.中央闡道、補給ニ関スル事項
- 5.司賓(一人)
  - 1.來賓ニ関スル事項
  - 2.其ノ他外交ニ関スル事項
- 6.幹事(一人)
  - 1.各眞正院ニ関スル事項
  - 2.布教ニ関スル事項
  - 3.慈善ニ関スル事項
- 7.庶務司(司長)
  - 1.人事ニ関スル件
  - 2.文書收發
  - 3.統計及日誌編成
  - 4.圖書及印章保管
  - 5.編輯ニ関スル件
  - 6.正教部ニ関スル件
  - 7.他司ニ属セサル事項
- 8.布正司(司長)
  - 1.教理研究
  - 2.演布ニ関スル事項
  - 3.教籍調製
  - 4.教人應接

總正院ー四正方位ー主管方位ノ教務ヲ執行ス

ー總領院（參正院（眞正院内ニアリ眞正院ノ枢要事項ヲ協議ス）

眞正院（管下正教部ヲ統轄シ教務ヲ執行ス）ー正教部（各部ニアリ管守ノ教務ヲ執行ス）

# 總正院職員

1. 總正（一人）（教主ヲ補佐シ四正方位ヲ總轄シ院務ヲ執行ス）
2. 司書（一人）
   - 1. 總正ヲ協贊シ左ノ事務ヲ司ル
   - 1. 文書收發 2. 統計及日誌ノ編成 3. 圖書及印章保管 4. 編輯ニ関スル事項
3. 經理（一人）
   - 1. 金錢出納 2. 物品購入 3. 備品保管 4. 其ノ他經濟ニ関スル事項
4. 闡明（一人）
   - 1. 異論採納ニ関スル件 2. 教人提出意見書ノ受理 3. 中央闡遺ノ補給ニ関スル件
5. 明査（一人）
   - 1. 教情偵察
   - 2. 教職員ノ成績監査
6. 聖殿直員（一人）
   - 1. 致誠ニ関スル事項 2. 聖殿守護 3. 奉審勤壇 4. 器保管 5. 其ノ他儀式ニ関スル事項

第五 教務機關

本所（井邑郡笠岩面接芝里十七・五）

2 四 五方 主位

3 眞正院及參正院（重要都市）

4 正教部（各郡）

교 중요 간부 등은 보천교의 장래를 깊이 걱정하여 교세 만회 인기전환의 방법으로 우선 관헌의 원조를 받아 경찰취체의 손을 빌리고, 보천교는 조선총독부의 公許 비호하는 단체와 같이 표방하여 이로 인해 진용을 정비하려 하였다. 1925년 1월, 특히 관헌이 환영하는 內鮮融和를 표방한 시국대동단을 조직하여 教外의 인물도 가입시켜서 內鮮 각지에서 강연을 시작하였다. 그 결과는 반대파의 성토를 받아 포교 곤란하고 의금과 치성금 등의 납입도 점차 감소하여 약 10만 엔이라는 큰 비용을 투자하여 본 계획도 획책했으나 수포로 돌아가기에 이르렀다."

【제주도 사건】

"차경석은 신도모집을 위해 각지를 전전하다가 1918년 國權恢復의 미명하에 경상북도 영일군 출신 金蓮日 등과 서로 모의하여 같은 해 9월 19일 舊 盆蘭盆會ㅡ盂蘭盆會로 보임ㅡ의 때에 전라남도 제주도 法井寺에 교도 약 30명을 소집하여 倭奴는 우리 조선을 병합하고 병합 후는 관리는 물론 商民에 이르기까지 우리 동포를 학대하고 酷遇하여 실로 왜노는 우리 조선민족의 仇敵에 가까우며 佛務皇帝 출현하여 국권을 회복홤으로써 교도는 우선 제일 먼저 도내 거주의 내지인 관리를 殺戮한 연후 商民을 驅逐하여야 한다고 說하였다. 10월 4일 밤부터 다음 5일에 김연일은 그 수하를 도내 각지에 보내 다시 신도 33명을 소집하여 스스로 불무황제라고 칭하고 이를 선언하여 목적을 결행하려고 발언하여 그 방법을 의논하고 隊伍를 정리한 후 부근 각 面里長에게 '일본 관리를 掃伐하여 국권을 회복함으로써 직접 장정을 거느려 참가하고 만일 따르지 않으면 군율에 비추어 엄벌에 처한다' 라는 의미의 격문을 배포하였다. 6일 밤부터 제주성내를 향해서 행동을 개시하고 도중 전선을 절단하고 또 내지인 의사 외 조선인 2명을 부상시키고 다음 7일 아침 중문리에 도착하여 그곳 경찰관 주재소를 습격하여 방화 全燒시킨 사실 있으며 그 때 폭도 38명은 검거했지만 차경석, 김연일 등의 간부는 信徒로부터 거둬들인 수만 엔을 갖고 소재를 감추어 지금 행방이 불명하다."

이런 내용은 『사상월보』(제2권 제5호. 고등검사국 사상부 1932. 8. 15)와 『폭도사편집자료 고등경찰요사』 등에도 실려 있다.

평안남도의 『양촌 및 외인 사정 일람洋村及外人事情一覽』(1924. 6)은 『普天敎一般』과 함께 學習院大學 東洋文化硏究所에 소장되어 있으며, 철 제목의 양인 및 외인에 대한 기술은 24쪽에 불과하고 보천교에 대한 내용이 212쪽인 것으로 보아 원래 다른 보고서가 하나로 묶인 것으로 보인다.
그러나 원래 보고서 제목은 확인 안되며, 여기에는 당시 보천교의 상황 및 행동, 계전, 보천교의 교의, 교무기관, 교의회(결의기관), 육십방위 제도, 여방주 제도, 보천교 60방주명, 축제일, 보천교 혁신운동, 시국대동단, 己産組合, 제주도사건 등에 대한 상세한 내용들이 들어있어 『보천교일반』과 보완적인 자료의 의미를 지니고 있다.
또한 다른 종교단체에 비해 이처럼 보천교만을 대상으로 한 적지 않은 보고서가 작성되었다는 사실은 일제 식민권력이 식민(유사종교)정책에서 보천교를 어느 정도 중시하고 있었는가를 엿볼 수 있는 점이기도 하다.
보고서의 큰 특징은 여러 가지가 있지만, 교무기관으로 本所, 四正方位, 眞正院 및 參正院(중요 도시), 正敎部(各郡)의 조직에 관해 그 구성과 담당직무에 대해 자세히 설명한 점도 눈에 띈다. 그리고 총정원의 직원은 總正(1인), 司書(1인), 經理(1인), 闡明(1인), 明査(1인), 聖殿直員(1인), 幹事(1인)이며, 총령원은 總領(1인), 司書(1인), 經理(1인), 闡明(1인), 司賓(1인), 幹事(1인)이다. 또 진정원은 庶務司(司長), 布政司(司長), 修好司(司長), 經理司(司長), 典儀司(司長), 衡平司(司長)이고 정교부는 部長(1인), 部員(약간 명), 宣布士(약간 명), 議正(약간 명)으로 구성되었다. 이하 6임과 12임 등도 명칭과 직무들이 기록되어 있다.

◎주요 내용 P. 403, 402-401 원문

【보천교의 근황】

"선도교는 1922에 이르러 종래의 비밀포교주의를 버리고 공인포교를 함과 동시에 이름을 보천교라 개칭하였다. 그리고 1924년(갑자)에는 교주 등극하고 그 때에는 교도들에게 상응하는 관직을 줄 것이라는 등 황당무계한 언사를 弄하여 愚民의 입교를 권유에 노력한 결과, 일시는 교도 600만이라 誇稱하는 등 성황을 보여주기에 이르렀다. 이에 당국의 엄중한 경찰 취체 등으로 점차 퇴교자가 속출하였고, 보천교에서도 일대 전기를 마련하려고 노력 중이다. 보천

ノ決定等アリシモ之レ等ハ枝葉ノ問題
ナリ
以上ノ供述全部信用ノ限リニ非ザルハ勿論
ナルモ昂奮セル教徒ノ鎮静ニ努ムル幹
部ニ対シ徒ラニ干渉シ為メニ迷信ノ教徒
ヲシテ妄動セシムルガ如キコトアラムカ多数
教徒ノ動揺ヲ来スコト無キヲ保セズ之レガ
取締ニ当ルノ幹部ハ特ニ此ノ呼吸ヲ知悉シ
置クノ必要アリト思料ス
右及報告（通報）候也
以上
報告先　警務局長、警察部長、検事正

正道ヲ進ムニ在リト宣傳シ四月ニ至ラザル中ニ各道ニ分チ宣傳講演隊ヲ派遣スベシトノ説出デ旧習ニ囚ハレ所謂迷信ノ士ハ不賛成ナリシモ結局之ヲ實行スルコトニ決シ来ル旧二月初旬ヨリ巡回講演、ヲ為ス豫定ナルガ此際当局ニ於テ誤解ヲ受ケ無理解ナル取締ヲ受ケムカ教徒中ニハ突飛ナル迷説ヲ信ジ官憲ニ対シ如何ナル反抗ヲ惹起セザルヲ保シ難ク之レ幹部ノ最モ苦心スル処ナリ、

其他教徒内意思ノ相違、布教方法

氣ヲ贏チ得ルノ手段トシテ一百萬円ノ資
金ヲ要シ然ラザレバ教徒ハ期待ニ反シ四
散スベシ然ラバ最后ニ如何ナル方策ニ出
ヅ可キヤカ過般會合ノ重ナル用件ナリ
シガ李尚昊（象鎬）以下稍ゝ新知
識ヲ有スル者ハ此際一般教徒ニ対シ東
教主ハ五万年后ノ享楽説ヲ主張シ
タルモノニシテ甲子年云々ハ真説ニ非ズ
併シ本年ハ當局ニ於テモ我ガ教ヲ信用
セラレ多大ノ諒解援助アリ此際教徒ヘ
密教ノ暗ヨリ光明ニ出デタルコトヲ喜ビ

之レニハ相當ノ費用ト當局ノ注目ヲ要ク
ル割合ニ効果尠少ナリトテ採用スルニ至
ラズ
次ニ豫テノ希望タル東京錫ノ出京ヲ斷
行シ以テ教徒ノ滿足ヲ得ベシトノ議尤モ
有力ナリシモ是亦經費ノ問題ニテ實行
不能トナレリ何トナレハ東教主ノ出京シ斷
行スルニ於テハ教徒ノ信用上第一天道教
堂以上ノ教堂ノ新築、學校ノ新築、社
會事業的施設ノ經營ヲ爲シ以テ人

催セラレタル臨時會議ニ於テ之レガ対策ヲ決議セラレタル筈ニシテ之レニ就キ當地幹部ガ當署員ニ洩レタル概要下ノ通リニシテ恐ラクハ真想ナル可シト信ゼラル

本件ニ就テハ教政策ノ重大問題ニシテ教ノ浮沈ハ茲ニ岐ルヽト言フモ過言ニ非ザルモ前言ノ践行ヲ期スト称シ独立運動ヲ試ミルモ孫秉熙ノ三一運動（大正八年三月一日）ニモ及バザルヤ明ラカナレバ延期ノ策トシテ満洲方面ニ東京錫以下出動シ一大布教ヲ試ミ以テ期待ノ實現ナリ

大正十三年二月二十日

京城鍾路警察署長

京城地方法院検事正殿

普天教徒ノ行動ニ関スル件

二月十四日付京鍾警高秘第一五二五号参照

普天教ニテハ布教集金ノ手段トシテ甲子年ニ四月ニハ独立シテ要職ニ就クヲ得ベシト吹聴シ来リシガ本年四月ニ至ラバ教徒ノ期待ヲ何レニ轉スベキヤニ就キテハ昨年来幹部間ノ懸案タリシガ本月初旬井邑本部ニテ関

第 七〇 號

大正 13 年 2 月 20 日起案

大正 13 年 2 月 20 日發送

長官 主任官

書記長

監督書記

起案者

淨書者

發送者

宛 法務局長 外務次官

發送名 檢事正

件名 普天教徒ノ行動ニ關スル件

首題ノ件ニ關シ京畿道警察部長ヨリ別紙

ノ通報告アリタルニ付別紙寫添付

此段申進候也

記

보천교 성전을 완성하려는 목적이 아닌가? 답) 나는 자금을 얻어 만주개척을 하려는 생각이었다. ... 성전공사의 사실은 들은 기억이 없다. 문) 만주개척을 해 가면서 독립단의 사업을 원조할 생각이었는가 답) 그렇다."(정상엽 訊問詔書)

1920년 무렵 조선의 3대 건축물은 조선총독부, 천도교 대교당, 명동성당으로 알려졌다. 특히 김구는 임정 귀국 연설에서 "천도교 대교당이 없었으면 3·1운동이 없었고, 임정이 없었고, 독립이 없었을 것이다" 라고 연설까지 한다. 이러한 천도교 대교당과 중앙총부의 건설비가 27만원이었다. 보천교는 결국 이후 보천교 중앙 본소 성전을 신축하게 된다. 거의 100만원을 들여 공사를 진행했다 하니 '천도교당 이상의 교당'의 방안은 이루어졌다고 볼 수 있다.

학교의 경우는 普興女子私立修學을 설립했다. 특히 보흥여자사립수학은 종래 보천교도는 자제에 대해 소위 신학문을 하지 않는다는 방침을 따랐기 때문에, 敎主의 여동생인 차윤숙이 주장하여 신지식을 함양하여 장래 사회에서 활약함으로써 보천교 진흥을 꾀하였다. 경북 의성군 의성면 교도 女교사 김옥선(18세)을 교사로 하여 차윤숙의 客室을 교실로 충당하여 15명의 여자를 모아 별도 일과표를 만들어 '보흥여자사립수학'이라는 명칭하에 매일 오전 9시부터 오후 4시까지 교습시켰다.

◎주요 내용 P. 421-420 원문

보천교도의 행동에 관한 건(1924. 2. 20)

"본 건에 대해서는 보천교 정책의 중대문제로서 보천교의 浮沈은 실로 기로에 서 있다고 해도 과언이 아니다. 前言의 실행을 기도하면서 독립운동을 시도해도 손병희의 3·1운동(1919. 3. 1)에도 미치지 못할 것이 분명하며, 延期의 방책으로 만주방면으로 차경석 이하 출동하여 一大 布教를 시도함으로써 기대를 실현 ㅁㅁㅁㅁㅁㅁㅁ 이에는 상당한 비용과 당국의 주목을 받아 생각보다 효과 심히 적어서 채용하지 못했다. ………………… 教徒의 信用上 제 1로 천도교당 이상의 教堂 신축, 학교의 신축, 사회사업 시설의 경영을 하여 人氣를 획득하는 수단으로 100만엔의 자금을 요하고"

◎보충 설명

보고서에는 보천교가 포교에 노력했지만 교도의 기대에 미치지 못했음을 고민하여 정읍 본소에 간부들이 모여 현안에 대한 임시회의를 개최하여 대책을 논의한 바, 독립운동을 시도해도 손병희의 3·1운동에 미치지 못함은 분명하므로 교주 차경석 등이 만주방면으로 출동하여 일대 포교운동을 펼치는 방안과 이와함께 100만円의 자금을 내어 천도교당 이상의 교당 신축과 학교신축, 사회사업 시설 경영 등이 제안되었다. 만주 김좌진 장군에게 군자금 제공도 우연히 이루어진 것이 아님을 알 수 있다.

〈자료 10〉을 동시에 참조하면 당시 보천교의 상황을 쉽게 이해할 수 있다. 보천교는 재편된 내부조직(60방주제 등)을 토대로 1920년대 들어 적극적인 활동(時國 건설 등)을 전개하였고, 특히 3·1운동 이후 국권회복운동과도 연결되면서 차칭·타칭 600백만이라는 교도를 확보하기에 이른다. 그러다가 1924년에는 차칭·타칭 '갑자년(1924) 천자등극설'의 해로 분기점을 맞게 된다. 그러나 천자등극설이 이루어지지 않으면서 보천교 내부에서는 보천교의 浮沈을 고민할 수밖에 없었다. 신도들과 일반인들의 관심을 끌기 위한 각종 방안들이 제시되었다. '만주 방면으로 진출하는 방안' '천도교당 이상의 교당(聖殿) 건축 방안' '학교 신축' '사회사업 시설 경영 방안' 등이 그것이다.

먼저 만주 방면으로 진출하는 방안에 대해서는 〈자료 23〉 '보천교 혁신회 간부의 동정과 교도 이민정책'을 참조하면 된다. 또 소위 '권총단 사건'의 신문조서에서도 다음과 같은 내용이 있다. "문) 권총을 가지고 자금을 모집하고, 그 금액을 지금 공사가 중지 중인

他各種ノ打合セヲ為シ機ノ至ルヲ待チタリ
四、金在顕、具汝淳ハ其何口ヲ緘シテ語ラズ新事実ヲ発見スルヲ得ズ
五、裵致文ハ所在不明ナル旨木浦署長ヨリ返電アリ所在捜査中　以上

報告先　警務局長、警察部長
検事正、

警察官署

城銀行員ニシテ十二月三十日頃京義線列車ヨリ下車シ銀行ノ鞄ヲ提帯スル者ナレバ駅ニテ注意セバ識別容易ナリト教示シ好機セマルモ武器不足ノ爲メ實行不能ナルベシト悲観シ后日ヲ約シ當銀行ニテモ現送ハ支配人以外秘密トセルモ當テ宿直ノ際詳細調査シ置キタル上自ヲ附言セリ 銀行ヨリ奪取シタル場合ハ他ノ同志ヲシテ運搬セシメ 呉ハ之レニ干與セザルコトヽナリ 暗殺ニハ金始顯ヲ逮捕セシメタル呉ハ宗燮ヲ是非共殺害マスベキヲ主張シタルモ后日ニ實行スルコトヽシ其

ハニ、実行ノ又ナル強奪ニハ更ニ爆薬ノ入手
ヲ要スル上運般ニ成効セザル可キヲ以テ豫メ黄、
某（張致文？）ナル普天教ニ信用厚キ有
ヲ廻シアレバ之ガ内報ヲ得テ着手スベク夫ヨ
リ金天友等ト共ニ先年ノ計画タル漢城銀
行ノ襲撃ヲ断行スベシ其ノ用意如何ト尋
ネタルニ具ハ汝淳ハ破壊器具ハ奉天方面
ニ送ル筈ナレバ到着ヲ待テ実行スベシト答
ヘ其前小数ノ武器アレバ開城支店ヨリ年末
ニ際シ多額ノ現送アルコトヲ確メ有レバ途ニ
要シテ之ヲ強奪スベシ而シテ現送者ハ漢、

暗殺ノ目的ヲ以テ入鮮シタル者ヲ聞キ大イニ喜ビ義烈團員ハ以前入京ノ際ハ黄鈺其他ヲ尋ネ都合悪シキ時自宅ヲ尋ヌルノ例ナリシヲ今回ハ第一着自宅ヲ尋ヌルハ信用厚キガ為メナリト思意シ先ヅ共産黨ヨリ資金送附セバ自己ノ手段ヲ以テ漢城銀行ニ預入スルコトヲ約シ資金募集ノ方法ニ就キ昨年来研究ノ結果トシテ民間ヨリ強奪セムトセバ数千円以上ノ奪取ハ不可能ナリ團体中普天教ニハ数十万円ノ現金アルモ車京錫之レヲ保管シ殊ニ所在地井邑某村ハ一村挙

メ巳ヲ作ス方地ニ向ハ自宅ニ在リテ冶タ同
志ト文通ヲ以テ連絡シ義烈團ヨリ費用ヲ
支給シテ東京ニ留學セシムル一人タラムトシテ
求斧セムトシタルヲ父ヨリ止メラレ后東京ニ在ル
金永圭ヨリ朝鮮人虐殺事實ノ報導ヲ受
ケ印刷配布セムトシテ果サズ已ヲ得ス北京天
道教内金天友ニ送リ印刷頒布方ヲ依
托シ機ヲ見テ内地又ハ支那ニ逃走スベク希
望ヲ有シ居ル内客年末金天友ヨリ近日友
人密行スル筈ニ付宜シク頼ムトノ通信ヲ受ケ
心待チ中 呉汝淳東京ニ資金募集

海ニ赴キ仮政府ノ行動ヲ批難シ自ラ鉄血團ナルモノヲ組織シテ反対シタルモ成効セズ北京朴容萬ノ下ニ走リテ遊食シ共産黨ニ投ズベクブラコエンスミク（ブ市）ニ赴キ露領各地ヲ転々シ高麗共産黨大會ニ出席シ大正十一年夏武官學校ニ入ルベク第二十一西比利亜歩兵學校ニ入學シ特別ナル待遇ヲ受ケ後ブ市ニ於テ某學校ノ教師トナリ共産黨ノ總會ニ出席シタルモ面白カラズ北京ニ赴キ目的ニテ仁宅ヨリ旅費ノ送附ヲ受ケ奉天ニ来リシ時七京汽車不通ノ為

京畿ニ於テ判明ノ事實ノ外更ニ語ラス
唯義烈團ニ入團シ信任状ヲ得タルモ北
京ニ於テ姜逸章姜弘烈ニ保管ヲ依
頼シテ入鮮シ其後同志ト再三會合シタル
モ何等實行セザリシト言フニアリ

三、呉世直ノ供述

呉ハ自分ノ實父ハ郡守ノ官職ニ在ルモ大正
八年三月以来独立運動ニ熱中シ當時申
尚琬ノ組織ヲ企テタル独立團道團ノ牛耳
ヲ執リ臨時政府ヨリ招カレテ朴容萬ノ使
朴健秉ト共ニ旅費百五十円宛ヲ受ケ上

信任状ノ必要ヲ説キ携行スル時ハ発見ノ
虞アリトシ金元鳳ヨリ安東縣朴洸範
送附スベキコトヽシ約シ前報告通リノ目的ヲ
以テ入鮮シタルモ實行ニ至ラズト供述シ
他ヲ語ラザルモ其ノ間朴運杓其他ノ同志
ト共ニ資金及團員募集ニ活動シタル
形跡アルモ證據ヲ示スニ非ザレバ更ニ自白
セズ引續キ捜査中

二、文時煥ノ供述

文時煥ハ東萊署ヨリノ手配ニ依リ釜山
署ニテ取押ヘ當署ニ押送取調ヘタルモ是

ヲ呼ビ寄セ金元鳳ヨリ近ク信任状ト拳
銃富豪ニ対スル脅迫文鮮人官公吏ヘノ
辞職勧告文並ニ義烈團宣傳文ヲ持
参セシムル筈ナレバ自分ト共ニ之ヲ使用シテ資
金募集ヲ為スベシト金元鳳ノ命令ヲ傳
ヘ文時煥ハ之ヲ承諾シ后上海尹瑳英ノ
依頼ナリト称シ安國洞金麟寿花洞
俞致衡方柳章五外三名ニ尹瑳英宛
送金スル様示達シ十一月二日頃大邱人内
地留學生李相快ヲ支那ニ連行スヘク
北京ニ赴キ金元鳳以下ニ會シ武器及

正十二年一月ヨリ仝年六月迄參席シ后仝年七月金元鳳ノ進メニ依リ義烈團ニ入團シ金元鳳ヨリ君ハ普通團員ニアラズ特ニ幹部トシテ人選ノ上團員ヲ募集シ上海ニ送リ又ハ鮮内ニ支部ヲ設ケテ之ニ入ラシメ資金募集其他ニ盡力スベク命ゼラレ之ヲ承諾シ入鮮ノ際ハ金元鳳ノ指示ニ因リ上海惠靈專門學校在學證明書ヲ得門司経由七月末、釜山ニ上陸、釜山鎮佐川洞崔天驛 會シ共ニ東萊邑内許永祚ヲ東萊医院ニ訪ヒ仝志文時奐一年七月共産黨員故崔八鏞ヨリ齊ヨタニ於テ共産黨大會開催セラレ其后上海ニ於テ國民代表會ヲモ開催ノ筈ナレバ出席シテハ如何ト慫慂セラレ崔八鏞ヨリ旅費ヽ百五十円ヲ受ケ支那雙城堡ニ居住中ナリシ玄鼎健ヨリ大邱共産黨代表ト記シタル委任狀ヲ受ケ齊ヨタニ赴キタルモ例ノ代表資格問題ヨリ喧嘩起リ目的ヲ達セズ露國共産黨ヨリ三十五円ノ旅費ヲ受ケ玄鼎健方ニ於テ上海ヨリ一百六十円ノ代表會出席旅費ヲ受ケ普天教青年會代表トシテ大

如ク今回二重橋ニ於テ検挙セラレタル内地破
壊暗殺團ト共ニ同一行動ヲ採リ居ルモノニ
シテ鮮内各地ニ於テモ嚴密捜査ノ要アル
モノト思料候條及報告候也

左　記

一、姜逸ノ供述要旨

姜逸ノ連絡先タル陜川邑内ニ刑事ヲ派
遣シ陜川署ノ應援ヲ得テ旅行先ニ於テ
取押ヘ引致取調フルニ仝人ハ京城徽神
學校及中央學校ニ二三年宛通學シ
思想運動團体間ヲ出入シ居ル内大正十

京鍾警高秘第一六七八九號ノ四

大正十三年一月七日

京城鍾路警察署長

京城地方法院検事正殿

義烈團員検挙ノ件

大正十二年十二月二十六日本号関係

其後引續キ取調中ナルモ共犯者四散セルト警衛其他事故ノ爲メ捜査上十分ナル眞相ヲ得ルヲ得ザリシ憾アリシモ留置期間満了ト共ニ本朝事件身柄ト共ニ検事局ニ送致シタルガ本件ハ初報以来屢説スル処ノ

地 検
13
第

의 현금이 있고 이를 차경석이 보관하고 있으며 이 자금을 모집할 것을 모의했다고 한다. 그리고 강일의 공술을 보면 그가 상해 국민대표회로부터 여비를 받아 보천교 청년회 대표로 1923년 1월부터 6월까지 국민대표회에 참석한 후 7월 김원봉의 권유로 의열단 幹部員이 되어 단원 및 자금 모집계에 명을 받아 자금을 모집했다고 밝혔다. 또한 1922년 '慶南甲斐巡査射殺事件'에서도 崔胤東이 보천교의 자금과 독립운동단체의 자금 충당을 운운하고 있었다.

義烈團은 김원봉을 단장으로 하여 1919년 11월 9일 설립된 무장독립운동단체였다. 의열단은 비폭력투쟁인 3.1운동이 일본의 폭력으로 실패한 것을 보았으므로 광복을 위해 폭력만을 수단으로, 암살만을 정의로 삼아 5개소의 적 기관 파괴와 7악의 제거를 위해 파괴활동을 벌였다. 이때 5개소의 적 기관은 조선총독부·동양척식주식회사·매일신보사·경찰서·기타 중요 기관이며, 7악은 총독부 고문·군 수뇌·타이완 총독·친일파 거물·밀정·반민족적 토호·劣紳(행실이 못된 지방의 악덕 인사)이었다(임종국, 『실록 친일파』, 반민족문제연구소 엮음, 돌베개, 1991).

보천교 청년단의 강일이 의열단에 가입하여 부산으로 들어와 단원을 모집하여 상해로 보내거나 군자금 모집 등의 임무를 수행하고 있다는 보고

◎주요 내용 P. 437-435, 430-429 원문

의열단원 검거의 건(1924. 1. 7)

【姜逸의 供述 요지】

"보천교 청년회 대표로서 1923년 1월부터 같은 해 6월까지 참석한 뒤 같은 해 7월 金元鳳으로부터 '君은 보통단원이 아니라 특히 간부로서 人選된 이상 단원을 모집하여 상해로 보내고, 또 조선 내에 지부를 두어 여기에 들어오는 자금 모집 등에 진력해야 한다'는 命을 받고 승낙하였다. 조선에 들어올 때는 김원봉의 지시로 상해 惠靈전문학교 재학증명서를 얻어 일본 북큐슈의 모지(門司)를 경유하여 7월 말에는 부산에 상륙하여 부산진 佐川洞 崔天鐸과 만나 함께 동래읍내 許永祚를 동래의원에 방문하였다. 文時煥을 불러 지내며 김원봉으로부터 받은 신임장과 권총, 부호에 대한 협박문, 조선인 官公吏에의 사직권고문과 함께 의열단 선전문을 지참하였음을 알리고 자기와 함께 이를 사용해서 자금모집을 해야 한다고 김원봉의 명령을 전했다."

【吳世悳의 공술】

"자금모집 방법에 대해 작년 이래 연구한 결과, 민간에서 강탈하면 수 천엔 이상의 奪取는 불가능하며 단체 중 보천교에는 수 십만엔의 현금이 있고 차경석이 이를 보관하고 있다. 특히 소재지 정읍 某村은 ㅁㅁㅁㅁㅁㅁ 입수를 要하는 바 운반에 성공 효과있기 위해서는 미리 黃某(裵致文?)라는 보천교에 신용 두터운 자를 통해 內報를 얻어 착수..."

◎보충 설명

〈자료 9〉에서 보았듯이, 1923년 상해에서 열린 한민족 국민대표회의에 보천교 대표로 裵洪吉과 金鍾喆과 함께 참석했던 보천교 청년단의 姜逸은 만주지역 의열단에 가입하여 활동하고 있었다. 漢城銀行員 吳世悳(27세)의 공술에 의하면, 보천교에 수십만 원

을 惡하며 [illegible] 倭 [illegible] 所謂 日本의 權、狀은 肉으로 [illegible]
懸罰하며 至誠의 衛兵을 [illegible] 個人의 [illegible] 一[illegible]
滅에 陷하고 外로는 世界의 [illegible] 害毒 [illegible]
實行으로 國際의 道義에 斷絶하며 敵國의 [illegible]
兩期에 至하야 六國을 亡하고 [illegible] 中國에 [illegible]
倭가 世에 出하야 [illegible] 我 韓族의 痛이 切한 者 [illegible] 人이 [illegible] 與 [illegible]
가 有한 [illegible] 人이 [illegible] 韓族 [illegible] 又 倭의 [illegible]
誘引 [illegible] 與 [illegible] 不受하며 [illegible] 度 [illegible]
[illegible] 廢 [illegible] 化 [illegible] 一新의 [illegible] 韓族의 [illegible]
切하고 與韓의 責任의 國 存在하며 [illegible] 韓族의 [illegible]
의 收 [illegible] 建國 [illegible] 大業 [illegible] 의 大 [illegible] 大 [illegible]
을 天職한 後 我 韓族 二千萬의 起하야 進하라 天 [illegible] 이
게 [illegible] 言 與하며 [illegible] 韓族이여
千載一遇의 機會 [illegible] 時代 [illegible]
[illegible]

일본을 '島夷倭敵'이라 표현하였고 천재일우의 기회를 맞아 2천만 민족이 일어날 것을 호소하고 있다.

# 宣傳文

噫라 循環의 天道는 惡者를 憎하며 暴者를 [illegible]이라 先月에 島
夷倭敵의 [illegible]는 [illegible]
界에 不道 [illegible] 平和의 正道
를 紊亂케 하며 人間의 正義를 壓迫하며 [illegible]의 美在[illegible] 徵
[illegible]下에서 [illegible] 眞相의 殺戮을 自己가 만이 하며 無數한 [illegible]는
[illegible]行하는 [illegible]天 [illegible]人의 [illegible]行 [illegible]者로 [illegible]
正當한 天國의 [illegible]이 [illegible] 唯 呼하 우리는 天[illegible]의 神
域에서 歷史的 光彩가 [illegible] 한 民族으로 今日에 至하여 [illegible]
[illegible]의 慘禍中에 對[illegible]한 日月이 亡國의 紀念을 算十二
回지 經過하여 오너 誠히 有血人性으로 었지 [illegible]
作하며 大事의 痛哭을 擧하되 一人의 [illegible] 一人의 病이오
一人의 病寃이 萬人의 病寃이며 萬人의 病寃을 今[illegible]
의 病寃인바 今에 [illegible]의 病寃을 [illegible] 利 [illegible]

변의 자비심(慈悲心)으로써 만고신명(萬古神明)을불으사(招) 텬지조화(天地造化)의긔틀(玄機)을고로게(調正)하시고 귀신(鬼神)과

사람(人)의 원통(寃)을풀어(解)주사 죄(罪)만코원(寃)만흔 선텬세계(先天世界)의 마지막(最後)운슈(運)의장막(幕)을닷치시(閉)

고 아름답고(美)즐거운(樂) 후텬선경(後天仙境)의첫재(第一)문(門)을열어(開)노흐시니 이것이곳텬디공사(天地公事)

라함이오。

텬사(天師)께옵서 일심(一心)、상생(相生)、거병(去病)、해원(解寃)、후텬선경(後天仙境)의 참리치(眞理)를 텬하후세(天下後世)에밝혀보이(明示)

시니 이것이곳 만화귀일(萬化歸一)이오。

후텬새운슈(後天新運)의순풍(順風)을맛나(逢)나 텬사께서가라쳐주신(敎誨) 참리치(眞理)로써 구원선(救援船)을삼아

고해풍파에표류(漂流)하는 사해형제(四海兄弟)를건저내어(濟度) 꼿붉고(花紅)풀푸른(草綠) 후텬선경(後天仙境)으로인도

하야 영세태평(永世太平)의무량행복(無量幸福)을 함긔가지로 누리고자(享)함이 우리 보텬교(普天敎)의 목적(目的)

이오 사명(使命)이로다

아—괴로운바다에서 눈물뿌리는형제들이여 어서밧비 사랑의구원선으로 뛰

여올으라。

# 普天教宣布文 보텬교션포문

션텬(先天)셰상은 괴로운바다(苦海)이다。 거짓、 싸홈、 도젹、 강포의 사나운바람이 늘
일이나고 주림、 죽음、 눈물피의거친물결이 늘 부듸치고 병과원통의장긔(瘴氣)
는 사면팔방(四面八方)에 가득찻도다。
우리사람들은 그풍랑(風浪)에써잠기고(浮沈) 그장긔에긔가막혀 가진고통(苦痛)과 온갓슯흠(悲哀)
을 크게부르짓도다。
이갓치 위급(危急)하고 참혹(慘酷)한 지경에빠저서 다시살아나갈길이 아득한이때
에 우리
대법텬사(大法天師)께옵서 이 살길이업는억됴창생(億兆蒼生)을 가엽시녀이샤 과거천만대(過去千萬代)의무(無)
고원혼(苦冤魂)을 불상이녀이샤 미래(未來)천만대의무수생명(無數生命)을 어엽비녀이샤 이에 무량무(無量無)

을開하시니 이것이 곧 **天地公事**이며 宇宙의眞理를基礎로 하사 一心、相生、去病、解怨、後天仙境의敎義를 弘宣하시니 이것이 곧 **萬化歸一**이며 後天의新運을際會하야 天師의敎義를 굿게信奉하고 넓이宣布하야 四海兄弟로더부러莊嚴한仙境을開拓하고 永世泰平의無量幸福을 共享코자함이 우리 **普天教**의 **目的**이오**使命**이로다。

滿天下大衆이여 歸依하라 信仰하라 天師의恩澤과慈光에 浴하라

# 普天教宣布文

先天開闢以來 吾人類社會에는 空想的信仰이 現實을犧牲하얏스며 偶像的道德이 良心을痲痺하얏스며 誤謬의學說이 理知를攪亂하고 虛僞의文明이 生存을蹂躪하도다。그리하야 世界는 暗黑과罪惡으로塡充하고 病과寃이六合에彌蔓하얏도다。 이에 吾人의良心이 過去의 不合理한傳統을 否認하고厭惡하고咀呪하는同時에 大生命의眞理를渴求하고 未來의 理想的新世界를憧憬하는 先天沒落의最後期에際하야 우리 **天師**께옵서 斯世에大巡하사 天地의玄機를調正하시고 神人의宿寃을和解하사 先天旣盡의數를閉하시고 後天無窮의運

普天教中央本所ニ向テ出発ノ準備中ニアリト
ノ情報ニ接シ尚内査ヲ試ミタルニ事急遽ニ手
配スルノ必要ヲ認メタルヲ以テ大正十二年九月二十三
日午後十一時頃栗田警部ノ指揮ノ下ニ山内島田
刑事巡査部長以下刑事九名ヲ従ヘ普天教真正院
ニ出張セシメ全院ノ承諾ヲ得テ全院ノ家宅捜索ヲ行
ヒタルニ別紙ノ如キ不穏文書三種計約百餘枚ヲ発見ス
ルニ至リタリ依テ関係者ト認ムヘキモノハ、

本籍 江原道襄陽郡降峴面下福里、
住所 京城府嘉会洞百七拾番地
普天教真正院長
李 鍾 詞
當四十一年

京東警高秘第三五四五號
大正十二年十月二日、
京城東大門警察署長
京城地方法院検事正殿

普天教真正院不穏
文書事件ニ関スル件

府内普天教真正院ハ東京地方震災ニ伴フ民心ノ動揺ヲ利用シ来ル副業品共進會開催ニ當リ人出ノ盛ナルヲ期シ不穏文書ヲ散布シ民心ヲ煽動セシメムトノ不穏計劃ハ着々之ヲ進メツヽアリ已ニ一部ノ準備ヲ終ヘ仝院幹部等ハ名ヲ仝教儀式参列ト称シ全北井邑所在

부의 긴밀한 연락망이 적발되었고, 이 사실 역시 국내의 어려운 상황에서 보천교가 이면에서 끊임없이 민족독립 활동과 연결되어 있었음을 보여주는 증거이다. 이러한 점들은 앞서도 지적한 '일제 강점기 보천교가 親日, 사이비 유사종교의 대명사로 이미지화된 평가'를 재고하여 보천교에 씌워진 제국주의적, 식민주의적 굴레를 벗기고 제대로 평가해야 함을 알려준다.

관동대지진 이후 민심의 동요를 이용하여 보천교 진정원에서 불온문서를 배포하려 계획하였다는 보고

◎주요 내용 P. 449-448 원문

보천교 진정원 불온문서 사건에 관한 건

"경성부내 보천교 진정원은 동경지방 관동대지진에 수반된 민심의 동요를 이용하여 오는 副業品共進會 개최에 맞춰 사람 출입이 왕성함을 기해 불온문서를 散布하여 민심을 선동하려는 불온계획을 착착 진행하였다. 이미 일부의 준비를 마쳤고 진정원 간부 등은 이름을 보천교 儀式參列이라 칭하며 전북 정읍 소재 보천교 중앙본소를 향해 출발 준비 중이라는 정보를 접하였다."

◎보충 설명

〈자료 13〉 〈자료 15〉와 관련된 내용의 보고이다.

1923년 9월 1일, 일본에서 관동대지진이 발생하여 수많은 인명과 재산 피해가 생겨나고 민심이 흉흉했다. 당시 일본은 일본공산당의 성립에 따른 계급투쟁의 격화와 활발해지는 한국·중국의 민족해방운동에 직면하여 한국인과 사회주의자를 탄압할 기회를 엿보고 있었다. 대지진은 좋은 기회를 제공하였다.

일제는 도쿄·가나가와 현의 각 경찰서와 경비대로 하여금 한국인 폭동의 유언비어를 퍼뜨리도록 하고, 도쿄·가나가와 현·사이타마 현·지바 현에 계엄령을 선포했다. 계엄령 아래에서 군대·경찰과 각지에 조직된 자경단에 의해 한국인과 사회주의자가 수없이 피살되었는데, 약 6,000명 가량의 한국인이 학살당하였다.

이러한 관동대지진은 조선에서도 민심을 동요시켰고 사회를 불안케 하였다. 이를 기해 보천교 진정원에서 불온문서 散布를 기도한 사건이다. 宣傳文에는 '循理의 天道는 惡者를 憎하며 暴者를 戡한다. 전 달에 島夷倭敵의 帝都인 東京에서 일어난 震災...' 운운하면서 역사적 광채가 빛나는 한민족이 금일 망국에 이르렀음을 개탄하고 있다.

당시 강점 치하에서 일본을 '섬나라 오랑캐 왜적'으로 표현하였다는 사실은 민족 독립운동에서 보천교의 위상을 새롭게 평가할 수 있는 내용으로 보아도 무리가 없다. 또한 1923년 7월, 京城府에 살았던 扶餘 사람 金穆鉉의 활동으로 발각된 사건으로, 만주 독립군단 총사령관 김좌진 밀사 참모(兪政根)가 검거되었다. 이후에 김좌진과 보천교 간

旅行券ヲ提出シ査証ヲ受ケアリテ近來此種學生ノ
渡米ハ最モ容易ナリト

ニ　既報梁起鐸ハ吉林方面ニ赴キ安昌浩、金奎萬、李鐸
ハ何レモ北京ニ滞在中ナリト

ホ　林容萬ハ最近二千余元ノ收入アリテ生活困難ナラ
スト云フ右金員ハ鮮内ヨリ來リシ相當地位アル人
物ヨリ貰受ケタリト

ヘ　北京在留鮮人學生會ハ近ク「新朝鮮」ト題スル雑
誌ヲ發行スル計画アリト云フ

ト　京畿道漢江人林仁相ハ七月二十日天津通過奉天
ニ向ヒタリト本人ハ實父ト打合セノ上近ク帰鮮スル
意思アリト云フ

發送先、外務次官、各道知事、各派遣員、関東廳警務局長、天津總領事

イ、

普天教青年大會代表トシテ國民代表會ニ出席シタル京城出身ノ姜逸ハ他人ノ學生證明書ヲ借受ケ七月二十一日上海出帆筑後丸ニテ日本内地ニ趣クト稱シ出發シタルカ或ハ京城ニ歸還セシニハアラスヤト云フ者アリ同濟德文學校生徒金洪寔（全北金堤）ノ友邊東華（一名長城 全北益山）モ同船シ居レリト

ロ

在曲阜孔子廟破損ニ付之カ見舞ノタメ朝鮮儒林代表李秉憲ナル者過般上海ニ入到シ携帶品ヲ金息ニ預托シ置キ青島方面ニ向ヒタリト

ハ

三育大學生車達圭（平北宣川）、南京金陵大學生黄濟淳（平北龍川）ノ兩名ハ七月二十三日花旗洋行汽船林肯號ニテ渡米シタルカ右ハ支那人トシテ北京政府教育總長ヨリ自費學生ノ證明ヲ受ケ交渉使ヲ経テ米國領事館ニ

亞細亞局

大正十二年八月七日 高警第二六九三號 第三課

朝鮮總督府警務局

# 上海情報

一 假政府家賃問題

本件ハ李裕弼、趙尚燮等ニ於テ若干金ヲ支出シ家賃一ケ月分ヲ調達シテ金亀ノ手ヨリ家主ニ除入レトシテ拂込當分ノ間猶豫ヲ懇願シタリト

二 建設派ノ行動

露領浦潮方面ヨリ幾何カノ送金アリセヲ以テ漸次北京ニ引揚ケヘク聲明シツツアルモ其眞否疑ハシク或ハ之ヲ口實トシテ体能ク上海ヲ退去スルニアラスヤト云フ者アリ而シテ浦潮ヨリノ送金中若干ヲ義烈團ニ分與シタリトノ説アリ眞僞取査中

三 去來鮮人ノ消息

절대 복종할 것을 서약하고, 국민의 완전한 통일을 견고히 하자고 선서하였다. 철저한 독립정신의 결정체로 범 민족운동을 위한 한민족 최대의 조직적 회의였다.

同濟德文학교는 원래 1907년에 독일 사람이 상해에서 창립한 同濟德文醫學堂 및 工學堂 등으로 출발했다. 그러다 1923년 정식 학교로 인정 받은 후, 1927년 국립대학으로 바뀌면서 이과, 공과, 의과, 문과, 법과대 5개 분야를 가진 종합대학으로 바뀌면서 국내외에 널리 알려졌다.

◎주요 내용 P. 453 원문

상해 정보(1923. 8. 7)

"보천교 청년회 대회대표로서 국민대표회에 출석한 경성 출신 姜逸은 다른 사람의 학생증명서를 빌려 7월 21일 상해를 出帆하는 筑後丸로 일본에 도착하려 출발했다 하며 혹은 경성에 귀환했다고도 하는 者이다. 同濟德文學校 生徒인 金洪燮(전북 김제) 및 梁東華(일명 長城. 전북 익산)도 같은 배에 승선하였다."

◎보충 설명

〈자료 14〉와 동일 사건에 대한 내용이다. 1923년 조선물산장려회의 이사 30명 중 林敬鎬, 朱翼 등 4인이 보천교 간부였고(안후상, "보천교와 물산장려운동", 『한국민족운동사 연구』 19, 1998), 그리고 주익은 3·1운동과 상해 임정에도 참여한 바 있었다(方基中, "1920·30年代 朝鮮物産獎勵會 研究", 『國史館論叢』 67, 1996). 또 1923년 1월 상해에서 열린 한민족 국민대표회의에 참가한 100 여명의 대표자 중에는 보천교 대표로 보천교 진정원 裵洪吉과 金鍾喆, 보천교 청년단 姜逸 3인이 공식적으로 참가하였고, 강일은 만주지역 의열단에 가입하여 활동하고 있었다. 이 국민대표회의에 참석한 사람들 중 다른 종교계에서는 천도교측 대표가 동일하게 3인 정도 보인다(조선총독부 경무국, "국민대표회 대표이름에 관한 건," 高警 제 599호, 1923. 2. 21). 이런 대회에 보천교 직위를 걸고 타 종교와 동일하게 3명이 참가하고 있었다는 사실은 당시 보천교의 위상을 실감하는데 도움을 준다.

한민족 국민대표회의는 1923년 중국 상해에서 열린 회의였다. 당시 상해 임시정부는 내부적인 많은 문제를 해결하기 위해 조직 개편이 필요했다. 그래서 1921년부터 2월 朴殷植 · 金昌淑 등이 국민대표회의 소집을 주장하는 촉진선언문을 상해에서 발표했고, 이에 각지의 동포들이 호응하면서 활발한 준비 작업이 이루어졌다. 그리고 회의가 몇 차례 연기를 거듭한 끝에 1923년 1월 3일에 개막되어 국내 · 상해 · 만주일대 · 북경 · 간도일대 · 노령 · 미주 등 독립운동의 터전인 각지에서 100여 개의 단체, 100여 명 이상의 대표들이 모여들었다. 安昌浩를 임시의장으로 한 예비 회의에서 본회의에 상정할 안건이 심의되고, 1월 31일부터 金東三을 의장으로 본회의가 시작되었다. 1923년 2월 21일, 민족 대표들은 선서문과 선언문을 발표하였는데, 대동일치와 희생정신으로 公決에

腹안 것을推測하겟다 愚民을誘惑하야金錢을詐取는것은車氏의 罪가안이라 車氏部下에잇는所謂坊主이나무엇이나하는여러奇怪한任名을띈人物들이다 그들은車氏의말을能히傳達하야敎人을善良하게引導치못하고無知沒覺한迷言妄說로敎人을誘惑하야金錢을詐取한다 그래서는別로敎會를爲해서쓰지도못하고다만目前에自己의苟安을取하는듯십다 大魚는中魚를食하고中魚는小魚를食하는格으로무슨엉털이만잇스면 敎人의돈을함부쌧는다 最近에도同敎幹部도잇는某가大金을携帶하고逃走하얏다는說이有하니此가事實이라하면即그러한輩類의 所爲일것이다 나는車氏가舊式의탈을速히벗고 아조徹底히時代化하기를바란다 古代의帝王이나英雄되기를꿈쒸지말고 一般이要求하는時代的人物이되기를바라며 또目前애多數의徒弟가잇고 多少의金錢이貯蓄된거긔에苟安하지말고 그徒弟、그勢力을一朝에白失하는境遇가잇다할지라도 我不關焉의徹底한決行으로써自己의所信에忠實하기를바란다 現下一般社會에서는車氏를만이攻擊非難한다 그러나非難과攻擊은實狀正面의것이업고 다만그 側面뿐이다 나는車氏에게對하야文化事業이나 敎育施設가튼것을웨안이하하는냐고는말하고십지안코 다만徹以徹尾하게新時代新主義에化하야開拓的事業을하라고勸告하고십다人事는蓋棺한後에야判斷한다하지만은 車氏의人物如何는蓋棺을待치안이하고 今後活動如何만보고도判斷할수잇다 何如間車氏는怪人物이다 方히寂寂한半島에그가잇는것도또한注目할일이다。

**正誤** 本誌七月號創刊三周年祝賀紀念廣告中에咸興의楊潤根은楊閏根。朴錫夏는朴鎔夏。崔奎成은崔圭成。金永泰材木店은金永壽材木店。金錫鉉은 金錫炫。元滕燁은元滕曄의誤

同廣告中平壤府南門外雜貨貿易商長電話七三三番振替京城一二三八一番에主車明鍵氏의氏名이漏載되엿기玆에訂止함

업슴으로 나는또「將來朝鮮이○○되고보면무슨政體를쓰는것이좃흐냐」고물엇다 氏는무엇을생각하는듯이잇다가말하기를「그것은그때一般人心을觀察하야할것이라」한다 여러말을하기가미안하야 나는最後에또普天敎人이家庄什物外지모다 放賣하고家産을蕩敗하니이것이先生의命令이냐」 물엇다。

氏는말하기를「한울이준財産은한울일에쓰면關係업다」하고繼續하야뭇지안는말로세상사람이普天敎人의長髮하는것은凶을보면서基督敎人의無精神하게削髮하는것은凶보지안는것은怪異한일이라하고 默然이안젓다가 또말하되必要한말은一時에다할수업스니後日에다시機會를엇자하고나의遠路에온것을謝하며薄한것이나마酒肴가잇스니여러사람과가티먹으라하고아모말도업시안으로들어간다 나는다른말을또하랴다가할일업시謝禮하고 席을退하랴한즉 엇던분이조곰기다리라고挽留한다 나는절에간處女모양으로 그사람의말대로잇섯다 족음잇더니酒案床이한아나오는데器皿도모도銀이오飮食도宏壯이잘차리엿다 나는그床을밧고안젓더니 女官服色비슨한옷을입은女子한사람이또술을가지고와서 이것은車先生님께서親히손입에들이라는것이라고하고勸한다 나는넘우感謝히녁여잘바더먹고 거긔에잇는여러사람들과이약이 저약이을하다가밤이깁흠으로 일어나告別하고旅館으로돌아오니 時計는벌서午前二時가되엿더라。

以上은내가車氏를訪問한事實을記錄한것이다 最後에나는다시車氏를訪問한所感을말하고 또車氏에對하야한말을付托하고자한다 세상사람은車氏를一個迷信家오또한無識者로서나만愚民을誘惑하야金錢을詐取하는者라한다 그러나나의보기에는그는그리케無識한이가안이다 비록現時代의智識은缺如하다할지라도舊時代의知識은相當한素養이잇다 그의嚴格한態度와鄭重한言論은 能히人을感服케할만하다 그는한갓迷信家가안이오相當한識見이잇다 人之所歸는德之所在라고그의一擧手一擧足에愚痴하다할지라도數萬의群衆이左右하는것을보면 그리尋常히볼人物이안이다 그러나다만그는時代의知識이업슴으로舊式英雄의手段과方法을만이쓰고 또한舊式英雄의野慾이滿滿하야 自己가帝王되기를恒常夢想하는듯하다 그를車天子라하는것은決코그가自稱한것이안이오 蒙昧한敎人과與笑하는世人이稱號한것이지만은그의여러가지用事하는것을보면帝王된野心이滿

은고요한데한참가니까 精潔한十餘間의草家가잇고 그엽헤는宏大한瓦家가잇다 그草家는車氏의修道室이오 그瓦家는聖殿이라한다 K氏는나를그聖殿아리는곳으로引導한다 그聖殿은大門이쎡다치고平常時에는아모도出入을못하게한다 나를引導하는아는담에다가사다리를놋코넘어가게한다 나는엇지된영문도알지못하고 엉금엉금기여서담을넘어갓다 그담을넘은즉略數十坪의넓은마당이잇고 그마당우에는바로聖殿의正堂이잇는데 堂上에는三個石榻이羅列하고(所謂玉皇上帝像)左右에는黃燭이輝煌하며堂下에는氣骨이壯大한男子二人이侍立하얏다(所謂保護力士) 나는閻羅國에을갓는지龍宮에를갓는지精神이얼썰썰하야멱멱하고섯섯더니 十分이나되야서엇던男子한분이正堂으로나오는데 身長이略六尺假量이나되고 體格이富大하며顏面은楕圓形으로約干의土色이잇고도光明淸秀하며 鼻頭는廣厚하고(普天教人則稱曰龍鼻) 髯은鬆疎하야豹髥과如하며(普天教人則稱曰龍髥)年齡은約四十餘歲假量이나되야뵌다(今年四十四)머리에는通天冠을쓰고衣服은純然이朝鮮産으로만입엇다 그는勿論나의보라고하는主人公車氏다 듯던바와가티남을속일지라도果然人格이잇서뵈인다孟子는眞君者의人君인梁襄王을보고 望之不似人君이오就之而不見所畏焉이라하더니 나의보기에는假者의天子車氏라도 望之或似天子오就之猶見所畏焉이엇다 닭이라도여러사람이鳳이라하면鳳으로뵈는것과가티 車氏가비록非凡한人物이안일지라도 여러사람이崇拜하면그와가티뵈는지도모르겟다 車氏가正堂으로오자 여러사람은모다屈服謝拜를한다 나도역시싸러서拜禮를하얏다 車氏는아모말도안이하고잇다가 沈默한語調로나의온所以를말하라한다 나는本來宗教보다도政治에趣味를만이두고또한車氏를宗教的人物로보지안이하고政治的人物로본故로普天教에對한眞理如何는뭇지안이하고먼저時局問題를말하얏다 나는車氏에게「現下朝鮮은人心이極히紛亂한즉如何히하면統一하겟느냐고」물엇다 車氏는한참잇다가말하기를「世運이다그러하니까別로걱정할것이업고人心을統一하라면宗教가안이면못될것이나宗教中에도基督教와가티國家의利用物이되면안이된다」한다 나는또「朝鮮의問題는언제나解決되느냐」고 물엇다 氏는答하되「朝鮮問題는容易히解決될것이오또時期가不遠하다」한다 나는다시「무슨方法으로解決하느냐」고물은즉 氏는아모對答도를어든것가티깃버하얏다그리고나는即時行具를準備하야가지고井邑으로向하얏다 이것이나외井邑을가게된動機다 나는井邑郡을가자車氏의招待狀이나바든듯시몬저車氏의本營地인笠巖面大興里를차저갓다 나의定한旅館은車氏의家와畧八町距離가된다 車氏가萬一眞天子일것가트면나의旅館은그의宮城附近이라하겟다 그洞里는山水가明麗하야假字天子氣가잇는듯도하거니와그地名도또한 朦昧한世人을迷惑할만하다 車氏가다른地方에잇지안이하고 이地方에儼然이伏在하야世人을欺瞞하는것도 또한奇妙하다 大興洞압헤는帝營峯이잇고그西에는軍令橋가잇스며또大興洞上里는王尋里(今名丹谷)라하고 그附近의平野를海島라하며 村에는鷄龍村川에는鄭海川峯에는國師峯(車氏母墓所在地인데其墓는稱曰來陵이라)山에는天冠山이잇다 이것은車氏가지은것이안이라古代엇던사람이지은것인데 車氏가이地名을利用하야世人을迷惑케하는것이다 鄭堪錄에所謂神人이自海島中出이라한말을 이海島에다부치며 其他鷄龍이니무엇이니하는것을모도다 鄭堪錄과批準하야惑世誣民한다 또普天敎人이머리를안이쌋는것도天冠山이잇는까닭이라한다 나는懷中에寶玉과가티품엇던紹介狀을가지고 普天敎本部를차저가서C氏를뭅으니마참그는어대를가고업다한다 나는그만落心千萬하얏다 그러나旣히不遠千里하고간以上에는아모리하던지車氏를한번面會하겟다고決心하고 이에單刀直入으로車氏의집을가서直接으로面會를請한즉거긔에잇는여러사람들은나를大端疑心하고絶對로面會를謝絶한다 나는할수업시旅館으로돌아왓다 그翌日에나는또普天敎本部에가서나의온理由와 여러가지誤解를풀도륵말하고或은懇請도하며或은脅迫도하얏다그러나또한拒絶을當하얏다 이와가티數日을승강하는中에마참그敎人中에나와面分이잇는K氏가잇섯다 나는그의紹介를어더가지고第五日만에비로소車氏를面會하게되얏다 내가車氏를보기는四月二十日深夜다 眞天子는아츰에萬事를裁決하지만은假天子니까사람을보와도深夜에보는것갓다 當夜十二時가지난後에나의親知인K氏는 나를紹介하기爲하야일부러나의旅館으로왓다 連日무슨수나날듯시車天子面會를渴望하던나는K氏의말만듯고良心에許諾치안이하는일을하고 面會準備를하얏다 即짝근머리에假作상토를틀고 網巾과갓을비러쓰고K氏를따러갓다(그러치안으면面會를不許함)밤은침침하고人跡

1923년 4월 중순, 어떤 진주 사람(진주는 보천교 진정원의 활동이 활발한 곳 중 하나였다)이 입교전에 정읍의 보천교 본소를 방문하여 차경석과 면담한 뒤 본소가 자리잡은 대흥리의 지형과 분위기, 대화내용과 교주에 대한 소감을 기록한 글이다.

( 37 )

# 井邑의車天子를訪問하고

晉州 飛鳳山人

내가車氏를보랴고井邑에가기는 今年四月中旬頃이다 그動機로말하면四月初旬에晉州에잇는엇던普天敎信者한분이 나에게同敎에入敎하기를勸함으로 나는그이에게 入敎를하면무엇하는냐고反問하얏더니 그는쓰다달다는말이업시다만普天敎慶南眞正院長盧左大를차저물으면자서이안다한다 信仰에주리고好奇心이만흔나는그길로盧氏를차저갓섯다 몬저盧氏에게普天敎의宗旨와將來의할일을물엇다 盧氏는말하기를普天敎의宗旨는別것이안이라利在弓弓이오 또將來할일은만이잇스나 現在에는돈이만코사람이만코도一般으로知識이朦昧하야 아모事業도着手를못하는터인즉 누구던지相當한人物만잇서서敎務를잘볼것가트면 自己의生活이裕足할것은勿論이고 아모事業이라도잘할수가잇스니入敎하는것이조타하고各色의荒唐한말로勸誘비슷하게重言復言한다 나는盧氏의말만들어도普天敎가말할것업는迷信덩이쁜이오 別로다시캐볼것이업는줄을看破하얏다 그러나元來돈에목말으고돈에病든이社會에서生長한나는 또한돈만타는말에두귀가솟기둠할쁜안니라 아모리天子와皇帝를不神聖하고時代遲한名辭로知하는 이세상일지라도 片土寸甲이업는白面書生으로 원세상이다써들도록自稱天子行世를하는車京石氏를한번보와그人物의如何한것을아는것도無妨한일로생각하얏다 그리하야나는盧氏에게다시車氏를한번보고直接으로말을들엇스면조캣다고하얏다 盧氏는무슨생각을하는지한참잇다가말하기를車氏를보는것이조키는하지만은 紹介人이업고는 아모사람이라도볼수가업다고한다 나는假天子를보는데도眞天子를보는것보다힘을더하야 左請右囑으로간신이엇던이의紹介狀을어덧다 이紹介狀은即井邑에잇는普天敎本部의幹部인○氏에게한것이다 나는이紹介狀을어더가지고는마치 前日鄕里의村夫子가勢道宰相의請片紙

本書發送先

陸軍省
朝鮮總督府
奉天貴志少將
尼市特務機關
浦潮派遣軍司令部
支那公使館附武官
陸軍運輸部宇品支部
琿春連絡員

參謀本部
朝鮮憲兵隊司令部
奉天督軍顧問
北滿派遣隊司令部
南部烏蘇里守備隊
青島守備軍參謀部
上海小林少佐

隷下部隊
關東軍司令部
吉林督軍顧問
哈市特務機關
支那駐屯軍司令部
鎮海要港部
間島連絡班

993

努力中ナルモ是亦教徒間ニ甚シキ衝突ヲ來シ一方市内齋洞ニ太乙教本部アリ同シク東大門外昌信洞ニ太乙教本部並普天教アリ南大門外ノ某所ニモ亦太乙教ノ本部ト稱スルモノアリ試ニ是等ノ本部ナルモノヲ訪ハハ孰レモ同一ニ活氣ナキ中年以上ノ男子結髮シテ笠ヲ冠リ周衣ヲ纏ヒ上品ニ座シ居ルヲ見ン其ノ削髮セサル點ヨリ見レハ恰モ清朝末年ニ起レル義和團ニ似タルモノアリ兎ニ角數百萬ノ教徒ヲ有シ奇怪ナル呪文ヲ唱ヘテ所願ヲ成就シ得ルト謂フ此ノ不思議ナル宗教ノ内幕ハ果シテ如何

今左ニ本教ノ來歷ヲ述ヘン

官貴爵ヲ受クヘシトカ又ハ座シテ世界ノ形勢ヲ知ルヲ得トカ或ハ長生不死ノ壽ヲ得ヘシトカ甚シキニ至リテハ天帝ニ面謁シ得ヘク死セル父母ニ對面シ得ヘシ又生前冥土ニ赴キテ壽命ヲ任意ニ延ハシ得ヘシ等唱ヘ其ノ虚妄荒誕ノ説ハ到底識者ヲシテ信ヲ措クコトヲ得サラシム

964

然ルニ前述ノ如ク官憲ノ壓迫甚シキヲ以テ其ノ敎徒中ノ怜悧ナルモノ等ハ此ノ如ク敎徒カ迫害ヲ受クルハ忍ヒ難シト爲シ當局ノ諒解ヲ得テ公然標榜スルノ必要アリト爲シ京城ニ來リテ京城本部ヲ設立シ當局ノ諒解ヲ求メント

ル團體ナルヲ以テ當局ハ是ヲ見ルニ政治運動ヲ隱謀スルノ秘密團體トナシ其ノ檢擧頗ル嚴密ニシテ數年來江原道及三南地方ニ於テ數百名ノ教徒逮捕處刑セラレタルコトアリ又昨年春全州ニ集積セル十萬圓ノ金ヲ押收セラレ多數ノ教徒逮捕セラレ其ノ後官憲ノ取締ハ益々嚴重トナレリ

随テ本教ヲ中心トシテ種々ノ奇怪ナル風説流傳セラレ本教ヲ信奉スルニ於テハ其ノ第二世教主車京錫（錫一ニ石ニ作ル）カ甲子ノ年（大正十三年）四月皇帝トナリテ都ヲ鷄龍山（忠清南道）ニ奠ムルニ當リ其ノ教徒ハ心ノ儘ニ高

963

# 太乙教

1010

## 一、緒言

太乙教ハ最近巷間無識階級ニ少カラサル勢力ヲ有スル宗教團體ニシテ훔치（吽哆）教又ハ普天教ト稱セラル 962

本教ハ今ヨリ十餘年前全羅北道古阜郡ノ姜一淳ヲ中心トシテ起レル奇怪ナル宗教ニシテ彼ノ本教ヲ創唱スルヤ直ニ三南（忠清、全羅、慶尚）地方ニ傳播シ今ヤ西北地方ニ迄及ホシ其ノ教徒無量數十萬ト稱セラル而シテ獻誠金ナル名稱ノ下ニ數十萬圓ノ大金ヲ徵集セルコトアリ然レトモ元來本教ハ宗教トシテ認定セラレサ

目次

關

次官

陸高

密受八號(数字)四〇

秘

大正十一年三月二十七日

四月八日 齋藤

軍事

朝特報第一一號

軍歩

關

太乙敎ニ就テ

新聞班

朝鮮軍參謀部

軍事〇〇〇號

922

0970

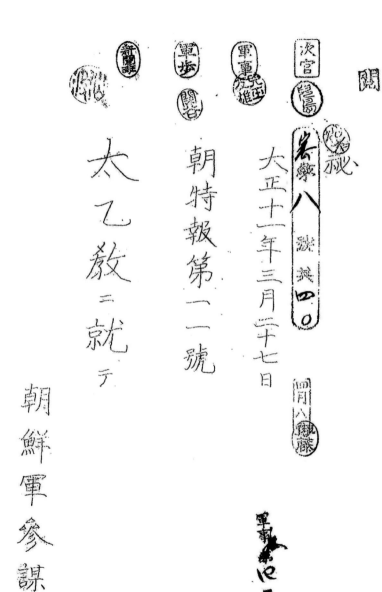

본 보고서는 『洋村 및 外人事情 一覽』(1924)과 『보천교일반』(1926)이 작성되기 이전 처음으로 식민권력이 보천교에 대한 자료의 중요성을 느껴 보천교만을 대상으로 작성한 기초자료로서의 의미를 갖는다.
조선군 참모부가 작성하여 육군성, 참모본부, 예하부대, 조선헌병대, 관동군 등 20개 이상의 기관에 발송한 비밀 보고 문건이다.
보고서는 '교주 강일순의 출생' '강일순의 편력' '신종교의 창설' '기이한 주문' '교주의 異蹟' '교주의 사망과 대분열' '제2세 차경석' '기이한 전설' '태을교 입교의 의식' '현황'으로 구성되었다. 이 구성은 이후 『洋村 및 外人事情 一覽』과 『보천교일반』의 구성에 토대가 되었고, 최초의 종합 보고서인 만큼 평이한 내용의 보고서로 보천교 전반에 대한 개설서의 특징을 지닌다.

◎**주요 내용** P. 466-465 원문
태을교에 대해(1922. 3. 27)

"태을교는 최근 항간에 無識階級 사이에서 조금씩 세력을 지닌 종교단체로 알려졌고, 훔치교 또는 보천교라고도 불려졌다 ....... 삼남(충청, 전라, 경상) 지방으로 전파되었고 지금은 서북지방에까지 영향력을 미치고 있으며 그 교도는 헤아릴 수 없을 정도로 수 십만이라 칭해지고 있다. .....
당국은 이를 보며 정치운동을 음모하는 비밀단체로서 그 검거 매우 엄밀히 하여 수년 동안 강원도 및 삼남지방에서 수백 명의 교도를 체포하여 처형한 바 있고, 또 작년 봄 전주에 集積된 10만원의 돈을 압수하고 다수의 교도를 체포하였고 그 후 관헌의 취체는 한층 엄중해졌다."

送可有之此段及通牒候也

記

一、金泉慶州、盈德、各支廳ノ檢事又ハ檢事々務取扱官ハ當職ヘ移送スヘシ

一、義城、尚州兩支廳ノ檢事々務取扱官ハ安東支廳檢事ヘ移送スヘシ

以上

地檢第五、三〇九號

十五十六
二四四六

大正十年五月十四日

大邱地方法院檢事正

金泉法院支廳檢事事務取扱殿

吽哆教事件ノ取扱ニ關スル件

爾今貴局ニ於テ吽哆教事件ヲ受理シタル
トキハ形式訊問ヲ為シ勾留狀ヲ發シ直ニ左ノ
區別ニ依リ當職又ハ安東支廳檢事ヘ移

◎주요 내용 P. 471 원문

훔치교 사건 취급에 관한 건(1921. 5. 14)
"훔치교 사건을 수리할 때는 形式訊問을 위해 拘留狀을 發할 것"

◎보충 설명

1921년 1월 그믐 경부터 조선 내 각 지방관청에서 보천교 교인에 대한 검거선풍이 크게 일어나 경남 합천에서는 이영조가 체포되어 대구 복심법원에서 4개월 징역언도를 받았다. 이 때 경북 안동 재판소에서 보천교에 대한 신법률을 만들어 보천교의 방주가 체포되면 6년, 6임은 4년, 12임은 2년, 8임은 1년 징역에 처하고 15임은 구류, 벌금 혹은 방면으로 정하여 경남·북에서 함께 적용하였다.

이 법률 적용으로 청송군에서는 교도 한 사람이 고문 끝에 죽고 강원도에서는 교도 700여 명이 체포되었고 그 중 김홍식은 경성복심법원까지 공소하여 6개월을 복역하였고, 그 밖에 全 조선 내 교인으로서 징역·구류·벌금·집행 유예자의 수는 셀 수 없었다(『보천교 연혁사』 上). 한 예로 1921년, 청송과 안동 등에서의 권영기, 이정호, 이군명, 이기우, 박주한 등 사건('권영기 등 18인 판결문' 대구지방법원 안동지청; '이정호 등 4인 판결문' 대구지방법원 안동지청; '이군명 등 12인 판결문' 대구지방법원 안동지청; '박주한 등 27인 판결문' 대구지방법원 안동지청), 1924년 경북 안동, 청송지역의 손재봉 등 태을교도 독립운동자금 모집운동('손재봉 등 26인 판결문' 대구지방법원 안동지청; '김재원 등 24인 판결문' 대구복심법원) 등 사건들이 적발되었다.

그런 만큼 식민권력도 보천교에 대한 감시와 탄압을 강화하고 있었다. 참고로 조선총독부 재판소 대구지검 김천지청에서는 1921년 5월 14일, 검사사무취급으로 '흠치교 사건 취급에 관한 건'을 내보내 흠치교 사건 수리 및 심문, 구류에 대해 안동지청 검사로 이송할 것을 기록하고 있었고(조선총독부 재판소 대구지검김천지청, 『예규에 관한 기록(1920-1923년)』, 1923), 대구지법 안동지청에서도 1919. 3~1910. 2 및 1921. 3~1922. 2의 울진지청의 '태을교도에 관한 범죄표'가 별도로 조사, 보고되면서 범죄 종류를 갑·을로 분류하여 표기하고 있었다(조선총독부 대구지법 안동지청, 『통계에 관한 기록(대구지방법원 울진지청, 1921-1922년)』, 1921). 경북 경찰부의 『고등경찰요사』에서 보천교의 교세 현황을 보더라도 경북도 내 종교인 중 47% 정도가 보천교인이었으며, 70% 정도는 증산계(보천교+무극대도교)였다. 또 보천교는 성금액수도 매우 많았던 '주요 요주의 유사단체'로 취급되었다.

秘

大正十年五月十日 高警第一三七六五號

國權恢復ヲ目的トスル太乙教徒ノ檢擧

江原道伊川警察署ニ於テ首題犯人ヲ檢擧セリ其ノ狀況左ノ如シ

一、被告人ノ住所氏名

伊川郡板橋面廣峴里一五三番地
農 金文河 当四十三年

同 上一七〇番地
同 金貞植 当二十六年

同 上七四番地
同 朴貞燦 当三十四年

同 上二一五番地
同 金景植 当五十六年

1119

1921. 3. 31

四月四日

秘

大正十年三月三十一日 高警第九四三七號

國權恢復ヲ目的トスル團員ノ檢擧

今般太乙敎徒ニシテ國權恢復ヲ目的トスル不逞鮮人ヲ江原道警察部ニ於テ檢擧セリ其ノ狀況左ノ如シ

一、逮捕シタル犯人ノ住所氏名

本籍 江原道金化郡金化面邑內里四五〇
住所 本籍地ニ同シ
太乙敎徒獸肉商 趙道俊 當三十八年

本籍 同
住所 同道同郡同面邑內里四一九
太乙敎徒農業 崔富根 當四十九年

本籍 同
住所 同 五一〇
古物商 趙學俊 當四十年

873

◎주요 내용 P. 474, 473 원문

자료 4〉 국권회복을 목적으로 한 단원의 검거(1921. 3. 31)

자료 5〉 국권회복을 목적으로 한 태을교도의 검거(1921. 5. 10)

◎보충 설명

강원도 경찰부에서 태을교도로서 국권회복을 목적으로 한 不逞鮮人 17명을 검거하였다. 그들은 1920년 음력 4월에 '태을교의 목적은 국권회복에 있다'고 하며 신도들을 비밀히 결속하였다. 또 강원도 이천경찰서에서도 태을교도 14명을 검거하였는데, 원래 侍天敎 교도였던 김문하가 排日사상을 갖고 1920년 12월 5일 '태을교의 목적은 국권회복에 있으며 태을교도의 수령 차경석은 올해 중에 황제가 된다'고 하며 사람들을 끌어모으고 있었다.

차경석은 '은밀히 교세확장의 수단으로 국권회복을 표방하기에 이르러서 1917년 4월 24일에는 갑종 요시찰인으로 편입'되기에 이른다. 그리고 이해 가을에 들어서면서 차경석은 집을 떠나 강원도, 경상도의 산간지대에 숨어 지내면서 비밀포교를 계속하였고 조선의 독립을 약속하고 앞으로 井田法이 시행되어 모든 사람들에게 토지가 골고루 분배될 것임을 말하여 수많은 신도들을 획득하였다. 이에 식민권력은 차경석 체포령까지 내리게 된다. 1919년에는 피신지인 강원도에서 보천교 내부조직을 60방주 제도로 개편하였다.

3·1운동 이후 조선 각지에서는 국권회복을 위한 활동들이 전개되었고 보천교에서도 예외가 아니었다. 1920년 1월, 경북에서 60방주 조직 내용이 발각되면서 대대적인 체포령이 내렸다. 교인 3만여 명이 체포되었고 대구법원으로 이관된 자가 7백여 명이었으며 고등법원에서 유죄 판결을 받은 자가 129명에 달하였다. 이듬해인 1921년 1월에도 전국에 검거선풍이 일어 수천 명이 검거되면서 강원도에서도 7백 명이 체포되었다. 1921년 양양지역 태을교인 김홍식 등 사건('무관출신으로 독립운동' 동아일보 1921.10.30; '김홍식 등 14인 판결문' 경성복심법원), 1921년 1월 강원도 고성 徐錫柱 사건('김홍규 등 10인 판결문'; '誠血로 맹세한 태을교도의 공소' 동아일보 1921. 8. 25) 등의 기록도 있다. 1921년 봄에는 전주에서 10만원을 압수하면서 총독부는 크게 놀라 이를 상해 임시정부에 보내려 하는 군자금으로 인정하고 대검거를 행하여 강원도 일대 및 삼남지방에 있어서 수천 명의 신도가 검거되었다.

2

徒ヲシテ佛教ニ歸依セシメ以テ世道人心ヲ稗益スヘシト称シ各地ニ巡廻布教シテ太乙教徒ノ佛教歸依ヲ勧誘シツツアリタルカ金亨烈及郭法鏡ハ佛教徒タル假名ノ下ニ陰然太乙教徒ヲ糾合シ共ニ自己ノ私腹ヲ肥シ且将来同教ノ團体的勢力ヲ利用シ不穏ノ計画ヲ爲サムトスルカ如キ事実ヲ探知シ十一月十二日検挙ニ着手スルニ至レリ

530

0539

明セサリレカ本件ノ検擧ト共ニ詳細ト謂フニアラサルモ其一斑ヲ知リ得タルヲ以ヲ其由来ヲ別冊トシテ添付セリ

一、發覺ノ端緒

客年八月太乙教々主金亨烈ハ同教徒ト共ニ忽然全羅北道全州郡威鳳寺ノ檀信徒トナリ爾來威鳳寺及同寺ノ全州布教堂ニ會合シ居タルカ一面威鳳寺住職郭法鏡モ迷信邪教タル太乙教

高警 一〇七號 共六六

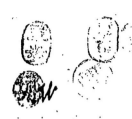

大正八年十二月二十六日 高警第三六六一〇號

△太乙教徒檢擧ニ關スル件

（全羅北道知事報告要旨）

客月十二日以來全羅北道第三部ニ於テ一種ノ迷信邪教タル太乙教徒ノ檢擧ニ着手シ取調ノ結果客月二十六日保安法違反トシテ身柄ト共ニ事件ヲ所轄檢事局ニ送致セシカ其状況左ノ如シ

追テ從來吽哆教、太乙教及仙道教ノ由來並其關係ハ諸説區々ニシテ更ニ判

528

0537

總代 88명을 이끌고 募金한 돈을 上海 臨時政府에 1917년 3만여 원을 1차로 송금하고 수차에 걸쳐 보냈다'고 기록되었다.
그리고 1919년 9월 신도 수십 명을 데리고 금산사 미륵전에서 치성을 드리다 '김형렬과 郭法鏡이 공모하여 금산사에 수백 명의 동지를 모아 비밀결사를 조직하여 독립운동을 일으키려 획책한다'는 밀고로 체포되어 6개월 동안 취조 받다가 불기소로 석방되었다(국사편찬위원회, 『한민족독립운동사 9』, 시사문화사, 1991).

'김형렬과 위봉사 주지 곽법경이 비밀결사를 조직하여 독립운동을 일으키려 한다'는 금산사 주지 김윤창의 밀고로 80여명이 연행된 사건

◎주요 내용 P. 476, 478 원문

태을교도 검거에 관한 건(1919. 12. 26)

"김형렬 및 곽법경은 불교도라는 거짓 이름으로 암암리에 태을교도를 규합하여 자기의 私腹을 살찌우려 하고 장래 同敎의 단체적 세력을 이용하여 불온한 계획을 하려는 사실을 탐지하고 11월 12일 검거에 착수하였다."

◎보충 설명

일제 강점기 민족종교들은 사회적 불안과 민족적 모순 속에서 민족 주체사상을 양성하고 일제 식민권력에 항거하는 독립운동에 기여하였다. 특히 당시의 민족 종교단체들은 주로 국권 회복운동과 독립운동 군자금 모금활동에 참여하고 있었다.

그러나 보천교의 민족 독립운동에 대한 평가는 냉혹한 편이다. 근년 들어서야 보천교의 물산장려 운동이나 권총단 사건(안후상, "일제 강점기 보천교의 '권총단 사건' 연구", 『일제 강점기 보천교의 민족운동』, 정읍역사문화연구소, 2017) 등이 조명되면서 민족 독립운동에 대한 기여 부분을 일부 인정하기도 하지만, 대체적으로는 일제 강점기 보천교가 親日, 사이비 유사종교의 대명사로 이미지화 되면서 논의대상에서 제외되어 왔다. 그런 와중에 증산계 종단에서 그나마 인정되어 왔던 활동이 바로 본 자료의 내용인 김형렬의 민족운동 참여 사실이었다.

이는 김형렬과 위봉사 주지 郭法鏡, 금산사 승려 金益鉉 등 전체 16명이 검거된 사건이다. 김형렬은 3·1운동 이전인 1918년 8월부터 '조선독립의 성취'를 뜻하는 활동들을 하고 다녔고, 전주포교당에서도 '훔치교 開祖 강증산이 재생하여 동양의 주인이 되면 조선은 독립된다'고 하였다. 그는 보다 앞서 1916년 신도 360명을 선발하여 전국 360개 郡에 보내 한날 한시에 物形符를 전신주 밑에 묻고 일본에 변란이 일어나기를 기원하는가 하면, 1917년 신도들과 함께 독립운동성금을 모아 상해 임시정부에 전달하여 직접적으로 독립운동을 돕고 있었다.

현재 모악산 금산사 가는 길에 세워진 '太雲金亨烈先生等八十八人愛國志士忠魂碑'라는 비석에는 '金山寺에 모여 全國 彌勒 崇奉者 數 百萬 名을 代理한 7,000명의 全國

内閣告示第十二號

一朝鮮神社

祭神　天照大神
　　　明治天皇

右神社ヲ朝鮮京畿道京城府南山ニ創立シ社格ヲ官幣大社ニ列セラルル旨

仰出サル

大正八年七月十八日　内閣總理大臣

民衆ニ對シ亦無比ノ仁惠ヲ施カセ給ヘル
明治天皇ノ二神ヲ祭神トシ社號ヲ朝鮮
神社ト定メ社格ヲ官幣大社ニ列セラレ
タシト云フニアリ右ハ朝鮮統治上緊要
ノ儀ト認メラルルニ付同神社創立ノ儀
奏請相成然ルヘシ

大正八年七月十四日　内閣書記官

内閣総理大臣

内閣書記官長

別紙朝鮮總督稟請朝鮮神社創立ノ件ヲ審査スルニ朝鮮併合以來未タ民衆一般ニ尊崇スヘキ神社ナク民心ノ歸一ヲ圖ル點ニ於テ遺憾ナキ能ハス依テ此ノ際神社ヲ創立シ皇統ノ始祖ニマシマス天照大神ト鴻德偉業前古未曾有ニシテ朝鮮ノ

1919. 7. 15

내각고시 제12호로 조선신사의 祭神으로 天照大神, 明治天皇이 되었고 社格은 官幣大社로 정해졌다.

十六

朝鮮神社創立ノ件

右謹テ奏ス

大正八年七月十五日

内閣總理大臣原敬

# 朝鮮神社造營費内譯

## 朝鮮總督府特別會計歳出臨時部

| 款 | 項 | 目 | 總費額 | 年度割額 七年度 | 八年度 | 九年度 | 十年度 |
|---|---|---|---|---|---|---|---|
| 營繕費 | 朝鮮神社造營費 | | 五〇〇,〇〇〇円 | 六五,〇〇〇円 | 一四五,〇〇〇円 | 一四五,〇〇〇円 | 一四五,〇〇〇円 |
| | | 奏任俸給 | 一一,二〇〇 | 二,八〇〇 | 二,八〇〇 | 二,八〇〇 | 二,八〇〇 |
| | | 判任俸給 | 一五,四八八 | 三,八七二 | 三,八七二 | 三,八七二 | 三,八七二 |
| | | 事務費 | 三五,〇一二 | 六,八一八 | 九,三九八 | 九,三九八 | 九,三九八 |
| | | 工事費 | 四三八,三〇〇 | 五一,五一〇 | 一二八,九三〇 | 一二八,九三〇 | 一二八,九三〇 |

参照

日本書紀神代巻

一書曰素戔嗚尊無狀故諸神科以千座置戸而遂逐之是時素戔嗚尊帥其子五十猛神降到於新羅國居曾尸茂梨處乃興言曰此地吾不欲居遂以埴土作舟乘之東渡到出雲國簸川上所在鳥上峰

大帝ノ神威トシ仰リ以上ハ他ニ其ノ神ヲ求ムルニ要セス随ッテ素戔嗚尊ハ必スシモ之ヲ奉祀スルヲ必要トセスト認ム尚ホ素戔嗚尊カ新羅ノ地ニ居ルヲ欲セスト興言シ給ヒシ古史ノ所傳モ参考トスヘキカ

## 朝鮮神社ノ祭神ニ関スル件

按スルニ朝鮮神社ハ既ニ決定セル如ク天照大神明治天皇二座ヲ奉祀スルヲ以テ尤モ適當トスヘシ素戔嗚尊ハ新羅國ニ降リ曾尸茂梨ノ地ニ居給ヒシコト見エ早ク神代ノ往昔ニ於テ韓國ニ渡リ給ヒシ神ナレハ前記二神ノ外ニ尚ホ祭神ヲ求ムル時ニハ必スヤ其ノ撰ニ當リ給フ神ナルヘシ然リト雖モ已ニ皇統ノ始祖ニマシマス天祖ノ威霊ト鴻德偉業前古未タ嘗テ[illegible]

明治天皇ヲ祭神トセラルルヲ至當ト認
ムル旨議決致候條左樣御諒知相成度

1918. 7. 4

조선신사의 祭神을 결정하기 위해 『일본서기』「神代」부분이 참조되고 있고, 조선신사 운영비 내역이 들어 있다.

内務省秘第八五二號

大正七年七月四日

水野内務大臣

長谷川朝鮮總督殿

朝鮮神社御祭神ニ関スル件

本年三月三十日内秘第一四五號ヲ以テ御
照會相成候標記ノ件ニ付テハ別紙議
案ヲ以テ本月二日開會ノ神社調査委
員會ニ附議審議ヲ盡シタル結果左

# 目次